电子商务概论

DIANZI SHANGWU GAILUN

（第2版）

■ 许忠　何有世　主编

江苏大学出版社
JIANGSU UNIVERSITY PRESS
镇　江

图书在版编目(CIP)数据

电子商务概论 / 许忠,何有世主编. —2 版. —镇江:江苏大学出版社,2017.5(2019.8 重印)
ISBN 978-7-5684-0472-3

Ⅰ.①电… Ⅱ.①许… ②何… Ⅲ.①电子商务—高等学校—教材 Ⅳ.①F713.36

中国版本图书馆 CIP 数据核字(2017)第 107239 号

电子商务概论(第 2 版)

主　　编/许　忠　何有世
责任编辑/李经晶
出版发行/江苏大学出版社
地　　址/江苏省镇江市梦溪园巷 30 号(邮编: 212003)
电　　话/0511-84446464(传真)
网　　址/http://press.ujs.edu.cn
排　　版/镇江文苑制版印刷有限责任公司
印　　刷/江苏凤凰数码印务有限公司
开　　本/787 mm×1 092 mm　1/16
印　　张/21.75
字　　数/535 千字
版　　次/2017 年 5 月第 2 版　2019 年 8 月第 6 次印刷
书　　号/ISBN 978-7-5684-0472-3
定　　价/49.00 元

前 言

近年来，以互联网为代表的信息技术呈一日千里的发展态势，而与之密切关联的电子商务也正以前所未有的速度迅猛发展，并且日益成为未来经济活动的主流模式。电子商务已经成为发达国家增强经济竞争实力，赢得全球资源配置优势的有效手段。

随着我国电子商务的实践日益深入，对相关人才的需求也急剧增加。而一个国家、一个地区能否培养出大批符合社会需要的电子商务人才就成为该国、该地区发展电子商务的最关键因素。

本教材是对电子商务的发展及其规律所做的一个基本介绍和归纳。包括：电子商务发展历程、基本概念，电子商务运作原理、关键技术、各种软硬件工作平台，电子商务系统的基本结构、安全技术，电子支付技术及相关商务原理等。

通过学习，学生可以对电子商务所涵盖的各个方面有一个系统了解，不仅熟悉电子商务相关的知识，而且了解电子商务的关键和前沿技术，拓宽视野，对下一步的学习重点有一个清楚的认识并为学习其他专业知识打下良好的基础。

参与本教材编写的人员均是直接从事电子商务教学的教师，其多年教学实践中积累的经验与成果，也在教材内容的编写中得到体现。本书第一章由许忠、何有世编写；第二章由陈晓燕编写；第三章及第四章由冯缨编写；第五章由宋新平编写；第六章由熊强编写；第七章由许忠编写；第八章由陈洋编写；第九章由刘明编写；第十章由赵俊杰编写。

本教材在编写过程中引用了部分国内外同行及专家的著作和文献，编者已尽可能详细地在参考文献中列出，对他们及帮助支持本教材出版的学者、朋友表示感谢！也有可能引用了一些资料而由于疏忽未能标出资料出处，若存在这类情况，在此表示万分歉意。

由于编者水平所限，电子商务发展又十分迅速，书中缺点、错误在所难免，恳请学者、同仁以及使用本教材的老师和同学们不吝赐教，批评斧正。

许　忠　何有世

2017 年 5 月 10 日

目　录

第1章 电子商务概述

随着电子技术和因特网(Internet)的发展,信息技术作为工具被引入企业经营管理活动中,产生了电子商务(electronic commerce,简称 EC; electronic business,简称 EB)。一场对全球经济产生深远影响的电子商务革命开始席卷全球。电子商务不仅在美国、欧洲诸国掀起波澜,而且在包括中国在内的亚洲各国也得到广泛应用。其来势之迅猛,意义之深远,足以引起各国政府、工商企业、团体及个人的关注和思考。

1.1 电子商务发展历程

电子商务不是计算机技术及网络技术产生之后才产生的。它的产生与发展并非一日之功,经历了3个阶段。

1.1.1 电子商务的萌芽

早在1839年,电报刚出现,人们就开始运用电子手段进行商务活动,当买卖双方贸易过程中的意见交换、贸易文件等以摩斯电码的形式在电线中传输的时候,就有了电子商务的萌芽。随着电话、传真、电视等电子产品的诞生,商务活动中可应用的电子工具进一步扩充。

由电报、电话、传真和电视带来的商业交易在过去的几十年间日益受到重视,由于它们各有优缺点,所以人们互为补充地应用电报、电话、传真、电视于商务活动之中。今天,这些传统的电子通信工具仍然在商务活动中发挥着重要作用。

1.1.2 专用网络与EDI电子商务雏形

1. 专用网络

1) 机票预定系统

20世纪70年代,美国航空运输业竞争激烈,美国航空公司及时开发了计算机联网订票系统——SABRE。乘客可以在美国各个航空公司售票点、旅行社通过计算机终端查询全国范围的航班信息,并且可以通过终端订票。这一系统的投入和使用,改变了航空运输业的经营模式:原来乘客只能就近在售票点买票,如果这个售票点的票卖完了,就必须去其他售票点购买,造成买票难的困境,此外,还存在航空公司各售票点的航班座位难以调配,导致分配不均的问题,现在通过计算机终端售票系统,这些问题都得到了解决。SABRE系统使得美国航空公司在市场竞争中获得很大优势,各地其他航空公司纷纷效仿,现在全世界机票销售都采用计算机网络系统。

2）电子资金转账和家庭银行

同一时期，银行间电子资金转账方式（EFT）开始在安全的专用网络上推出，它改变了金融业的业务流程。电子资金转账是指通过企业间通信网络进行的账户交易信息的电子传输，由于它以电子方式提供汇款信息，从而使电子结算实现了最优化。它是电子商务最原始的形式之一，也是最普遍的形式。现在，EFT 技术还在以多种形式运用着，如企业代发工资、借记卡的跨行取现等。

也在同一时期，家庭银行的概念诞生了，美国许多银行投入巨资研究和开发家庭银行。当时家庭银行的经营模式是：客户通过家里或者单位的电话拨到银行家庭服务电话号码上，然后根据语音提示操作，提供的业务包括查询账户余额、划账、付款等。这种经营模式的缺点是缺乏视觉性，20 世纪 80 年代至 90 年代，由于个人电脑的普及，家庭银行的经营模式变为客户在家里通过个人电脑、调制解调器及银行提供的专门软件，联入银行家庭银行服务主机，查看账户余额、划账、付款。

2. EDI 电子数据交换

20 世纪 70 年代，企业间的电子贸易是通过电子数据交换（EDI）来实现的。EDI 是 electronic data interchange 的缩写，中文一般译为"电子数据交换"，有时也称为"无纸贸易"。国际标准化组织将 EDI 定义为：从计算机到计算机，以电子传输方式将商业或行政事务处理按照一个公认的标准，形成结构化的事务处理或报文数据格式。

从 EDI 的定义可以看出它是商务往来的重要工具，所以，EDI 系统就是电子商务系统，EDI 被认为是电子商务的雏形。EDI 的应用有利于降低纸张文件的消费；提高工作效率；使得贸易双方能够以更迅速、有效的方式进行贸易，并带来其他相关收益等。

传统的基于专用增值网（value added network，简称 VAN）的 EDI 技术使大型企业的业务发展取得了很大的成功，但由于 EDI 的应用至少是两个贸易伙伴的联合决策，两者之间的依赖和信任程度影响 EDI 的使用，此外，EDI 高昂的使用费用和通信安全问题，导致中小企业使用该技术存在很大困难。

然而，当今社会经济活动中，中小企业的作用越来越大，它们与大公司有许多贸易单证往来。因此，让中小型企业能够顺利使用 EDI，使传统 EDI 走出困境，重新焕发青春，显得十分必要。

1.1.3 Internet 的电子商务发展

直至 20 世纪 90 年代，随着基于万维网（word wide web，简称 WWW）的 Internet 技术的飞速发展，电子商务的使用门槛大幅降低，广大中小企业和消费者得以进入该领域，电子商务开始进入快速发展的转折点。

Internet 是一个连接无数遍及全球范围的广域网和局域网的互联网络。Internet 的兴起将分布于世界各地的信息网络、网络站点、数据资源和用户有机地连为一个整体，在全球范围内实现信息资源共享，其通信方便快捷，因而目前它已经成为人们工作、学习、休闲、娱乐、相互交流及从事商业活动的主要工具。

随着 Internet 技术的不断发展，各种商务活动都可以利用 Internet 实现，Internet 为电子商务发展提供了强有力的工具和广阔的发展空间。Internet 电子商务有着难以预料的发展前景。

这个时期，电子商务的发展可以大致归纳为 3 个阶段：

1. 20 世纪 90 年代的爆炸式发展阶段

20 世纪 90 年代中后期，电子商务经历了爆炸式发展阶段。一时间，网络成为整个社会最热门的话题，大量投资进入电子商务领域，一个个电子商务企业相继成立。在股票市场，网络概念股受到追捧。网络泡沫经济逐渐形成，电子商务进入“烧钱”时代。

2. 2000 年以后泡沫破灭阶段

从 2000 年年中开始，股市泡沫破灭，美国纳斯达克指数从近 5000 点跌到 2000 点，中国股市也大幅下挫。尽管一些电子商务企业名气很大，用户众多，但支出远大于收入，网站无法实现赢利。随着风险投资和股市资金的撤离，许多依赖资本市场资金的电子商务企业资金链断裂，坚持不下去的网站开始倒闭。新浪、搜狐、网易的股票在纳斯达克面临摘牌的危险。

3. 2002 年以后的新一轮发展阶段

在经历了 2 年多的惨烈调整以后，电子商务从炒作概念转向务实，从 2002 年下半年开始，电子商务开始复苏。一些电子商务网站开始赢利，整个电子商务领域呈现新一轮稳健发展的势头，在某些领域如网络购物、移动电子商务、动漫与网络游戏等发展迅猛。

在“互联网 +”战略、“大众创业、万众创新”的推动下，中国电子商务发展迅猛，2015 年中国网络零售额继续保持全球第一的位置。中国电子商务不仅创造了新的消费需求，引发了新的投资热潮，开辟了就业增收新渠道，为创新创业提供了新舞台，而且电子商务正呈现与制造业、实体经济深度、广泛融合，实现高效、低成本的生产要素的流动与配置，推动服务业转型升级，跨境电子商务快速发展，催生新兴业态，成为经济发展的新引擎、新动力。

1.2 电子商务的基本概念

电子商务的发展有其必然性和可能性。传统的企业经营管理以手工处理信息为主要方式，并且通过纸上的文字交换信息，但随着交换和处理信息量的剧增，该过程变得越来越复杂，增加了劳动量和开支，也增大了出错的概率。因此，需要一种更加便利和先进的方式来快速处理和交流商业往来业务。另外，计算机技术的广泛发展与应用和先进通信技术的完善及使用，导致 Internet 和 EDI 的出现和发展，并将全球带入信息自动化处理的新时代，使得电子商务发展成为可能。

在必然性和可能性的推动下，电子商务快速发展，其发展速度令世人震惊。

1.2.1 电子商务的定义

第一个应用“电子商务”这个术语的企业是 IBM 公司，在 1997 年，该公司发起了以这个术语为主题的广告活动。

电子商务是一个不断发展的概念，到目前为止，对于电子商务的定义，不同的人和组织强调不同的侧面：

（1）我国西安交通大学李琪教授分析认为：电子商务是指在技术、经济高度发达的现代化社会里，掌握信息技术和商务规则的人系统地运用电子工具，高效率、低成本地从事以商品交换为中心的各种经济事务活动的总称。

(2) 美国的 Emmelhainz 博士在他的专著《EDI 全面管理指南》中,从功能角度把电子商务定义为:通过电子方式,并在网络基础上实现物资和人员的协调,以便促进商业交换活动。

(3) 加拿大专家 Jenkins 和 Lancashire 在《电子商务手册》中,从应用角度把电子商务定义为:数据(资料)电子装配线(electronic assembly line of data)的横向集成。

(4) 电子商务的先驱 IBM 公司在提出了 electronic commerce(E-Commerce)的概念以后,又提出了 electronic business(E-Business)的概念。但我国在引进这些概念的时候都翻译成电子商务,很多人对这两者的概念产生混淆。事实上这两个概念及内容是有区别的,E-Commerce 应翻译成电子商业,有人将 E-Commerce 称为狭义的电子商务,将 E-Business 称为广义的电子商务。E-Commerce 是指实现整个贸易过程中各阶段贸易活动的电子化。E-Business 是指利用网络实现所有商务活动业务流程的电子化。E-Commerce 集中于电子交易,强调企业与外部的交易与合作;而 E-Business 则把涵盖范围扩大了,其广义上指使用各种电子工具从事商务或活动,狭义上指利用 Internet 从事商务或活动。

(5) 联合国国际贸易程序简化工作组对电子商务的定义是:采用电子形式开展商务活动,它包括在供应商、客户、政府及其他参与方之间通过任何电子工具,如 EDI、Web 技术、电子邮件等共享非结构化或结构化商务信息,并管理和完成在商务活动、管理活动和消费活动中的各种交易。

以上观点都是正确的,只是从不同角度审视了电子商务。简单地说,电子商务就是利用以互联网为代表的电子工具开展的各种企业经营管理活动。也就是交易的当事人或参与人利用计算机网络技术与现代信息技术进行的各种企业经营管理活动,包括货物贸易、服务交易、生产管理、金融汇兑等商业活动。

商务活动是连接生产和消费的活动,是以商品贸易为中心的各种经济事务活动。电子商务就是系统化地利用电子信息手段,高效率、低成本地从事以商品交换为中心的各种活动的全过程。它是以人为中心建立的关系网,以网络为媒介的一个系统,以商品贸易为中心而开展的各种企业经营管理活动。

电子商务是一种全新的商业模式。通过互联网这个新型的业务传送载体,各行各业可以连接在一起开展现实与虚拟的合作,形成新的业务,产生新的收益。电子商务可以看作一种业务转型,企业利用以互联网为代表的现代电子信息手段对企业经济业务活动进行全面整合,以达到增加价值、提高效率、降低成本、提高企业竞争力的目的。电子商务实际上改变了企业业务流程及运作模式,改变了企业竞争策略,提升和强化了企业间业务合作伙伴关系。

电子商务实质上形成了一个虚拟的市场交换场所和电子的供应链,它能够跨越时空,实时地为用户提供各类商品、零件、原料和服务的供应量、需求量、需求时间、发展状况及买卖双方的详细情况,从而使买卖双方能够更方便地观察市场,更准确地了解和把握市场,更敏捷地对市场做出有效反应。

电子商务是现代信息技术、网络技术与商务的组合。如果将现代信息技术与网络技术作为一个子集,商务作为另外一个子集,那么电子商务就是这两个子集的交集。很明显,商务活动是电子商务的内容与核心,而现代信息技术与网络技术则是电子商务的形式和手段。

真正意义的电子商务是建立在企业全面信息化的基础上，通过电子手段对企业的生产、销售、库存、服务及人力资源等环节实行全方位控制。真正的电子商务绝不是企业前台的商务电子化，更重要的是包括后台在内的整个运作体系的全面信息化，以及企业整个经营流程的优化和重组。因此，电子商务不能简单地等同于商务电子化。

1.2.2 "电子"与"商务"的关系

电子商务包含两个方面：一是商务活动；二是电子化的手段。

电子商务和传统商务一样，核心都是商务活动，体现的是人类在漫长年代里对经济运行规律的理解与把握。无论是企业资源计划（enterprise resource planning，简称ERP）、客户关系管理（customer relationship management，简称CRM），还是供应链管理（supply chain management，简称SCM），都是人类对商务管理、市场营销、生产管理等诸多基本商务运作规律的拓展和升华。与传统商务不同，电子商务是通过以先进的信息技术为代表的电子化手段和工具进行的商务活动，使得做从前做过的事情时更加容易，效率更高。

值得注意的是：归根结底商务活动中起关键作用的仍然是人，人是电子商务的主宰者，因为工具的制造发明、工具的应用、效果的实现都是靠人来完成的。所以，我们必须强调人在电子商务中的决定性作用。

很显然，电子商务是信息现代化与商贸实务的有机结合，所以能够掌握、运用电子商务理论与技术的人必然是掌握现代信息技术、现代商贸理论与实务的复合型人才，而一个国家、一个地区能否培养出大批这样的复合型人才就成为该国、该地区发展电子商务的最关键因素。

电子商务是人们面对目前新经济形势所取得的成就和遭遇的挫折。人们重新思考各种宏观和微观经济规律的契机，研究新的电子化工具的使用方法，开拓新的商务经营理念和思路，电子商务就是在这些作用下去粗取精、去伪存真的结果。在新的电子商务条件下，人们需要更加敏锐地意识到电子商务带来的商机，准确理解商务经营的种种表现，锐意进取，合理配置商务的各项业务流程和资源。这些将最终把世界带入一个全新的商务时代。

电子商务的本质是一种新的社会生产、经营和管理形态，电子商务强调创造新的商机，以较少的投入获得较高的回报，创造商业价值；其根本目的是通过提高企业生产经营的效率，降低相关成本，优化资源配置，从而实现社会财富最大化。因此，电子商务要求的是整个生产经营方式的改变，是利用信息技术实现商业模式的变革和创新。

1.2.3 信息流、资金流、物流的概念及其相互关系

宏观经济理论从经济要素的社会作用出发，提出现代社会经济系统中主要有3个"流"的概念，即信息流、资金流和物流。这3个"流"对社会经济系统的作用各不相同，因此，它们在功能上并非是互相替代的关系，而是共生与整合、依存与互动的关系。

1. 信息流、资金流和物流的概念

1）信息流

信息是已被处理成某种形式的数据，这些数据对接受者具有意义，并在当前或未来的行动和决策中，具有实际的和可察觉到的价值。从另外的角度看，信息也是客观世界

中各种事物的变化和特征的反映，是客观事物之间相互联系的表征，它包括各种消息、情报、信号、资料等，也包括各类科学技术知识。

人们在生产经营等商务活动中必然发生知识、情报、思想和情感的交流，形成正式和非正式的沟通、责任和权利关系，由此形成各种联系，这种联系的主要媒介就是信息。信息流是电子商务交易各主体之间的信息传递与交流的过程。

信息技术是借助于以微电子学为基础的计算机技术和通信技术结合而形成的手段，对声音的、文字的、数字的和各种传感信号进行获取、加工处理、存储、传播和应用的能动技术。

在电子商务环境下，借助于以互联网、数据库等为代表的信息技术，信息流体现出传统方式无法比拟的高效性。

2）资金流

资金流是指资金的转移过程，包括支付、转账、结算等，资金的加速流动，具有财富的创造力，商务活动的经济效益是通过资金的运动来体现的。

无论是传统商务还是电子商务，资金的支付都是交易的重要环节，不同的是，电子商务强调的是支付过程和手段的电子化。在电子商务中，网上银行作为电子化支付和结算的最终执行者，是连接生产企业、商业企业和消费者的纽带，起着至关重要的作用。

3）物流

物流是因人们的商品交易行为而形成的物质实体的物理性移动过程，它由一系列具有时间和空间效用的经济活动组成，包括包装、存储、装卸、运输、配送等多项基本活动。

在电子商务条件下，顾客通过网络购物完成信息流、资金流及商品所有权的交割过程，但电子商务活动至此并未结束，只有商品和服务真正到达顾客手中（通过物流），商务活动才告终结。此外，物流与信息流、资金流不同的是：资金流与信息流的处理都可以通过计算机和网络通信设备实现；但是在物流过程中，除少数商品和服务（如各种电子出版物、信息咨询服务等）可以直接通过网络传输的方式进行配送，对于大多数商品和服务来说，物流仍要通过物理方式传输。因此，物流能力如果滞后于资金流与信息流的实行，将成为制约电子商务发展的“瓶颈”。

2. 信息流、资金流和物流的演变和相互关系

1）信息流、资金流和物流的演变

人类的商业活动是由简单的物物交换开始的。在原始的物物交换中，信息流、资金流和物流是同时进行的。随着货币作为一般等价物出现，它开始在交易过程中流通，人们在交易中“一手交钱，一手交货”，货币和物理商品一起流动。直到各种信用机构产生，使得资金流可以先于或者后于物流发生，这时资金流与物流产生了分离。

在电子商务的活动中，信息流、资金流和物流本身是互相独立的，它们无论在时间上或者是渠道上都是可以分离的，流动的次序也没有固定的模式。3 个“流”的分离使电子商务成为可能。

伴随着信息流、资金流与物流的分离，商业模式开始呈现多样化的发展，出现了多种支付方式，并且使得交易效率提高，交易范围扩大。但是，由此也带来了新的风险：信息流、物流、资金流可能不相吻合。为了规避风险，获取尽可能多的信息成为必要，于是信息流的重要性就凸显出来了。

2）信息流、资金流和物流的相互关系

信息流、资金流和物流的形成是商品流通不断发展的必然结果。它们在商品价值形态的转化过程中有机地统一起来，共同完成商品“生产—分配—交换—消费—生产”的循环。信息流提供及时准确的信息，资金流有计划地完成商品价值形态的转移，物流根据信息流和资金流的要求完成商品使用价值即商品实体的转移过程，从而使得 3 个“流”分别构成商务活动中不可分割的部分，共同完成商品流通的全过程。

物流进行的是一个正向的流程，即从原材料供应商到制造商，再通过经销商或配送中心到顾客；而资金流进行的是一个反向的流程，即从顾客到经销商，到制造商，再到原材料供应商，如图 1-1 所示。信息流进行的是双向流程，电子商务各个交易主体之间不断进行信息的双向传递与交流。三者的关系可以表述为：以信息流为依据，通过资金流实现商品的价值，通过物流实现商品的使用价值。物流是资金流的前提和条件，资金流是物流的依托和价值担保，并为适应物流的变化而不断进行调整，信息流对资金流和物流运动起指导和控制作用，并为资金流和物流活动提供决策的依据。

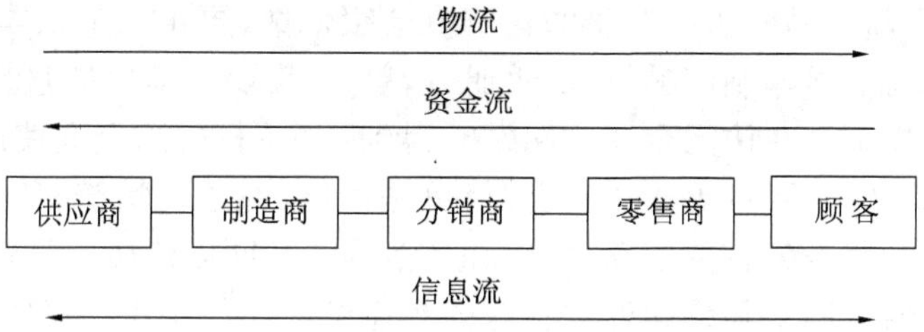

图 1-1　电子商务模型

1.3　电子商务的优势

电子商务具有传统商务无法比拟的优势，这也是企业开展电子商务的理由。

1.3.1　突破时空限制，创造新的市场机会

电子商务的一个主要优势就是突破时间限制和地理位置的分割，利用互联网可以实现 7/24（每周 7 天，每天 24 小时）的营销模式，同时可以打破传统市场中地理位置的分割，具有全球可用性。例如，利用互联网，美国著名的网上书店 Amazon（亚马逊书店）可以轻松地将其市场拓展到世界上任何一个被互联网覆盖的地方，而不局限于书店所在的城市。著名零售商沃尔玛要想拓展类似的全球市场，必须花费巨资在全球各地进行选择店址、装修店面等准备工作后才能正式营业，而且这具有较高的风险，因为一旦市场开发不成功便很难将前期投入的资金和有关资源从市场中撤出。

在互联网上，每个提供产品或服务的公司都减小到一样的大小——顾客浏览器窗口的大小。因此，中小企业可以与大企业同台竞争。客户体验到的定价、服务和公司在网站上的表现等，再结合他人对网站的评价，即网站的口碑，就形成客户做出购买决策的基础，而以往客户做出购买决策时，公司的规模具有重要影响。

尽管电子商务可以帮助企业将市场扩展到企业所在地的地理范围以外，减轻企业开拓当前目标市场的压力，但这也意味着一个新的来自竞争对手的压力产生了，那些早

已开始电子商务的企业，正试图通过网络进入原有市场领域。

开展电子商务的企业，第一个阶段应该积累同网络客户群体交流和开展电子商务的知识和经验。不过，电子商务提供了一种新型的便利的自主学习模式，互联网上资源丰富多样，学习者通过搜集资料、加工资料可以积极主动地调整学习策略和努力程度，进行主动的、符合个人需要的、探索性的学习，克服传统书本的传授弊端，极大地缩短企业学习知识、提升竞争力的时间成本。

1.3.2 树立企业形象

在现代商战中，良好的企业形象对企业发展至关重要。公司越有名，就有越多的人愿意与之做生意。在传统商业模式下，要建立一个知名的企业形象或树立一个品牌产品要经过几代人的长期奋斗，而利用电子商务可以在较短的时间内做到这点。例如淘宝网仅仅在两三年的时间内就取得了很高的市场知名度。

电子商务除了可以帮助企业快速地建立市场知名度以外，也可以使企业以很低的成本树立良好的形象。这对于中小企业尤其重要。

尽管购买计算机、建设网络连接可能并不便宜，然而一旦企业完成初期投资，再建立一个新网页、更新产品和服务信息的花费就会很低廉，再生产的成本实际接近于零。这意味着企业不需要再印刷产品目录、手册、传单，只需要简单地把它们放入互联网，让其复制。每个用户都会在访问企业的网站时得到一个副本；当企业使用一对一营销工具，允许用户查看产品、服务等相关信息时，更是如此；通过友情链接，企业可以在其他网站上展示产品和服务的相关信息，可以和其他网站共同创建协同品牌，给顾客提供更多的信息；此外，通过网络与顾客建立良好的沟通渠道，便于随时了解顾客需求，及时调整企业的经营策略，为顾客提供满意的产品和服务，这一切都将在顾客心中留下深刻印象，从而树立起企业良好的形象。同时，由于互联网是全球覆盖的网络，所以，在网络上树立的企业形象具有广泛性和国际性。

1.3.3 加强商务联系，提高协作程度

电子商务是协作经济，需要企业内部各部门、供应商、生产商、批发商、零售商、银行、配送中心、通信、技术服务等环节通力协作。网络技术的发展使得企业间的沟通成本大大降低，也使得企业间时空的限制不再成为问题，因此，企业间完全可以如同企业内部各部门间的合作一样紧密。

通过协作，供应商、生产商、批发商、零售商可以共享信息，配合良好，提高对市场把握的准确性，减少经营管理失误带来的损失；通过协作，可以提高企业的产品和服务的创新能力，优化或改造企业内部和外部的工作流程，从而提高企业对市场的快速响应能力，以及从容应对各种可能的变化和突发事件的能力；此外，协作还可以帮助企业更合理地分配资源，降低运营成本。

协作要求企业集中精力于自己的核心业务，把自己不具备竞争优势的非核心业务外包出去，通过供应链上企业间的协作提高竞争力。企业无须追求“大而全”，而应追求“精而强”。

1.3.4 降低成本

电子商务可以极大地降低交易成本，以及用于店面租金、服务支持和生产的成本支出。其优势具体表现在：

（1）距离越远，网络上进行信息传递的成本相对于信件、电话、传真的成本就越低。此外，缩短时间及减少重复数据录入也降低了信息成本。

（2）买卖双方通过网络进行商务活动，无须中间者参与，减少了交易的有关环节。

（3）电子商务实行“无纸贸易”可以减少90%的文件处理费用。

（4）互联网使买卖双方能够及时沟通供需信息，使无库存生产和无库存销售成为可能，从而使库存成本降低。

（5）企业利用内部网（Intranet）可以实现无纸化办公，提高内部信息传递的效率，节省时间，并且降低管理成本。通过外部网（Extranet）可以把业务合作伙伴、代理商、公司总部及分布在不同地理位置的子公司、分公司联系在一起，及时对各地市场情况做出反应，即时生产、即时销售，降低存货费用，采用高效、快捷的物流配送公司提供交货服务，从而降低产品成本。

1.3.5 提供个性化服务，提高客户的满意度与忠诚度

在工业经济时代，大批量的流水线生产、分工与专业化模式一方面使得生产效率不断提高、产品的成本不断下降，另一方面也抹杀了消费者的特殊体验。过去由于消费者需求过于分散，企业与消费者之间的沟通成本过高，并且企业缺乏广泛的信息搜集和处理能力，因此难以满足消费者的个性化需求，导致客户流失率较高。电子商务具有极强的互动性，便于搜集客户信息，使得以往分散的客户需求得以汇聚，因此，电子商务的出现正好解决了这个问题。大规模定制的生产方式可以以低成本为单个顾客或小批量、多品种市场定制任意数量的产品。这样，一方面消费者满意度、对企业的忠诚度提高；另一方面，企业可以获得稳定的客户群体，降低客户流失率，提升自身的核心竞争力。

需要注意的是：电子商务的优势并不仅仅是上文所归纳的5点。电子商务在其他方面也表现出传统商务所不具有的优势，例如提高交易效率、令交易透明化等。总之，电子商务强调新业务机会的产生和利用，用更加流行的话来说，就是“用更少的钱办更多的事”，或者“电子商务既能替企业赚钱，也能替企业省钱”。

1.4 电子商务对企业经营管理的影响

尽管电子商务具有传统商务无法比拟的优势，并且电子商务行业的快速发展为传统企业实施电子商务提供了契机，但是企业的电子商务实践不尽如人意者居多，经济学家称之为生产率悖论（productivity paradox）。许多企业感到他们的电子商务投资好像掉进了“黑洞”，消耗了企业的资源却未能取得预期的效果。

毫无疑问，电子商务具有优势，问题是如何实现这种优势。有许多致使电子商务未能发挥优势的原因，其中之一就是企业在实施电子商务的过程中，继续沿用老的商业流程，没有改变原有的工作方式。将手工工作条件下必须的业务环节电子化，往往会使得这些环节被锁定在流程里，而在电子商务条件下，常常能发现流程中有可以简化、删除或者合并等需要改进的地方，但是由于改变计算机系统所花费资金和时间的代价太大而被搁置一边。

所以，业务流程再造（business process reengineering，简称BPR）理论的奠基人迈克尔·哈默（Michael Hammer）警告人们不要在土路上铺设IT。他建议企业应该从信息技

术提供的机会角度重新认识自己的业务，在实施电子商务之前，首先应保证业务流程正确无误。

1.4.1 电子商务对企业经营管理的影响

1. 传统企业实施电子商务的过程及对组织结构和业务流程的影响

第一阶段：单个业务的自动化。IT单独应用于组织的不同部分，各个应用之间相互隔离，例如运用计算机进行账务管理、订单处理等。这个阶段所用的计算机往往有不同型号。工作特点是单点散状应用，高效率地做同样的事情。作用主要在于提高工作效率，这个阶段是原有流程的自动化，所以可能只是实现自动化的部门的业务流程和组织结构发生很小的变化，基本不影响企业的组织结构和业务流程。

第二阶段：单一系统独立应用。这个阶段IT对企业组织结构和业务流程影响要大于第一阶段，但由于信息技术的应用只限于单个部门，基本还属于简单应用阶段，所以不涉及大范围的改变工作性质、重新调整和组合业务流程。

第三阶段：随着企业在IT应用方面的成熟，人们会意识到有必要把局部应用阶段形成的"信息化孤岛"联结起来。例如，通过数据共享将设计系统和生产系统集合在一起。这个阶段信息技术的使用突破了时间和距离的障碍，减少了中间管理层，使组织转向更少层次的扁平化组织形式，并且信息技术为业务流程的变革提供了可能性。

第四阶段：业务流程再造。信息技术的深层次应用使企业越发感受到僵化繁杂的流程对企业的桎梏，该阶段以应用IT转变组织内部的工作方式为主要特点。IT使工作可以以通过手工无法实现的方式来完成，并成为业务流程急剧变化的基础，从此，电子商务的实施从演进阶段步入能充分发挥其优势的革命性阶段。

第五阶段：经营网络和经营范围的重新设计。该阶段企业重新设计相互之间的流程，从整个供应链的角度考虑，通过企业间合作重新设计流程比链上任何企业单独改造自己的流程更能获得效益，并且企业开始通过应用信息技术拓展业务范围。例如，企业向新市场或现有市场提供新产品和新服务；传统银行转型为网络银行，网络银行的出现重新定义了金融业。

前3个阶段属于进化阶段，即自然发展阶段。它们往往在企业引入电子化工具，应用IT一段时间后就会自然出现。不幸的是，虽然前3个阶段肯定能获得一定的效益，但一般企业不能充分发挥电子商务的优势。第四、第五阶段是革命性的，它们不是在现有秩序基础上应用IT，而是从改造工作本身出发，寻找支持新工作方式的IT能力。

2. 电子商务对企业经营管理的影响

与传统商务相比，电子商务在诸多方面对企业经营管理产生了深刻的影响，具体表现在：

1）电子商务改变了企业的采购方式

从企业的生产流程来看，电子商务不仅改变着厂家的"出口"端，而且对"入口"端也有着巨大的影响。由于更容易"货比三家"，所以企业更容易找到合适的、物美价廉的原材料和零部件，更有利于找到合适的合作伙伴，从而降低采购的交易费用。这些改变迫使企业的采购方式和组织发生相应的变化，并影响企业与供应商之间战略联盟的建立。

2）电子商务改变了厂家的营销方式

网络广告的传播范围更广泛，平均费用大为降低，厂家的广告方式也随之改变。电子商务改变了品牌塑造方式，不知名的品牌有更多机会进入市场，原有品牌的市场优势作用也发生了改变。

3）电子商务改变了企业的销售方式

从接订单到资信的确认或收款的确认，再到货物的准备和发送等一系列流程都发生了变化，运输体系、运输的组织方式和相应的存储方式也会因电子商务而改变。电子商务已经改变和正在改变客户的管理方式，即客户的消费特征可以在网上直接被记录，并可以由相关软件统计分析，进而帮助厂家更好地为客户提供服务。

4）电子商务改造了整个流通环节

由于不同类型的电子商务交易平台的出现，传统的"厂家—批发商—零售商—消费者"的方式正在被打破，厂家与消费者直接面对面交易与新的物流配送体系已经形成，由于电子商务的逐渐普及，传统的商业中介有的会消亡、有的要改进，有的流通组织则要创新。

5）电子商务改变了企业的生产组织和生产过程管理

为适应电子商务所引起的输出端与输入端的变化，企业生产流程的再造不可避免，电子商务必然导致企业技术单元的细化，即专业分工的细化，使部分生产外包，从而导致生产流程的再造。

除此之外，电子商务还改变了企业对人才的挑选和聘用方法，也改变了企业的技术来源。

总之，由于电子商务是借助以信息技术为代表的电子化手段进行的商务活动，相对于传统手工操作的商务活动而言，许多基本"游戏规则"将因此发生深刻的变化。现代信息技术的大量采用将导致企业经营管理模式彻底改变，原有流程运行基础遭到破坏，先进制造技术、管理模式的日益完善也为流程优化提供了可能。电子商务对原有流程的再造和优化，意味着企业可以消除多余的工作步骤和环节，降低成本和提高效率。

1.4.2 企业业务流程简介

1. 劳动分工与企业业务流程

流程的出现是分工的结果。当将一项任务分成若干个步骤，或者一项任务由不同角色来完成时，流程就产生了。几千年来，人类社会经历了社会分工、劳动分工、职能分工及管理分工等几个阶段，因而，实际上各式各样的流程伴随着我们经历了整个人类社会发展的历程。从某种意义上来说，人类社会的演化历史就是分工细化的历史。

最早对分工理论做出深入研究的学者是英国的哲学家和经济学家亚当·斯密（Adam Smith），他在《国民财富的性质和原因的研究》这本书里对劳动分工理论进行了详细的阐述。此后，科学管理的先驱查尔斯·巴贝奇（Charles Babbage）、泰勒（Frederick Winslow Taylor）、亨利·法约尔（Henri Fayol）等对亚当·斯密的分工理论进一步发展，并且将分工理论的应用拓展到脑力劳动、管理活动等更为广泛的领域。

人们之所以采用劳动分工及劳动分工能够提高效率的原因在于：

首先，分工节省了学习所需要的时间，提高了工人的熟练程度。对劳动者而言，生产中包含的不同工序越多，则所需要的学习时间越长，相反，如果一个工人只做其中少数工序或者一道工序，就只需少量学习时间，此外，终生局限于一种单纯的操作，能够提高劳动熟练程度。

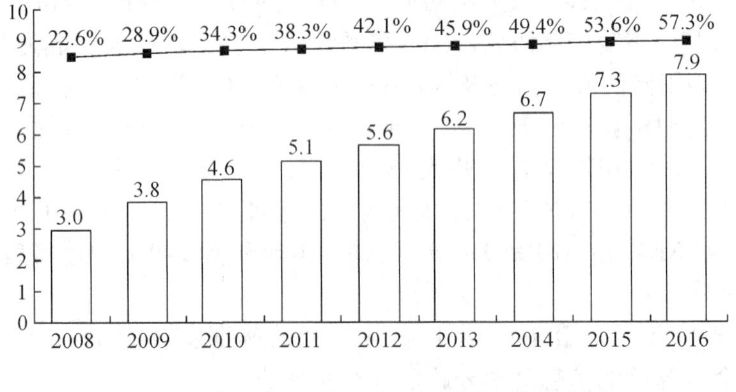

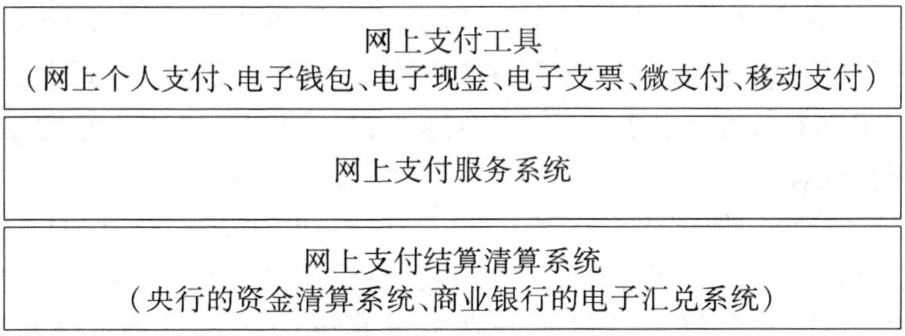

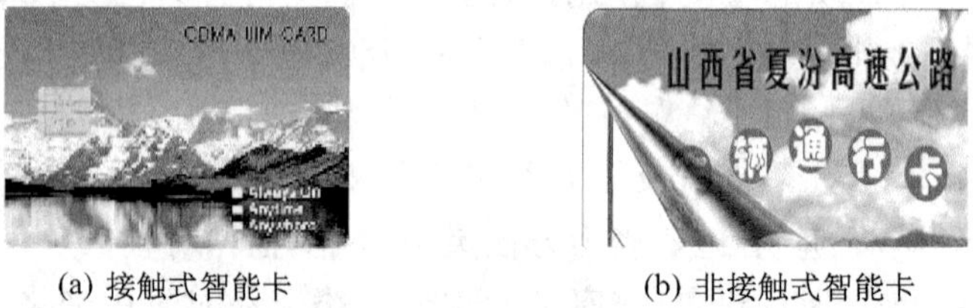

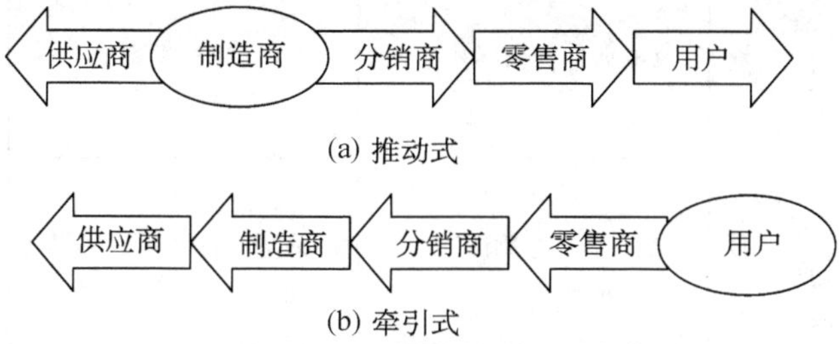

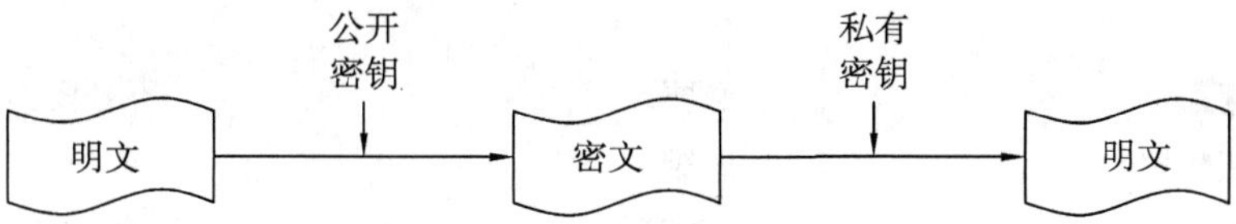

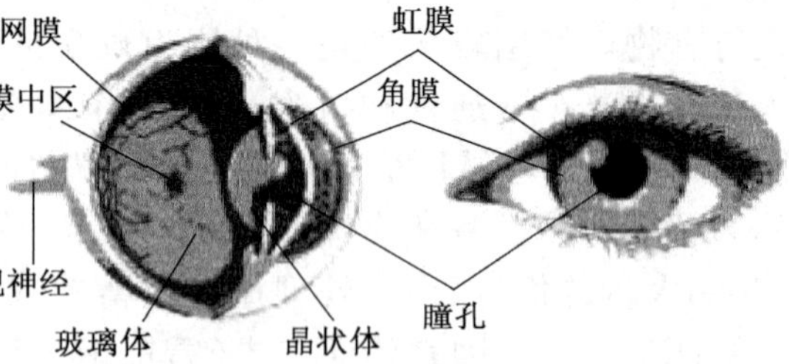

其次，分工使劳动者节省了因经常变换工种或者变换生产活动中不同操作而损失的时间。按照斯密的看法，这方面的节约比想象的大得多，劳动者进行工种变换时，往往会休息或者闲逛一会儿，一般而言不会马上将注意力转移到新工种上，从而打断了原有节拍，分工不需要这种转换，也就等于节约了生产时间。

最后，也是我们普遍看到的，分工促使大量有利于节省劳动的机器问世，从而使一个人能干许多人的活儿。分工使劳动者注意力集中于一项简单事物上，只要还有改良的余地，过不了多久，就会有人在自己工作中发现一些比较容易且便利的方法。

劳动分工也有其不经济的一面，主要在于增加了交易费用。原本一个人可以完成的工作，经过分工改由不同的人完成工作的局部，然后整合成一个完整的工作，分工越细，交易的次数越多，频率越高，交易的费用也越高，甚至高到使分工产生的效率为零。因此，交易费用的上升阻碍了分工的进一步细化。

1820 年，美国人开始修筑铁路，这不仅加速了经济的发展，还推动了企业管理技术的提升。正是铁路公司创建了现代企业管理机制，还出色地把分工原理应用到企业管理当中。管理实践的突破促进了美国制造业的发展。到 20 世纪初期，两位汽车行业的先驱——亨利·福特（Henry Ford）与阿尔弗雷德·斯隆（Alfred Sloan），发起了当代企业组织过程中的第二次变革，即亨利·福特发明的流水线生产技术和阿尔弗雷德·斯隆创立的事业部制。正是他们的努力，使得分工理论在流水线生产技术和组织结构创新方面得到成功应用。

2. 企业业务流程的基本概念

要了解流程的含义，我们可以从生活事件入手。例如，一个人去医院看病，他所经历的过程为挂号、诊断、开处方、付款、取药、服药或打针，如图 1-2 所示。抽象地看，它是一系列相关人类活动或操作有意识地产生一种特定的结果。

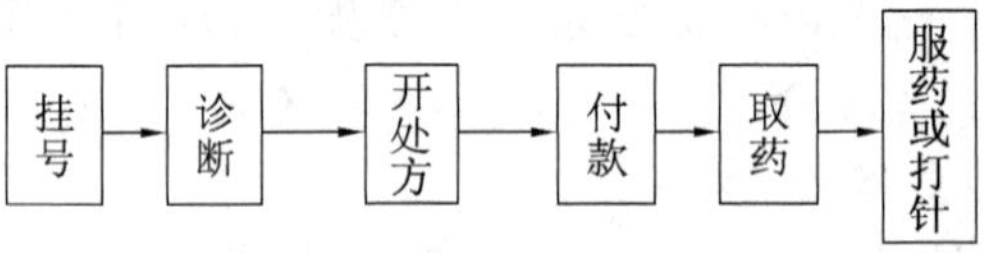

图 1-2　在医院看病的流程

对企业来说，流程更是司空见惯。甚至可以说，企业就是依赖各种流程而运作的。企业中的生产流程、财务流程、新产品研究开发流程、采购流程及售后服务流程等都是企业流程的一种表现形式。

所谓企业业务流程，不同的人对其有不同的定义，例如：

迈克尔·哈默（Michael Hammer）：企业业务流程就是把一个或多个输入转化为对顾客有用的输出的活动。

T. H. 达文波特（T. H. Davenport）：企业流程是跨越时间和地点的有序的工作活动，它有始点和终点，并有明确的输入和输出。

斯彻尔（A. L. Scherr）：企业流程是在特定时间产生特定输出的一系列客户—供应商关系。

约翰逊（H. J. Johanson）：企业流程是把输入转化为输出的一系列相关活动的结合，它增加输入的价值并创造出对接受者更为有用、更为有效的输出。

克普莱与 L. 莫导(R. B. Kaplan & L. Murdock):企业流程是一系列相互关联的活动、决策、信息流和物流的集合。

以上这些定义其实内容相近。综合各种定义,可以认为,企业业务流程是指为完成某一目标(或任务)而进行的一系列逻辑相关的活动的有序集合。

3. 企业业务流程的特性

任何一个企业都有许多业务流程,不同的企业有不同的流程。然而,这些形色各异的流程包含着一些共同的特性,具体来说,有以下几点:

1)目标性

企业的业务流程是为完成某一任务而设置的。不同的目标形成不同的流程。所处的位置不同,看问题的角度不同,即使是处理同一件事情,流程也可能不同。正是由于流程的目标性决定了流程的千姿百态,也给我们对流程进行优化和改进提供了空间。

2)整体性

企业的业务流程是由活动构成的,单个的活动不能称为流程。通过一定方式结合各活动,以共同实现某一目标,就构成流程的整体性。一个流程至少由两个活动组成,并且这两个活动是以一定的方式联结起来的,随意的组合是不起作用的,因此,整体性也意味着流程的结构性。流程的整体性对认识和理解流程有积极的作用,特别是对已存在的流程进行优化与重组时,认识流程的整体性是非常有帮助的。

3)层次性

企业的流程具有系统的层次性。组成高层次的流程本身就是一个总流程,其中的活动包含分流程,分流程下又可以嵌套若干个子流程。子流程、分流程、总流程代表流程不同的层次。了解流程的层次性,可以使我们从宏观上把握流程,并逐步深化对流程的分析。

4)结构性

企业流程的结构指的是组成流程的各种活动之间的相互联系与相互作用方式,如流程的串联结构、并联结构及反馈结构等。通过这些结构的种种结合,使貌似杂乱的企业活动呈现出井然有序的规律。

4. 企业业务流程的基本要素

企业业务流程的基本要素是指包含于一切企业流程中的最基本的、不可或缺的成分。这些成分的任一变化都会导致不同流程的产生。分析组成流程的基本要素是认识流程、设计流程、再造流程的基础。流程的 4 项基本要素是:

1)活动

一般人认为,活动是一种变换。企业流程中的活动往往是接收某一种类型的输入,在某种规律的控制下,利用某种资源,经过变换转化为输出。不同的活动,其输入、处理规则、可利用资源不同,输出结果也不同。

通过对活动进行研究,剔除其中不必要的、无效的部分,合并可以合并的部分,从而找出最好的增值过程。

2)活动间的逻辑关系

流程是由活动组成的,但并非随意组合均构成一个流程。事实上,同样的活动,由于活动之间的关系不同,可以导致不同的结果。活动之间的逻辑关系也就成了决定流程的关键因素。

企业的活动千千万万,但它们之间的关系都是串联、并联、反馈这些基本结构。一些简单流程只包含其中一种或两种结构,但复杂的流程往往同时存在串联、并联、反馈等结构。

3) 活动的承担者

分工形成流程,分工使一个人完成的工作变成由若干人共同从事的活动。分工不仅受技术条件的限制,而且受承担者自身能力的限制;既受承担者的数量限制,也受承担者的素质限制。

对于同样的工作,面对不同的活动承担者,可以进行不同的分工,进而可以构成不同的业务运行流程,活动的承担者是影响业务流程的重要因素。

4) 完成活动的方式

流程的实现依赖于分工,而分工受一定的技术条件限制,技术条件的不同会导致不同的分工,从而形成不同的流程。

完成活动方式的改变可导致实现同一目标的流程大不相同。在银行的取款业务中,由于技术的发展,顾客取款已由银行职员的纸上活动演变为无纸化活动,最后成为无人化活动(如在 ATM 取款机上完成的取款流程),流程越来越简化。

这一切都说明,完成活动的方式或者说流程运作的技术及工艺的不同导致流程不同,改变技术或工艺也就改变了活动的方式,改变了流程。

5. 企业业务流程的生命周期

企业业务流程是有生命周期的,可以分为 4 个阶段:

1) 识别需求

该阶段必须清晰定义顾客的需求,由此开始企业业务流程的策划与设计。

2) 设计流程

该阶段企业依据自身资源,设计实际运行的业务流程。

3) 执行流程

该阶段企业将严格执行流程,实施流程管理。

4) 流程再造(重组)

当顾客需求发生变化,或者企业资源配置、外部环境发生改变,原有流程已经不适用的时候,企业必须进行流程再造(重组)。

1.4.3 电子商务与企业业务流程再造

企业业务流程再造理论自 20 世纪 90 年代提出以来,引发人们的广泛关注,在美国甚至掀起了一股再造热潮,随后,由于理论界和实践界的推波助澜,这股热潮迅速蔓延全球,短短几年时间,我国绝大部分大型企业利用电子商务转型的机会进行过业务流程再造。

1. 企业业务流程再造理论提出的背景

企业业务流程再造理论的出现具有深刻的时代背景,突出表现在当美国企业感受到来自其他国家的企业的严峻挑战的同时,不得不针对竞争力不断下降反思自身存在的问题。与此同时,西方发达国家电子商务应用日益深入,人们需求层次逐渐提高,需求内容日益多样化,供需矛盾日益突出,企业竞争不断加剧。有些管理学家用 3C (customer competition change)理论阐述了这种全新的挑战。

顾客(customer):买卖双方关系中的主导权转移到了顾客一方,竞争使顾客对商品有了更大的选择余地;随着生活水平的不断提高,顾客对各种商品和服务有了更高的要求。

竞争(competition):技术的进步使竞争的手段和方式不断发展,发生了根本性的变化,越来越多的跨国公司越出国界,在逐渐走向一体化的全球市场上展开各种形式的竞争。

变化(change):市场需求日趋多变,产品寿命周期越来越短,寿命周期的单位已由"年"趋于"月",技术进步使企业的生产和服务系统经常变化,且这种变化已经成为持续不断的事情。因此,在大量生产、大量消费环境下发展起来的企业经营管理模式已无法适应快速变化的市场。

面对这些挑战,企业只有在更高水平上进行一场根本性的改革和创新,才能在目前这个时代提高自身的竞争力。总的看来,企业业务流程再造理论主要是在全球经济一体化所带来的竞争加剧、电子商务实施过程中出现的困惑,以及信息技术条件下劳动分工理论进一步发展的要求下出现的。导致企业业务流程再造的原因主要是:

1) 企业所面临的环境变化

在全球企业经营环境迅速变化的过程中,一些早先业绩颇佳的美国企业由于墨守成规、故步自封,没有及时采取快速变革的措施以适应新的竞争形式,丧失了在日益全球化的经济环境中的优势地位。20 世纪 80 年代以后,美国企业开始积极向日本的同行学习,并简单地认为将日本的成功经验移植过来就可以取得成功,但实际情况表明,这种改良式的变革并没有给美国企业带来明显的效果。在这种情况下,许多学者认识到,必须对美国现有的企业管理观念、组织原则和工作方法进行彻底的重组再造,做一次伤筋动骨的大手术,才能帮助美国企业迅速获得再生,重新夺回世界领先的位置。

市场竞争的不断加剧和竞争的全球化,促进了生产的高度自动化。短缺经济时代,萧条和战争剥夺了顾客对商品的选择权,他们对产品质量和服务基本没有过高的要求,产品市场基本是卖方市场。随着现代工业的出现,大量生产与分配产品已成为现实。交通和通信的迅速发展,使市场全球化步伐进一步加快,加之全球掀起反对贸易保护、提倡自由贸易的浪潮,使企业面临着全球的竞争对手。同时,产品市场已逐渐从卖方市场转向买方市场。企业关心得最多的是如何低成本、大批量地生产出产品,组织和生产规模都在不断地扩大,组织内的层级和分工在不断地细化。

市场变化步伐加快也是当今市场的主要特征。由于竞争不断加剧及新技术不断涌现,新产品的开发周期不断缩短,产品的生命周期也不断缩短。同时,市场的全球化使各国的市场再也不是一个封闭的市场。市场变化的影响因素完全处于企业的想象和控制之外,市场变得越来越变幻莫测。

先进的制造技术、日臻完善的管理模式为业务流程再造的实施创造了条件。例如,柔性制造系统是一种高效率、高质量地进行多品种、中小批量生产的自动化可变加工系统,利用它生产产品可以快速响应市场变化,满足顾客的多样化和个性化需求。一些现代管理模式,如精益生产、准时制造和全面质量管理等,提倡以顾客为中心、小组工作、自我负责、增值第一和质量第一的原则,企业在实施业务流程再造时,可以创造性地采用这些原则，使再造（重组）活动开展得更好。

2）电子商务给企业带来的影响

电子商务的发展，把我们的工作和生活推向了一个崭新的时代。不仅使我们周围的环境发生了质的变化，而且要求我们的内部组织结构必须有质的变化。信息技术的发展，要求我们利用这种技术最大限度地为本企业创利。这就向以往的企业组织结构形式提出了挑战。

信息社会带来了观念的变化。电子商务时代已不再像工业时代那样，以金融资本为战略资源。相反，它强调的是信息、知识和创造性，从而创造这种资源的人就成为信息时代中最重要的资源。信息技术的发展与应用为业务流程再造理论的出现提供了强有力的支持。在电子商务环境下，企业业务流程再造离不开信息技术的支持，并且最终需要由计算机系统来执行。例如，利用建模仿真工具可以重新设计经营过程；采用计算机网络、数据库和多媒体等技术建立企业级、地区级乃至全球级网络，能够加快信息传递，实现信息共享，其结果是将传统的串行工作方式变为并行工作方式，将企业组织结构的层次由垂直变为水平，使企业成为协同工作的组织；利用专家系统和决策支持系统，可以使原来只能由专业技术人员和领导担当的工作转为由一般员工也可以担当；等等。

3）企业业务流程再造根源：基于分工理论的企业业务流程的弊端

业务流程再造理论的出现，一个明确的指向就是亚当·斯密的分工理论，即分工带来了效率提高。但是，分工理论在不断提高企业生产效率的同时，也给企业的持续发展套上了一道无形的枷锁。

首先，将一个连贯的业务流程分割成几个片段，既导致劳动者的技能愈加专业化，成为一个片面发展的机器附属，也造就了劳动者“只见树木，不见森林”的弊端，劳动者仅关心自己这一块的工作，而不知整个工作的目标，不能从全局的角度审视整个工作过程，导致个体与全局不协调，从而导致次优问题的出现。另外，在这种工作方式下，过细的分工使得完整的工作被分割成很多“碎块”，一个完整的工作流程要跨越多个职能部门，各个“碎块”由不同部门的劳动者去完成，但这些“碎块”中任何一块都不同于最终的结果，为了实现工作目标，必须把这些“碎块”拼起来，从而形成一个流程。分工越细，各个“碎块”就越简单，将这些“碎块”拼起来的难度就越大，形成的流程就越复杂。这种拼接过程需要不同部门之间大量的合作与协调，增加了各个业务部门之间的交流工作，交易费用会因此大大增加，同时会导致整个工作效率降低、对外界反应迟钝，以及一些意想不到的问题出现。

其次，在分工理论的影响下，科层制成为企业组织的主要形态，这种体制将人分成严格的上下级关系，即使进行一定程度的分权管理，也大大束缚了企业员工的积极性、主动性和创造性。特别是在老的工业经济时代逐步向新的知识经济时代过渡的过程中，流行200多年的分工理论已经成为亟待变革的羁绊。因此，以恢复业务流程本来面目为根本内容的企业业务流程再造理论便应运而生。

企业业务流程再造理论以一种再生的思想重新审视企业，并对传统的管理学赖以生存的基础——分工理论提出了质疑，是管理学发展史中的一次巨大变革。

2. 企业业务流程再造的概念

企业业务流程再造（或企业过程重组、企业经营过程再造）最早是由美国的 Michael

Hammer 和 Jame Champy 提出的。它强调以业务流程为改造对象和中心、以关心客户的需求和满意度为目标,对现有的业务流程进行根本地再思考和彻底地再设计,利用先进的制造技术、信息技术及现代化的管理手段,最大限度地实现技术上的功能集成和管理上的职能集成,以打破传统的职能型组织结构(function organization),建立全新的过程型组织结构(process oriented organization),从而实现企业经营在成本、质量、服务和速度等方面的巨大改善。

在这个定义中,“根本性”“彻底性”“巨大改善”和“流程”是应关注的 4 个核心内容。

1) 根本性

根本性表明业务流程重组所关注的是企业的核心问题,如“我们为什么要做现在的工作?”“我们为什么要用现在的方式做这份工作?”“为什么必须是由我们而不是别人来做这份工作?”等等。通过对这些根本性问题的仔细思考,企业可能发现自己赖以生存或运转的假设是过时的甚至是错误的。

2) 彻底性

彻底性意味着对事物追本溯源,对既定的现存事物不是进行肤浅地改变或调整、修补,而是抛弃所有的陈规陋习,以及忽视一切规定的结构与过程,创造、发明全新地完成工作的方法。它是对企业进行重新构造,而不是对企业进行改良、增强或调整。

3) 巨大改善

巨大改善意味着业务流程重组追求的不是一般意义上的业绩提升或略有改善、稍有好转等,进行重组就要使企业业绩有显著的增长、极大的飞跃。业绩显著增长是企业业务流程再造的标志与特点。

4) 流程

企业业务流程再造关注的是企业的业务流程,一切“再造”工作全部都是围绕业务流程展开的。业务流程是指一组共同为顾客创造价值而又相互关联的活动。哈佛商学院教授 Michael Porter 将企业的业务过程描绘成一个价值链(value chain),竞争不是发生在企业与企业之间,而是发生在企业各自的价值链之间。只有对价值链的各个环节(业务流程)实行有效管理的企业,才有可能真正获得市场上的竞争优势。

第 2 章　电子商务应用基础与交易模式

2.1　电子商务系统的组成

电子商务系统是实现网上交易的体系保证。市场交易是由参与交易的双方在平等、自由、互利的基础上进行信息流、货币流、商流和物流的交换。在网上交易，其信息沟通是通过数字化的信息沟通渠道实现的，首要的条件是交易双方必须拥有相应的信息技术工具，才有可能利用基于信息技术的沟通渠道进行沟通。同时，要保证能通过 Internet 进行交易，要求企业、组织和消费者都能连接到 Internet。在网上进行交易，交易双方在空间上是分离的，为保证交易双方进行等价交换，必须提供相应的货物配送手段和支付结算手段。货物配送仍然依赖传统物流渠道，对于支付结算则既可以利用传统手段，也可以利用先进的网上支付手段。此外，为保证企业、组织和消费者能够利用数字化沟通渠道，保证交易、配送和支付的顺利进行，需要由专门提供这方面服务的中间商参与，即电子商务服务商。

图 2-1 显示的是一个完整的基础电子商务系统，它在 Internet 信息系统的基础上，由参与交易主体的信息化企业、信息化组织和使用 Internet 的消费者，提供实物配送服务和支付服务的机构，以及提供网上商务服务的电子商务服务商组成。由上述几部分组成的基础电子商务系统，将受到一些市场环境的影响，包括经济环境、人文环境、法律政策环境和技术环境等几个方面。

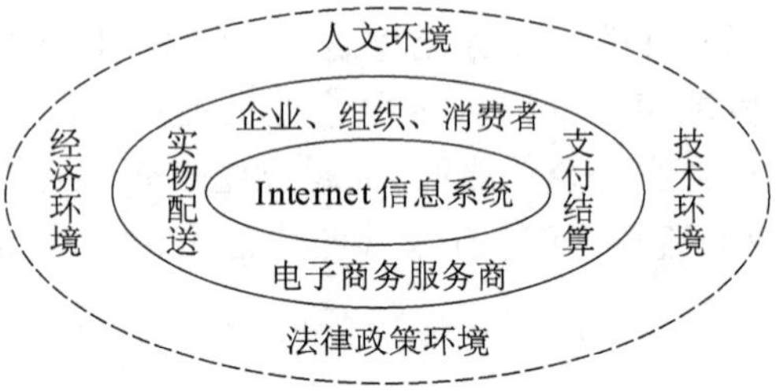

图 2-1　基础电子商务系统

2.1.1　电子商务系统环境

1. 经济环境

经济环境是影响电子商务发展的基本环境，涉及诸如网上企业信息化、商业电子化和金融电子化的程度，以及政府围绕电子商务的税收制度、信息的定价、信息访问的收费、信息传输成本、隐私问题等制定的政策等内容。

1）企业信息化

企业信息化是将信息技术应用于企业生产、管理等经营活动，通过各种网络信息系统加工生成新的信息资源，提供给各层次的人们洞悉、观察各类动态业务中的一切信息，以做出有利于生产要素组合优化、企业资源合理配置的决策，使企业经济效益和竞争能力不断提高的过程。

企业信息化是由一系列要素构成的，这些要素的成熟度和作用效果决定了企业信息化的发展水平、应用水平和效用发挥。企业信息化的要素可以分为两大类：内部要素和外部要素。

（1）企业信息化的内部要素。

① 信息基础设施。信息基础设施是决定企业的信息能力和信息化水平的重要因素，它由硬件、软件和网络构成。

② 信息资源。一种是内部信息资源，另一种是外部信息资源。

③ 信息化人员。企业信息化的建设，不仅需要专业的工程师，而且也对相关员工的信息技能提出了较高要求。企业信息化需要的是企业全体员工的参与，以及全员信息意识的建立。

（2）企业信息化的外部要素。

① 社会信息基础设施。企业信息化向网络化和电子商务发展的趋势，使得企业对外部网络和通信设施的依赖性日益增强。社会信息基础设施，特别是通信和网络基础设施的发展水平、运行效率将对企业信息化产生重要影响。

② 外部供应商。外部供应商包括计算机和通信设备供应商、软件供应商、软件开发商、系统集成商、咨询顾问公司、信息系统监理商等。外部供应商的专业化程度将极大地影响企业信息化建设的投资效率、开发效率和技术的先进性和实用性。

③ 政策法规与标准规范。尽管企业信息化是以企业为主体、市场机制为导向的自发过程，但是，政府的投资政策、税收政策、技术产业政策、法律法规、标准规范等也将对企业信息化建设的效率产生广泛而深刻的影响。

企业信息化是企业开展电子商务的前提条件。企业利用电子商务带来经济效益的多少，依赖于企业信息化水平的高低。

2）金融信息化

金融信息化是指金融机构在为客户提供金融服务和进行经营管理的过程中，通过对信息资源的深入开发和广泛运用，使金融机构通过信息网络开展业务，为广大企事业单位和社会大众提供各种金融信息服务，包括网上银行、电子现金、电子票据、电子支付与结算等。

在电子商务中，商品交易的过程完全在网络环境下的虚拟市场完成，支付过程和支付手段必须完全电子化，因此必须通过网上支付这种新的支付方式。网上支付是电子商务的关键环节，也是电子商务得以顺利发展的基础条件。

3）税收信息化

随着网络技术的迅猛发展，信息处理和传递突破了时空与地域的界限，以此为基础发展起来的电子商务已成为一股不可抗拒的世界性潮流。与此同时，电子商务对传统的税收制度产生了前所未有的冲击。对电子商务征税是发展的必然。

电子商务作为新兴事物，显然还无法在短期内建立起一套世界各国能够统一接受的税收体系。主要原因在于电子商务的特殊运营环境，主要涉及以下几个方面：

（1）由电子商务的无国界性和经济全球化因素引发的国际税收收入分配和国内财

政税收等诸多需要解决的双边和多边问题。

(2) 由电子商务涉及的税收规定的重新认定而引发的问题，即由于电子商务“虚拟化”而出现的“交易时空”概念模糊所引发的有关税收规定的重新界定。

(3) 由电子商务交易“隐匿化”而引发的税收征管问题等。

我国目前还没有针对电子商务的具体税收制度。针对如何对电子商务进行征税、征多少税，才能既不扼制电子商务发展又避免国家财政损失等问题，税务总局已成立电子商务税收对策研究小组，就这一问题进行积极探索。我国针对电子商务的税制改革，应把握以下几个原则:

1) 税收中性原则

税收是一种分配方式，从而也是一种资源配置方式。税收中性原则包含两个最基本的含义:一是国家征税使社会所付出的代价以税款为限，尽可能不给纳税人或社会带来额外损失或负担;二是国家征税应避免对市场经济正常运行的干扰，特别是不能使税收超越市场机制而成为资源配置的决定因素。

2) 财政收入原则

电子商务税收制度的建立和发展也必须遵循财政收入原则，要与国家的整体税收制度相协调和配合，保证国家开支的需要。就电子商务而言，财政收入原则有两个要求:第一个要求是通过对电子商务和其他产业的征税共同构成的税收收入，要能充分满足一定时期的公共支出的需要;第二个要求是对电子商务征税要有弹性，使税收弹性大于或等于1，从而保证财政收入能与日益增加的国民收入同步增长。

3) 现行税制为基础的原则

在制定电子商务相关税收制度时，应以现行税制为基础，逐渐修订和完善，补充有关对电子商务适用的条款，避免对现行税制产生冲击。

4) 适当优惠的原则

为了促进电子商务在我国的快速发展，鼓励企业上网交易，对电子商务的征税应暂时采取优惠政策，不加征新税。

5) 坚持国家税收主权的原则

借鉴其他国家电子商务发展成功经验的同时，结合我国的实际，探索适合我国国情的电子商务发展模式。在制定电子商务的税收方案时，既要有利于与国际接轨，又要考虑到维护国家主权和保护国家利益。

2. 人文环境

电子商务发展需要人的参与，电子商务的发展水平与网络的普及、大众参与、人才的培养密切相关。

1) 网络的普及

中国互联网络信息中心(CNNIC)报告显示，截至2011年6月底，中国网民规模达到4.85亿人，我国网民规模、宽带网民数、国家顶级域名注册量3项指标稳居世界第一，网络普及率稳步提升。网络的普及为电子商务的发展提供了大量人员参与的可能性。

2) 大众参与

电子商务发展和普及的主要标志是大众参与的程度，虽然我国网民数量已经成为世界第一，但参与网上交易的网民数量还不足三成。因此，需要不断扩大大众参与电子商务的热情和可持续投入，可从以下3方面着手：

（1）建立面向社会大众的电子商务网站信用评估中介。

对电子商务网站的服务和产品的质量给予客观公正的评价，并以量化的方式向大众公布。在评估过程中，既要注重评估中的公正、客观，又要建立一套集各方面评估结果为一体的综合评估体系。

（2）培养全社会的诚信意识和信用的消费习惯。

电子商务由于是在虚拟环境下进行，相对于传统商务更需要诚实守信。需要积极稳妥地引导消费者采用先进的信用消费手段。如果更多人接受了这种电子信用支付模式，就会逐渐将这种消费行为演化为习惯，而这种习惯会大大提高人们的诚信意识，推进电子商务诚信机制的日益完善。

（3）建立信用奖惩机制。

对信誉良好的网站企业应当给予优惠政策，对失信网站和个人，应让其受到应有的处罚，并进行重点监管，同时将失信企业或个人的不良行为记录在案，让失信者引以为戒，不再重犯。

3. 政策与法律环境

电子商务从起步就受到了各国政府的高度重视，先后出台了从政策立法到经济扶植的各项支持措施。由于电子商务是在虚拟市场环境下，交易双方进行的一种不谋面的商务活动，因此这种虚拟市场的特性决定了要保障这种活动的规范和有序，法律体系的基本框架至少应包括以下几个方面的内容：数字签名法规、电子凭证法规、电子文件公证法规、电子商务商家法规、网上经营和服务法规、网上个人隐私和消费者权益保护法规、网上知识产权法规、电子商务安全法规等。

为了保证电子商务健康正常的发展，电子商务的法律建设应该按照以下几个步骤，逐步实施。

1）以法规带法律建设

在一些法律作用还不明确的地方，为慎重起见，应先制定相应的法规，条件成熟时再制定相应的法律。

2）以地方法规建设为先导

条件成熟和发达的地区，可先行试点，制定地方法规，然后再逐步完善地方立法，求得实施中的经验，促进地方相应法律的建设。

3）建设重要的行业和部门的法规

比如有关网上安全和电子媒介方面的部门性的全国法规可以先行颁布执行，以加快电子商务法律保障的建设工作。

4）数字签名和认证法律法规的制定与颁布执行

为了防止虚假买卖和信任危机等问题，颁布实施数字签名和认证的法律法规，对扫除电子商务具体实施发展中的障碍具有重要意义。

我国已于2005年4月1日起正式施行《中华人民共和国电子签名法》，这是对中国电子商务的极大推进，一般的商业合同可以通过电子方式来签订。

5）建立电子商务仲裁机制

一部由中国国际经济贸易仲裁委员会颁布的《中国国际经济贸易仲裁委员会网上

仲裁规则》于2009年5月1日起正式施行。该规则特别适用于解决电子商务争议。对于电子商务、计算机数据、应用软件等IT案件，网上仲裁具有明显的技术优势。电子商务争议最适合通过网上仲裁来解决，因为交易双方常常相隔遥远，而交易过程中会保留完整的通信痕迹。网上仲裁可以保证公正、快速地解决纠纷，有利于社会层面上的电子商务的发展。

4. 技术环境

技术环境包括对于电子商务系统影响重大的技术标准、加密技术及认证技术的设定。

1）技术标准

技术标准是信息发布、传递的基础，是网络上信息一致性的保证。如果没有统一的技术标准，就像不同的国家使用不同的电压传输电流、用不同的制式传输视频信号，限制了许多产品在世界范围内的使用。EDI标准的建立就是电子商务技术标准的一个例子。

2）加密技术

加密技术就是用基于数学算法的程序和保密的密钥对信息进行编码，生成难以理解的字符串，以尽量防止信息被偷看和被篡改情况的发生。

3）认证技术

认证技术用来确保信息的真实性，即确保信息是属于信息的发送者，而不是别人冒充他的名义发出的。

2.1.2 基础电子商务系统

1. Internet 信息系统

电子商务系统的基础是Internet信息系统，它是进行交易的平台，交易中所涉及的信息流、物流和资金流都与信息系统紧密相关。Internet信息系统是指企业、组织和电子商务服务商在Internet网络的基础上开发设计的信息系统，它可以成为企业、组织和个人消费者之间跨越时空进行信息交换的平台；在信息系统的安全和控制措施的保证下，通过基于Internet的支付系统进行网上支付；通过基于Internet的物流信息系统控制物流的顺利进行，最终保证企业、组织和个人消费者之间网上交易的实现。因此，Internet信息系统的主要作用是提供开放的、安全的和可控制的信息交换平台。它是电子商务系统的核心和基石。

2. 电子商务服务商

Internet作为一个蕴藏巨大商机的平台，需要有一大批专业化分工者进行相互协作，为企业、组织与消费者在Internet上进行交易提供支持。电子商务服务商便起着这种作用。

3. 企业、组织与消费者

企业、组织与消费者是Internet网上市场交易的主体，他们是进行网上交易的基础。由于Internet本身的特点及加入Internet的网民的加速增长趋势，使得Internet成为非常具有吸引力的新兴市场。一般说来，组织与消费者上网比较简单，因为他们主要是使用电子商务服务商提供的Internet服务来参与交易的。企业上网则非常重要而且复杂，这是因为，一方面企业作为市场交易的一方，只有上网才可能参与网上交易；另一方面，企业作为交易的主体地位，必须为其他参与交易方提供服务和支持，如提供产品信息查询服务、商品配送服务、支付结算服务等。因此，企业上网开展网上交易必须进行系统规划，建设好自己的电子商务系统。

图 2-2 是一个基于 Internet 的企业电子商务的组成结构图。电子商务系统由基于企业内部网（Intranet）基础上的企业管理信息系统、电子商务站点和企业经营管理组织人员组成。

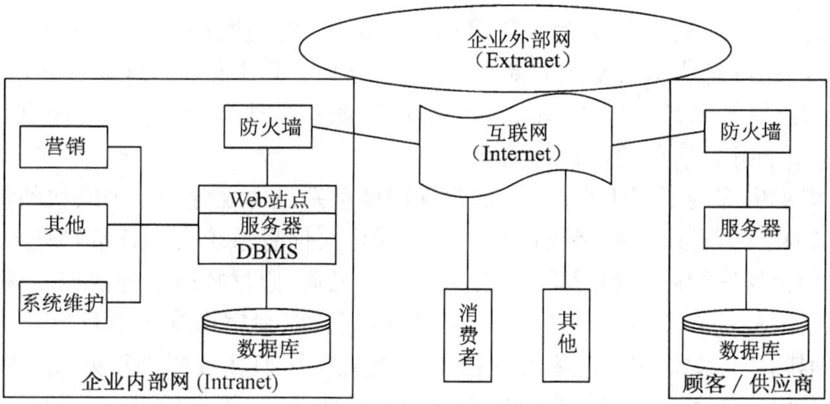

图 2-2　企业电子商务系统组成结构图

1）企业内部网络系统

当今时代是信息时代，而跨越时空的信息交流传播是需要通过一定媒介来实现的，计算机网络恰好充当了信息时代的“公路”。计算机网络是通过一定的媒介如电线、光缆等，将单个计算机按照一定的拓扑结构连接起来，在网络管理软件的统一协调管理下，实现资源共享的网络系统。根据网络覆盖范围，一般可分为局域网（local area network，简称 LAN）和广域网（wide area network，简称 WAN）。由于不同的计算机硬件不一样，为方便联网和信息共享，需要将 Internet 的联网技术应用到 LAN 中组建 Intranet，它的组网方式与 Internet 一样，但使用范围局限在企业内部。为方便企业同业务紧密的合作伙伴进行信息资源共享、保证交易安全，在 Internet 上通过防火墙来限制不相关的人员和非法人员进入企业网络系统，只有那些经过授权的成员才可以进入网络，一般将这种网络称为企业外部网（Extranet）。如果企业的信息可以对外界进行公开，那么企业可以直接连接到 Internet 上，实现信息资源最大限度的开放和共享。

企业在组建电子商务系统时，应该考虑企业的经营对象是谁，如何采用不同的策略，通过网络与这些客户进行联系。一般说来，可以将客户分为 3 个层次并采取相应的对策，对于特别重要的战略合作伙伴，企业允许他们进入企业的 Intranet 系统直接访问有关信息；对于与企业业务相关的合作企业，企业同他们共同建设 Extranet，实现企业之间的信息共享；对普通大众市场的客户，则可以直接连接到 Internet。由于 Internet 技术的开放性、自由性，在 Internet 上进行交易很容易受到外来的攻击，因此企业在建设电子商务时必须考虑到经营目标的需要，以及保障企业电子商务安全的要求。否则，可能由于非法入侵而妨碍企业电子商务系统的正常运转，甚至出现致命的后果。

2）企业管理信息系统

企业管理信息系统是功能完整的电子商务系统的重要组成部分。它的基础是企业内部信息化,即企业建设内部管理信息系统。企业管理信息系统是一些相关部分的有机整体,在组织中发挥搜集、处理、存储和传送信息的作用,并支持组织进行决策和控制。企业管理信息系统最基本的系统软件是数据库管理系统(database management system,简称 DBMS),它负责搜集、整理和存储与企业经营相关的一切数据资料。

从不同的角度可以对信息系统进行不同的分类。根据功能不同,可以将信息系统划分为营销、制造、财务、会计和人力资源信息系统等。要使各职能部门的信息系统能够有效地运转,必须实现各职能部门信息化。例如,要使网络营销信息系统能有效运转,营销部门的信息化是最基础的要求。一般为营销部门服务的营销管理信息系统的主要功能包括客户管理、订货管理、库存管理、往来账款管理、产品信息管理、销售人员管理,以及市场有关信息的搜集与处理。

根据组织内部的不同组织层次,企业管理信息系统可划分为 4 个层次的信息系统:操作层、知识层、管理层和战略层信息系统。操作层信息系统支持日常管理人员对基本经营活动和交易进行跟踪和记录,如销售、现金、工资、原材料进出等数据。该层系统的主要原则是记录日常交易活动,解决日常规范问题,如销售系统中当日销售多少、库存多少等基本问题。知识层信息系统支持工作人员对知识和数据进行处理,帮助公司整理和提炼有用的信息和知识。它可以减少对纸张的依赖,提高信息处理的效率和效用,如销售统计人员用之进行分析和统计销售情况,上级用之进行管理和决策,其解决的主要是结构化问题。管理层信息系统设计用来为中层经理的监督、控制、决策及管理活动提供服务。管理层信息系统提供的是中期报告而不是即时报告,主要用来分析业务进行得如何、存在什么问题等,充分发挥组织内部的效用,主要解决半结构化问题。战略层信息系统主要关注外部环境和企业内部制定和规划的长期发展方向,关心现有组织的能力能否适应外部环境变化,以及企业的长期发展和行业发展趋势问题,这些通常是非结构化问题。

3）电子商务站点

电子商务站点是指在企业 Internet 上建设的具有销售功能、能连接到 Internet 上的万维网站点。电子商务站点起着承上启下的作用,一方面,它可以直接连接到 Internet,企业的顾客或者供应商可以直接通过网站了解企业信息,并直接通过网站与企业进行交易;另一方面,它将市场信息同企业内部管理信息系统连接在一起,将市场需求信息传送到企业管理信息系统,然后,企业根据市场的变化组织经营管理活动。除此之外,它还可以将企业的相关经营管理信息在网站上进行公布,使企业的业务相关者和消费者可以通过网络直接了解企业经营管理情况。企业网站所提供的主要信息服务包括企业介绍、产品/服务介绍、行业新闻、企业动态、售后服务/技术支持、在线招聘信息、用户在线咨询/投诉、网上采购招标、网上销售等。

企业电子商务系统是由上述 3 个部分有机组成的。企业内部网络系统是信息传输的媒介,企业管理信息系统是信息加工、处理的工具,电子商务站点是企业拓展网上市场的窗口。因此,企业的信息化和上网是一个复杂的系统工程,它直接影响着企业电子商务的发展。

4. 支付结算

支付结算是使网上交易完整实现的很重要的一环,关系到购买者是否讲信用,能否按时支付;卖者能否按时回收资金,促进企业经营良性循环。一个完整的网上交易,它的支付应该是在网上进行的,但由于目前电子虚拟市场尚处在演变过程中,网上交易还处于初级阶段,诸多问题尚未解决,如信用问题、网络安全问题等,导致许多电子虚拟市场交易并不是完全是在网上完成交易的,许多交易只是用户在网上了解信息、撮合交易,然后利用传统手段进行支付结算。在传统的交易中,个人购物时的支付手段主要是现金,即"一手交钱,一手交货"的交易方式,双方在交易过程中可以面对面地进行沟通和完成交易。网上交易是在网上完成的,交易时交货和付款在空间和时间上是分割的,消费者购买时一般必须先付款后送货,可以采用传统支付方式,也可以采用网上支付方式。

5. 实物配送

进行网上交易时,用户与消费者通过网上订货、付款后,企业如果不能及时送货上门,便不能满足用户与消费者的需求。因此,一个完整的电子商务系统,如果没有高效的实物配送物流系统支撑,是难以使交易顺利进行的。

上述5个方面构成电子虚拟市场交易系统的基础,它们有机结合在一起,缺少任何一个部分都可能影响网上交易的顺利进行。Internet信息系统保证了电子虚拟市场交易系统中信息流的畅通,是电子虚拟市场交易顺利进行的核心。企业、组织与消费者是网上市场交易的主体,实现企业信息化和上网是网上交易顺利进行的前提,缺乏这些主体,电子商务就会失去存在的意义,也就谈不上网上交易。电子商务服务商是网上交易顺利进行的手段,它可以推动企业、组织和消费者上网,并使他们更加方便地利用Internet进行网上交易。实物配送和网上支付是网上交易顺利进行的保障,缺乏完善的实物配送及网上支付系统,将阻碍网上交易完整地完成。

2.2 电子商务系统的结构与功能

2.2.1 电子商务系统的结构

电子商务系统结构是指电子商务系统的层次关系。电子商务整体结构分为电子商务应用层结构和支持应用实现的基础结构,基础结构包括4个层次和2个支柱——4个层次自下而上分别为网络层、多媒体消息/信息发布层、传输层、一般业务服务层;2个支柱分别是文档、安全、网络协议的技术标准以及政策、法规和隐私权问题,如图2-3所示。

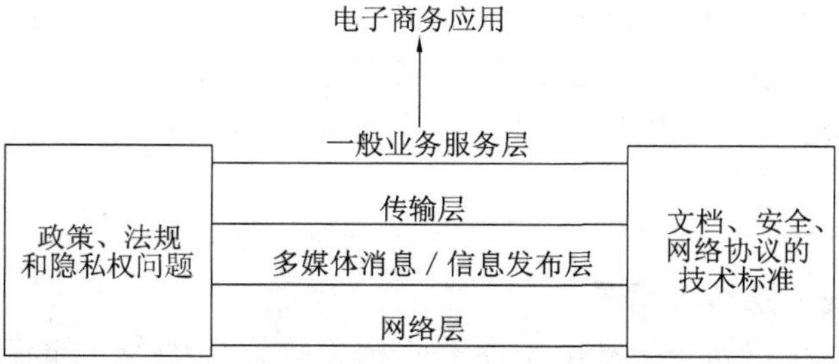

图2-3 电子商务系统的整体结构

1. 4个层次

1）网络层

网络层如同高速公路一样，是信息交流的主要通道，是实现电子商务的最底层部分，是电子商务的硬件基础设施，包括远程通信网、有线电视网、无线通信网和互联网络，其核心是互联网络。整个互联网络是由骨干网、城域网、局域网层层搭建而成，使得任何一台联网的计算机能够随时同这个世界连为一体。电子商务对网络基础设施建设提出的技术需求包括容纳多种网络技术；支持多种协议标准；高度的可靠性和安全性；灵活性、可扩展性和高性价比等。

2）发布层

网络层使得通过网络传递信息成为可能，而如何传递信息和传递何种信息取决于用户的具体操作。HTML是超文本标记语言，能够将多媒体内容组织得易于检索和富有表现力。HTML用于指定浏览器显示和打印文档的方式，用任何一种文本编辑器打开一个HTML，所能看到的只是成对的尖括号和一些文档中的字符串，而用Web浏览器打开它，就能看到它漂亮的外观。其中一种重要的标记类型是超文本链接标记，超文本链接可以指向同一HTML文本的其他位置或其他HTML文本。除此之外，还有目前互联网上最流行的信息发布方式——WWW，由超文本链接的HTML文件构成的系统称为WWW，它可以组织全球各地网站上的互相链接的信息页面。

SUN公司推出的Java编程语言可更方便地使这些传播适用于各种网络、设备、操作系统及界面等。Java已成为互联网世界中最受欢迎、最有影响力的编程语言。

3）传输层

信息传播有两种交流方式：非格式化的数据交流，如Fax和E-mail，主要面向人；另一种是格式化的数据交流，如电子数据交换EDI，它的传递和处理过程可以是自动化的，面向机器。

HTTP是互联网上通用的消息传播工具，是信息传输时使用最为广泛的一种通信协议。HTTP采用客户机/服务器模式，用户的WWW浏览器打开一个HTTP会话，并向远程服务器发出WWW页面请求，作为回答，服务器产生一个HTTP应答信息，并把它送回客户机的WWW浏览器，如果客户机确定收到的信息是正确的，就断开连接，HTTP会话结束。

4）一般业务服务层

一般业务服务层主要指为了方便贸易所提供的通用的业务服务，是所有的企业、个人做贸易时都需要的，主要包括安全、认证、电子支付和目录服务等。为了在互联网的开放性环境下进行商业行为，交易安全性（使传递的信息是可靠的，不可篡改、不可抵赖的，有争议时能提供适当的证据）是首要的条件，用交易各方的电子证书来提供端到端的安全保障。

2. 两大支柱

1）政策、法规和隐私权问题

政策法律和隐私权问题是指电子商务的相关政策与法令。随着网络的加速发展，网络投机、诈骗及违法犯罪将越来越严重。为了推动电子商务健康有序地发展，创造一个良好的法制环境必不可少。

国际上人们对于信息领域的立法工作十分重视，早在 1996 年 6 月，联合国国际贸易法委员会就制定了《电子商务示范法》，为在世界范围内解决电子商务法律问题和各成员国制定各自的网络法律提供了法律框架并奠定了基础。欧盟各国、美国、加拿大、澳大利亚、新加坡等国家，以及中国香港等地区都相继推出了与电子商务有关的法律。我国电子商务立法在近几年也呈现出快速发展的趋势，但与电子商务的发展速度相比还相对滞后，针对电子商务的法律法规还有待健全，如个人隐私权、信息定价等问题也需要进一步界定。同时，由于各国的体制和国情不同，与 Internet 和电子商务的跨国性有一定冲突，这就要求加强国际合作研究。

2）文档、安全、网络协议的技术标准

各类标准和协议定义了用户接口、传输协议、信息发布标准、安全协议等技术细节。就整个网络环境来说，标准对于保证兼容性和通用性是十分重要的。许多厂商、机构都意识到标准的重要性，正致力于联合开发统一标准。

在 4 个基础和 2 个支柱之上，就可以一步一步地建设完整的电子商务应用，比如电子市场、电子广告、网上娱乐、家庭购物、信息服务等。

2.2.2 电子商务系统的功能

电子商务可以提供网上交易和管理全过程服务，具有信息发布和广告宣传、咨询洽谈等多项功能。

1. 信息发布和广告宣传

企业可以在 Internet 上发布各类商业信息，利用网上主页和电子邮件在全球范围做广告宣传。客户可借助网上的检索工具迅速地找到所需商品的信息。在电子商务中，信息发布的实时性和方便性及信息传播的广泛性是传统媒体无可匹敌的，与其他各类广告相比，网络广告具有成本低廉、双向交流、给顾客的信息量丰富等优点。

2. 咨询洽谈

电子商务中，客户可借助非实时的电子邮件、新闻组（news group）和实时的讨论组（chat）来了解市场和商品信息。网上的咨询和洽谈能超越人们面对面洽谈的限制，提供方便的异地交谈。在形式上，咨询洽谈不仅不局限在一对一的个人对话上，用户还可通过视频来谈话和交换图像。

3. 网上订购

在电子商务网站上，通常都是在产品介绍的页面上提供十分友好的商品订购提示信息和购物车，方便顾客在线订购。当客户填完订购单后，系统会回复确认信息单，以保证订购信息的收悉。订购信息也可采用加密的方式使客户和商家的商业信息不泄露。

4. 网上支付

电子支付是电子商务中的一个重要环节，虽然电子商务也可通过传统的支付方式（如货到付款）进行，但是在线网上支付、电子现金、IC 卡、信用卡、移动支付等电子支付方式较传统的货币支付方式更具方便性，也可节省交易中的人员开销，显然有着更大的优越性。近年来第三方支付平台也得到了广大消费者的青睐，有力地推动了电子商务的发展。

5. 网上金融

电子商务的发展为金融业提供了新的服务领域和方式，而金融服务的内容也将迎合电子商务的要求并提供相应的业务支持。网上金融服务包括人们需要的各种内容，如网上贸易和网上银行，包括网上货币、外汇交易与管理；投资理财、会计账务管理、财产管理、委托投资和网上证券交易；保险、网上报价、代理服务和理赔管理、金融信息服务、信息发布与统计、评估与论证、咨询服务、金融安全服务等。这些金融服务的特点是通过数字货币可以进行及时的电子支付与结算。其中，电子签名、加密、U 盾等电子商务安全工具的应用提高了操作的安全性。

6. 供应链管理

电子商务会促进上下游关联企业的密切合作，实施供应链管理，提高原料采购、生产、包装、配送等环节的运行效率。

7. 情报搜集与意见征询

企业能通过互联网进行市场调查、搜集价格信息，网站可以方便地采用网页上的格式文件来搜集用户对产品与销售服务的反馈意见，使企业及时获得市场需求，发现商机，改善产品质量及服务。

8. 客户关系管理

通过用户注册和网络数据库，网站可以方便地得到顾客的个人信息；通过一些程序，网站还可以跟踪顾客的购物记录，分析了解顾客的需求，挖掘出有潜力的客户。电子商务将推动企业加强客户关系管理，切实完善售后服务，从而维持住老客户、挖掘出新客户，最终达到获得客户忠诚和创利的目的。

9. 交易管理

交易管理是涉及电子商务活动全过程的管理。整个交易的管理涉及人、财、物多个方面；涉及企业和企业、企业和客户及企业内部等各个方面的协调和管理；涉及有关市场法规、税务征管及交易纠纷仲裁等内容。交易管理需要良好的网络环境及多种多样的应用服务系统。

2.3 电子商务的分类

从不同的角度，电子商务可以有多种不同的分类方法。

2.3.1 按开展电子交易的地域范围分类

1. 本地电子商务

本地电子商务通常是指利用本城市内或本地区内的信息网络实现的电子商务活动，电子交易的地域范围较小。本地电子商务系统是利用 Internet，Intranet 或专用网将下列系统联结在一起的网络系统：

（1）参加交易各方的电子商务信息系统（包括买方、卖方及其他各方的电子商务信息系统）；

（2）银行金融机构电子信息系统；

（3）保险公司信息系统；

（4）商品检验信息系统；

(5) 税务管理信息系统;

(6) 货物运输信息系统;

(7) 本地区 EDI 中心系统(实际上,本地区 EDI 中心系统是联结各个信息系统的中心)。

本地电子商务系统是开展远程国内电子商务和全球电子商务的基础系统。

2. 远程国内电子商务

远程国内电子商务是指在本国范围内进行的网上电子商务活动,其交易的地域范围较大,对软硬件和技术要求较高,要求在全国范围内实现商业电子化、自动化,实现金融电子化,交易各方应具备一定的电子商务知识、经济能力和技术能力,并具有一定的管理水平和能力等。

3. 全球电子商务

全球电子商务是指在全世界范围内进行的电子商务活动。参加电子交易的各方系统有进出口公司系统、海关系统、银行金融系统、税务系统、运输系统、保险系统等。全球电子商务业务内容繁杂,数据来往频繁,要求电子商务系统严格、准确、安全,为此应制定出世界统一的电子商务标准和电子商务(贸易)协议,使全球电子商务得以顺利发展。

2.3.2 按使用网络的类型分类

根据使用网络类型的不同,电子商务目前主要有 3 种形式:第一种形式是 EDI 商务,第二种形式是 Internet 商务,第三种形式是 Intranet 商务。

1. EDI 商务

EDI(electronic data interchange)意为电子数据交换,俗称无纸贸易。按照国际标准组织的定义,EDI 是"从计算机到计算机以电子传输方式,将商务或行政事务按照一个公认的标准,形成结构化的事务处理或文档数据格式"。传统的贸易过程通常是参与贸易的有关各方通过电话、传真等方式进行贸易磋商、签约和执行。有关交易文件的制作和传输也要通过人工来处理。而贸易过程要经过银行、海关、商检、运输等环节,含有同样交易信息的不同文件要经过多次重复的处理。这就增加了重复劳动量、额外的开支及出错的机会。同时由于邮寄的延误和丢失,常常给贸易双方造成意想不到的损失。

自从计算机技术开始使用,人们就一直探索用电子手段来代替传统的纸面信息记录和信息传输的方式。EDI 用计算机代替人工处理交易信息,大大提高了数据的处理速度和准确性。然而为使商业运作各方的计算机能够处理这些交易信息,各方的信息必须按照事先规定的统一标准进行格式化,才能被各方的计算机识别和处理。简单地说,EDI 就是按照商定的协议,将商业文件标准化和格式化,并通过计算机网络,在贸易伙伴的计算机网络系统之间进行数据交换和自动处理。

EDI 主要应用于企业与企业、企业与批发商、批发商与零售商之间的批发业务。相对于 Internet,EDI 较好地解决了安全保障问题,这是因为使用者均有较可靠的信用保证,并有严格的登记手续和准入制度,加之多级权限的安全防范措施,从而实现了包括付款在内的全部交易工作的电脑化。

但是,由于 EDI 必须租用 EDI 网络上的专线,即通过购买增值网(value added networks,简称 VAN)服务才能实现,费用较高,也需要有专业的 EDI 操作人员,并且要求贸易伙伴也使用 EDI,因此只有大公司才有能力使用 EDI。这种状况使得已经存在了 30 多年的 EDI 至今仍未普及。

2. Internet 商务

Internet 商务是国际现代商业的最新形式。它以计算机、通讯、多媒体、数据库技术为基础,通过 Internet 在网上实现营销、购物服务。它突破了传统商业生产、批发、零售及进、销、存、调的流转程序与营销模式,真正实现了少投入、低成本、零库存、高效率,避免了商品的无效搬运,从而实现了社会资源的高效运转和最大节约。消费者可以不受时间、空间、厂商的限制,广泛浏览信息,充分比较,模拟使用,力求以最低的价格获得最为满意的商品和服务。

3. Intranet 商务

Intranet 商务是利用企业内部网络开展的商务活动。Intranet 是 Intra-business Internet 的缩写,是指运用 Internet 技术,在企业内部建立的网络系统。Intranet 只有企业内部的人员可以使用,信息存取只限于企业内部,并在安全地控制下连上 Internet。一般 Intranet 多设有防火墙程序,以避免未经授权的用户进入。由于建立成本较低,所以 Intranet 目前发展迅速。企业开展 Intranet 商务,一方面可以节省许多文件往来时间,方便沟通管理并降低管理成本;另一方面可通过网络与客户提供双向沟通,适时提供产品与服务,提升服务品质。

2.3.3 按参与交易的主体分类

1. 企业间的电子商务(B2B)

B2B 是企业与企业之间通过专用网或互联网,进行数据信息的交换、传递,开展贸易活动的电子商务形式,通过这种商务形式可以将有业务联系的公司通过电子商务将关键的商务处理过程连接起来,形成网上的虚拟企业圈。

2. 企业与消费者之间的电子商务(B2C)

B2C 即企业通过 Internet 为消费者提供一个新型的购物环境——网上商店,消费者通过网络在网上购物、支付。由于这种模式节省了消费者和企业双方的时间和空间,大大提高了交易效率,节省了不必要的开支,因此网上购物成为电子商务一个最热门的话题。

3. 消费者与消费者之间的电子商务(C2C)

C2C 是消费者与消费者之间的货物交易或各种服务活动在网络上的具体实现。网上拍卖和在线竞价交易是 C2C 模式的典型应用,例如 eBay 网站,消费者在网站上可以通过询价、议价、评价及各种讨价还价的方式进行各类物品的拍卖交易。这一模式中的问题是消费者与网站需要建立相互的信任机制,保持交易过程中物流和资金流的安全和畅通。

4. 企业与政府之间的电子商务(B2G)

B2G 模式的电子商务应用覆盖了企业与政府之间的许多事务,例如网上报关、网上报税、网上审批、网上政府采购、网上产权交易、网上政策发布和信息公告。政府通过网上的各类服务为企业创造规范的电子商务应用环境,提高了企业和政府的工作效率。

5. 消费者与政府之间的电子商务(C2G)

C2G 是将消费者与政府间的许多事务通过网络来处理,如网上报税、网上身份认证、网上发放福利基金、网上社区服务、网上公益活动、网上政策发布和信息查询，政府通过网上的各类服务为大众创造良好的服务环境，提高政府的工作效率。

6. 线上到线下电子商务(O2O)

O2O 即 Online To Offline(在线离线/线上到线下)，是指将线下的商务机会与互联网结合，让互联网成为线下交易的平台，这个概念最早来源于美国。O2O 的概念非常广泛，既可涉及线上，又可涉及线下。

无论是哪一类型的电子商务，其实质都反映了提供产品或服务的单位或个人与接受产品或服务的单位或个人的关系。因此可将以上这些类型归结为 A To A(any to any)，即任何人(包括组织)在任何时候从任何地方都可获得所需产品或服务，这就是电子商务的本质与终极目标。

2.3.4 按交易的电子化程度分类

1. 完全电子商务

可以完全通过电子商务方式实现和完成整个交易过程的交易称为完全电子商务。其交易的商品主要是无形的货物和服务，如计算机软件和娱乐内容的联机订购、付款和交付，或者是全球规模的信息服务。完全电子商务能使双方突破地理限制直接进行交易，充分挖掘全球市场的潜力。

2. 不完全电子商务

无法完全依靠电子商务方式实现和完成完整交易过程的交易称为不完全电子商务。其交易的商品是有形的货物，如鲜花、书籍、食品、汽车等，交易的商品需要通过传统的渠道来完成送货，因此它需要依靠一些外部要素，如运输系统等来完成交易。此类电子商务活动有一个明显特点:交易的内容往往是物质形态的商品。

2.3.5 按商务过程的不同阶段分类

1. 交易前电子商务

交易前电子商务是指利用 Internet 或其他商务网络进行各种商贸信息的发布、查询和交流的活动，包括进行贸易磋商等活动。此类商务活动由于只是向供需双方提供沟通信息和洽谈的机会，并不涉及后续的交易过程，因此不存在单证和票据的交换，也不涉及双方的法律地位及结算支付与物流等问题，所以容易实现、发展迅速。

2. 交易中电子商务

交易中电子商务是指在交易前电子商务活动的基础上，进一步完成商贸单证和票据交换的过程。例如敲定商品和价格的细节、填报和传送订单、支付有关费用、出具发货通知单等一系列过程。此类电子商务活动的复杂程度已在增加，首先必须从信息技术上确认客户的订货要求，没有欺诈和恶作剧行为;其次是确认供应方的合法身份并且能够保证他人不会盗取客户的银行账号从事违法活动。因此，交易中电子商务活动的系统在运行机制上较为复杂，通常要求交易双方事先在指定的认证中心进行有效性和合法性的认证与注册，并在交易过程中提供动态联机认证并采取相应的保密措施等。

3. 交易后电子商务

交易后电子商务活动是在前两者的基础上再进一步的活动，使之能够完成交易资金的支付、清算，交易货物的承运、发货与到货管理等。此类商务活动将涉及银行、保险和物流等部门，所以其复杂程序又有相当程度的增加。

2.3.6 按电子商务应用领域分类

1. 网上企业

网上企业是指利用 Internet 和 Intranet 进行管理和营销等活动的生产或销售企业。

2. 网上商店

网上商店是指那些主要在网上直接面向消费者从事零售业务的商业机构，如网上书店、网上花店和网上礼品店等。

3. 网上银行

网上银行是指在网上从事金融活动的机构，如从事电子转账、电子汇款、证券或外汇的在线买卖，以及提供网上支付与认证等服务。

4. 网上信息服务

网上信息服务主要是指企业在网上提供各种信息与服务，如各种旅行社、各种教育、文化和卫生机构，以及房产、汽车和人才市场等在 Internet 上提供的信息服务。

5. 电子政务

电子政务包括各级政府部门利用 Internet 和 Intranet 进行的政务活动，如工商、税务、海关、环保等政府部门及其他政府监管部门利用 Internet 进行的政务活动。

2.4 电子商务交易的基本流转程式

2.4.1 电子商务的一般交易过程

1. 交易前的准备

这一阶段主要是指买卖双方和参与交易各方在签约前的准备活动。买方根据自己要买的商品，准备购货款，制订购货计划，进行货源市场调查和市场分析，反复修改购货计划和进货计划，确定和审批购货计划；再按计划确定购买商品的种类、数量、价格、购货地点和交易方式等，尤其是要利用 Internet 和各种电子商务网络寻找自己满意的商品和商家。

卖方根据自己所销售的商品，召开商品新闻发布会，制作广告进行宣传，全面进行市场调查和市场分析，制定各种销售策略和销售方式，了解各个买方国家的贸易政策，利用 Internet 和各种电子商务网络发布商品广告，寻找贸易伙伴和交易机会，扩大贸易范围和商品所占市场的份额。确保其他参加交易的各方，如中介方、银行金融机构、信用卡公司、海关系统、商检系统、保险公司、税务系统、运输公司，也都为进行电子商务交易做好了准备。

2. 交易谈判和签订合同

这一阶段主要是指买卖双方对所有交易细节进行谈判，将双方磋商的结果以文件的形式确定下来，即以书面文件形式和电子文件形式签订贸易合同。电子商务的特点是可以签订电子商务贸易合同，交易双方可以利用现代电子通信设备和通信方法，经过认真谈判和磋商后将双方在交易中的权利、所承担的义务，以及所购买商品的种类、数量、价格、交货地点、交货期、交易方式和运输方式、违约和索赔等合同条款，全部以电子交易合同做出全面详细的规定。合同双方可以使用电子数据交换（EDI）进行签约，也可以通过数字签名（digital signature）等方式签约。

3. 办理交易进行前的手续

这一阶段主要是指买卖双方签订合同后到合同开始履行之前办理各种手续的过程,也是双方贸易前的交易准备过程。交易中可能要涉及中介方、银行金融机构、信用卡公司、海关系统、商检系统、保险系统、税务系统、运输公司等,买卖双方要使用EDI与有关各方进行各种电子票据和电子单证的交换,这一阶段将所购商品从卖方按合同规定开始到向买方发货的一切手续办理完毕为止。

4. 交易合同的履行和索赔

这一阶段是从买卖双方办完所有手续之后开始,卖方要备货、组货,同时进行报关、保险、取证等,然后将商品交付给运输公司包装、起运、发货,买卖双方可以通过电子商务服务器跟踪发出的货物,银行和金融机构也按照合同处理双方收付款,进行结算,出具相应的银行单据等,直到买方收到自己所购的商品,完成整个交易过程。索赔是在买卖双方交易过程中出现违约时,需要进行违约处理的工作,受损方要向违约方索赔。

不同类型的电子商务交易,虽然都包括上述4个阶段,但其流转程式是不同的。对于Internet商业来讲,大致可以归纳为两种基本的流转程式:网络商品直销的流转程式和网络商品中介交易的流转程式。

2.4.2 网络商品直销的流转程式

网络商品直销是指消费者和生产者或者需求方和供应方,直接使用网络形式开展的买卖活动,其流转程式如图2-4所示。这种买卖交易的最大特点是供需方直接见面,交易环节少、速度快、费用低。

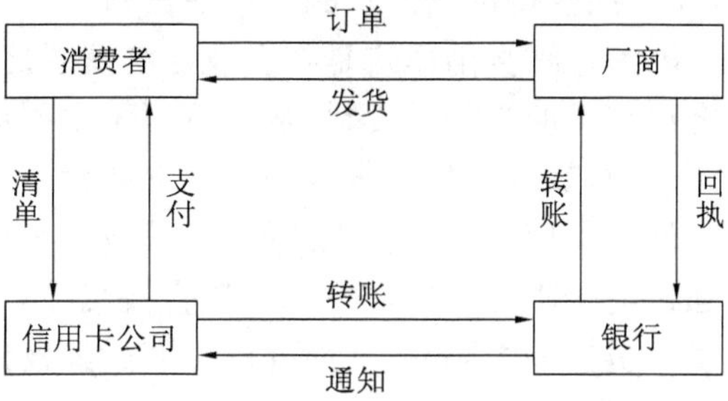

图2-4 网络商品直销的流转程式

1. 网络商品直销过程

网络商品直销过程一般可以分为以下几个步骤:

(1) 消费者进入Internet,查看在线商店或企业的主页。

(2) 消费者通过购物对话框填写姓名、地点、商品品种、规格、数量、价格等。

(3) 消费者选择支付方式,如信用卡,也可选用借记卡、电子货币或电子支票等。

(4) 在线商店或企业的客户服务器检查支付方服务器,确认汇款额是否认可。

(5) 在线商店或企业的客户服务器确认消费者付款后,通知销售部门送货上门。

(6) 消费者的开户银行将支付货款传递到他的信用卡公司,信用卡公司开出收费单。

为保证交易过程中的安全,需要有一个认证机构对在Internet上交易的买卖双方进行认证,以确认他们的真实身份。

上述过程应当在SET协议下进行。SET协议是由Master Card和Visa与IBM, MicroSoft, Netscape, SUN, Oracle等公司共同开发的安全电子交易协议。在安全电子交易的4个环节中,即从消费者、商家、支付网关到认证中心,这些公司均有相应的解决方案。

这种直销模式的典型代表就是戴尔电脑,它是面向最终用户进行在线销售的最成功的先驱之一,其销售方式就是通过直销网络,按照客户要求的配置制造计算机,并向客户直接发货,从而使公司能够更有效和明确地了解客户的需求,继而迅速做出回应。戴尔公司自创立以来,以这种直销模式迅速成长为全美第一、全球第二的计算机制造销售跨国集团。

2. 网络直销模式的优势

网络直销模式的优势是很明显的,主要表现为以下几点:

1) 有效减少交易环节,大幅度降低交易成本

在传统的商业模式中,企业和商家不得不拿出很大一部分资金用于开拓分销渠道。分销渠道的扩展,虽然扩大了企业的分销范围,加大了商品的销售量,但同时也意味着更多分销商的参与。无疑,企业不得不出让很大一部分的利润给分销商,用户也不得不承担高昂的最终价格,这是生产者和消费者都不愿看到的。电子商务的网络直销方式可以很好地解决这个问题:消费者只需输入厂家的域名,访问厂家的主页,即可清楚地了解所需商品的品名、规格、价格等情况,而且主页上的价格既是出厂价,也是消费者所接受的最终价。这样就达到了完全竞争市场条件下出厂价格和最终价格的统一,从而使厂家的销售利润大幅度提高,竞争能力不断增强。

2) 能获得市场需求的第一手资料

因为这种直销模式是在企业与消费者之间直接进行的,因此企业能够通过网络掌握客户需求的第一手资料,从而迅速做出回应。

3) 有效减少售后服务的技术支持费用

许多使用中经常出现的问题,消费者都可以通过查阅厂家的网站主页找出答案,或者通过电子邮件与厂家技术人员直接交流。厂家可以大大减少技术人员的数量,减少技术人员出差的频率,从而降低企业的经营成本。

4) 有效控制存货水平

以戴尔公司为例,戴尔公司的成品都是客户订购并付了款的,从客户下订单开始,7天以内,产品就要送到客户手中,因此戴尔公司没有自己的成品库存,戴尔公司的产品都是直接送到物流公司的卡车集装箱上的。这样就极大地避免了高科技企业所共有的高风险,降低了相关的成本。

3. 网络商品直销的不足

1) 消费者不能直接感知到实物

消费者只能从网上判断商品的型号、性能、样式和质量,对实物没有直接的感知,在很多情况下会做出错误的判断,而某些生产者也可能利用网络广告对自己的产品进行不实宣传,甚至打出虚假广告欺骗消费者。

2) 存在安全隐患

购买者利用信用卡进行网络交易,不可避免地要将自己的密码卡号输入电脑,由于新技术不断涌现,犯罪分子可能利用各种高新科技的作案手段窃取密码,进而盗窃用户的钱款,这种情况不论是在国外还是在国内,都时有发生。

3) 直销模式提供的商品品种单一,客户缺乏对同类产品的比较

2.4.3 网络商品中介交易的流转程式

1. 网络商品中介交易的过程

网络商品中介交易是通过商品交易中心,即虚拟网络市场进行的商品交易。在这

种交易过程中，网络商品交易中心以 Internet 为基础，利用先进的通信技术和计算机软件技术，将商品供应商、采购商和银行紧密地联系起来，为客户提供市场信息、商品交易、仓储配送、货款结算等全方位的服务。网络商品中介交易的流转程式如图 2-5 所示。

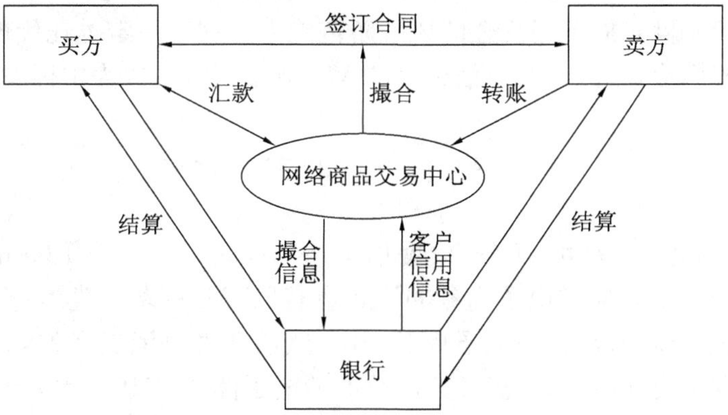

图 2-5　网络商品中介交易的流转程式

网络商品中介交易的流转程式可分为以下几个步骤：

（1）买卖双方将各自的供应和需求信息通过网络告诉给网络商品交易中心，网络商品交易中心通过信息发布服务提供大量的、详细准确的交易数据和市场信息。

（2）买卖双方根据网络商品交易中心提供的信息，选择自己的贸易伙伴。网络商品交易中心从中撮合，促使买卖双方签订合同。

（3）买方在网络商品交易中心指定的银行办理转账付款手续。

（4）网络商品交易中心通知卖方将货物送到设在各地的配送部门。

（5）买方验证货物后提货。

（6）网络商品交易中心将买方货款转交卖方。

2. 网络商品中介交易的优点

1）为买卖双方展现了一个巨大的世界市场

以中国商品交易中心为例，这个中心控制着从中心到各省中心、各市交易分部及各县交易所的所有计算机系统，构成覆盖全国范围的"无形市场"。这个计算机网络能够储存中国乃至全世界的几千万个品种的商品信息资料，可联系千万家企业和商贸单位。每一个参与者都能够充分地宣传自己的产品，及时地沟通交易信息，最大限度地完成产品交易。这样的网络商品中介机构还通过网络彼此连接起来，进而形成全球性的大市场。这个市场是由全球数以亿计的 Internet 用户，即国际消费者组成的。

2）有效地解决"拿钱不给货"和"拿货不给钱"两大难题

在买卖双方签订合同前，网络商品交易中心可以协助买方对商品进行检验，只有符合质量标准的产品才可入网。这就杜绝了商品"假、冒、伪、劣"的问题，使买卖双方不会因质量问题产生纠纷。合同签订后便被输入网络系统，网络商品交易中心的工作人员开始对合同进行监控，关注合同的履行情况。如果出现一方违约的现象，系统将自动报警，合同的执行就会被终止，从而使买方或卖方免受经济损失。如果合同履行顺利，货物到达后，网络商品交易中心的交割员将协助买方共同验收。买方验货合格后，在

24 小时内将货款转到卖方账户方可提货，卖方也不用再担心出现“货款拖欠”现象了。

3）提高资金的风险防范能力

在结算方式上，网络商品交易中心一般采用统一集中的结算模式，即在指定的商业银行开设统一的结算账户，对结算资金实行统一管理，有效地避免了多形式、多层次的资金截留、占用和挪用，提高了资金的风险防范能力。这种指定委托代理清算业务的承办银行大都以招标形式选择，商业信誉好的大商业银行常常成为中标者。

2.5 电子商务的主要模式

经济活动的参与者可以分为政府（government）、企业（business）、消费者（consumer）3 种角色，相应的电子商务的模式也有以下几种基本类型：企业对企业的电子商务（B2B）、企业对消费者的电子商务（B2C）、消费者对消费者的电子商务（C2C）、企业对政府的电子商务（B2G）、消费者对政府的电子商务（C2G）、政府对政府的电子商务（G2G）。

2.5.1 企业对企业的电子商务模式（B2B）

1. B2B 电子商务模式概述

B2B 电子商务指的是企业与企业（business to business）之间，通过互联网、外联网、内联网或者私有网络，以电子化方式在企业间进行的交易。例如，企业利用计算机网络向其供应商进行采购，并通过电子支付方式付款。B2B 电子商务已存在很多年，其中企业通过专用网或者增值网采用 EDI 方式进行的商务活动尤为典型。早在“电子商务”这个名词出现之前，EDI 就被许多大公司开发使用，所以，EDI 可以看作电子商务的先驱。

2. B2B 电子商务模式交易的优势

B2B 是电子商务的主流，具有很大的潜力，如阿里巴巴主要就是面向 B2B 的电子商务。B2B 是构筑在相互信任和商务合同基础上的，在企业与企业的大宗交易方面能够更大限度地发挥作用，并通过供应的集中、采购的自动化、配送系统的高效运作而得以实现，可以说，B2B 最大的意义在于它的应用可以为企业带来巨大的效益。例如宝洁公司与沃尔玛的“连续补货”系统。

在宝洁公司与沃尔玛合作前，制造商和零售商之间共享的信息很少，生产和销售各自为政。后来宝洁公司与沃尔玛这两大商业巨头建立了一个“连续补货”系统的雏形，它们把宝洁公司与沃尔玛的配送中心连接起来。当配送中心内宝洁公司的产品数量减少到一定水平时，系统就会自动发送一个警示信息要求宝洁公司送货。这个系统深入到沃尔玛的各个超市，宝洁公司的产品通过收银台扫描器的时候，宝洁公司就可以通过卫星信号监控货架存货数量，有了这种实时信息，宝洁公司就知道什么时候该生产、发货给沃尔玛，而不必事先在仓库里准备大量的产品等着沃尔玛的采购部门下订单，这个过程降低了库存费用和风险；对于沃尔玛来说也可以保证商品的及时供应，而不用事先购买大量的产品放在仓库，同样降低了成本。自此制造商和零售商之间的电子商务也就开始了。

因此，与传统商务活动相比，B2B 电子商务的优势主要体现在以下几个方面：

1）使买卖双方信息交流更低廉、快捷

信息交流是买卖双方实现交易的基础。传统商务活动的信息交流是通过电话、电报或传真等工具，这与 Internet 信息是以 Web 超文本（包含图像、声音、文本信息）传输信息不可同日而语。

2）降低企业间的交易成本

首先，对于卖方而言，电子商务可以降低企业的促销成本。通过 Internet 发布企业相关信息（如企业产品价目表、新产品介绍、经营信息等）和宣传企业形象，与按传统的电视、报纸广告发布信息相比，更省钱、更有效。其次，对于买方而言，电子商务可以降低采购成本。传统的原材料采购是一个程序烦琐的过程。而利用 Internet，企业可以加强与主要供应商之间的协作，将原材料采购和产品制造过程两者有机地结合起来，形成一体化的信息传递和处理系统。

3）优化企业的库存

企业为了组织生产和满足市场需求变化，通常需要保持原材料、产成品等在一定的库存水平上，但是高库存会增加资金占用成本，而且原材料或产成品都可能因为市场跌价而使企业受损；反之，低库存会延误产品的正常生产，导致交货延期。因此，最优库存甚至零库存是企业管理的重要目标之一。而通过网络可以将需求信息和供给信息及时地传递给供应商和零售商，从而保证企业的最优库存。

4）缩短企业生产周期

一个产品是许多企业相互协作的结果，产品的设计开发和生产销售涉及许多关联企业，通过电子商务可以改变过去由于信息封闭而无谓等待的现象。

5）24 小时/7 天无间断运作，增加了商机

传统的交易受到时间和空间的限制，而基于 Internet 的电子商务则是一周 7 天、一天 24 小时无间断运作，网上的业务可以开展到传统营销人员和广告促销所达不到的市场范围。

3. B2B 的两种模式

1）面向制造业或面向商业的垂直 B2B

这种模式又可以称之为行业 B2B，垂直 B2B 可以分为两个方向，即上游和下游。生产商或商业零售商可以与上游的供应商之间形成供货关系，如戴尔电脑公司与上游的芯片和主板制造商就是通过这种方式进行合作的。生产商与下游的经销商可以形成销货关系，如 Cisco 与其分销商之间进行的交易就采用这种方式。其中以中化网为首的网盛旗下网站成为垂直 B2B 的代表网站，它将垂直搜索的概念重新诠释，让更多生意人习惯用搜索模式来做生意，找客户。垂直 B2B 成本相对要低很多，因为垂直 B2B 面对的多是某一个行业内的从业者，所以，他们的客户相对比较集中而且有限。类似网站有 Dell 电脑、轴承网、五金网等。

2）面向中间交易市场的水平 B2B

这种模式又可以称之为区域性 B2B，这种交易模式是水平 B2B，它是将各个行业中相近的交易过程集中到一个场所，为企业的采购方和供应方提供一个交易的机会，如阿里巴巴、慧聪网、中国制造网、瀛商网、环球资源网、中国网库等。

2.5.2 企业对消费者的电子商务模式(B2C)

1. B2C 电子商务模式概述

B2C 是企业对消费者的电子商务模式。这种形式的电子商务一般以网络零售业为主,主要借助 Internet 开展在线销售活动,也就是通常所说的网上购物网站。企业、商家可充分利用电子商城提供的网络基础设施、支付平台、安全平台、管理平台等共享资源,有效、低成本地开展自己的商业活动。它是电子商务按交易对象分类中的一种,即表示商业机构对消费者的电子商务。这种形式的电子商务一般以网络零售业为主,主要借助于 Internet 开展在线销售活动。B2C 模式是我国最早产生的电子商务模式,以 8848 网上商城正式运营为标志。

目前,在 Internet 上遍布各种类型的 B2C 网站,提供从鲜花、书籍到计算机、汽车等各种消费品和服务。相信在不远的将来,B2C 将最终在电子商务领域占据重要的地位。

2. B2C 模式的分类

按照交易的客体分类,可把 B2C 电子商务分为无形商品和服务的电子商务模式和有形商品的电子商务模式。前者可以完整地通过网络进行,而后者则不能完全在网上实现,要借助传统手段的配合才能完成。

1) 无形商品和服务的电子商务模式

B2C 的电子商务的基本形式之一是无形产品和劳务的电子商务模式。计算机网络本身具有信息传输和信息处理功能,无形商品和服务(如电子信息、计算机软件、数字化视听娱乐产品等)一般可以通过网络直接提供给消费者。无形商品和服务的电子商务模式主要有网上订阅模式、付费浏览模式、广告支持模式和网上赠予模式。

(1) 网上订阅模式

消费者通过网络订阅企业提供的无形商品和服务,并在网上直接浏览或消费。这种模式主要被一些商业在线企业用来销售报纸杂志、有线电视节目等。网上订阅模式主要有以下 3 种:

① 在线出版(online publications)。出版商通过 Internet 向消费者提供除传统印刷出版物之外的电子刊物。在线出版一般不提供 Internet 的接入服务,只在网上发布电子刊物,消费者通过订阅可下载有关的刊物。这种模式并不是一种理想的信息销售模式。在当今信息时代,普通用户获取信息的渠道很多,因而对本来已很廉价的收费信息服务敬而远之。因此,有些在线出版商采用免费赠送和收费订阅相结合的双轨制,吸引了一定数量的消费者,并保持了一定的营业收入。

② 在线服务(online services)。在线服务商通过每月收取固定的费用而向消费者提供各种形式的在线信息服务。在线服务商一般都有自己特定的客户群体。如美国在线(AOI)的主要客户群体是家庭用户,而微软网络(microsoft network)的主要客户群体是 Windows 的使用者,订阅者每月支付固定的费用,从而享受多种信息服务。在线服务一般是针对一定的社会群体提供的,以培养消费者的忠诚度。

③ 在线娱乐(online entertainment)。在线娱乐服务商通过网站向消费者提供在线游戏,并收取一定的费用,这是无形商品和服务在线销售中令人关注的一个领域,也取得了一定的成功。当前,网络游戏已成为网络会战的焦点之一,Microsoft,Excite,InfoSeek 等公司纷纷在网络游戏方面强势出击。事实上,网络经营者们已将眼光放得

更远,他们通过一些免费或价格低廉的网上娱乐换取消费者的访问率和忠诚度。

(2) 付费浏览模式

付费浏览模式指的是企业通过网页安排向消费者提供计次收费性网上信息浏览和信息下载的电子商务模式。付费浏览模式让消费者根据自己的需要,在网址上有选择地购买一篇文章、一章书的内容或者参考书的一页。在数据库里查询的内容也可付费获取。另外,一次性付费参与游戏娱乐将会是很流行的付费浏览方式之一。

(3) 广告支持模式

在线服务商免费向消费者提供在线信息服务,其营业收入完全靠网站上的广告来获得。这种模式虽然不直接向消费者收费,但却是目前最成功的电子商务模式之一。Yahoo 等在线搜索服务网站就是依靠广告收入来维持经营活动的。对于上网者来说,信息搜索是其在 Internet 的信息海洋中寻找所需信息的基础服务。因此,企业也最愿意在信息搜索网站上设置广告,通过点击广告可直接到达该企业的网站。采用广告支持模式的在线服务商能否成功的关键是其网页能否吸引大量的广告,能否吸引广大消费者的注意。广告网站必须提供对广告效果的客观评价和测度方法,以便公平地确定广告费用的计费方法和计费额。目前大致有以下几种计费方法:

① 按被看到的次数计费。网上广告按该广告在网上被看到的次数来计费是最普通的计费方式。其具体费率是按看到的千次多少金额(CPM)来计算。如果是有准确市场定位的广告,则费率会高一些。

② 按用户录入的关键字计费。大多数搜索网站,都是按用户录入的搜索关键字(keywords)来收费的。

③ 按点击广告图标计费。这种计费方法是按照用户在广告网页上点击广告图标的次数来计费。当然,用户看到广告并不意味着会点击广告图标。有研究表明:只有约1%的在线广告会被用户点击,活动的广告图标被点击的可能性要大一些。很多服务商将上述各种计费方式结合起来使用,尽量提供市场定位更明确的广告服务。

(4) 网上赠予模式

这种模式经常被软件公司用来赠送软件产品,以扩大其知名度和市场份额。一些软件公司将测试版软件通过 Internet 向用户免费发送,用户自行下载试用,也可以将意见或建议反馈给软件公司。用户对测试软件试用一段时间后,如果满意,则有可能购买正式版本的软件。采用这种模式,软件公司不仅可以降低成本,还可以扩大测试群体,改善测试效果,提高市场占有率。美国的网景公司(Netscape)在其浏览器最初推广阶段采用的就是这种方法,使其浏览器软件迅速占领市场,效果十分明显。

2) 有形商品的电子商务模式

有形商品是指传统的实物商品,采用这种模式,有形商品和服务的查询、订购、付款等活动在网上进行,但最终的交付不能通过网络实现,还是要用传统的方法完成。这种电子商务模式也叫在线销售。目前,企业主要有两种方式实现在线销售:一种是在网上开设独立的虚拟商店;另一种是参与并成为网上购物中心的一部分。有形商品和服务的在线销售使企业扩大了销售渠道,增加了市场机会。与传统的店铺销售相比,即使企业的规模很小,网上销售也可将其业务伸展到世界的各个角落。网上商店不需要像一般的实物商店那样保持很多的库存,如果是纯粹的虚拟商店,则可以直接向厂家或批发商订货，省去了商品存储的阶段，从而大大节省了库存成本。

2.5.3 消费者对消费者的电子商务模式（C2C）

1. C2C 概述

C2C 电子商务模式就是通过为买卖双方提供一个在线交易平台，使卖方可以主动提供商品上网拍卖，而买方可以自行选择商品进行购买和竞价。

国内 C2C 模式最初脱胎于国外的电子商务模式，以 eBay 和亚马逊为榜样。C2C 最大的特点就是利用专业网站提供的大型电子商务平台，以免费或较少的费用在网络平台上销售自己的商品，主要优点就是可以给用户带来便宜的商品，无论是外企白领、大学生还是下岗女工都可以在家“营业”，网上开店不需要店铺租金，不受地域、时间的限制，却可以面向来自全国甚至全世界的客户。

2. C2C 电子商务主要运作模式

1）拍卖平台运作模式

目前 eBay（B2C，C2C）、淘宝网（C2C）都为网上拍卖提供平台，其利用多媒体手段提供产品资讯，供买家参考和竞价，最后卖家再根据买家信誉和出价拍出货品。而网站本身并不参与买卖，免除烦琐的采购、销售和物流业务，只利用网络提供信息传递服务，并向卖方收取中介费用。

电子拍卖是传统拍卖形式的在线实现。卖家可以借助网上拍卖平台运用多媒体技术展示自己的商品，这样就可以免除传统拍卖中实物的移动；竞拍方也可以借助网络，足不出户进行网上竞拍。该方式的驱动者是传统的拍卖中间商和平台服务提供商。

电子拍卖具有两大优势：价廉物美与即买即得。选购的物品多集中在手机、电脑和女性用品（服装、化妆品等）。目前，电子拍卖参与者主要还是消费者，企业参与的还比较少，所以主要还是 B2C 形式。已具雏形的有如西祠胡同的网上二手交易市场，平均每天都有 700 条左右的拍卖信息。

2）店铺平台运作模式

店铺平台运作模式是电子商务企业提供平台以方便个人开店铺，电子商务企业以会员制的方式收费，也可通过广告或其他服务收取费用。这种平台也可称作网上商城。

入驻网上商城开设网上商店不仅要依托网上商城的基本功能和服务，而且顾客也主要来自该商城的访问者，因此对入驻者来说，平台的选择非常重要，但用户在选择网上商城时往往存在一定的风险，尤其对初次在网上开店者而言，由于经验不足及对网上商城了解比较少等原因，其行为常带有很大的盲目性。有些网上商城没有基本的招商说明，收费标准也不明朗，只能通过电话咨询，这也为客户选择网上商城带来一定的困惑。

不同网上商城的功能、服务、操作方式和管理水平相差较大，理想的网上商城应具有以下基本特征：

（1）良好的品牌形象、简单方便的申请手续、稳定的后台技术、快速周到的顾客服务、完善的支付体系、必要的配送服务，以及售后服务保证等。

（2）有尽可能高的访问量，具备完善的网店维护和管理、订单管理等基本功能，并且可以提供一些高级服务，如对网店的推广、网店访问流量分析等。

（3）合理的收费模式和费用水平。

不同的个人可能对网上销售有不同的特殊要求，选择适合本商店产品特性的网上商城需要花费不少精力,完成对网上商城的选择确认过程大概需要几个小时甚至几天的时间。不过,这些前期研究的时间投入是值得的,可以最大限度地减小盲目性,增加成功的可能性。

由于网上商店建设和经营具有一定的难度,需要经验的积累,因此在初次建立网上商店时,最好进行多方调研,选择适合自己产品特点和经营者个人爱好又具有较高访问量的网上商城,同时,在资源许可的情况下,不妨在几个网上商城同时开设网上商店。

2.5.4 O2O 模式

1. O2O 概述

O2O 即 Online to Offline,是指将线下的商务机会与互联网结合,让互联网成为线下交易的前台,这个概念最早来源于美国。O2O 的概念非常广泛,只要产业链中涉及线上或线下,就可通称为 O2O。

与传统电子商务相比,O2O 的信息流、资金流在线上完成,而物流和商流放在线下,让消费者亲自去实体店消费。O2O 的本质是通过线上营销和线下经营来提升服务水平、改善消费体验。它的特点:推广效果可查,每笔交易可跟踪,按真实交易效果付费,让顾客有更好的体验。O2O 电子商务使信息流和物流之间、线上和线下之间的联系变得愈加紧密,拓宽了电子商务的发展方向,使电子商务进入新阶段。

对于传统企业,开展 O2O 模式的电子商务,主要有以下 3 种方式:

(1) 自建官方商城 + 连锁店铺的形式。消费者直接向门店的网络店铺下单购买,体验服务,在该过程中,品牌商提供在线客服服务,并随时提供调货支持(在缺货情况下),加盟商收款发货,适合全国连锁型企业。这种形式的好处是可以线上和线下店铺一一对应;缺点是投入大,需要很大的推广力度。

(2) 借助全国布局的第三方平台,实现加盟企业和分站系统的完美结合,并且借助第三方平台的巨大流量,迅速推广带来客户。

(3) 建设网上商城,开展各种促销和预付款的形式,线上销售和线下服务结合,这种形式适合本地化服务企业。

2. 发展历程

在 Web 1.0 早期的时候,O2O 线上线下初步对接,主要是利用线上推广的便捷性等把相关的用户集中起来,然后把线上的流量倒到线下,主要集中在以美团为代表的线上团购和促销等领域。在这个过程中,主要存在着单向性、黏性较低等缺点。平台和用户的互动较少,基本上以交易的完成为终结点。用户更多是受价格等因素驱动,购买和消费频率等也相对较低。

发展到 Web 2.0 阶段后,O2O 基本上已经具备目前大家所理解的要素。这个阶段最主要的特色就是升级为服务性电商模式:包括商品(服务)、下单、支付等流程,把之前简单的电商模块,转移到更加高频和生活化场景中来。由于传统的服务行业一直处在一个低效且劳动力消化不足的状态,在新模式的推动和资本的催化下,出现了 O2O 的热潮,于是上门按摩、上门送餐、上门生鲜、上门化妆、移动终端打车等各种 O2O 模式开始层出不穷。在这个阶段,由于移动终端、微信支付、数据算法等环节的成熟,加上资本的催化,用户量出现井喷,使用频率和忠诚度开始上升,O2O 开始和用户的日常生活融合,成为人们生活中密不可分的一部分。但是,在这中间,由于资本的大量补贴等,虚假的泡沫掩盖了真实的需求状况，有很多并不是刚性需求的商业模式开始浮现，如按摩、洗车等。

到了 Web 3.0 阶段，开始了明显的分化，一个是真正的垂直细分领域的一些公司开始凸现，比如专注于快递物流的“速递易”，专注于高端餐厅排位的“美味不用等”，专注于白领快速取餐的“速位”等。另外一个就是垂直细分领域的平台化模式发展，由原来的细分领域的解决某个痛点的模式开始横向扩张，覆盖到整个行业。比如“饿了么”从早先的外卖服务到后来开放的蜂鸟系统，开始正式对接第三方团队和众包物流。以加盟商为主体，以自营配送为模板和运营中心，通过众包合作解决长尾订单的运行方式。配送品类包括生鲜、商超产品，甚至是洗衣等服务，实现平台化的经营。

3. 经营模式

与传统的消费者在商家直接消费的模式不同，在 O2O 平台商业模式中，整个消费过程由线上和线下两部分构成。线上平台为消费者提供消费指南、优惠信息、便利服务（预订、在线支付、地图等）和分享平台，而线下商户则专注于提供服务。在 O2O 模式中，消费者的消费流程可以分解为 5 个阶段。

1）第一阶段：引流

线上平台作为线下消费决策的入口，可以汇聚大量有消费需求的消费者，或者引发消费者的线下消费需求。常见的 O2O 平台引流入口包括消费点评类网站，如大众点评；电子地图，如百度地图、高德地图；社交类网站或应用，如微信、人人网。

2）第二阶段：转化

线上平台向消费者提供商铺的详细信息、优惠（如团购、优惠券）、便利服务，方便消费者搜索、对比商铺，并最终帮助消费者选择线下商户，完成消费决策。

3）第三阶段：消费

消费者利用线上获得的信息到线下商户接受服务、完成消费。

4）第四阶段：反馈

消费者将自己的消费体验反馈到线上平台，有助于其他消费者做出消费决策。线上平台通过梳理和分析消费者的反馈，形成更加完整的本地商铺信息库，吸引更多的消费者使用在线平台。

5）第五阶段：存留

线上平台为消费者和本地商户建立沟通渠道，可以帮助本地商户维护消费者关系，使消费者重复消费，成为商家的回头客。

4. O2O 与 B2C 的区别

（1）O2O 更侧重服务性消费，包括餐饮、电影、美容、SPA、旅游、健身、租车、租房等；B2C 更侧重购物，包括购买实物商品，如购买电器、服饰等。

（2）O2O 的消费者到现场获得服务，涉及客流；B2C 的消费者待在办公室或家里等货上门，涉及物流。

（3）O2O 中库存的是服务，B2C 中库存的是商品。

2.5.5 其他电子商务模式

1. G2B 电子商务模式

G2B 是指政府与企业之间的电子商务，即政府通过网络进行采购与招标，快捷、迅速地为企业提供各种信息服务;企业通过网络进行税务通报、办理证照、参加政府采购、对政府工作的意见反馈等;政府向企事业单位发布各种方针、政策、法规、行政规定等。

2. G2C 电子商务模式

G2C 是指政府通过电子网络系统为公民提供各种服务。G2C 电子政务所包含的内容十分广泛,主要应用包括公众信息服务、电子认证服务、电子税务、电子社会保障服务、电子医疗服务、电子教育等。G2C 除了可以让政府给公众提供方便、快捷、高质量的服务外,更重要的是可以开辟公众参政、议政的渠道,畅通公众的利益表达机制,建立政府与公众的良性互动平台。

3. B2B2C 模式

电子商务从刚开始的 B2C,发展到后来的 C2C,现在进入了 B2B 的高峰期,但在各行各业争相涌入电子商务的时候,业内其实早已出现了比 B2B 更先进、更科学的新模式——B2B2C,这种模式正好弥补了 B2B 和 B2C 的不足。新宽联的“天下 · 网吧加油站”正充分体现了这种新模式带来的巨大商机。电子商务的最终趋势,在于结合 B2C 和 B2B 创建新模式。B2B 为 B2C 解决了货源问题,而 B2C 为 B2B 提供了终端出口。企业如何把“B”和“C”有效地结合利用,成为未来发展之关键,而新宽联正是出于这样的考虑创建了“天下 · 网吧加油站”,将提供产品的渠道商、供货商与网吧,以及网吧的最终用户很好地结合起来。上游供货商不用再苦于用户的拓展,瞬间即获得了全国 20 多万的终端出口;网吧用户使用该平台,即可零成本无风险地享受快捷、方便的交易,以及品种齐全、具竞争优势的产品;网吧的玩家产生消费需求时网吧经营者可立刻通过“天下 · 网吧加油站”为其提供服务,使企业最终有效地与终端用户结合。

企业 B2B2C 电子商务机制与企业入口网站的建置,不仅提供企业一个全年无休的行销新管道,更是建立了一个实时且扩充性高的“虚拟企业总部”。它与上游原物料工厂、下游供货商、经销商等系统联结,提供物料、采购、存货及生产等功能查询,有效地将库存降至最低,进而提供客户更高的附加价值商品,成为一大竞争优势。

4. B2G2C 模式

电子政务是构建在“三网一库”(机关局域网、机关纵向网、机关互联网及共享信息资源数据库)基础上的应用系统,这类系统的建设与运行是颇具难度的。而当前,在政府职能转变、强化社会服务的过程中,又会产生许多新型服务项目,涉及跨机构的作业,这种作业需要每天对各种机构、重要网站进行跟踪轮巡,发现及锁定与主题相匹配的消息后,需及时下载并加工信息;对综合机构或领导的主题服务,需向各相关机构递交资源请求,从各机构数据库中抽取数据;等等。例如政企民协作系统、社会联动应急系统、社会信用服务体系、电子金融监管系统都是 B2G2C 的具体应用。但可以想象,以政府为核心或以政府支持与协调为重点的 B2G2C 电子商务模型的建设与运行难度更大。

B2G2C 模式的意义在于,电子政务和行业电子商务的发展要摆脱不充分发挥政府作用的旧模式,用政府特有的地位协调企业和社会,创造更有价值的电子商务体系。但 B2G2C 模式的推广和市场化,受制于政府的政策变化,受制于政府的体制变化。因此,它还不是一个完全市场化的经济模式。

5. B2A2B 模式

B2B 描述的是企业之间利用信息技术从事商务活动的直接关系。B2B 模式的难点是不能解决建立一个企业之间进行商务活动的、可信的电子商务环境问题。B2A2B 是基于 B2B 提出的新的电子商务模式，它的本质是解决企业间的信任问题，它的目的是创造一个包括信息流、资金流、物流、知识流在内的有信用的电子商务环境。所谓“A”即业务代理机构(agent)。在电子商务环境中的业务代理机构包括：技术支持与服务平台、数字认证技术及机构、商业银行、第三方物流服务及第四方物流支持技术与服务、第三方质检服务及企业信誉评估机构及机制等。

“中国商务港”就是其模式的成功应用。这里“A”不是“中国商务港”本身，而是由“中国商务港”、数字认证系统、银行、有信誉的物流企业、质检机构及企业信誉评估机构组成的集合体。这个集合体以其各自承担的责任和可靠的技术，建立了 B2A2B 平台的信用体系，为用户提供新型电子商务的全过程、全方位服务。

B2A2B 也可以定义为一种实现电子商务的工具。对于企业或只有信息流的商业网络来说，只要建立了一个与 B2A2B 的接口，整个交易过程就可托付给 B2A2B 完成。

第3章　计算机与网络技术基础

电子商务是利用计算机网络进行的商务活动，是Internet技术和万维网迅速发展的直接产物。计算机网络是计算机技术与通信技术相结合的学科，是21世纪信息时代发展的重要基础设施。本章讲述的是电子商务中的技术基础，包含计算机基础与计算机网络基础知识两大块内容。

3.1　计算机基础知识

3.1.1　计算机的发展概述

世界上第一台电子计算机于1946年2月在美国宾夕法尼亚大学诞生，取名为ENIAC（读作"埃尼克"），即electronic numerical internal and calculator的缩写。电子计算机的产生和迅速发展是当代科学技术最伟大的成就之一。在它诞生以后半个多世纪的时间里，计算机的发展取得了令人瞩目的成就。

1. 计算机发展简史

第一代（1946—1957年），电子管计算机。作为计算机大家族的鼻祖，电子管计算机开辟了人类科学技术领域的先河，使信息处理技术进入一个崭新的时代。

第二代（1958—1964年），晶体管计算机。晶体管的发明给计算机技术带来了革命性的变化。第二代计算机采用的主要元件是晶体管，称为晶体管计算机。计算机软件有了较大发展，采用了监控程序，这是操作系统的雏形。

第三代（1965—1969年），中小规模集成电路计算机。20世纪60年代中期，随着半导体工艺的发展，已制造出集成电路元件。集成电路可在几平方毫米的单晶硅片上集成十几个甚至上百个电子元件。计算机开始采用中小规模的集成电路元件，这一代计算机比晶体管计算机体积更小，耗电更少，功能更强，寿命更长，综合性能也得到了进一步提高。

第四代（1971年至今），大规模集成电路计算机。随着20世纪70年代初集成电路制造技术的飞速发展，产生了大规模集成电路元件，使计算机进入了一个新的时代，即大规模和超大规模集成电路计算机时代。这一时期的计算机的体积、重量、功耗进一步减少，运算速度、存储容量、可靠性有了大幅度的提高。

第五代（1981年至今），具有人工智能的新一代计算机。第五代计算机具有推理、联想、判断、决策、学习等功能，是一种更接近人的人工智能计算机。它能理解人的语言、文字和图形，人无须编写程序，靠讲话就能对计算机下达命令，驱使其工作。它能将一种知识信息与有关的知识信息连贯起来，作为对某一知识领域具有渊博知识的专家系统，成为人们从事某方面工作的得力助手和参谋。

2. 计算机的应用

20世纪90年代以来，计算机技术作为科技的先导技术之一得到了跨越式发展，超级并行计算机技术、高速网络技术、多媒体技术、人工智能技术等相互渗透，改变了人们使用计算机的方式，从而使计算机几乎渗透到人类生产和生活的各个领域。计算机的应用范围归纳起来主要有以下6个方面。

1）科学计算

科学计算亦称数值计算，是指用计算机完成科学研究和工程技术中所提出的数学问题。计算机作为一种计算工具，科学计算是它最早的应用领域，也是计算机最重要的应用之一。在科学技术和工程设计中存在着大量的各类数字计算，如求解几百乃至上千阶的线性方程组、大型矩阵运算等。这些问题广泛出现在导弹实验、卫星发射、灾情预测等领域，其特点是数据量大、计算工作复杂。所以，计算机是发展现代尖端科学技术必不可少的重要工具。

2）数据处理

数据处理又称信息处理，它是信息的搜集、分类、整理、加工、存储等一系列活动的总称。所谓信息是指可被人类感受的声音、图像、文字、符号、语言等。利用计算机数据处理功能还可以在计算机上进行非科技工程方面的计算，管理和操纵任何形式的数据资料。其特点是要处理的原始数据量大，而运算比较简单，有大量的逻辑与判断运算。据统计，目前在计算机应用中，数据处理所占的比重最大。其应用领域十分广泛，如人口统计、办公自动化、企业管理、邮政业务、机票订购、情报检索、图书管理、医疗诊断等。

3）计算机辅助技术

（1）计算机辅助设计（computer aided design，简称CAD）是指使用计算机的计算、逻辑判断等功能，帮助人们进行产品和工程设计。它能使设计过程自动化，设计合理化、科学化、标准化，大大缩短设计周期，以增强产品在市场上的竞争力。CAD技术已广泛应用于建筑工程设计、服装设计、机械制造设计、船舶设计等行业。使用CAD技术可以提高设计质量，缩短设计周期，提高设计自动化水平。将CAD进一步集成就形成计算机集成制造系统（CIMS），从而实现设计生产自动化。

（2）计算机辅助制造（computer aided manufacturing，简称CAM）是指利用计算机通过各种数值控制生产设备，完成产品的加工、装配、检测、包装等生产过程的技术。利用CAM可提高产品质量，降低成本和降低劳动强度。

（3）计算机辅助教学（computer aided instruction，简称CAI）是指将教学内容、教学方法及学生的学习情况等存储在计算机中，帮助学生轻松地学习所需要的知识。它在现代教育技术中起着相当重要的作用。

除了上述计算机辅助技术外，还有其他的辅助功能，如计算机辅助出版、计算机辅助管理、辅助绘制和辅助排版等。

4）过程控制

过程控制亦称实时控制，即用计算机及时采集数据，按最佳值迅速对控制对象进行自动控制或自动调节。利用计算机进行过程控制，不仅大大提高了控制的自动化水平，而且大大提高了控制的及时性和准确性。

过程控制的特点是可以及时搜集并检测数据,按最佳值调节控制对象。在电力、机械制造、化工、冶金、交通等部门采用过程控制,可以提高劳动生产效率、产品质量、自动化水平和控制精确度,减少生产成本,减轻劳动强度。在军事上,可使用计算机实时控制导弹根据目标的移动情况修正飞行姿态,以准确击中目标。

5）人工智能

人工智能(artificial intelligence,简称 AI)是指用计算机模拟人类的智能活动,如判断、理解、学习、图像识别、问题求解等。它涉及计算机科学、信息论、仿生学、神经学和心理学等诸多学科。在人工智能中,最具代表性、应用最成功的两个领域是计算机专家系统和机器人。

计算机专家系统是一个具有大量专门知识的计算机程序系统。它总结了某个领域的专家知识,构建了知识库。根据这些知识,系统可以对输入的原始数据进行推理,作出判断和决策,以回答用户的咨询,这是人工智能应用的一个成功的例子。

机器人是人工智能技术的另一个重要应用。目前,世界上有许多机器人工作在各种恶劣环境中,如高温、高辐射、剧毒等。机器人的应用前景非常广阔。

6）计算机网络

把计算机的超级处理能力与通信技术结合起来就形成了计算机网络。人们熟悉的全球信息查询、邮件传送、电子商务等都是依靠计算机网络来实现的。计算机网络已进入千家万户,给人们的生活带来了极大的方便。

3. 电子计算机的分类

电子计算机有多种分类方法,但在通常情况下采用以下 3 种分类标准。

1）按处理的对象分类

电子计算机按处理的对象可分为电子模拟计算机、电子数字计算机和混合计算机。电子模拟计算机所处理的电信号在时间上是连续的(称为模拟量),采用的是模拟技术。电子数字计算机所处理的电信号在时间上是离散的(称为数字量),采用的是数字技术。计算机将信息数字化之后具有易保存、易表示、易计算、方便硬件实现等优点,所以电子数字计算机已成为信息处理的主流。通常所说的计算机都是指电子数字计算机。混合计算机是将数字技术和模拟技术相结合的计算机。

2）按性能规模分类

电子计算机按性能规模可分为巨型机、大型机、中型机、小型机、微型机和工作站。

(1) 巨型机。研究巨型机是现代科学技术,尤其是国防尖端技术发展的需要。巨型机的特点是运算速度快、存储容量大。目前世界上只有少数几个国家能生产巨型机。我国自主研发的银河Ⅰ型亿次机和银河Ⅱ型十亿次机都是巨型机。其主要用于核武器研制、空间技术、大范围天气预报、石油勘探等领域。

(2) 大型机。大型机的特点表现在通用性强、具有很强的综合处理能力、性能覆盖面广等方面,主要应用在公司、银行、政府部门、社会管理机构和制造厂家等领域,通常人们称大型机为企业计算机。大型机在未来将被赋予更多的使命,如大型事务处理、企业内部的信息管理与安全保护、科学计算等。

(3) 中型机。中型机是介于大型机和小型机之间的一种机型,在性能指标、指令规模、存储容量和价格方面，对微机来说都要高一些。但随着技术的进步，中型机、小型机、微机之间的界限越来越模糊。

（4）小型机。小型机规模小，结构简单，设计周期短，便于及时采用先进工艺。这类机器由于可靠性高，对运行环境要求低，易于操作且便于维护。小型机符合部门性的要求，为中小型企事业单位所常用。小型机具有规模较小、成本低、维护方便等优点。

（5）微型计算机。微型机又称个人计算机（personal computer，简称 PC），它是人们日常生活中最普遍、使用最多的计算机，具有价格低廉、性能强、体积小、功耗低等特点。现在微型计算机已进入千家万户，成为人们工作、生活的重要工具。

（6）工作站。工作站是一种高档微机系统。它具有较高的运算速度，具有大小型机的多任务、多用户功能，且兼具微型机的操作便利和良好的人机界面等优点。它可以连接到多种输入/输出设备，具有易于联网、处理功能强等特点。其应用领域也已从最初的计算机辅助设计扩展到商业、金融、办公领域，并充当网络服务器的角色。

（7）嵌入式计算机。嵌入式计算机是指嵌入对象体系中，实现对象体系智能化控制的专用计算机系统。嵌入式计算机系统是以应用为中心，以计算机技术为基础，并且软硬件可裁剪，适用于应用系统对功能、可靠性、成本、体积、功耗有严格要求的专用计算机系统。例如，我们日常生活中使用的电冰箱、全自动洗衣机、空调、电饭煲、数码产品等都采用嵌入式计算机技术。

3）按功能和用途分类

电子计算机按功能和用途可分为通用计算机和专用计算机。

通用计算机具有功能强、兼容性强、应用面广、操作方便等优点，通常使用的计算机都是通用计算机。专用计算机一般功能单一，操作复杂，用于完成特定的工作任务。

3.1.2 计算机系统的组成

现在，计算机已发展成为一个庞大的家族，其中成员尽管在规模、性能、结构和应用等方面互相存在着很大的差别，但是它们的基本结构是相同的。计算机系统包括硬件系统和软件系统两大部分。硬件系统由中央处理器、内存储器、外存储器和输入/输出设备组成。软件系统分为两大类，即计算机系统软件和应用软件。计算机通过执行程序而运行，计算机工作时，软、硬件协同工作，两者缺一不可。

1. 硬件系统

硬件系统是构成计算机的物理装置，是指在计算机中看得见、摸得着的有形实体。在计算机的发展史上做出杰出贡献的著名应用数学家冯·诺依曼（Von Neumann）与其他专家于 1945 年为改进 ENIAC，提出了一个全新的存储程序的通用电子计算机方案。概括起来，冯·诺依曼结构有 3 条重要的设计思想：

（1）计算机应由运算器、控制器、存储器、输入设备和输出设备 5 大部分组成，每个部分有一定的功能。

（2）以二进制的形式表示数据和指令。二进制是计算机的基本语言。

（3）程序预先存入存储器中，使计算机在工作中能自动地从存储器中取出程序指令并加以执行。

硬件是计算机运行的物质基础，计算机的性能如运算速度、存储容量、计算和可靠性等，很大程度上取决于硬件的配置。

计算机的硬件由主机和外部设备组成,主机由 CPU、内存储器、主板(总线系统)构成,外部设备由输入设备(如键盘、鼠标等)、外存储器(如光盘、硬盘、U 盘等)、输出设备(如显示器、打印机等)组成。计算机硬件结构如表 3-1 所示。

表 3-1　计算机硬件的组成

- 硬件
  - 主机
    - CPU
    - 内存储器
    - 主板
  - 外部设备
    - 输入设备
    - 外存储器
    - 输出设备

2. 软件系统

软件系统是指使用计算机所运行的全部程序的总称。软件是计算机的灵魂,是发挥计算机功能的关键。有了软件,人们可以不必过多地去了解机器本身的结构与原理,可以方便灵活地使用计算机,从而使计算机有效地为人类工作和服务。

计算机软件由程序和有关的文档组成。程序由一系列的指令按一定的结构组成。文档是软件开发过程中建立的技术资料。程序是软件的主体,一般保存在存储介质中,如软盘、硬盘或光盘,以便在计算机上使用。现在人们使用的计算机都配备了各式各样的软件,软件的功能越强,使用起来越方便。软件可分为两大类:一类是系统软件,另一类是应用软件,软件系统组成如表 3-2 所示。

表 3-2　软件系统的组成

- 软件系统
  - 系统软件
    - 操作系统
      - 单用户操作系统
      - 多用户操作系统
      - 网络操作系统
      - ……
    - 语言处理系统
      - 机器语言
      - 汇编语言
      - 高级语言
    - 数据库管理系统
    - 服务程序
      - 编辑程序
      - 连接装配程序
      - 测试程序
      - 诊断程序
      - 调试程序
  - 应用软件
    - 用户程序
    - 应用软件包

1) 系统软件

系统软件是管理、监控和维护计算机资源的软件,是用来扩大计算机的功能,提高计算机的工作效率,方便用户使用计算机的软件。系统软件是计算机正常运转所不可缺少的部分,是硬件与软件的接口。一般情况下系统软件分为 4 类:操作系统、语言处理系统、数据库管理系统和服务程序,其组成如表 3-2 所示。

(1) 操作系统

系统软件的核心是操作系统。操作系统是由指挥与管理计算机系统运行的程序模板和数据结构组成的一种大型软件系统,其功能是管理计算机的硬件资源和软件资源,为用户提供高效、周到的服务。操作系统与硬件关系密切,它是加在“裸机”上的第一层软件,其他绝大多数软件都是在操作系统的控制下运行的,人们也是在操作系统的支持下使用计算机的。操作系统是硬件与软件的接口。常用的操作系统有 UNIX/Linux,MS-DOS,Windows XP,Linux 和 OS/2 等。近年来,Microsoft 公司陆续推出 Windows 7,Windows 8, Windows 10 等版本的操作系统。在多项性能方面,Microsoft 公司一直在不断更新、升级与完善。

(2) 语言处理系统

随着技术的发展,计算机经历了由低级向高级发展的历程,不同风格的计算机语言不断出现,逐步形成了计算机语言体系。用计算机解决问题时,人们必须首先将解决该问题的方法和步骤按一定序列和规则用计算机语言描述出来,形成计算机程序,然后输入计算机,这样计算机就可按人们事先设定的步骤自动地执行。

语言处理系统包括机器语言、汇编语言和高级语言。这些语言处理程序除个别常驻在 ROM 中可独立运行外,大多数都必须在操作系统支持下运行。

(3) 数据库管理系统

数据库是将具有相互关联的数据以一定的组织方式存储起来,形成相关系列数据的集合。数据库管理系统就是在具体计算机上实现数据库技术的系统软件。随着计算机在信息管理领域中的应用日益广泛深入,产生和发展了数据库技术,随之出现了各种数据库管理系统(data base management system,简称 DBMS)。DBMS 是计算机实现数据库技术的系统软件,它是用户和数据库之间的接口,是帮助用户建立、管理、维护和使用数据库,进行数据管理的一个系统软件。目前已有不少商品化的数据库管理系统软件,例如 Orade,DB2,SQL Server 等都是在不同系统中获得广泛应用的数据库管理系统。

(4) 服务程序

现代计算机系统提供多种服务程序,它们是面向用户的软件,可供用户共享,方便用户使用计算机和管理人员维护管理计算机。常用的服务程序有编辑程序、连接装配程序、测试程序、诊断程序、调试程序等。

2) 应用软件

应用软件是为了解决计算机各类问题而编写的程序。它分为应用软件包与用户程序。它是在硬件和系统软件的支持下,面向具体问题和具体用户的软件。随着计算机应用日益广泛深入,各种应用软件的数量不断增加,质量日趋完善,使用更加方便灵活,通用性越来越强。有些软件已逐步标准化、模块化,形成了解决某类典型问题的较通用的软件,这些软件称为应用软件包(package)。它们通常是由专业软件人员精心设计的,为广大用户提供方便、易学、易用的应用程序,帮助用户完成各种各样的工作。目前常用的软件包有字处理软件、表处理软件、会计电算化软件、绘图软件、运筹学软件包等。

(1) 用户程序

用户程序是用户为了解决特定的具体问题而开发的软件,如各种票务管理系统、事务管理系统和财务管理系统等。人们可充分利用计算机系统的种种现成的软件，在系统软件和应用软件包的支持下可以更加方便、有效地研制用户专用程序。

（2）应用软件包

应用软件包是为实现某种特殊功能而精心设计、开发的结构严密的独立系统，是一套满足同类应用的许多用户所需要的软件，如 Microsoft 公司生产的 Office 应用软件包。

系统软件和应用软件之间并不存在明显的界限。随着计算机技术的发展，各种各样的应用软件中有了许多共同的东西，把这些共同的部分抽取出来，形成一个通用软件，它就逐渐成为系统软件了。

3.2 计算机网络基础知识

计算机网络是伴随着计算机技术和通信技术的发展而发展的，既是两者有机结合的产物，也是电子商务动作的基础平台，是电子商务有效实施的必要保障。

3.2.1 计算机网络发展的历史和前景

1. 计算机网络的发展历史

计算机网络是计算机技术和通信技术相结合的产物，随着技术的不断发展，计算机网络经历了从简单到复杂，从以主机为中心到以网络为中心的过程。其发展过程大致可分为以下 4 个阶段。

第一阶段：面向终端的计算机网络（20 世纪 60 年代中期以前），计算机各终端通过通信线路共享主机的硬件和软件资源。终端用户通过 I/O 串口连到主机上，终端用户不具备单独的数据处理能力，它是靠 CPU 把系统主存的一部分分给终端用户，并使用 CPU 为每个用户划分时间片来执行终端用户的应用程序，如图 3-1 所示。用户通过终端命令以交互的方式使用计算机系统，从而将单一计算机系统的各种资源分散到每个用户。这种网络的缺点是，如果计算机的负荷较重，会导致系统响应时间过长；而且单机系统的可靠性一般较低，一旦计算机发生故障，将导致整个网络系统的瘫痪。

第二阶段：以通信子网为中心的计算机网络（20 世纪 60 年代中期至 70 年代），用户通过分组交换网可共享用户通信子网的硬件和软件资源，如图 3-2 所示。通信子网

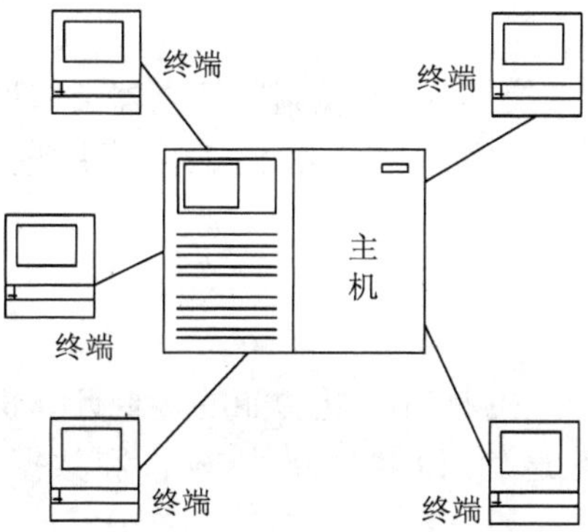

图 3-1　面向终端的计算机网络

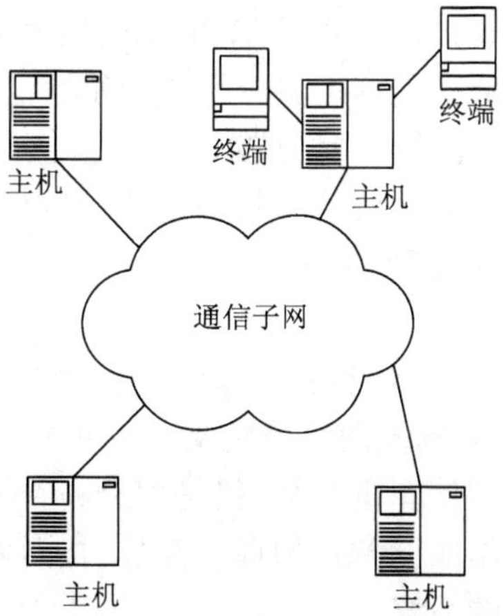

图 3-2　以通信子网为中心的计算机网络

是指网络中实现网络通信功能的设备及其软件的集合，通信设备、网络通信协议、通信控制软件等都属于通信子网，是网络的内层，负责信息的传输，主要为用户提供数据的传输、转接、加工、变换等。资源子网是指用户端系统，包括用户的应用资源，如服务器、故障收集计算机、外部设备、系统软件和应用软件。资源子网主要负责全网的信息处理和数据处理业务，向网络用户提供各种网络资源和网络服务。

第三阶段：形成具有统一的网络体系结构、遵循国际标准协议的计算机网络（20世纪70年代末至90年代）。1974年IBM公司提出了第一个网络体系结构——IBM系统体系结构（IBM systems network architecture），广泛应用于IBM公司的主机环境中。以后其他公司也相继提出自己的网络体系结构，如Digital公司的DNA、美国国防部的TCP/IP等，多种网络体系结构并存，其结果造成若采用IBM的结构，只能选用IBM的产品，只能与同种结构的网络互联。为了促进计算机网络的发展，1977年国际标准化组织ISO在现有网络的基础上，提出了不基于具体机型、操作系统或公司的网络体系结构，即著名的开放系统互联基本参考模型（open system interconnection basic reference model，简称OSI/RM）。

第四阶段：高速网络技术阶段（20世纪末至今）。Internet通过数字化大容量光纤通信网络，使得政府部门、金融、商业、企业、公司、教育部门和家庭等多个领域的计算机互连。随着网络规模的扩大与服务功能的扩展，各国积极开展智能网络的研究，提高自身通信网络开发业务的能力，以更加合理地利用网络进行各种业务的管理，真正以分布和开放的形式向用户提供服务。

2. 计算机网络的发展前景

1）全球网络互连

1993年美国政府提出国家信息基础结构（national information infrastructure，简称NII）行动计划，在这个计划中美国政府指出高速信息网是国家信息基础结构的一个重要组成部分，这个计划在全世界引起很大反响。1995年在西方七国部长会议上通过了全球信息基础结构计划，这个计划建议将每个国家的NII相互连接起来，组成世界范围的信息基础结构。我们目前所使用的Internet就是这种全球信息基础结构的成果。

2）多媒体网络

多媒体网络也是21世纪网络发展的主要方向，多媒体网络是多媒体通信（多媒体技术和通信技术的结合）的传输环境。

3）宽带局域网技术

宽带局域网技术目前有广泛的应用。如异步交换模式、电缆调制解调器、移动通信技术、“全球智能网”的构筑、多点通信技术的发展、网络的标准化工作等将进一步完善。

3.2.2 计算机网络的定义和功能

1. 计算机网络的定义

所谓计算机网络，就是把分布在不同地理位置上的具有独立功能的多台计算机、终端及其附属设备在物理上互连，按照网络协议相互通信，以共享硬件、软件和数据资源为目标的系统。

计算机网络基本组成包括：地理位置不同、具有“自主”功能的计算机或其他数据终端设备;由传输介质(如双绞线、同轴电缆或光纤、激光、微波或卫星等)和通信设备(网关、网桥、路由器等)实现物理互连;需要某些约束和规定(即协议)实现逻辑互连。网络中需要配备功能完善的网络软件,包括网络通信协议(如 TCP/IP 等)和网络操作系统(如 NetWare,Windows 2000 Server 等)。

分布式系统与计算机网络的差别仅在组成系统的高层软件上:分布式系统强调多个计算机组成的系统的整体性,计算机网络则以共享资源为主要目的。

2. 计算机网络的功能

1) 数据通信

数据通信即数据传送,是计算机网络的最基本功能之一。从通信角度看,计算机网络其实是一种计算机通信系统,能实现下列重要功能:传输文件,即网络能快速、不需要交换软盘就可在计算机与计算机之间进行文件拷贝;使用电子邮件,即用户可以将计算机网络作为邮局,向网络上的其他计算机用户发送备忘录、报告和报表等。

2) 资源共享

资源共享包括硬件、软件和数据资源的共享,它是计算机网络最有吸引力的功能之一。资源共享指的是网上用户能够部分或全部地使用计算机网络资源,使计算机网络中的资源互通有无、分工协作,从而大大地提高各种硬件、软件和数据资源的利用率。

3) 提高计算机系统的可靠性和可用性

提高计算机系统的可靠性主要表现在计算机网络中每台计算机都可以依赖计算机网络互为后备机,一旦某台计算机出现故障,其他计算机可以马上承担起原先由该故障机所担负的任务,避免了系统的瘫痪,使得计算机的可靠性大大提高。

提高计算机的可用性是指当计算机网络中某一台计算机负载过重时,计算机网络能够进行智能判断,并将新的任务转交给计算机网络中较空闲的计算机去完成,这样就能均衡每一台计算机的负载,提高每一台计算机的可用性。

4) 易于进行分布处理

在计算机网络中,每个用户可根据情况合理选择网内的资源,以就近原则快速地处理。对于较大型的综合问题,可以通过一定的算法将任务分交给不同的计算机,从而达到均衡网络资源,实现分布处理的目的。此外,利用网络技术,能将多台计算机连成具有高性能的计算机系统,以并行的方式共同来处理一个复杂的问题,这就是当今称之为协同式计算机的一种网络计算模式。

3.2.3 计算机网络的类型与模式

1. 计算机网络的类型

1) 按网络的地理覆盖范围分类

广域网(wide area network,简称 WAN)是一个非常大的网络,它将不同地区的局域网连接在一起构成广域网。广域网又称为远程网,它可以跨越一个省、一个国家或一个洲。

局域网(local area network,简称 LAN)是指在几千米以内,局部范围内构建的网络,属于一个部门或单位组建的小范围网络。局域网组建方便,使用灵活,具有高数据传输速率、低误码率的高质量数据传输能力,是目前计算机网络发展中最活跃的一个分支。

城域网(metropolitan area network,简称 MAN)实际上是一种大型的局域网,它的覆盖范围就是城市区域，一般在方圆 10 ~ 60 km 范围内，最大不超过 100 km。主要用于局域网之间的连接、大型主机之间的连接，以及提供广域网的网际接口，或作为接入网服务系统、用以提供宽带的综合业务服务等。

个人区域网（personal area network，简称 PAN）是在个人工作的地方把属于个人使用的电子设备（如便携式计算机、掌上电脑及蜂窝电话等）用有线或无线技术连接起来，整个网络的范围大约为 10 m。

接入网（access network，简称 AN）是介于用户驻地网和核心网之间的网络。

广域网、局域网、城域网及接入网的关系如图 3-3 所示。

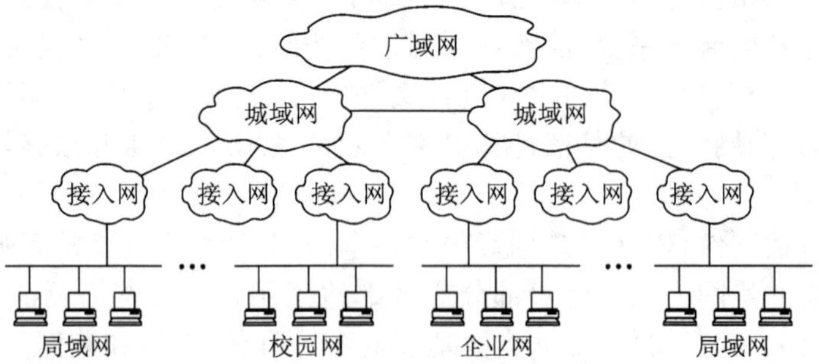

图 3-3　广域网、局域网、城域网、接入网之间的关系图

2）按拓扑结构分类

网络拓扑结构是指用传输媒体互连各种设备的物理布局。计算机网络按拓扑结构可分为：星形、总线形、环形、树形、网形、不规则形、混合型，如图 3-4 所示。

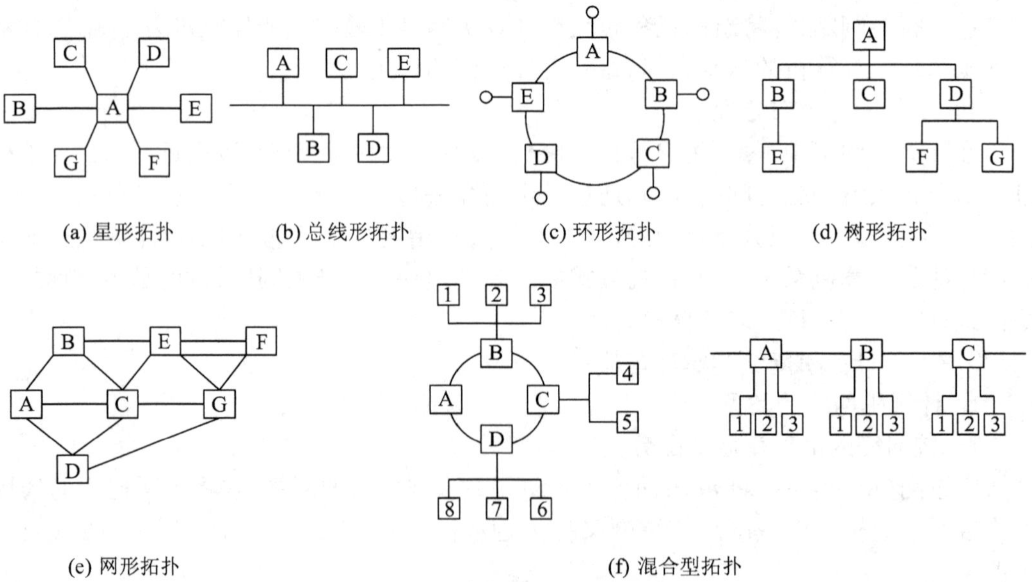

图 3-4　常见网络拓扑结构

星形拓扑结构是局域网中最常用的物理拓扑结构，它是一种集中控制式的结构，如图 3-4（a）所示。星形拓扑结构以一台设备为中央节点，其他外围节点都通过一条点到点的链路单独与中央节点相连。这种拓扑结构的优点是结构简单，容易实现，易扩充，易维护，易管理及易实现网络监控，局部链路故障不影响其他节点间的正常工作；缺点是对中央节点的要求较高，如果中央节点出现故障，就会造成整个网络的瘫痪。

总线形拓扑结构如图 3-4(b)所示，这种结构所有的节点共享同一条数据通信，节点间通过广播进行通信。这种结构的优点是连接结构简单，易于扩展，组网灵活方便，费用低，个别节点发生故障不影响网络中其他节点的正常工作。缺点是传输能力低，易发生"瓶颈"现象；安全性低，总线的故障会导致网络瘫痪；节点过多会降低网络性能。

环形拓扑结构如图 3-4(c)所示，各节点通过链路形成一个首尾相接的闭合环路，信息可以是单向也可以是双向传输。这种结构的优点是结构简单，信息的传输延迟时间固定，并且每个结点无主从关系，通信机会相同。缺点是可扩充性差；可靠性差，只要有一个结点或一处链路发生故障，就会造成整个网络瘫痪。

树形拓扑结构可以看作星形拓扑结构的扩展，是一种分层结构，具有根结点和各分支节点，如图 3-4(d)所示。这种结构除了叶节点之外，所有的根节点和子节点都具有转发功能，比星形拓扑结构复杂，数据在传输过程中需要经过多条链路，时延较大，适用于分级管理和控制系统，是一种广域网常用的拓扑结构。

网形拓扑结构由分布在不同地点、各自独立的节点经链路连接而成，每一个节点至少有一条链路与其他节点相连，如图 3-4(e)所示。其优点是可靠性高、灵活性好、节点的独立处理能力强、信息传输量大；缺点是结构复杂、不易维护和管理、投资费用高。网形拓扑结构是一种广域网常用的网络结构，互联网也大多采用这种结构。

混合型拓扑是将两种单一拓扑结构混合起来，取两者的优点构成的拓扑，如图 3-4(f)所示。其优点是故障诊断和隔离方便、易于扩展、安装方便；缺点是需要带智能的集中器，集中器到各站点的电缆长度会增加。

网络的拓扑结构不同，所采用的传输方式和通信控制协议也不同。其中，星形、环形和网形拓扑采用点对点的传输方式，总线形拓扑采用点对多点（广播式）的数据传输方式，而混合型则由多个不同拓扑结构的网络组成。

3）按网络的使用范围分类

计算机网络按使用范围可分为公用网和专用网。公用网（public network）一般是由国家邮电或电信部门建设的通信网络。按规定缴纳相关租用费用的部门和个人均可以使用公用网。专用网（private network）是指单位自建、满足本单位业务需求的网络。专用网不向本单位以外的人提供服务，安全性较高，使用单位多为军队、铁路、电力等部门。

4）按传输速度分类

计算机网络按速度可分为：低速网络（ <200 bps）、中速网络（200 bps ~ 10 kbps）、高速网络（10 kbps ~ 10 Mbps）、超高速网络（ >10 Mbps，可能达到几十 Gbps）。

2. 计算机网络的模式

1）对等网络模式（peer to peer network）

在对等网络模式中，不需要专门的服务器，相连的机器彼此之间处于同等地位，没有主从之分故又称为对等网络。它们能够相互共享资源，每台计算机都能以同样方式作用于对方。对等网络（P2P）技术的应用使得业务系统从集中向分布演化，特别是在服务器的分布上，克服了业务节点集中造成的瓶颈，大大降低了系统的建设和使用成本，提高了网络和系统设备的利用率。

2）客户机/服务器网络（client/server network）

客户机/服务器网络采用一台或多台高性能的计算机专门为其他计算机提供服务，其他与之相连的计算机通过向服务器发出请求可获得相关服务。提供服务的计算机称为服务器，发出请求服务的用户计算机称为客户机，如图3-5所示。因此，客户机/服务器网络是一种基于服务器的网络，与对等网络相比，基于服务器的网络提供了更好的运行性能并且可靠性也有所提高。另外还有一种对C/S结构的改进结构，即浏览器/服务器结构（browser/server，简称B/S）。

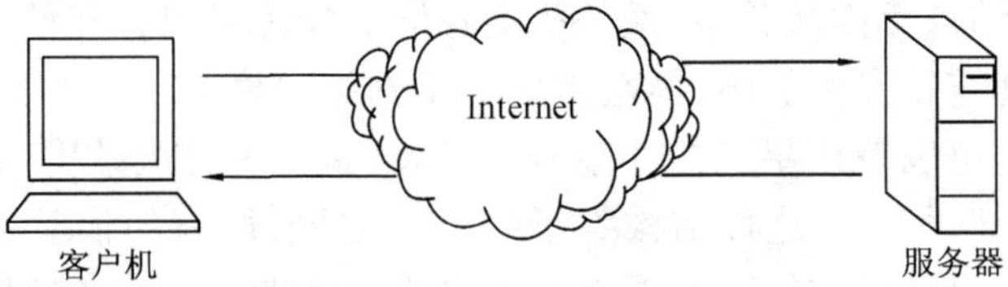

图3-5 客户机/服务器模式

3.2.4 计算机网络的体系结构

网络体系结构是指通信系统的整体设计，它为网络硬件、软件、协议、存取控制和拓扑提供标准。常见的网络体系结构有FDDI、以太网、令牌环网和快速以太网等。计算机网络中的数据交换必须遵守事先约定好的规则。为进行网络中的数据交换而建立的规则、标准或约定即网络协议（network protocol），简称协议。计算机网络的体系结构也可以理解为计算机网络的各层及其协议的集合。网络协议就是大家共同遵守的规则和约定，由一些公认的国际组织所制定。如国际标准化组织（ISO）制定了著名的开放系统互联参考模型（open system interconnection，简称OSI）；美国电子电气工程师协会（IEEE）制定了局域网的各种通信标准；国际电信电话咨询委员会（CCITT）制定了X.25（ISDN），X.75（帧中继）等广域网通信标准。

目前广泛采用的是国际标准化组织（ISO）在1979年提出的开放系统互联的参考模型，即事实上的工业标准TCP/IP参考模型。

1. OSI/RM开放系统互联参考模型

OSI/RM模型将整个网络的通信功能划分成7个层次，每个层次完成不同的功能。这7层由低层至高层分别是物理层、数据链路层、网络层、传输层、会话层、表示层和应用层（图3-6）。它的规范对所有的厂商是开放的，具有指导国际网络结构和开放系统走向的作用，直接影响总线、接口和网络的性能。

物理层的主要功能是完成相邻节点之间原始比特流的传输，物理层为建立、维护和释放数据链路实体之间的二进制比特传输的物理连接，提供机械的、电气的、功能的和规程的特征。

数据链路层的主要作用是通过数据链路层协议（即链路控制规程），在不太可靠的物理链路上实现可靠的数据传输。数据链路层完成的是网络中相邻节点之间可靠的数据通信。为了保证数据的可靠传输，发送方把用户数据封装成帧，并按顺序传送各帧。

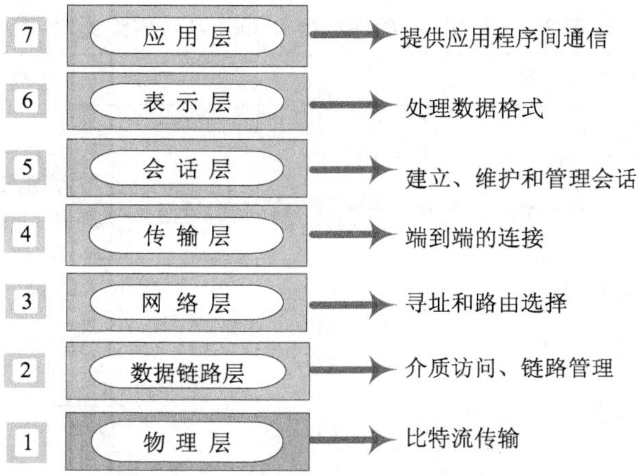

图 3-6　OSI/RM 参考模型

网络层的任务就是要选择最佳的路由,使发送站传输层所传下来的报文能够正确无误地按照目的地址找到目的站,并交付给目的站的传输层。这就是网络层的路由选择功能。另外在网络层还要解决拥塞控制问题。

传输层的基本功能是从会话层接收数据报文,并且当所发送的报文较长时,在传输层即先要把它分割成若干个报文分组,然后再交给它的下一层(即网络层)进行传输。另外,这一层还负责报文错误的确认和恢复,以确保信息的可靠传递。传输层还要处理端到端的差错控制和流量控制的问题。

会话层允许不同机器上的用户建立会话关系,目的是完成正常的数据交换,并且会话层提供了对某些应用的增强服务会话功能,其也可被用于远程登录分时系统或在两个机器间传递文件。

表示层处理数据管理的表示方式,它管理抽象的数据结构,并且负责在计算机内部表示和网络标准表示法之间进行转换,即表示层关心的是数据传送的语义和语法两个方面的内容。

应用层是 OSI 网络协议体系结构的最高层,是计算机网络与最终用户的界面,为网络用户之间的通信提供专用的程序。

2. TCP/IP 参考模型与协议

TCP/IP 协议即传输控制协议/网际协议(transmission control protocol/internet protocol)是一组协议,它是为跨越局域网和广域网环境的大规模互联网络而设计的。TCP/IP 参考模型是因特网的祖先 ARPANET 和其后继的 Internet 使用的参考模型。这个体系结构在它的两个主要协议出现以后,被称为 TCP/IP 参考模型(TCP/IP reference model)或 TCP/IP 分层模型(TCP/IP layering model),包括网络接口层、互联网层、传输层和应用层 4 层。

TCP/IP 参考模型是在它所解释的协议出现很久以后才发展起来的,更重要的是,由于它更强调功能分布而不是严格的功能层次的划分,因此它比 OSI 模型更灵活。TCP/IP 参考模型和 OSI 模型之间的关系如表 3-3 所示。

表 3-3　TCP/IP 参考模型和 OSI 参考模型比较

OSI 参考模型层描述	TCP/IP 参考模型层描述
应用层	进程/应用层 各种应用层协议 （TELNET，FTP，SMTP，DNS 等）
表示层	
会话层	
传输层	传输层（TCP 或 UDP）
网络层	互联网层 ICMP　IGMP IP ARP
数据链路层	网络接口层
物理层	

1）网络接口层

TCP/IP 参考模型的网络接口层与 OSI 参考模型的数据链路层和物理层相对应，它不是 TCP/IP 协议的一部分，但它是 TCP/IP 赖以存在的与各种通信网之间的接口，所以，TCP/IP 对网络接口层并没有给出具体的规定。

2）互联网层

TCP/IP 参考模型的互联网层有 4 个主要协议：网际协议（IP）、Internet 控制报文协议（ICMP）、Internet 组管理协议（IGMP）、地址解析协议（ARP）。互联网层的主要功能是使主机可以把分组发往任何网络并使分组独立地传向目标（可能经由不同的网络）。

互联网层的网际协议（IP）的基本功能是：无连接的数据报传送和数据报的路由选择，即 IP 协议提供主机间不可靠的、无连接的数据报传送。

Internet 控制报文协议（ICMP）提供的服务有：测试目的地的可达性和状态、报文不可达的目的地、数据报的流量控制、路由器路由改变请求等。

地址解析协议（ARP）的任务是查找与给定 IP 地址相对应主机的网络物理地址。

3）传输层

TCP/IP 参考模型的传输层提供了两个主要的协议，即传输控制协议（TCP）和用户数据报协议（UDP），它的功能是使源主机和目的主机的对等实体之间可以进行会话。

TCP 是面向连接的协议。所谓连接，就是两个对等实体为进行数据通信而进行的一种结合。面向连接服务是在数据交换之前，必须先建立连接。当数据交换结束后，则应终止这个连接。面向连接服务具有连接建立、数据传输和连接释放这 3 个阶段，在传送数据时是按序传送的。

UDP 是无连接的服务。在无连接服务的情况下，两个实体之间的通信不需要先建立好一个连接，因此其下层的有关资源不需要事先进行预定保留。这些资源将在数据传输时动态地进行分配。无连接服务的另一个特征就是它不需要通信的两个实体同时是活跃的（即处于激活态）。当发送端的实体正在进行发送时，它才必须是活跃的。

4）进程/应用层

在 TCP/IP 体系结构中并没有 OSI 的会话层和表示层，TCP/IP 把它都归结到进程/应用层。所以，进程/应用层包含所有的高层协议，如虚拟终端协议（TELNET）、文件传输协议（FTP）、简单邮件传送协议（SMTP）和域名服务（DNS）等。

3.3 计算机局域网

3.3.1 局域网的定义

局域网是由互连的计算机、打印机和其他在短距离间共享硬件、软件资源的计算机设备组成，它是一种在小范围（10 m ~ 2 km）内实现的计算机网络，其服务区域可以是一间小型办公室、建筑物的一层或整个办公大楼、一所大学、一个工厂或方圆几公里的区域内。局域网可以实现文件管理、应用软件共享、打印机共享、扫描仪共享、工作组内的日程安排共享、电子邮件互传和传真通信服务等功能。局域网是封闭型的，可以由办公室内的两台计算机组成，也可以由一个公司内的上千台计算机组成。

3.3.2 局域网的特点

局域网是将较小地理区域内的各种数据通信设备连接在一起的通信网络，具有 3 个基本属性：(1) 局域网是一个通信网络，它仅提供通信功能。从 OSI 参考模型的协议层看，局域网标准仅包含低两层（物理层和数据链路层）的功能，所以连到局域网的数据通信设备必须加上高层协议和网络软件才能组成计算机网络。(2) 局域网的连接对象是数据通信设备，这里的数据通信设备是广义的，它包括：微型计算机，大、中、小型计算机，终端设备和各种计算机外围设备等。(3) 局域网覆盖的范围小，传输距离有限。

上述局域网的属性决定了局域网具有如下一些特点：

(1) 局域网覆盖的地理范围小，通常在几米到几十千米之间，常用于连接一个企业、一个工厂、一个学校或一个建筑群、一栋楼、一个办公室内的数据通信设备。

(2) 数据传输速率高，一般为 10 bps ~ 100 Mbps，目前已出现速率高达1 000 Mbps 的局域网。可交换各类数字和非数字（如语音、图像、视频等）信息。

(3) 误码率低，一般在 $10^{-11} \sim 10^{-8}$以下。这是因为局域网通常采用短距离基带传输，可以使用高质量的传输媒体，从而提高了数据传输质量。

(4) 局域网的传输延时小，一般在几毫秒至几十毫秒之间。

(5) 局域网归属一个单一组织管理，由该组织维护、管理和扩建网络。

局域网能够方便地共享昂贵的外部设备、主机及软件、数据，从一个站点可访问全网，并且便于系统的扩展和逐渐演变，各设备的位置可灵活调整和改变，提高了系统的可靠性、可用性。

3.3.3 局域网的组成

局域网一般由网络服务器、网络工作站、网络接口卡、传输介质及其他配件组成。

1. 网络服务器

网络服务器是指能够向网络用户提供特定服务的计算机。服务器是局域网中资源子网的核心，其类型可以是专用的服务器、小型机、高档机等。网络服务器可以分为主控服务器和应用服务器。

网络服务器具有以下几个功能:(1) 运行和安装着局域网的操作系统;(2) 实现网络中的软件、硬件和数据信息等资源的共享;(3) 网络管理员通过局域网内的管理服务器,可实现对网络上的用户、资源(设备、文件数据、软件等)、通信和安全等全方位的管理。

2. 网络工作站

网络工作站是用户向网络(服务器)申请服务的终端设备,用户使用它向服务器索取各种信息及数据,请求服务器提供各种服务。各种类型的计算机均可以成为网络工作站。

网络工作站的配置要求:(1) 硬件上要求传输介质通过网卡与网络服务器连接;(2) 软件上要求工作站具有单独的操作系统,以便独立工作。

3. 网络接口卡

网络接口卡又称为网络适配器或网卡,是构成网络的基本部件,安装在计算机主板上,与网络传输介质相连。网卡工作在物理层和介质访问层,用来实现数据帧的封装和拆封、进行差错校验及相应的数据通信管理。

网卡按不同的标准可以分为不同的种类。按支持的计算机种类分为标准网卡和PCMCIA 网卡;按网卡的速率可以分为 10 Mbps 网卡、10/100 Mbps 网卡、1 000 Mbps 网卡;按网卡支持的传输介质又可以分为粗缆网卡、细缆网卡、双绞线网卡及光纤网卡等。

4. 传输介质

局域网常用的传输介质有同轴电缆、双绞线、光纤、无线传输介质等。

同轴电缆由一根空心的外圆柱导体和一根位于中心轴线的内导体组成,两导体间用绝缘材料隔开,如图 3-7 所示。按直径,同轴电缆可分为粗缆和细缆。粗缆传输距离长,性能高但成本高,使用于大型局域网干线,连接时两端需终接器。细缆传输距离短,相对便宜,用 T 形头,与 BNC 网卡相连,两端安 50 Ω 终端电阻。

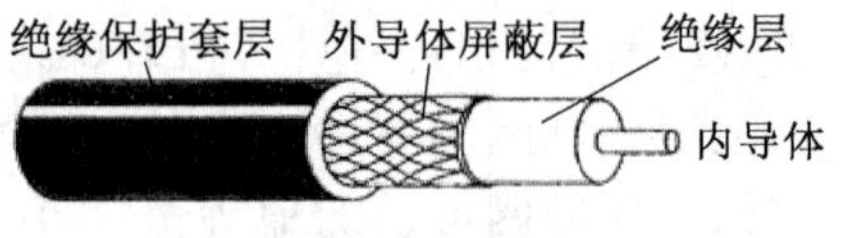

图 3-7 同轴电缆

双绞线将一对以上的双绞线封装在一个绝缘外套中,为了降低干扰,每对相互扭绕而成。双绞线分为非屏蔽双绞线(UTP)和屏蔽双绞线(STP),如图 3-8 所示。双绞线是当前局域网使用最广泛的传输介质。

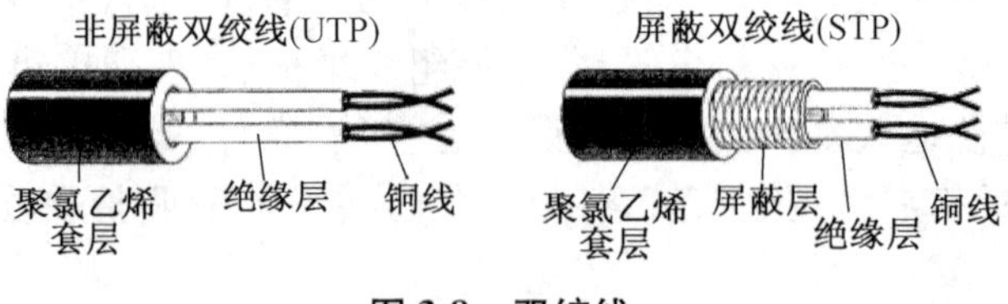

图 3-8 双绞线

光纤是应用光学原理,由光发送机产生光束,将电信号变为光信号,再把光信号导入光纤,在另一端由光接收机接收光纤上传来的光信号,并把它变为电信号,经解码后再处理的应用,分为单模光纤和多模光纤,如图 3-9 所示。单模光纤由激光作光源,仅有一条光通路,传输距离长,可在 2 km 以上;多模光纤是由二极管发光,适合低速短距离传输,一般在 2 km 以内。

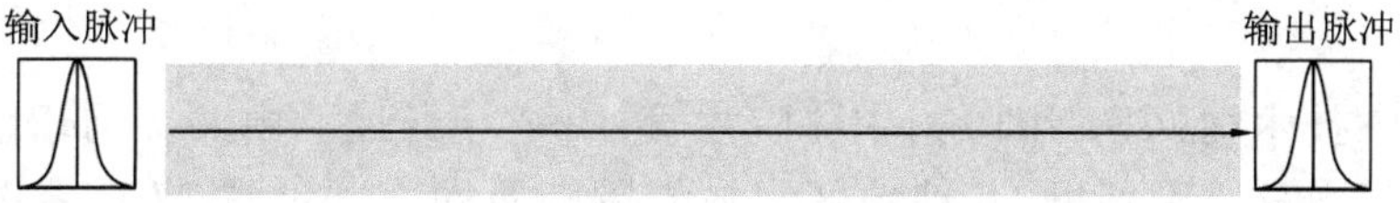

(a) 单模光纤

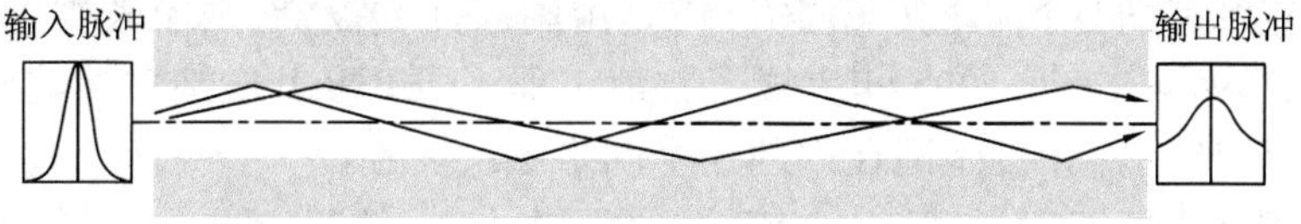

(b) 多模光纤

图 3-9　光纤

无线传输介质是指在两个通信设备之间不使用任何物理的连接器,通常这种传输介质通过空气进行信号传输。无线传输介质主要有无线电波、微波、红外线和激光。

3.4　Internet 基础知识

3.4.1　Internet 发展历史

Internet 的起源和发展主要经历了以下几个阶段:

1969 年,美国国防部高级研究计划署(advanced research projects agency,简称 ARPA)资助建立了一个名为 ARPANET(即"阿帕网")的网络,在这个网络中,位于各个节点的计算机采用分组交换技术,通过专门的通信交换机和专门的通信线路相互连接。ARPANET 标志着 Internet 的诞生。

1974 年,TCP/IP 协议诞生,为网络间交换信息制定了各种通信协议,把不同的网络连接在一起,其中传输控制协议(TCP)和网际协议(IP)现已发展成为互联网的基本协议。TCP/IP 为不同的硬件构建及操作平台网络间的互联奠定了基础。

1986 年,美国国家科学基金会(national science foundation,简称 NSF)建立了 NSFNET 网络。后来,相继又有一些大公司加盟,把 NSFNET 建成了一个强大的骨干网。1986 年以后,接入 NSFNET 的计算机网络快速增加,有力地推动了互联网的发展。

1989 年,MILNET(由 ARPANET 分离出来)实现和 NSFNET 的连接后,就开始采用 Internet 这个名称。

从 20 世纪 90 年代开始,Internet 以极为迅猛的速度发展着,席卷了全世界几乎所有的国家,一个全球性的信息高速公路已经初步形成。

中国 Internet 发展分为两个阶段:

第一阶段: 1987—1993 年,国内少数一些科研部门通过与 Internet 联网,与国外的科技团体进行了学术交流和科技合作,这一阶段主要从事 Internet 电子邮件的收发业务。

第二阶段: 1994 年起,我国实现了与 Internet 的 TCP/IP 连接,实现了与 Internet 的全面开通,获得了 Internet 的全功能服务。

我国 4 大骨干网络包括:中国科学技术网(CSTNET)、中国教育和科研计算机网(CERNET)、中国公用计算机互联网(ChinaNET)、国家公用经济信息通信网

(ChinaGB)。

中国科学技术网(CSTNET)由中科院主管,1994年开通。由两级网络组成,在北京地区的院所组成核心院所网,其他地区组成外围院所网。共设置27个主节点,分别设在北京及各地的12个分院。该网是国家重点学科发展基础设施建设项目。

中国教育和科研计算机网(CERNET)是由国家计委投资、国家教委主持的国家教育科研网络,1994年启动,1995年完成了首期工程。CERNET连接高等院校和中学,包括全国主干网、地区网和校园网在内的3个网络层次。

中国公用计算机互联网(ChinaNET,即中国电信),是适应Internet的商业化需要,由中国邮电部于1994年投资建设的中国公用Internet网,目的是为中国用户提供Internet的各种服务。该网于1995年初与Internet连通,同年5月正式对外服务。

国家公用经济信息通信网(ChinaGB)又称中国金桥信息网或天地一体网,由原电子工业部所属的吉通公司主持建设,是为国家宏观经济调控和决策服务的。1996年9月投入使用。以空中卫星和微波为主要连接手段,并与地面的光纤网连通,形成覆盖全国的公用网。

另外还有中国联通互联网(UNINET)、中国网通互联网(CNCNET,在新一轮电信改革中并入新联通)、中国移动互联网(CMNET)等。

2017年1月22日,中国互联网络信息中心(CNNIC)在北京发布了《第39次中国互联网络发展状况统计报告》。报告显示(图3-10),截至2016年12月底,我国网民规模达到7.31亿,互联网普及率攀升至53.2%,手机网民在总体网民中的比例进一步提高,从2015年末的90.1%提升至95.1%。网络购物用户年增长48.6%,是用户增长最快的,这预示着更多的经济活动步入互联网时代。

图3-10　中国网民规模及互联网普及率

3.4.2　Internet的定义和特点

Internet是一个全球性的计算机互联网络,它是将不同地区且规模大小不一的网络互相连接而成,对于Internet中各种各样的信息,可以通过网络的连接来共享和使用。计算机网络只是简单地传输信息的媒介,而Internet的优越性和实用性则在于信息本身,因此把Internet看作一个计算机网络,甚至是一群相互连接的计算机网络是不全面的。Internet不仅是一个计算机网络,更重要的是它是一个庞大的、实用的、可享受的信息源。Internet 远非一个计算机网络或者一种信息服务所能比拟,它的重要性在于它能完成大量的数据远程传输并能远程索取信息。Internet 是第一个全球论坛,第一个全球性图书馆。

简言之,Internet 就是将成千上万不同类型的计算机和不同技术组合而成的各种计算机网络,它们按照一定的协议相互连接在一起,使网络中的每一台计算机或终端就像在一个网络中工作一样,从而实现资源和服务共享。因此,Internet 具有以下几个特点:

(1) Internet 由众多的计算机网络组成,是一个世界性的网络;

(2) Internet 实现了与公用电话交换网的互联;

(3) Internet 不仅是一个计算机网络,更是一个信息资源网;

(4) TCP/IP 协议是 Internet 的核心;

(5) 采用分组交换技术;

(6) 由众多的路由器连接而成。

3.4.3 Internet 的工作原理

Internet 的工作原理主要包括分组交换原理、TCP/IP 协议、IP 地址和客户与服务器工作模式。

1. 分组交换原理

在 Internet 中,系统中的计算机往往是通过共享的方式来共同使用底层的硬件设备(如通信线路)的,这种方式可以只用少量的线路和交换设备,从而降低了成本,但是当一台计算机长时间占用共享设备时,就会产生延迟。解决的方法是将信息分解成数据包(分组),每台计算机每次只能传送一定数量的数据包。这种将数据总量分割,轮流服务的方法称为分组交换,以此来共享 Internet 网络资源的技术称为分组交换技术。分组交换是以分组为单位进行传输和交换的,它是一种"存储—转发"交换方式,即将到达交换机的分组先送到存储器暂时存储和处理,等到相应的输出电路有空闲时再传送出。Internet 上所有的数据都以分组的形式传送。分组交换允许任何一台计算机在任何时候都能发送数据,有效地避开了延迟。

2. TCP/IP 协议

TCP/IP 协议最早由斯坦福大学的两名研究人员于 1973 年提出。随后从 1977 年到 1979 年间相继推出 TCP/IP 体系结构和协议规范。它的跨平台性使其逐步成为 Internet 的标准协议。通过 TCP/IP 协议,不同操作系统、不同架构的多种物理网络之间均可以进行通信。

TCP/IP 协议包括两个子协议:一个是 TCP 协议(transmission control protocol,传输控制协议),另一个是 IP 协议(Internet protocol,互联网协议)。在 TCP/IP 协议中,TCP 协议是 IP 协议的高层协议,TCP 协议在 IP 协议之上提供了一个可靠的连接方式的协议。TCP 协议能保证数据包的传输及正确的传输顺序,并且它可以确认包头和包内数据的准确性。如果在传输期间出现丢包或错包的情况,TCP 负责重新传输出错的包,这样的可靠性使得 TCP/IP 协议在会话式传输中得到充分应用。IP 协议为 TCP/IP 协议集中的其他所有协议提供"包传输"功能,IP 协议为计算机上的数据提供一个最有效的无连接传输系统,即 IP 包不能保证到达目的地,接收方也不能保证按顺序收到 IP 包,它仅能确认 IP 包头的完整性。最终确认包是否到达目的地,还要依靠 TCP 协议,因此

TCP 是有连接服务。

TCP/IP 协议套件实际是一个协议族,包括 TCP 协议、IP 协议及其他一些协议。每种协议采用不同的格式和方式传送数据,它们都是 Internet 的基础,一个协议套件是相互补充、相互配合的多个协议的集合。表 3-4 简单说明了 TCP/IP 协议套件中的主要成员。

表 3-4 TCP/IP 协议套件中的主要成员

所在层次	协议名称	中文名称	作用
应用层	SMTP	简单邮件传输协议	主要用于传输电子邮件
	DNS	域名服务	提供了从名字到 IP 地址的转换
	NSP	名字服务协议	负责管理域名系统
	FTP	文件传输协议	用于控制两个主机文件的交换,远程文件传输
	TELNET	远程登录协议	它为用户提供了在本地计算机上完成远程主机工作的能力
	HTTP	超文本传输协议	既是通信协议,又是实现通信协议的软件
传输层	TCP	传输控制协议	负责应用程序间的数据传输,是可靠的面向连接
	UDP	用户数据报协议	负责应用程序间的数据传输,是不可靠的无连接
互联层	IP	互联网协议	计算机之间的数据传输
	ICMP	互联网控制报文协议	用于传输差错及控制报文
	IGMP	互联网网关报文协议	网络连接内外部网关的协议
	ARP	地址解析协议	网络地址解析,即 IP 地址到物理地址的映射

3. IP 地址

IP 协议提供一种全网统一的地址格式,保证一个地址对应一台主机,称 IP 地址。IP 地址采用层次型结构,分为 3 个层次,最高一层:Internet;第二层:各个物理网络(网络层);第三层:各个网络中所包含的主机(主机层)。IP 地址由网络号和主机号两部分组成,按 IP 协议规定 Internet 上共有 A,B,C,D,E 5 类 IP 地址(图 3-11)。

在主机或路由器中存放的地址都是 32 位的二进制代码。为了提高可读性,在写出给人看的地址时,往往每隔 8 位插入一个空格,但这样还是不方便。于是,我们常常将 32 位的地址中的每 8 位用其等效的十进制数字表示,并且在这些数字之间加上一个点。这就叫作点分十进制记法,如图 3-12 所示。

子网掩码是一个 32 位地址,是与 IP 地址结合使用的一种技术。它的主要作用有两个,一是用于屏蔽 IP 地址的一部分,以区别网络标识和主机标识,并说明该 IP 地址是在局域网上,还是在远程网上;二是用于将一个大的 IP 网络划分为若干小的子网络。

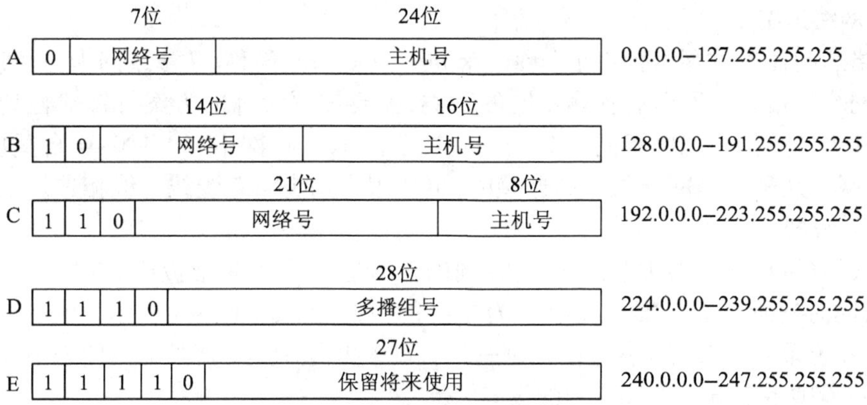

图 3-11　5 类 IP 地址及其范围

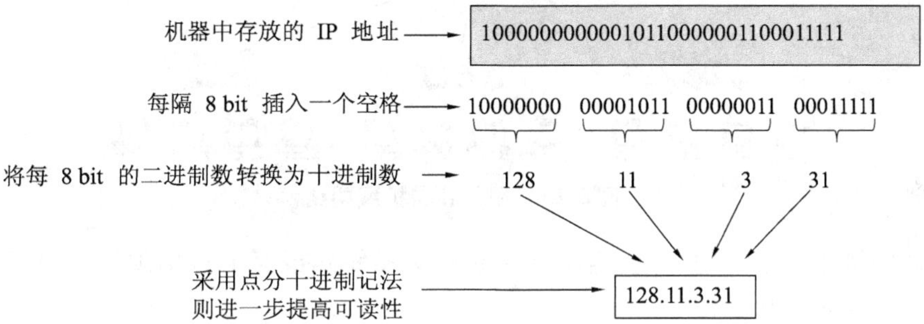

图 3-12　点分十进制记法

4. 客户与服务器工作模式

Internet 采用客户与服务器的工作模式(C/S 模式)。目前,Internet 上许多应用服务,如 E-mail,FTP,WWW 等都采用 C/S 工作模式,这种方式大大减少了网络数据传输量,具有较高的效率,并且能减少局域网上的信息阻塞,充分实现网络资源共享。近年来,Internet 网络中又出现了一种新的模式,即 Browser/Server(B/S)结构。这是一种分布式的 C/S 结构,中间多了一层 Web 服务器,用户可以通过浏览器向分布在网络上的许多服务器发出请求。B/S 具有 C/S 所不及的很多特点:更加开放、与软硬件平台无关、应用开发速度快、生命周期长、应用扩充和系统维护升级方便等。B/S 结构简化了客户机的管理工作,客户机上只需安装、配置少量的客户端软件,而服务器将承担更多工作,对数据库的访问和应用系统的执行将在服务器上完成。

3.4.4　Internet 常用网络设备

网络互联是指将两个以上的计算机网络,通过一定的方法,用一种或多种通信处理设备相互连接起来,以构成更大的网络系统。网络互联时,有如下一些问题:在物理上如何把两种网络连接起来,一种网络如何与另一种网络实现互访与通信,如何解决它们之间协议方面的差别,如何处理速率与带宽的差别等。这些都需要各种各样的网络互联设备来加以解决。

Internet 常用网络连接设备有网络适配器、集线器、网桥、交换机、路由器、调制解调器、网关等。

1. 网络适配器

网络适配器也称网络接口卡(network interface card,简称 NIC)或网卡,负责提供计算机与网络的接口。网卡有很多不同的种类,需要按照设计的方案有针对性地选择网卡。按网卡所支持带宽的不同可分为 10 M 网卡、100 M 网卡、10/100 M 自适应网卡、1 000 M网卡几种。当网卡与外界连接时,可使用水晶头与双绞线电缆相连。

2. 集线器

集线器(hub)的主要功能是对接收到的信号进行再生整形放大,以扩大网络的传输距离,同时把所有节点集中在以它为中心的节点上,如图 3-13 所示。它工作于 OSI(开放系统互联参考模型)参考模型第一层,即“物理层”。集线器是一种为不能直接连接的电缆提供多个电器连接能力的设备。

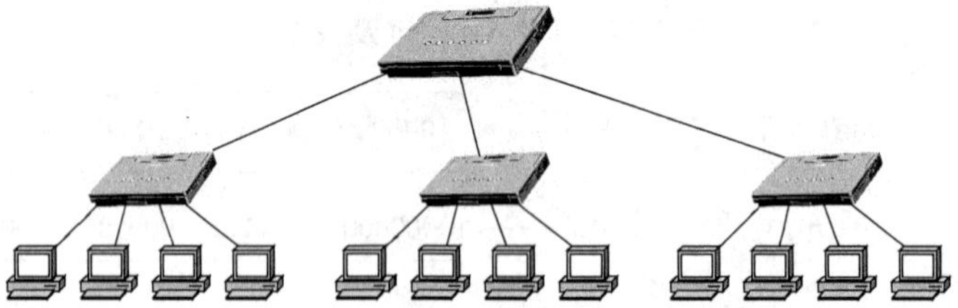

图 3-13　用集线器扩展网络

以集线器为中心的优点是:当网络系统中某条线路或某节点出现故障时,不会影响网上其他节点的正常工作。

3. 网桥

网桥(bridge)是一个局域网与另一个局域网之间建立连接的桥梁。它的作用是通过连接数据链路层相同的网络达到扩展网络距离的目的,并能有效地控制两个介质系统中无关紧要的通信,即对数据进行分组选择。

4. 交换机

交换机(switch)实质上就是一个多端口的网桥,工作在数据链路层,允许在用户端口之间通过一个专用交换系统直接通信。交换机能同时连通许多对的端口,使每一对相互通信的主机都能像独占通信媒体那样,进行无碰撞的数据传输。

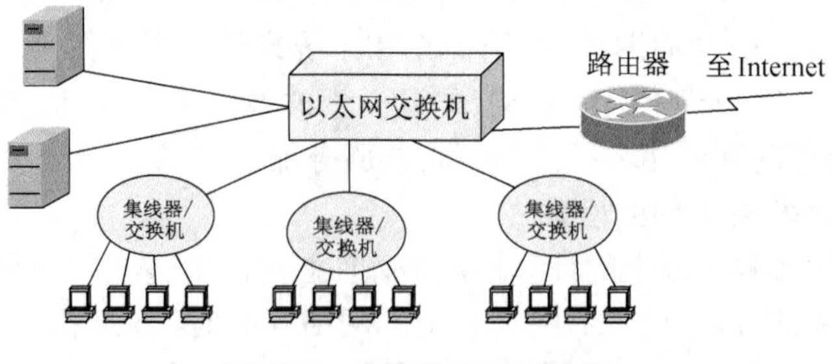

图 3-14　用交换机扩展网络

交换机可分为网段交换机和专用局域网交换机两类。前者主要用于提供多个LAN 网段之间的交换连接,它可以像用网桥和路由器一样使用,提供基本的过滤和转发功能;后者是基于“微网段”概念的专用于局域网的交换机。在局域网中,如果网络太拥挤,通常需将网络一分为几,并用网桥相连,以减少对局域网带宽竞争的可能性。

如果交换机设计恰当,那么网络上所有上网的用户都不会因拥挤或冲突而丢失数据包。

5. 路由器

路由器(router)用于连接多个逻辑上分开的网络,它工作在网络模型的网络层,具有报文转发作用和路由选择作用两大功能。一般来说,异种网络互联、多个子网互联都应采用路由器来完成。

路由器具有判断网络地址和选择路径的功能,它能在多网络互联环境中建立灵活的连接,可用完全不同的数据分组和介质访问方法连接各种子网,路由器只接收源站或其他路由器的信息,属网络层的一种互联设备。它不关心各子网使用的硬件设备,但要求子网运行与网络层协议相一致的软件。路由器的主要工作是为经过路由器的每个数据帧寻找一条最佳传输路径,并将该数据有效地传送到目的站点。由此可见,选择最佳路径的策略即路由算法是路由器的关键。

6. 调制解调器

调制解调器(modem),是模拟信号和数字信号的"翻译员"。电子信号分两种,一种是模拟信号,另一种是数字信号。我们使用的电话线路传输的是模拟信号,而计算机之间传输的是数字信号。所以当你想通过电话线把自己的电脑连入Internet时,就必须使用调制解调器来"翻译"两种不同的信号。调制解调器的工作原理如图3-15所示。

图3-15 调制解调器的工作原理

调制解调器分为外置和内置两种类型。外置式modem放置于机箱外,通过串行通信口与主机连接。内置式modem要占用主板上的扩展槽,但无须额外的电源与电缆。

7. 网关

如果要与不同类型且协议差别较大的网络互联,应该选用网关(gateway)设备。网关将协议进行转换,数据重组,以实现在两种以上不同类型网络系统之间的通信。一般来说,网关只进行一对一转换,或者是少数几种特定应用协议的转换。用于网关转换的应用协议有电子邮件、文件传输和远程登录等。

3.4.5 Internet接入方法

要访问Internet,首先必须使计算机与Internet连接。Internet的接入方式归纳起来大致有以下几种:拨号接入、ISDN接入、宽带接入和无线接入。

1. 拨号接入

用户只需要一部普通电话,再加上一个调制解调器,就可以实现拨号上网。基本原理是将数字信号通过调制解调器转为模拟信号,然后通过电话线进行传输,接收方再通过调制解调器将模拟信号转化为数字信号,从而完成数据通信的过程。这是简单且投入成本低的接入方式,但其速率受调制解调器限制,最快为56 kbps。随着宽带的发展和普及,这种接入方式已经逐渐被淘汰。

2. ISDN接入(综合业务数字网)

ISDN通俗称为"一线通",它采用数字传输和数字交换技术,将电话、传真、数据、图像等多种业务综合在一个统一的数字网络中进行传输和处理。用户利用一条ISDN用户线路可以在上网的同时拨打电话、收发传真,就像两条电话线一样。当有电话接入时,它会自动释放一个信道来进行电话接听。

3. 宽带接入

宽带接入是一种接入速率较高的接入方式,一般以目前拨号上网速率的上限56 kbps为分界,将56 kbps及其以下的接入方式称为“窄带”,56 kbps以上的接入方式则归类于“宽带”。但依据习惯和网络多媒体数据流量考虑,网络的数据传输速率至少应达到256 kbps才能称之为宽带。此接入技术有ADSL(非对称数字用户环路)、cable modem(线缆调制解调器)和一种基于高速光纤局域网技术的宽带接入方式(fiber to the buil-ding,简称FTTB)等。

ADSL是一种能够通过普通电话线提供宽带数据业务的技术,也是目前电信系统普遍采用的宽带接入方式。ADSL用户可以在打电话的同时进行视频点播、发送电子邮件等操作。ADSL用于人口密度大、高层建筑多、网络节点密集的地段,具有系统结构简单、使用维护方便、性价比高等特点。但是,ADSL对线路质量要求较高,此外,还可能存在语音、数据相互干扰的问题。

Cable modem是利用已有的有线电视光纤同轴混合网HFC进行高速数据接入,主要用于有线电视网进行数据传输。在使用cable modem传输数据时,利用的是现有有线缆线中的某一个频道,目前使用较多的是同轴电缆,它可将整个电缆划分为3个宽带。这样一来,数字数据和模拟数据就不会互相冲突,也就可以同时传送了。Cable modem系统具有抗干扰能力强、共享介质、线路通畅、用户间可以建立虚拟专网连接等特点。但是,多用户共享宽带时数据传输速率也会相应下降,具有可靠性不如ADSL、资金投入大等缺点。

FTTB是一种基于高速光纤局域网技术的宽带接入方式。FTTB采用光纤到小区(楼房)、网线到用户的方式实现用户的宽带接入,因此,又称为FTTB + LAN。FTTB采用星形拓扑结构,用户共享宽带。FBBI只需要在计算机上安装一块10 Mb的以太网卡便可以进行24小时高速上网。这是一种最合理、最实用、最经济有效的宽带接入方法。通过FTTB高速专线上网,用户无须拨号就可以享用Internet的各种服务及诸多宽带增值业务,如视频点播、远程教育、远程医疗、交互游戏等。但是FTTB带宽为共享式,用户实际所得的带宽受并发用户数限制。此外,ISP必须投入大量的资金铺设高速网络到每个用户家中,所以适合于新建小区。

4. 无线接入

无线接入技术包括GSM接入、CDMA接入、GPRS接入和蓝牙技术等。GSM接入技术是目前个人通信的一种常见技术代表。它用的是窄带TDMA,允许在一个射频(即“蜂窝”)同时进行8组通话。CDMA与GSM一样,也是属于一种比较成熟的无线通信技术,CDMA的运作是利用展频(spread spectrum)技术,所谓的展频就是将所想要传递的信息加入一个特定的信号后,在一个比原来信号还大的宽带上传输开来。GPRS是分组交换技术,是相对原来GSM的拨号方式的电路交换数据传送方式。蓝牙技术是由移动通信公司与移动计算机公司联合起来开发的传输范围约为10 m左右的短距离无线通信标准,用来在便携式计算机、移动电话及其他的移动设备之间建立起一种小型、经济、短距离的无线链路。

3.4.6 内联网和外联网

1. 内联网

内联网(Intranet)又称企业内部网,是指利用互联网技术构建的一个企业、组织或者部门内部的提供综合性服务的计算机网络。Intranet 通过简单的浏览界面,方便地提供诸如 E-mail、文件传输(FTP)、电子公告和新闻、数据查询等服务,并且可与 Internet 连接,实现企业内部网上用户对 Internet 的浏览、查询目的,同时对外提供信息服务,发布本企业信息。Intranet 是企业、学术、政府机关组网要用到的关键技术,是 Internet 技术在企业局域网(LAN)或广域网(WAN)上的应用。

Intranet 具有以下几个特点:

1) 开放性和可扩展性

Intranet 可以支持不同计算机、不同操作系统、不同数据库及不同网络之间的连接。在这些相异的平台上,各类应用可以相互移植、相互操作,使它们有机地集成为一个整体。在此基础上,应用的规模也可以增量式扩展,先从关键的小的应用着手,在小范围内取得效益和经验后,再加以推广和扩展。

2) 方便易用性

Intranet 的可扩展性表现在不仅支持新系统的增量式构造,而且支持与现存系统的接口和平滑过渡,可以充分利用已有资源。超文本的界面有统一标准,操作简易,用户只要简单地操纵鼠标点击链接就可浏览和存取所需信息。

3) 安全性

由于 Intranet 通常主要限于内部使用,在与 Internet 互联时,必须要加密数据,设置防火墙。通过防火墙的安全机制,可将 Intranet 与 Internet 实现平滑连接并保障内部网络信息的安全隔离,以防止内部数据泄密、篡改等。

2. 外联网

外联网(Extranet)又称企业外部网,即把企业内部已存在的信息网络扩展到企业之外,使其完成一些合作性的商业应用,特别是在企业间的合作和为特定客户服务方面有很大的优势。外联网为企业带来的好处有:提高生产效率,信息可以以各种形式体现,降低了生产费用,实现了跨地区的各种项目合作,可为客户提供多种及时有效的服务。

外联网的几种实现方式:

1) 公用网络

如果一个组织允许公众通过任何公共网络(如互联网)访问该组织的内部网,或两个及更多的企业同意用公共网络把它们的内部网连在一起,就形成了公用网络外部网。

2) 专用网络

专用网络是两个企业间的专线连接,这种连接是两个企业内部的物理连接。

3) 虚拟专用网

虚拟专用网(virtual private network,简称 VPN)是依靠 ISP(Internet 服务提供商)和其他 NSP(网络服务提供商),在公用网络中建立专用的数据通信的网络技术。在虚拟专用网中,任意两个节点之间的连接并没有固定的物理连接,只有用户需要时才建立一条专有的通信线路。VPN 的作用如图 3-16 所示。

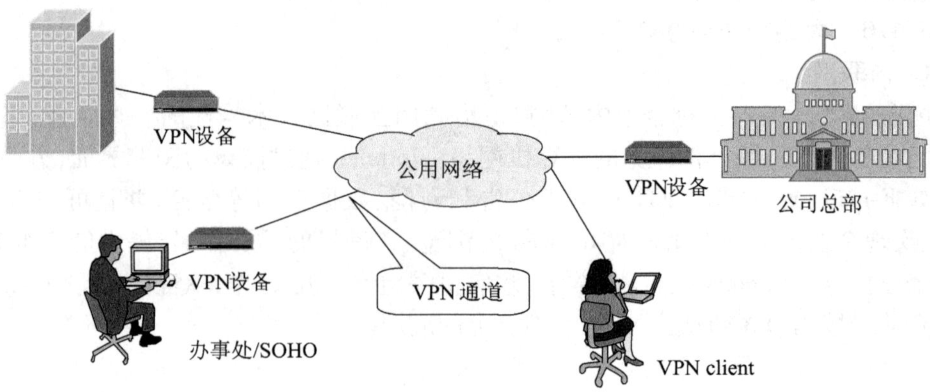

图 3-16 VPN 的作用

3. 互联网、内联网、外联网三者的关系

互联网、内联网、外联网三者之间既有区别又有联系，主要表现在以下几个方面：

1）在操作权限上

外联网提供的服务基本上对用户没有权限控制或很少控制，而内联网提供的控制是很严格的。

2）在内容上

互联网提供信息的页面以静态为主，而内联网和外联网提供的信息内容大部分与数据库有关，即提供的信息内容是动态的，随着底层数据库的变化而变化。

3）在服务对象方面

互联网服务的对象是全世界用户，而内联网服务的对象是企业员工，外联网服务的对象是贸易伙伴的员工。

4）在连接方式上

互联网强调各个组织网站之间的连接，无交易的企业、消费者都是它的业务范围；外联网强调各个企业间的连接，业务范围包括交易伙伴、合作对象、相关公司、销售商店及主要客户；内联网强调企业内部各个部门的连接，业务范围仅限于企业内。

由此可以看出，互联网业务范围最大，外联网次之，内联网最小；互联网的信息量最大，内联网最少。外联网专门用来促进企业间的交互作用，是互联网和内联网基础设施逻辑上的覆盖。若把互联网称为开放的网络，内联网称为专用封闭的网络，那么外联网就是一个受控的外部网络。

3.5 Internet 应用

3.5.1 域名系统 DNS

就计算机而言，采用 IP 地址来标识互联网是十分有效的，但是一连串的二进制数枯燥难记，为此 Internet 引进了便于记忆的、有一定含义的字符形地址——域名。在互联网上，按域名系统定义的、作为服务器的计算机的名字称为域名（domain name）。域名在互联网上是唯一的。为此互联网制定了一套命名机制，称为域名系统（domain name system，简称 DNS），DNS 是 Internet 的一项核心服务，它作为可以将域名和 IP 地址相互映射的一个分布式数据库，能够使人们更方便地访问互联网，而不用去记住能够被机器直接读取的 IP 数串。

Internet 使用分布式的域名系统 DNS，采用了层次树状结构的命名方法。任何一个连接在 Internet 上的主机或路由器，都有一个唯一的层次结构的名字，即域名。域名由若干个分量组成，各分量之间用点隔开，即"….三级域名.二级域名.顶级域名"。各分量分别代表不同级别的域名。如江苏大学 Web 服务器的域名为"www.ujs.edu.cn"，其顶级域名为"cn"，表示这台计算机在中国域；二级域名为"edu"，表明该主机属于教育机构；"ujs"则是江苏大学的网名；最左边是主机名，"www"表示为主站点。

1. 域名

域名只是个逻辑概念，并不代表计算机所在的物理地点。变长的域名和使用有助记忆的字符串，是为了便于人们使用。而 IP 地址是定长的 32 位二进制数字则非常便于机器进行处理。域名中的"点"和点分十进制 IP 地址中的"点"并无一一对应的关系。点分十进制 IP 地址中一定包含 3 个"点"，但每一个域名中"点"的数目则不一定正好是 3 个。

常用的顶级域名有：国家顶级域名 nTLD：如".cn"表示中国，".uk"表示英国等。国际顶级域名 iTLD：采用".int"，国际性的组织可在".int"下注册。通用顶级域名 gTLD：用".com"表示公司企业，".net"表示网络服务机构，".org"表示非营利性组织，".edu"表示教育机构（美国专用），".gov"表示政府部门（美国专用），".mil"表示军事部门（美国专用）。此外，还有一种基础结构域名（infrastructure domain）：这种顶级域名只有一个，即"arpa，"用于反向域名解析，因此又称反向域名。

2. 有关域名的几点说明

（1）域名在 Internet 中必须是唯一的，当高级子域名相同时，低级子域名不允许重复。

（2）域名的字符通常为字母、数字和连字符，不区分大小写，但是各级子域名的长度必须小于 255。

（3）建议为主机确定域名时应尽量使用有意义的字符。

（4）一个域名就是一个 IP 地址，但是一个 IP 地址可以对应多个域名。例如，一台计算机有一个 IP 地址，但是该主机既可以作为邮件服务器，也可以作为 WWW 服务器，因而可以有多个域名。

（5）主机的 IP 地址和域名从使用的角度看没有区别。但是，如果使用的系统中没有域名服务器，则只能使用 IP 地址而不能使用域名。

3. 域名服务器

域名服务器分为根域名服务器、顶级域名服务器、权限域名服务器和本地域名服务器 4 类。

根域名服务器是最重要的域名服务器。所有的根域名服务器都知道所有的顶级域名服务器的域名和 IP 地址。不管是哪一个本地域名服务器，若对 Internet 上任何一个域名自己无法解析，则首先求助于根域名服务器。在 Internet 上共有 13 个不同 IP 地址的根域名服务器，它们的名字是用一个英文字母命名的，从 a 一直到 m（前 13 个字

母)。这些根域名服务器相应的域名分别是:

a. rootservers. net

b. rootservers. net

…

m. rootservers. net

到 2016 年 12 月底,全世界已经安装了 588 个根域名服务器机器,分布在世界各地。这样做的目的是为了方便用户,使世界上大部分 DNS 域名服务器都能就近找到一个根域名服务器。但是,根域名服务器并不直接把域名转换成 IP 地址。在使用迭代查询时,根域名服务器把下一步应当找的顶级域名服务器的 IP 地址告诉本地域名服务器。

顶级域名服务器负责管理在该顶级域名服务器注册的所有二级域名。当收到 DNS 查询请求时,就给出相应的回答(可能是最后的结果,也可能是下一步应当找的域名服务器的 IP 地址)。

权限域名服务器就是前面已经提到的负责一个区的域名服务器。当一个权限域名服务器还不能给出最后的查询回答时,就会告诉发出查询请求的 DNS 客户,下一步应当找哪一个权限域名服务器。

本地域名服务器对域名系统非常重要。当一个主机发出 DNS 查询请求时,这个查询请求报文就发送给本地域名服务器。每一个 Internet 服务提供者(ISP),或一个大学,甚至一个大学里的系,都可以拥有一个本地域名服务器,这种域名服务器有时也称为默认域名服务器。

3.5.2 文件传送协议 FTP

FTP(file transfer protocol)文件传输协议是用于通过 Internet 传输文件的服务和协议,它也是一种早期协议,可以追溯到 1971 年。在 Internet 上,利用 FTP 可以实现不同类型的计算机系统之间传输不同种类文件。FTP 协议用户可以在本地机与过程机之间进行有关文件传输的相关工作,如上传、下载等。但是,FTP 只提供文件传送的一些基本服务,它使用 TCP 进行可靠的运输服务。

FTP 使用客户/服务器方式。一个 FTP 服务器进程可同时为多个客户进程提供服务,并能够同时处理多个客户端的并发请求。FTP 工作时需要建立两个 TCP 连接:控制连接(命令链路,服务器端默认端口号为 21)在整个会话期间一直保持打开,FTP 客户发出的传送请求通过控制连接发送给服务器端的控制进程,但控制连接不用来传送文件;数据连接(数据链路,服务器端默认端口号为 20)用于传输文件,如图 3-17 所示。

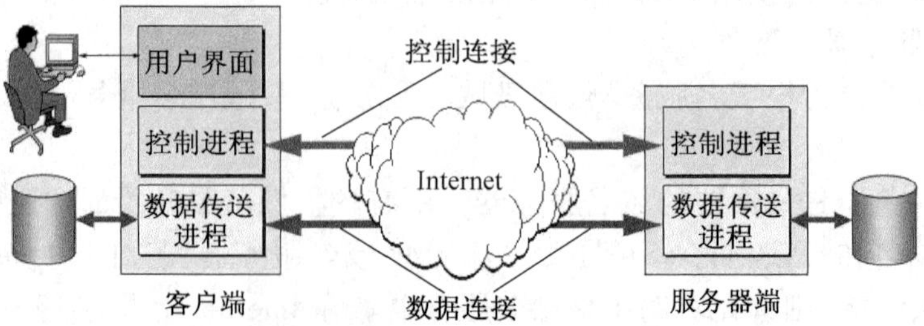

图 3-17 FTP 使用的两个 TCP 连接

使用FTP时,通常要求用户在FTP服务器上有注册账号。但是,在Internet上,许多FTP提供匿名(anonymous)服务,允许用户登录时以anonymous为用户名,以自己的电子邮件地址作口令。出于安全考虑,大部分匿名服务器只允许匿名FTP用户下载文件,而不允许上传文件。登录FTP服务器除了通过浏览器外,还可以使用工具,如CuteFTP,FlashXP等。同时通过FTP的命令方式也可以对文件进行操作,可以将在本机上完成的网站通过FTP传到服务器上。

3.5.3 远程登录 Telnet

远程登录(Telnet)是指在Telnet协议的支持下,本地计算机通过网络暂时成为远程计算机终端的过程,使用户可以方便地使用异地主机上的硬、软件资源及数据。Telnet协议是远程登录协议,使用该协议,通过TCP连接可注册(登录)到远程主机上,使本地机暂时成为一个远程主机的访问终端。Telnet能将用户的击键传到远地主机,同时也能将远地主机的输出通过TCP连接返回到用户屏幕。

Telnet也使用客户/服务器方式:在本地系统运行Telnet客户进程,而在远程主机则运行Telnet服务器进程。Telnet远程登录程序由运行在用户的本地计算机(客户端)上的Telnet客户程序和运行在要登录的远程计算机(服务器端)上的Telnet服务程序所组成。运行Telnet程序进行远程登录的方法之一是直接输入命令:Telnet <远程主机网络地址>,默认端口号为23,所以要进行远程登录需要安装包含Telnet协议的客户程序,知道远程主机的IP地址或域名,并且有合法的登录用户名与口令。

3.5.4 电子邮件 E-mail

电子邮件(E-mail)是一种通过计算机网络提供信息交换的现代通信方式。它不仅可传送文字信息,而且还可附上声音和图像,不仅使用方便,而且还具有传递迅速和费用低廉的优点,是Internet上使用得最多和最受用户欢迎的一种应用。

电子邮件和普通邮件一样,由信封(envelope)和内容(content)两部分组成。信封上最重要的部分就是收信人的地址,电子邮件地址标识邮箱在网络中的位置,其格式为"收信人邮箱名@邮箱所在主机的域名"("@"读作"at",表示"在"的意思)。如电子邮件地址"xiexiren@ tsinghua. org. cn",邮箱所在的主机的域名tsinghua. org. cn在全世界必须是唯一的,用户名"xiexiren"在该域名的范围内是唯一的。电子邮件的传输程序根据邮件信封上的信息来传送邮件。用户在从自己的邮箱中读取邮件时才能见到邮件的内容。

电子邮件的工作原理如图3-18所示,电子邮件系统使用的协议是用于发送邮件的SMTP(simple mail transfer protocol,简单邮件传输协议)协议和用于接收邮件的POP3(post office protocol,邮局协议)协议,并采用"存储-转发"的工作方式。SMTP协议使用客户服务器的方式,所规定的是在两个相互通信的SMTP进程之间应如何交换信息。SMTP通信包括3个阶段:

(1) 连接建立:在发送主机的SMTP客户和接收主机的SMTP服务器之间建立TCP连接。SMTP不使用中间的邮件服务器。

(2) 邮件传送。

(3) 连接释放:邮件发送完毕后,SMTP释放TCP连接。

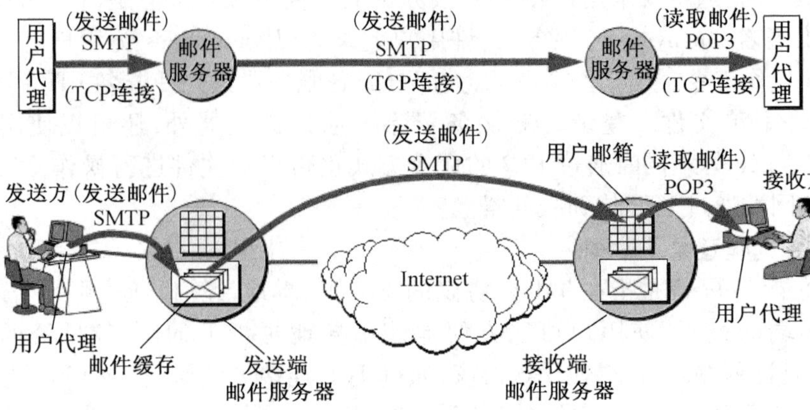

图 3-18 电子邮件工作原理图

收信人打算收信时,就运行 PC 机中的用户代理,使用 POP3 协议读取发送给自己的邮件。POP3 也使用客户服务器的工作方式。在接收邮件的用户 PC 机中必须运行 POP3 客户程序,而在用户所连接的 ISP 的邮件服务器中则运行 POP3 服务器程序。

在这种工作方式下,电子邮件的接收和发送过程如下:

(1) 发件人调用 PC 机中的用户代理撰写和编辑要发送的邮件。发件人的用户代理将邮件用 SMTP 协议把邮件传送给发送端邮件服务器。

(2) 发送端邮件服务器将邮件放入邮件缓存队列中,等待发送。

(3) 运行在发送端邮件服务器的 SMTP 客户进程,发现在邮件缓存中有待发送的邮件,就向运行在接收端邮件服务器的 SMTP 服务器进程发起 TCP 连接的建立。

(4) TCP 连接建立后,SMTP 客户进程开始向远程的 SMTP 服务器进程发送邮件。当所有的待发送邮件发完,SMTP 就关闭所建立的 TCP 连接。

(5) 运行在接收端邮件服务器中的 SMTP 服务器进程收到邮件后,将邮件放入收信人的用户邮箱中,等待收信人在方便时进行读取。

(6) 收信人在打算收信时,调用用户代理,使用 POP3(或 IMAP)协议将自己的邮件从接收端邮件服务器的用户邮箱中的取回(如果邮箱中有来信的话)。

电子邮件的使用主要有基于 Web 方式和客户端软件方式两种。Web 方式指用浏览器访问电子邮件服务商的电子邮件系统网址,输入用户名和密码,进入用户的电子邮箱,然后处理电子邮件,如图 3-19 ~ 图 3-21 所示。客户端软件方式是指用支持电子邮件基本协议的软件产品(如 Microsoft Outlook 和 Foxmail)使用和管理电子邮件,如图 3-22所示。

图 3-19　登录邮箱

图 3-20　接收邮件

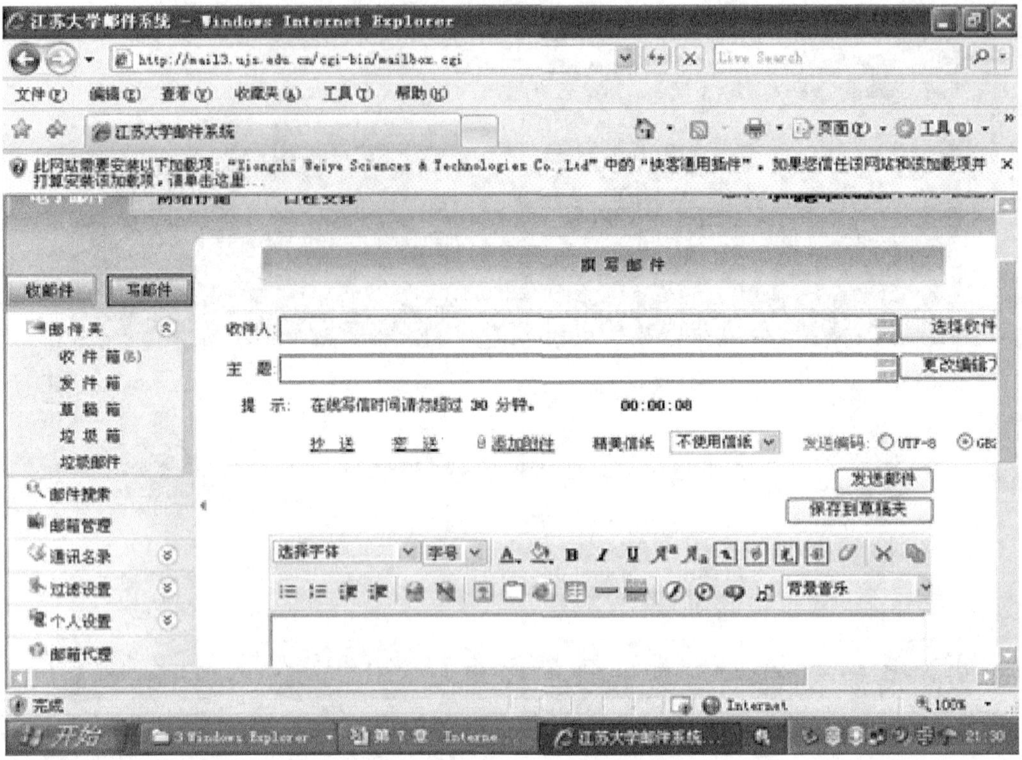

图 3-21　发邮件

图 3-22　客户端软件

3.5.5 万维网 WWW

万维网是一种建立在互联网上的全球性、分布式、交互式、动态多平台的，以图形界面和超文本链接方式来组织信息页面的技术，在该网中用链接的方法就能让用户非常方便地从 Internet 上的一个站点访问另一个站点，从而主动地按需获取丰富的信息。WWW 以超文本标记语言 HTML 和超文本传输协议 HTTP 为基础，采用了超文本(hypertext)和超媒体(hypermedia)及链接技术，可用多种媒体技术直观地向用户展示信息。

1. 万维网的特点

(1) 万维网使用统一资源定位符 URL (uniform resource locator)来标志万维网上的各种文档。使每一个文档在整个 Internet 的范围内具有唯一的标识符 URL。URL 的格式：<传输协议>://<主机的域名或 IP 地址>/<路径文件名>。如“http://www.ec.org.cn/index.htm”。

(2) 在万维网客户程序与万维网服务器程序之间进行交互所使用的协议，是超文本传送协议 HTTP (hyper text transfer protocol)。HTTP 是一个应用层协议，它使用 TCP 连接进行可靠的传送。

(3) 超文本标记语言 HTML (hyper text markup language)使得万维网页面的设计者可以很方便地用一个超链从本页面的某处链接到 Internet 上的任何一个万维网页面，并且能够在自己的计算机屏幕上将这些页面显示出来。

(4) 为了在万维网上方便地查找信息，用户可使用各种搜索工具(即搜索引擎)。

2. 万维网的工作过程

超文本传输协议 HTTP 用于从 WWW 服务器传输超文本文件到本地浏览器。用户通过 URL 可以链接到相应的 Web 服务器，并打开需要访问的页面。HTTP 在客户/服务器模式下工作。以 http://www.ec.org.cn/index.htm(电子商务协会)为例，万维网工作过程如图 3-23 所示。

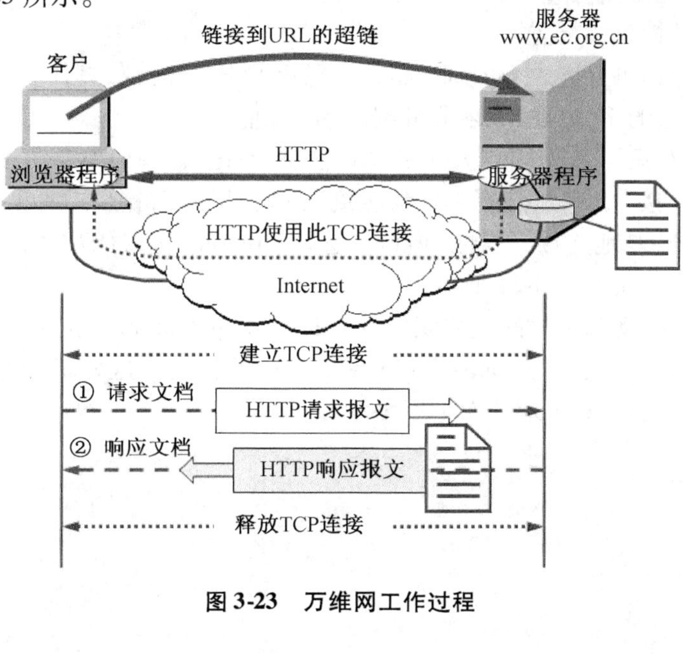

图 3-23 万维网工作过程

具体的工作过程:客户浏览器分析超链接指向页面的 URL;并向 DNS 请求解析"www. ec. org. cn"的 IP 地址;域名系统 DNS 解析出电子商务协会服务器的 IP 地址;浏览器与服务器建立 TCP 连接,发出取文件命令"GET/index. htm";服务器给出响应,把文件"index. htm"发给浏览器;TCP 连接释放;浏览器显示"电子商务协会网站"文件"index. htm"中的所有文本。

3. 万维网浏览器

Web 客户端需要通过浏览器来访问 Internet 上的主页,浏览器会根据 URL 自动到全球各地的万维网服务器上查找信息。由于它提供的友好操作界面隐含着计算机的 IP 地址、域名、网络协议、输入密码等数据,因此即使是对计算机网络技术不甚了解的用户也能方便地使用浏览器阅读和查询信息。目前常用的浏览器有 Internet Explorer、傲游(Maxthon)、火狐(Firefox)、360 浏览器等。

4. Web 2.0

Web 2.0 是一个网络平台,它从一个由资源内容为主的 Web 转成一个向最终用户服务的应用平台,以博客——Blog、订阅——RSS、播客——Podcast、社会网络——SNS、百科全书——Wiki、标签——TAG 等社会软件的应用为核心。

Web 2.0 模式下的互联网应用具有以下显著特点:

(1) 用户分享。在 Web 2.0 模式下,可以不受时间和地域的限制分享各种观点。用户可以得到自己需要的信息也可以发布自己的观点。

(2) 信息聚合。信息在网络上不断积累,不会丢失。

(3) 以兴趣为聚合点的社群。在 Web 2.0 模式下,聚集的是对某个或者某些问题感兴趣的群体,可以说,在无形中已经产生了细分市场。

(4) 开放的平台,活跃的用户。平台对于用户来说是开放的,而用户因为兴趣而保持比较高的忠诚度,他们会积极地参与其中。

3.5.6 网络实用操作与工具

1. TCP/IP 协议的配置

任何一台计算机要连入 Internet,都必须配置 TCP/IP 协议,具体包括:IP 地址、子网掩码、默认路由器的 IP 地址、域名服务器的 IP 地址。

具体操作:在桌面选择"网上邻居",单击鼠标右键,在弹出菜单中选择"属性"菜单项,打开"网络连接",窗口,选择"本地连接",单击鼠标右键,在弹出菜单中选择"属性"菜单项,打开"本地连接 属性"窗口。选择"Internet 协议(TCP/IP)",单击"属性"按钮,打开属性窗口,如图 3-24 所示。

另外还有一种动态主机配置协议(dynamic host configuration protocol,简称 DHCP),它提供了即插即用联网(plug-and-play networking)的机制。这种机制允许一台计算机加入新的网络自动获取 IP 地址而不用手动参与。

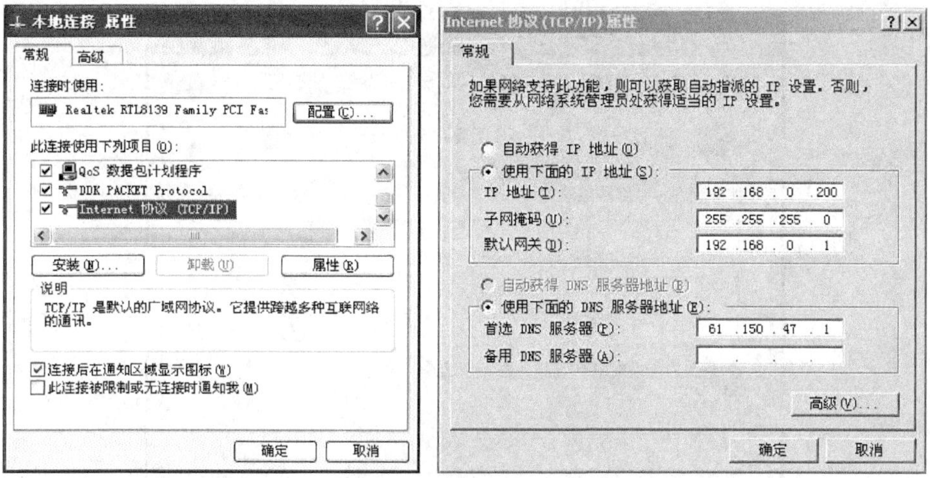

图 3-24　TCP/IP 协议的配置

2. 网络检测命令 Ping (packet inter net groper)

Ping 命令实际是通过 ICMP 协议来测试网络的连接情况的,即将数据发送到另一台主机,并要求在应答中返回这个数据,以确定连接的情况,所以用"Ping"命令可以确定本地主机是否能和另一台主机通信。Ping 本机的回送地址可确定本机的网络配置是否正确。

在命令行下键入"Ping 127.0.0.1",测试内网地址,可以确定本机的网络配置是否正确,显示类似以下信息:

Pinging 127.0.0.1 with 32 bytes of data:

Reply from 127.0.0.1: bytes = 32 time < 1ms TTL = 128

Reply from 127.0.0.1: bytes = 32 time < 1ms TTL = 128

Reply from 127.0.0.1: bytes = 32 time < 1ms TTL = 128

Reply from 127.0.0.1: bytes = 32 time < 1ms TTL = 128

Ping statistics for 127.0.0.1:

Packets: Sent = 4, Received = 4, Lost = 0 (0% loss),

Approximate round trip times in milli - seconds:

Minimum = 0ms, Maximum = 0ms, Average = 0ms

在命令行下键入"Ping 本机 IP 地址",可以确定本机的网络配置是否正确。如果显示类似上面信息,说明网络配置正确,否则将显示连接测试不成功信息,需要检查网络配置。

3. 设置代理服务器

在局域网中,由于某些方面的限制,造成用户不能访问外部的一些网站,可以设置代理服务器来访问外部网站。在 Internet Explorer 中,局域网设置代理服务器的步骤如下:

(1) 在桌面右击 IE 浏览器,单击"属性",系统弹出如图 3-25 所示的"Internet 选项"对话框。

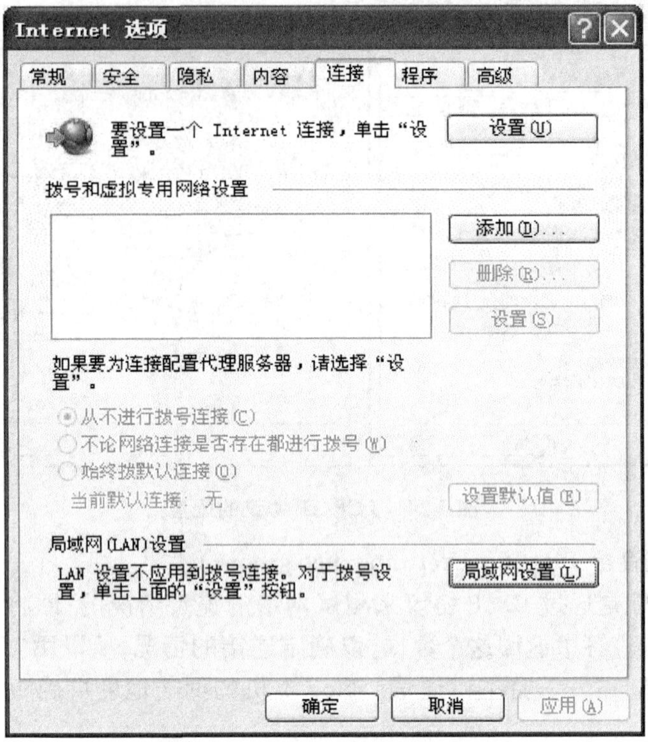

图 3-25　Internet 选项对话框

（2）在对话框中，单击“连接”选项卡，再点击“局域网设置”按钮，系统弹出“局域网（LAN）设置”对话框，如图 3-26 所示。

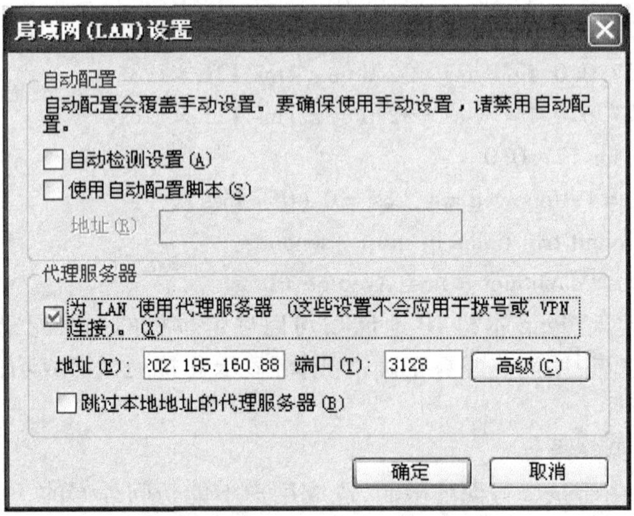

图 3-26　局域网（LAN）设置对话框

（3）在“局域网（LAN）设置”对话框中，输入代理服务器的 IP 地址及端口号，按下“确定”按钮，系统回到“Internet 选项”对话框，再次按下“确定”按钮，局域网代理服务器设置完毕。

4. 网络即时通信工具

即时通信(instant messenger,简称 IM),是指能够即时发送和接收互联网消息等的业务。自其于 1998 年面世以来,特别是经过近几年的迅速发展,即时通信工具的功能日益丰富,逐渐集成了电子邮件、博客、音乐、电视、游戏和搜索等多种功能。即时通信不再是一个单纯的聊天工具,它已经发展成集交流、资讯、娱乐、搜索、电子商务、办公协作和企业客户服务等为一体的综合化信息平台,是一种终端联网即时通信网络的服务。

1) 腾讯 QQ

QQ 是深圳市腾讯计算机系统有限公司开发的一款基于 Internet 的即时通信软件。腾讯 QQ 支持在线聊天、视频电话、点对点断点续传文件、共享文件、网络硬盘、自定义面板、QQ 邮箱等多种功能,可以即时传送和接收消息,即时交谈,即时发送文件和传送语音、网址,可显示好友在线和离线状态,并可与移动通讯终端等多种通讯方式相连。QQ 是目前使用最广泛的聊天软件之一。

2) MSN

MSN 全称 Microsoft service network(微软网络服务),是微软公司推出的即时通信软件,可以与亲人、朋友、工作伙伴进行文字聊天、语音对话、视频会议等即时交流,还可以通过此软件来查看联系人是否联机。2014 年,MSN Messenger 退出中国市场。

5. 常用下载工具

1) 网际快车

网际快车(Flash Get)又名快车,是一种快速下载工具。它的管理功能强大,包括支持拖拽、更名、添加描述、查找、文件名重复时可自动重命名等功能,而且下载前后均可轻易管理文件。网际快车具有全球首创的"插件扫描功能"和下载安全监测技术(smart detecting technology,简称 SDT),在下载过程中能自动识别文件中可能含有的间谍程序及灰色插件,并对用户进行有效提示。网际快车保障用户系统资源优化,在高速下载的同时,维持超低资源占用,不干扰用户的其他操作并具有超磁盘缓存技术(ultra disk cache technology,简称 UDCT),全面优化硬盘读写。目前,网际快车发布的新版本整合了大量的网络资源,为用户提供了"所见即所得"的下载方式,并且打通了 HTTP,FTP 和 BT 的下载协议,在安全、稳定的基础上大幅提高了下载速度。

2) 迅雷

迅雷是中国互联网最流行的应用服务软件之一,它凭借"简单、高速"的下载体验,正在成为高速下载的代名词。迅雷本身不支持上传资源,它只是一个提供下载和自主上传的工具软件。迅雷使用的多资源超线程技术基于网格原理,能够将网络上存在的服务器和计算机资源进行有效的整合,构成独特的迅雷网络,各种数据文件通过该网络能够以最快的速度进行传递。多资源超线程技术还具有互联网下载负载均衡功能,在不降低用户体验的前提下,迅雷网络可以对服务器资源进行均衡,有效降低了服务器负载。但是迅雷比较占内存,并且广告较多。

3) BT 下载

BT(Bit Torrent,比特流)是一个多点下载的源代码公开的 P2P 软件,采用了多点对多点的传输原理,适用于下载电影等较大文件。使用 BT 下载与使用传统的 HTTP 站点或 FTP 站点下载不同,随着下载用户的增加,下载速度会加快。BT 下载中的种子就是提供下载的网友，这个文件有多少种子就是有多少个网友在下载并同时上传。BT 有多个发送点，当你在下载时，同时也在上传，使大家都处于同步传送的状态。

另外常用的网络资源下载工具还有电驴（eDonkey）、电骡（eMule）等。

6. 网络搜索引擎

在万维网中用来进行搜索的程序叫作搜索引擎。

要在万维网上进行检索，就要将所有万维网页面标题中的关键词做成索引。

全文检索是指计算机索引程序通过扫描文章中的每一个词，对每一个词建立一个索引，指明该词在文章中出现的次数和位置，当用户查询时，检索程序就根据事先建立的索引进行查找，并将查找的结果反馈给用户的检索方式。这个过程类似于通过字典中的检索字表查字的过程。

分类目录搜索引擎并不采集网站的任何信息，而是利用各网站向搜索引擎提交网站信息时填写的关键词和网站描述等信息，经过人工审核编辑后，如果认为符合网站登录的条件，则输入分类目录的数据库中，供网上用户查询。分类目录搜索也叫作分类网站搜索。

著名的全文检索搜索引擎有：Google（谷歌）（www. google. com）、百度（www. baidu. com）；著名的分类目录搜索引擎有：新浪（www. sina. com）、搜狐（www. sohu. com）、网易（www. 163. com）等。

7. 数字图书馆

数字图书馆（digital library）是用数字技术处理和存储各种图文并茂文献的图书馆，实质上是一种多媒体制作的分布式信息系统。它把各种不同载体、不同地理位置的信息资源用数字技术存储，以便于跨区域的网络查询和传播。它涉及信息资源加工、存储、检索、传输和利用的全过程。通俗地说，数字图书馆就是虚拟的、没有围墙的图书馆，是基于网络环境下共建共享的可扩展的知识网络系统，是超大规模的、分布式的、便于使用的、没有时空限制的、可以实现跨库无缝链接与智能检索的知识中心。

1）中国知网

中国知网（national knowledge infrastructure，简称 CNKI，国家知识基础设施）期刊全文数据库是目前世界上最大的连续动态更新的中国学术期刊全文数据库，收录国内 7 400 多种重要学术类期刊，以学术、技术、政策指导、高等科普及教育类期刊为主，内容覆盖自然科学、工程技术、农业、哲学、医学、人文社会科学等各个领域。

2）万方数据库

万方数据库是涵盖期刊、会议纪要、论文、学术成果、学术会议论文的大型网络数据库。它也是和中国知网齐名的中国专业的学术数据库。万方数据库的开发公司——万方数据股份有限公司是国内第一家以信息服务为核心的股份制高新技术企业，是在互联网领域，集信息资源产品、信息增值服务和信息处理方案为一体的综合信息服务商。

3）超星数字图书馆

超星数字图书馆成立于 1993 年，是国内专业的数字图书馆解决方案提供商和数字图书资源供应商。超星数字图书馆是国家“863”计划中国数字图书馆示范工程项目，2000 年 1 月，其在互联网上正式开通。它由北京世纪超星信息技术发展有限责任公司投资兴建，目前拥有数字图书八十多万种。覆盖范围涉及哲学、宗教、社科总论、经典理论、民族学、经济学、自然科学总论、计算机等各个学科门类。

4）超星阅览器

超星阅览器是专为数字图书馆设计的 PDG 电子图书格式，具有很好的显示效果、适合在互联网上使用等优点。超星阅览器是国内目前技术最为成熟、创新点最多的专业阅览器，具有电子图书阅读、资源整理、网页采集、电子图书制作等一系列功能。

8. 网络音视频服务

流媒体又叫流式媒体，是一种使音频、视频和其他多媒体元素在 Internet 及无线网络上以实时的、无须下载等待的方式进行播放的技术。流媒体文件格式是支持采用流式传输及播放的媒体格式。流式传输方式是将视频和音频等多媒体文件经过特殊的压缩方式分成一个个压缩包，由服务器向用户计算机连续、实时传送。在采用流式传输方式的系统中，用户不必像非流式播放那样等整个文件全部下载完毕后才能看到当中的内容，而是只需要经过几秒或几十秒的启动延时即可在用户计算机上利用相应的播放器对压缩的视频或音频等流式媒体文件进行播放，剩余的部分将继续进行下载，直至播放完毕。这个过程的一系列相关的包称为“流”。流媒体实际指的是一种新的媒体传送方式，而非一种新的媒体。流媒体技术全面应用后，人们在网上聊天可直接语音输入；如果想彼此看见对方的容貌、表情，只要双方各有一个摄像头就可以了；在网上看到感兴趣的商品，点击以后，讲解员和商品的影像就会跳出来；更有真实感的影像新闻也会出现。常用的流媒体格式有声音流、视频流、文本流、图像流、动画流。目前主流的流媒体技术有 3 种，分别是 RealNetworks 公司的 RealSystem、Microsoft 公司的 Windows Media Technology 和 Apple 公司的 Quick Time。

Real Player 是一个在 Internet 上通过流技术实现音频和视频的实时传输的在线收听工具软件，使用它不必下载音频/视频内容，只要线路允许，就能完全实现网络在线播放，极为方便地在网上查找和收听、收看自己感兴趣的广播或电视节目。

暴风影音是暴风网际公司推出的一款视频播放器，该播放器兼容大多数的视频和音频格式。PPLive 是一款全球安装量巨大的 P2P 网络电视软件，支持对海量高清影视内容的“直播 + 点播”功能。可在线观看电影、电视剧、动漫、综艺、体育直播、游戏竞技、财经资讯等丰富的视频娱乐节目。

3.6 无线网络与移动电子商务

3.6.1 无线移动通信技术

移动通信是指通信双方至少有一方在运动中进行信息交换。移动通信特别是蜂窝小区的迅速发展，使用户彻底摆脱了终端设备的束缚，实现了完整的个人移动性、可靠的传输手段和接续方式。移动通信将逐渐演变成社会发展和进步必不可少的工具。

无线移动通信技术的发展经历以下阶段：

第一代（1G）是模拟蜂窝移动通信网，将通信区域划分成若干个“蜂窝”，通过“频率复用”技术使系统不必占太多频率资源。第一代移动通信系统是基于模拟传输的，其特点是业务量小、质量差、交全性差、没有加密和速度低。

第二代（2G）是以 GSM 和 IS－95 为代表的数字蜂窝移动通信系统。2G 是第二代手机通信技术规格的简称，使用了更为先进的数字编码。1G 和 2G 都是使用传统的电路交换方式。

第三代（3G）移动通信系统是一种能提供多种类型、高速数据传输、高质量的多媒体业务。3G 指将无线通信与国际互联网等多媒体通信结合，能够处理图像、音乐、视频流等多种媒体形式，提供包括网页浏览、电话会议、电子商务等多种信息服务。3G 使用 IP 的体系结构和混合的交换机制（电路交换和分组交换）。

第四代（4G）移动通信及其技术是集 3G 与 WLAN 于一体并能够传输高质量视频图像，以及图像传输质量与高清晰度电视不相上下的技术产品。

3.6.2　无线局域网技术

计算机局域网是把分布在数公里范围内的不同物理位置的计算机设备连在一起，在网络软件的支持下可以相互通信和资源共享的网络系统。通常计算机组网主要依赖铜缆或光缆为传输媒介构成有线局域网。但有线网络在某些场合要受到布线的限制，如布线、改线工程量大；线路容易损坏；网中的各节点不可移动。特别是当要把相离较远的节点联结起来时，敷设专用通信线路布线施工难度之大，费用、耗时之多，实是令人生畏。这些问题都对正在迅速扩大的联网需求造成了严重的阻碍，限制了用户联网。无线局域网技术（WLAN）就是为解决有线网络以上问题而出现的。

无线局域网技术利用电磁波在空气中发送和接收数据，而无须线缆介质。无线局域网技术具有传统局域网无法比拟的灵活性，它的通信范围不受环境条件的限制，网络的传输范围大大拓宽，最大传输范围可达到几十公里。无线联网方式是对有线联网方式的一种补充和扩展，使网上的计算机具有可移动性，能快速、方便地解决以有线方式不易实现的网络联通问题。在有线局域网中，两个站点的距离在使用铜缆时被限制在 500 m，即使采用单模光纤也只能达到 3 000 m，而无线局域网中，两个站点间的距离目前可达到 50 km，距离数公里的建筑物中的网络可以集成为同一个局域网。

此外，无线局域网的抗干扰性强、网络保密性好。有线局域网中的诸多安全问题，在无线局域网中基本上可以避免。而且相对于有线网络，无线局域网的组建、配置和维护较为容易，一般计算机工作人员都可以胜任网络的管理工作。

无线局域网的基础还是传统的有线局域网，是有线局域网的扩展和替换。它只是在有线局域网的基础上通过无线集线器、无线访问节点（AP）、无线网桥、无线网卡等设备使无线通信得以实现。与有线网络一样，无线局域网同样也需要传送介质。只是无线局域网采用的传输介质不是双绞线或者光纤，而是红外线（IR）或者无线电波（RF），以后者使用居多。

1. 红外技术

红外线是波长在 750 nm 至 1 mm 之间的电磁波，它的频率高于微波而低于可见光，是一种人眼看不见的光线。由于红外的波长较短，对障碍物的衍射能力差，所以更适合应用在短距离无线通信的场合，进行点对点的直线数据传输。

红外通信具有成本低廉、连接方便、简单易用和结构紧凑的特点，因此在小型的移动设备中获得了广泛的应用。这些设备包括笔记本、掌上电脑、机顶盒、游戏机、移动电话、计算器、寻呼机、仪器仪表、MP3 播放机、数码相机及打印机之类的计算机外围设备等等。红外线传输是无线技术中最便宜的一种，就是常见的红外线传输端口（IrDA）。

IrDA 的缺点是:IrDA 在与其他设备传输资料时,需要精确地对在一直线上;任何挡在两设备之间的障碍物都会妨碍 IrDA 的连机;两台设备之间的距离不能超过 0.5 m,连机距离相当短。

2. 蓝牙技术

蓝牙技术是一种短距离无线通信技术,是一种全球开放性的、低成本的短距离无线通信规范。蓝牙技术的目标是用来取代连接各种设备所需的线缆,它的宽带可以达到 1 Mbps。

从总体上看,蓝牙技术有如下特点:

(1) 全球可操作性;

(2) 10~100 m 的有效无线通信距离;

(3) 1 Mbit/s 的数据传输率;

(4) 同时支持语音和数据传输;

(5) 小尺寸、低功耗和低价格;

(6) 非常可靠的数据和语音传输能力;

(7) 可靠的、可扩充的安全技术。

3. WiFi 技术

WiFi 全称为 Wireless-Fiedlity(无线保真度),是使用 802.11 系列协议的无线局域网。

IEEE 802.11 是无线局域网络标准,它使 PC 在对等的基础上互联(或用集线器和 Internet 网关相连),主要用于解决办公室局域网和校园网中用户与用户终端的无线接入。它有两个扩展标准 IEEE 802.11a 和 IEEE 802.11b,其中 IEEE 802.11b 是较成熟的无线技术,它已经有统一的标准。

无线局域网具有开发运营成本低、时间短、投资回报快、易扩展,受自然环境、地形及灾害影响小,组网灵活快捷等优点。但是无线局域网目前还存在着一些不足,主要是传输速度相对较低,无法实现有线局域网的高带宽。另一方面无线局域网虽然以空气为介质,传输的信号可跨越很宽的频段,数据不容易被窃取,保证了网络传输的安全性,但正由于信号在空气中传输,难免要受到外部其他电信号的干扰,给无线局域网通信的稳定性造成了很大的影响。

3.6.3 移动电子商务的定义与特点

移动电子商务就是利用手机、掌上电脑等无线终端进行的 B2B,B2C 或 C2C 等的电子商务。它将 Internet、移动通信技术、短距离通信技术及其他信息处理技术完美地结合,使人们可以在任何时间、任何地点进行各种商贸活动,实现随时随地、线下线上的购物与交易、在线电子支付及各种交易活动、商务活动、金融活动和相关的综合服务等。

随着移动通信技术和计算机的发展,移动电子商务的发展已经经历了 3 代。第一代移动商务系统是以短讯为基础的访问技术,这种技术存在的最严重的问题是实时性较差,查询请求不会立即得到回答。第二代移动商务系统采用基于 Web 技术的方式,手机主要通过浏览器的方式来访问 WAP 页面,以实现信息的查询,部分地解决了第一代移动访问技术的问题。第二代移动访问技术的缺陷主要表现在 WAP 网页访问的交互能力极差,因此极大地限制了移动电子商务系统的灵活性和方便性。此外,WAP 网页访问的安全问题对于安全性要求极为严格的政务系统来说也是一个严重的问题。这些问题也使得第二代技术难以满足用户的要求。新一代的移动商务系统采用了基于SOA架构的web service、智能移动终端和移动VPN技术相结合的第三代移动访问和处理技术,使得系统的安全性和交互能力有了极大的提高。第三代移动商务系统同时融合了3G移动技术、智能移动终端、VPN、数据库同步、身份认证及Web Service等多种移动通信、信息处理和计算机网络的最新前沿技术,以专网和无线通信技术为依托,为电子商务人员提供了一种安全、快速的现代化移动商务办公机制。

移动电子商务具有以下几个特点:

1. 方便

移动终端既是一个移动通信工具,又是一个移动POS机,一个移动的银行ATM机。用户可在任何时间、任何地点进行电子商务交易和办理银行业务,包括支付。

2. 安全

使用手机银行业务的客户可使用银行可靠的密钥,对信息进行加密,传输过程全部使用密文,确保了安全可靠。

3. 迅速灵活

用户可根据需要灵活选择访问和支付方法,并设置个性化的信息格式。电子商务服务选择越多,提供的服务形式越简单,将会看到移动电子商务发展越快。

3.6.4 移动电子商务的服务

目前,移动电子商务主要提供以下服务:

1. 银行业务

移动电子商务使用户能随时随地在网上安全地进行个人财务管理,进一步完善Internet银行体系。用户可以使用移动终端核查其账户、支付账单、进行转账及接收付款通知等。

2. 交易

移动电子商务具有即时性,因此非常适用于股票等交易应用。移动设备可用于接收实时财务新闻和信息,也可确认订单并安全地在线管理股票交易。

3. 订票

通过Internet预订机票、车票或入场券已经发展成为一项主要的商业业务,其规模还在继续扩大。Internet便于核查票证的有无,并进行购票和确认。移动电子商务使用户能在票价优惠或航班取消时立即得到通知,也可支付票费或在旅行途中临时更改航班或车次。借助移动设备,用户可以浏览电影剪辑、阅读评论,然后订购邻近电影院的电影票。

4. 购物

借助移动电子商务,用户能够通过其移动通信设备进行网上购物。即兴购物会是一大增长点,如订购鲜花、礼物、食品或快餐等。传统购物也可通过移动电子商务得到改进。例如,用户可以使用“无线电子钱包”等具有安全支付功能的移动设备,在商店里或自动售货机上进行购物。

5. 娱乐

移动电子商务将带来一系列娱乐服务。用户不仅可以从他们的移动设备上收听音乐，还可以订购、下载或支付特定的曲目，并且可以在网上与朋友们玩交互式游戏，还可以对游戏付费，并进行快速、安全的博彩和游戏。

6. 无线医疗(wireless medical)

医疗产业的显著特点是救治中的每一秒对病人都非常重要，这一行业十分适合移动电子商务的开展。在紧急情况下，救护车可以作为进行治疗的场所，而借助无线技术，救护车可以在移动的情况下同医疗中心和病人家属建立快速、动态、实时的数据交换，这对每一秒都很宝贵的医疗紧急情况来说至关重要。在无线医疗的商业模式中，病人、医生、保险公司都可以获益，也会愿意为这项服务付费。这种服务是在时间紧迫的情形下，向专业医疗人员提供关键的医疗信息。由于医疗市场的空间非常巨大，并且提供这种服务的公司为社会创造了价值，同时，这项服务又非常容易扩展到全国乃至世界，我们相信在这整个流程中存在着巨大的商机。

7. 移动应用服务提供商(MASP)

一些行业需要经常派遣工程师或工人到现场作业。在这些行业中，移动 MASP 将会有巨大的应用空间。MASP 结合定位服务技术、短信息服务、WAP (wireless application protocol，无线应用协议)技术，以及呼叫中心技术，为用户提供及时的服务，提高用户的工作效率。

第 4 章　网页制作与网站建设

4.1　电子商务网站的概述

4.1.1　电子商务网站的定义

商务网站是指一个企业、机构或公司在互联网上建立的站点，其目的是为了宣传企业形象、发布产品信息、宣传经济法规、提供商业服务等。电子商务网站是企业开展电子商务的门户（Portal），是企业开展电子商务的基础设施和信息平台，是实施电子商务的公司与服务对象之间的交互界面，是电子商务运转的承担者和表现者。电子商务网站是一种典型的基于 Web 的分布式、三层应用体系结构，即用户界面层、应用逻辑层和数据存取层。其中，应用逻辑层把客户端的用户界面与服务器端的数据存取隔离开来。

4.1.2　商务网站的主要内容及功能

广义的电子商务网站由一系列网页和具有商务功能的软件系统、数据库等组成；狭义的电子商务网站是由主页面、公司组织结构和员工组成等背景资料页面、产品或服务页面、购买交流页面、滚动交流页面、广告宣传页面、客户反馈页面等众多页面构成。由于企业生产与经营目的的差异，在网上开展电子商务的业务是不尽相同的，所以每个电子商务网站在具体实现功能上是有所区别的，电子商务网站的主要功能有：

1. 企业宣传与推介

这是一个非常重要的功能，是企业利用网络媒体开展业务最基本的出发点。它包括企业基本背景介绍、产品与服务介绍、提供技术支持资料、企业的经营业绩和财务报表，以及其他的宣传与推介内容。

2. 开展网络营销

包括商品展示与报价、客户注册与登录、商品选购、网上支付、客户购物信息查询等。网络营销提供全天 24 小时的随时交易，该功能的实现不仅依赖于技术的设计与运用，更依赖于网站主体设计是否简化贸易流程且便于用户运用。

3. 与客户交流并提供服务

这是反应网站主体能否以客户为中心、能否吸引客户并使客户久留的功能，包括客户留言、网上论坛、邮件列表、售后服务、网上调查等。

4.1.3　商务网站的类型

按照不同的分类方法，可以将商务网站分为不同的类型。

1. 按照商务目的和业务功能划分

可以将商务网站分为宣传式商务网站、门户式商务网站、交易式网站及交易中介式网站。

1）宣传式商务网站

宣传型商务网站的目的是通过网站宣传产品或服务项目，提升企业形象、扩大品牌影响、拓展潜在市场。此种网站的特点是：具备网站的基本功能，突出企业的宣传。此类网站适用于各类企业，特别是小型企业、想尝试网站效果的大中型企业及已有外贸业务或意欲开拓外贸业务的企业。

2）门户式网站

门户式网站是通过网站宣传企业整体形象及推广产品和服务，实现产品在线销售和网上客户服务。此类网站具备完全的电子商务功能，并突出企业形象宣传、客户服务和电子商务功能，适应于各类有条件的企业。这样的企业一般在其内部已经建立了较为完善的管理信息系统，通过企业内部网络实现了管理信息的共享。

3）交易式网站

交易式网站通常也被称为网上商店，其主要目的是开展 B2C 形式的商品交易活动和提供相应的交易服务。交易式网站又可分为以下几种：

（1）网上超市。网上超市经营各种商品，由网站经营者组织货源，并通过在线方式销售给消费者。如麦考林购物网站。

（2）网上专卖店。网上专卖店主要经营某一类容易在网上销售的商品，如书、礼品等。例如大家熟悉的当当网和卓越网均是以销售图书、音像制品为主。

（3）特殊交易网站。特殊交易包括网上证券交易、外汇交易、网上游戏、网上视听等。这些类型的网站大多是电子商务衍生出来的新的网络营销模式。

4）交易中介式网站

交易中介式网站主要用于建立交易平台，让其他企业或个人到此网站进行交易，收取一定的中介服务费用或服务器存储租用费用，开展 B2B 或 C2C 形式的活动。常见的交易中介模式网站有以下几种：

（1）网上商城。网上商城为每个进驻商城的商家提供网络空间和链接，存放企业的产品信息，如阿里巴巴网站。

（2）网上拍卖。网上拍卖大多属于 C2C 的电子商务模式，如淘宝网。

（3）网上信息特供。网上信息特供是专门从事网上信息发布的网站，例如交通信息网站、气象信息网站和招聘信息网站等。

2. 按照构建网站的主体划分

可以将商务网站分为行业式网站、企业电子商务网站、电子政务网站、服务机构电子商务网站。

（1）行业式网站是以行业机构为主体构建一个大型的电子商务网站，以便为本行业内的企业和部门进行电子化贸易提供信息发布、商品订购及客户交流等活动的平台。社会上各行各业都可以根据需要创建本行业的商务网站以开展行业性的电子商务活动。由于各行各业经营方式和经营目的不同，其网站在内容、形式、风格的定位上也有较大差异，如图 4-1 所示中国化工网和中国建材网。

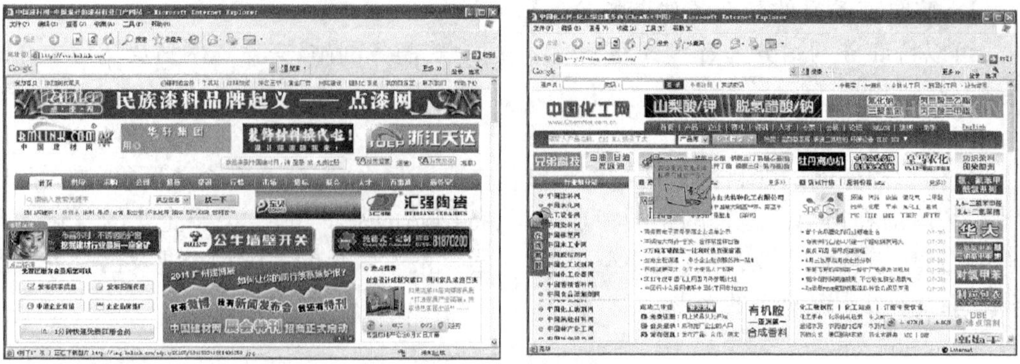

图 4-1　中国化工网和中国建材网

（2）企业电子商务网站是指以企业为主体构建网站来实施电子商务活动，根据企业生产的主导产品和提供的主要服务的不同可进一步分为各种不同类型的网站，如图 4-2所示方正集团网站。

图 4-2　方正集团网站

（3）电子政务网站是以政府机构为主体构建网站来实施电子商务活动，该类型网站在国际化商务交流中发挥着重要的作用，是为政府税收和政府公共服务提供网络交流的平台，如图 4-3 所示北京市政务门户网站。

图 4-3 北京市政务门户网站

（4）服务机构电子商务网站是指以服务机构为主体构建网站来实施电子商务活动，包括金融服务机构的电子商务网站、商业服务机构的电子商务网站、邮政通信服务机构的电子商务网站等，如图 4-4 所示中国银行门户网站。

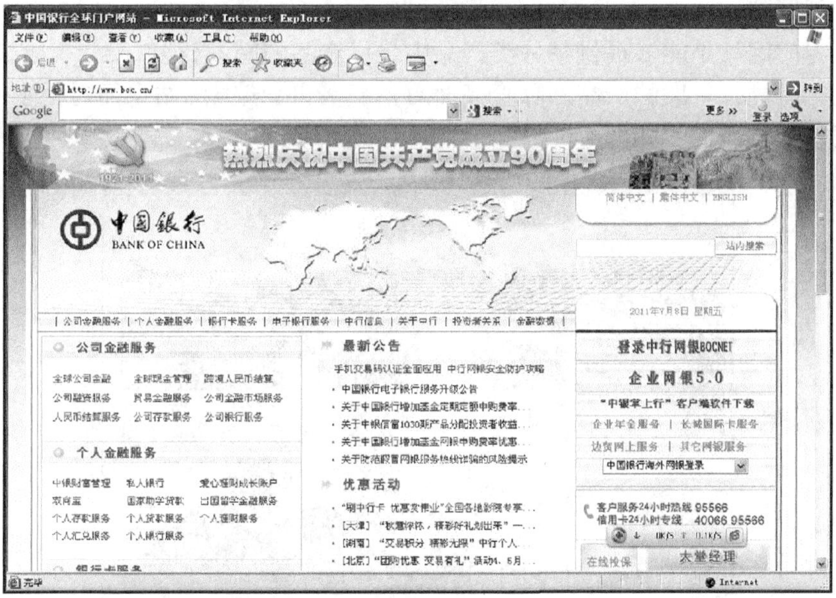

图 4-4 中国银行门户网站

3. 按照产品线的宽度和深度划分

可以将商务网站分为水平型网站、垂直型网站、专门网站和公司网站。

（1）水平型网站又称综合性网站，其特点是大而全。此类网站优势在于其产品品线宽，顾客在这类网站上不仅可以买到自己所能接受的价格水平的商品，而且可以很容易实现“货比三家”，其不足之处在于深度和产品配套性的欠缺。如图 4-5 所示阿里巴巴网、慧聪网等。

图 4-5　阿里巴巴网和慧聪网网站

（2）垂直型网站是指能够提供某一类产品及相关产品的一系列服务（从网上交流到广告、网上拍卖、网上交易等）的网站，它的关注点集中在某些特定的领域或某种特定的需求上，可以提供有关这个领域或需求的全部深度信息和相关服务，如在一个汽车网站上不仅可以买到汽车，还可以买到汽车零件甚至汽车保险等。作为互联网的新亮点，垂直网站正引起越来越多人的关注。如台球视界网站是北京易信互动信息咨询有限公司旗下的中国访问量最高的垂直型台球行业网站，是世界范围内中文版人气指数最高的台球网站。

（3）专门网站是能够提供某一类产品中最优产品的网站，类似于专卖店，其优势在于提供高档、优质、价廉的产品。除直接面对消费者外，该类网站也面对很多垂直型和水平型网站的供应商。如图 4-6 所示耐克网上专卖店。

图 4-6　耐克网上专卖店

（4）公司网站是指以销售本公司产品或服务为主的网站，相当于公司的“网上店面”。

4.1.4 静态网页和动态网页的区别

一般而言，一个电子商务网站中的 Web 资源总是包括静态网页和动态网页两种。静态网页是指网页的内容已经预先设计好并存放在 Web 服务器上，当用户使用浏览器通过互联网的 HTTP 协议向 Web 服务器提出请求时，服务器将已经设计好的 HTML 文档传送给用户浏览器。需要指出的是，在页面上加一些动画和视频并不就是动态页面。动态页面是指能够根据用户的要求和选择进行不同的处理，并根据处理的结果自动生成新的页面，不再需要设计者手动更新 HTML 文档。动态网页分为客户端动态和服务器端动态两种：客户端动态是指代码在客户浏览器解释执行而实现的动态技术；服务器端动态是指在服务器上执行，然后将执行结果发送到客户端浏览器显示的方式，服务器端动态技术一般都要用到数据库技术。各种 Web 开发技术及常用的开发工具如表 4-1 所示。

表 4-1 Web 开发技术分类

<table>
<tr><th colspan="3">类型</th><th>开发技术</th><th>开发工具</th></tr>
<tr><td rowspan="2">静态</td><td colspan="2">普通静态网页</td><td>HTML，CSS 设计</td><td>DreamWeaver，FrontPage</td></tr>
<tr><td colspan="2">多媒体静态网页</td><td>图像美化，Flash 等</td><td>Photoshop，Firework，Flash</td></tr>
<tr><td rowspan="4">动态</td><td colspan="2">客户端动态技术</td><td>Javascript，Java Applet 等</td><td rowspan="2">各种文本(代码)编辑软件</td></tr>
<tr><td rowspan="3">服务器端</td><td>普通 Web 应用</td><td>程序设计(ASP，JSP 等)</td></tr>
<tr><td>企业级应用</td><td>程序设计(.NET，J2EE)</td><td rowspan="2">VWD，Jbuild 等开发平台</td></tr>
<tr><td>跨平台系统集成</td><td>Web Server，XML 等</td></tr>
<tr><td colspan="2" rowspan="2">数据管理</td><td>数据访问</td><td colspan="2">ODBC，JDBC，ADO</td></tr>
<tr><td>数据库</td><td colspan="2">Oracle，SQL Server，DB2，MySQL，Access 等</td></tr>
</table>

动态网页和静态网页最大的区别，就是动态网页可以根据不同用户的需求进行处理，把满意的结果返回给用户。静态网页制作好后，内容相对稳定，文件比较小，适合在网上传输，执行效率高；而动态网页由数据库和相应的应用程序所构成，包含的内容是来自数据库的，需要频繁更新，因此，可以根据用户的不同选择返回所需的页面。

通常情况下，有关公司介绍、售后服务、联系方式等一些相对固定不变、更改频率低的信息，可以以静态网页的方式进行制作；而有关产品信息、网上销售信息（如产品目录、购物车、订单等）及其他服务（如论坛服务、技术支持等），特别是网站的管理系统，一般是采用动态网页的形式。

4.2 静态网页制作

制作静态网页可以有两种方式：第一种是使用 HTML 标记语言制作静态网页，可以用任何一种文本编辑器；第二种是使用“所见即所得”的可视化工具，如 DreamWeaver，FrontPage 等。这些专业工具的“所见即所得”功能使得网页制作更为简单。两种方式各有所长，专业制作人员往往两者并用才能真正设计出让用户流连忘返的网页。

4.2.1 静态网页的处理流程

静态网页的处理流程如图 4-7 所示。

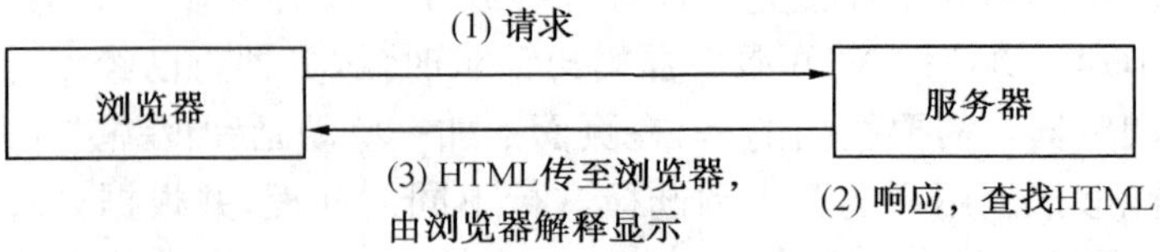

图 4-7 静态网页处理流程

（1）在浏览器的地址栏输入一个 URL 地址，单击“转到”按钮或敲击键盘上的“回车键”，单击网页中的超链接并在浏览器菜单栏的“收藏”中选择一个网址后，浏览器将向 Web 服务器发出一个页面请求；

（2）Web 服务器收到这个页面请求后，当根据“. htm”或“. html”判断出这是一个静态的 HTML 文件后，会从磁盘或存储器中查找获取用户请求的这个页面；

（3）Web 服务器找到这个请求文件后，就会把它发送到浏览器，浏览器对这个返回的 HTML 文件进行解释并将结果显示在浏览器中。

4.2.2 HTML 概述

HTML（hyper text markup language，超文本标识语言）是 SGML（standard generalized markup language，标准通用标记语言）语言的一个应用，是 WWW 世界的通用语言。它是网页制作的基本技术。

HTML 定义了多种标准化的标记号（Tag），可以描述标题、文本结构、段落、字体、符号、图形、图像、动画、颜色及与人们的交互，特别是可以描述“超链接”。使用 HTML 描述的网页文件被称为 HTML 文件，以“. html”或“. htm”为扩展名，是一种纯文本文件，可以使用任何一种编辑器（如记事本、写字板等）进行编辑。除此之外，还可以结合其他的 Web 开发技术（如脚本语言、CGI 等）创造出功能强大的网页。

1. HTML 的要求

HTML 使用各种不同的标记符号来分别标识和设定不同的网页元素。编辑 HTML 文件和使用有关标记时要按照一些默认的要求：

（1）HTML 源程序为文本文件，其列宽可以不受限制，即多个标记可以写成一行，甚至整个文件可以写成一行；若写成多行，浏览器一般忽略文件中的回车符；对文件中的一些特殊符号（如空格）通常也不按源程序中效果显示。如果要正确显示这些特殊符号，必须使用 HTML 中的特殊字符集来表示。

（2）标记号中的标记元素要用尖括号括起来，即开始标记（start tag）、结束标记（end tag），如 <A>、</A>，大多数标记必须成对使用，标记元素忽略大小写；许多标记元素具有属性说明，元素的多个参数或属性说明次序不限，其间用空格分开即可。

（3）标记号必须使用半角英文字符，不能使用全角字符。

（4）HTML 注释用感叹号（!）表示，注释内容由 <! --注释内容-- >表示，注释内容可以插在文本中的任何位置。

2. HTML 的基本结构

标准的 HTML 文件都有一个基本的整体结构，即文件的开头、结尾标志和 HTML

的头部、实体两大部分，还有3个双标记用于页面整体结构的确认。

```
< html >
< head >
< title >
网页标题
</title >
</head >
< body >
< p >这是正文部分！ </p >
</body >
</html >
```

将以上文本内容保存为扩展名为“. htm”或“. html”的文件，在浏览器调用后出现如图4-8所示结果。

图4-8 简单网页显示结果

（1） < HTML >与</HTML >双标记。它们是文件的开始标记和结束标记，< HTML >说明该文件是用HTML来描述的，是文件的开头，而</HTML >表示该文件的结尾。

（2） < HEAD >与</HEAD >头标记。分别表示头部信息的开头和结尾。头部信息包含的标记是页面的标题、序言、说明等内容。最常用的标记是标题标记< TITLE >与</TITLE >，用于定义网页的标题，它的内容显示在网页窗口的标题栏中。

（3） < BODY >与</BODY >正文标记。网页中实际显示的内容都包含在正文标记之间。

3. HTML常用标记

1）段落类标记

（1）标题标记

格式：< h# >标题文字 </h# > # =1,2,3,4,5,6

例如：

```
< body  >
< h1 >这是正文部分！ </h1 >
< h2 >这是正文部分！ </h2 >
< h3 >这是正文部分！ </h3 >
< h4 >这是正文部分！ </h4 >
< h5 >这是正文部分！ </h5 >
< h6 >这是正文部分！ </h6 >
</p >
</body >
```

(2) 分段标记

格式：<P align = 对齐方式> 文字 </P>

可以看作是空行。

(3) 换行标记

格式：文字

例如：

<p>这是正文部分！ </p>

<p>这是正文部分！ </p>

<p>这是正文部分！ </p>

这是正文部分！

这是正文部分！

这是正文部分！

(4) 横线标记

格式：<HR size = 粗细 align = 对齐方式 width = 宽度 color = 颜色>

例如：

<HR size = 1 width = 100 color = "111111">

<HR size = 2 width = 200 color = "aaaaaa">

<HR size = 3 width = 300 color = "888888">

2）文字格式标记

(1) 字体标记

格式：<FONT size = 大小 face = 字体名称 color = 颜色>文字</FONT>

例如：

<FONT size = 5 face = "宋体" color = "111111">宋体 5 号</FONT>

<FONT size = 6 face = "黑体" color = "234567">黑体 6 号</FONT>

(2) 物理字体(Physical Style)

例如：

<b>今天天气真好！ </b> 用来标记粗体，显示为：**今天天气真好！**

<i>今天天气真好！ </i> 用来标记斜体，显示为：*今天天气真好！*

<u>今天天气真好！ </u> 用来标记带下划线的字体，显示为：今天天气真好！

<strike>今天天气真好！ </strike> 用来标记删除线，显示为：~~今天天气真好！~~

3）表格标记

(1) 定义表格 <table>… </table>

格式：<TABLE border = 边框粗细 bordercolor = 边框颜色 width = 表格宽度 height = 表格高度 cellspacing = 单元格间距 cellpadding = 单元格边距>

(2) 定义表行 <tr> </tr>

(3) 定义表头 <th ALIGN = >

(4) 定义表元 <td ALIGN = >（表格的具体数据）

例如：

< TABLE >

<TR> <TH>h1</TH> <TH>h2</TH>…… </TR>

<TR> <TD>d11</TD> <TD>d12</TD>…… </TR>

<TR> <TD>d21</TD> <TD>d22</TD>…… </TR>

……

</TABLE>

4）超链接标记

格式：<A href=URL>用作超链接的文字或图像</A>

例如：

<a href=http://www.ujs.edu.cn>江苏大学</a> <p>

5）图像标记

格式：<IMG src=图片文件的URL align=对齐方式 alt=说明性替代文字 height=图像高度 width=图像宽度 hspace=水平空白 vspace=垂直空白>

例如：

<img src="f.gif" alt="MY FACE ：-）">

4. HTML 5

HTML 5已经成为HTML的新标准。HTML的上一个版本诞生于1999年，Web世界自此经历了巨变。HTML 5将会取代1999年制定的HTML 4.01、XHTML 1.0标准，以期能在互联网应用迅速发展的时候，使网络标准达到符合当代的网络需求，为桌面和移动平台带来无缝衔接的丰富内容。

HTML 5的设计目的是为了在移动设备上支持多媒体。新的语法特征被引进以支持这一点，如video，audio和canvas标记。HTML 5还引进了新的功能，可以真正改变用户与文档的交互方式。

4.2.3 其他静态网页技术

1. CSS简介

CSS（cascading style sheets，层叠样式表）是一种标记语言，它不需要编译，可以直接由浏览器执行（属于浏览器解释型语言）。在标准网页设计中CSS负责网页内容（XHTML）的表现。CSS文件也可以说是一个文本文件，它包含了一些CSS标记，必须使用“.css”作为文件名后缀。简单地更改CSS文件即可改变网页的整体表现形式，减少工作量，所以它是每一个网页设计人员的必修课。CSS是由W3C的CSS工作组产生和维护的，其代码都是由一些最基本的语句构成的。它的基本语句结构是：选择符{属性：属性值}。如body {color：black}，此例的效果是使页面中的文字为黑色。

把独立编辑好的CSS文档加入HTML文档的方法：

（1）把CSS文档放到<head>文档中：<style type="text/css">……</style>；

（2）把CSS样式表写在HTML的行内：<p style="font-size:14pt;color:blue">蓝色14号文字</p>；

（3）把编辑好的CSS文档保存成“.CSS”文件，然后在<head>中定义。定义的格式是：<head> <link rel=stylesheet href="style.css">……</head>。

2. XML概述

XML是extensible markup language的缩写，是一种可扩展标记语言。可扩展是因为 XML 里允许我们自己创建所需的标签,而 HTML 的标签却是固定的。XML 是由 W3C 于 1998 年 2 月发布的一种标准,是一套定义语义标记的规则,这些标记将文档分成许多部件并对这些部件加以标识。一个 XML 文档最基本的构成包括:声明、处理指令(可选)和元素。XML 标记对大小写是敏感的。

XML 的最大优点在于它的数据存储格式不受显示格式的制约。一般来说,一篇文档包括 3 个要素:数据、结构及显示方式。这样使得它在政府、金融、证券、邮电、保险、税务、司法、出版及电子商务等方面得到广泛的应用。

要使 XML 文件也能像 HTML 文件一样在浏览器中被显示出来,必须要有另一个文件来告知浏览器如何显示,该文件即为样式表层叠样式表(CSS)、可扩展的样式表语言(XSL)、可扩展的链接语言(XLL)。

XML 可用于以下 4 个方面:

(1) 应用于当客户需要与不同的数据源进行交互时;

(2) 应用于需要将大量运算负荷分布到客户端时;

(3) 应用于需要将同一数据以不同的面貌展现给不同的用户时;

(4) 应用于网络代理对所取得的信息进行编辑、增减以适应个人用户的需要时。

XML 的自解释性使客户端在收到数据的同时也能理解数据的逻辑结构与含义,从而使广泛、通用的分布式计算成为可能。

4.2.4 页面编辑工具

1. FrontPage 简介

Microsoft FrontPage 是美国微软公司推出的一款网页设计、制作、发布、管理的软件,结合设计、代码、预览三种模式于一体,具有良好的易用性,是优秀的网页初学者工具,但其功能无法满足更高要求。下文以 FrontPage 2000 为例来介绍 FrontPage。

FrontPage 2000 提供了 26 种常规网页和 10 种框架网页供我们选择,其中比较常规的网页有:普通网页、表单网页向导、常见问题、两栏正文、目录、确认表单、搜索网页、意见簿和用户注册等,如图 4-9 所示。常用的框架网页有:标题、标题页脚和目录,垂直拆分,水平拆分,横幅和目录,目录,页脚,脚注等,如图 4-10 所示。

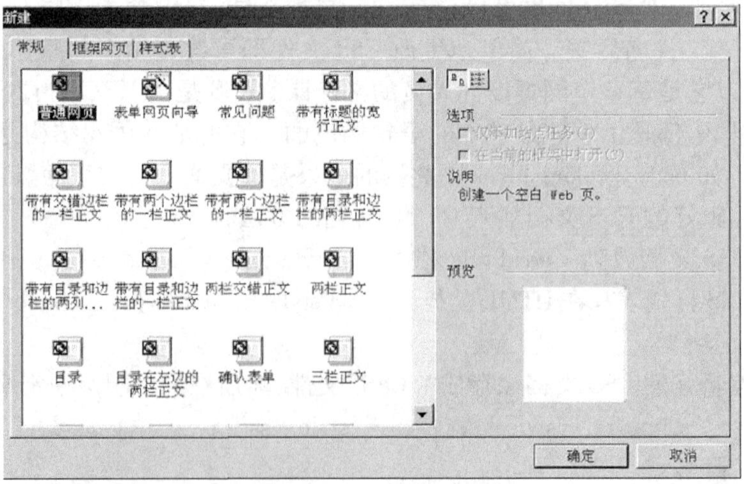

图 4-9 常规网页

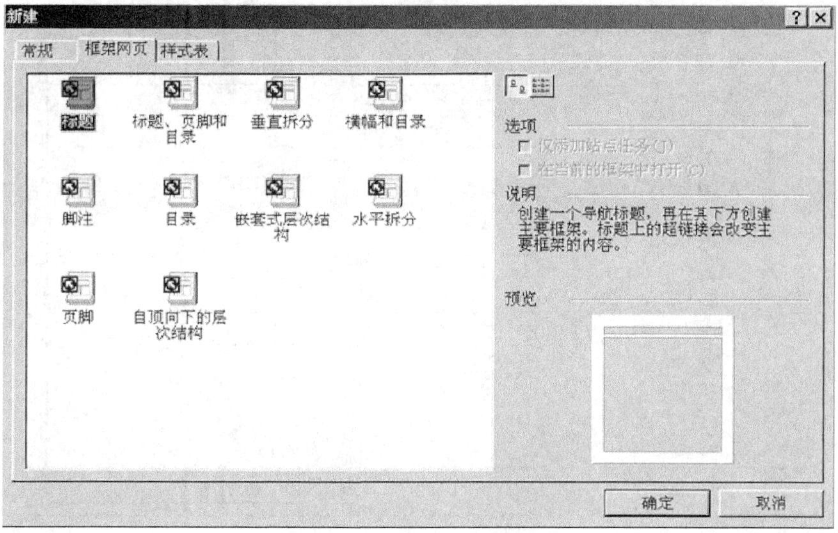

图 4-10　常用的框架网页

另外,FrontPage 还提供了样式表。通常使用 CSS 能够改变元素的字体、颜色、背景、布局限定、边框、文本属性等。FrontPage 2000 提供的主要 CSS 模板有:普通样式表、高速公路、胶囊、街道、块、栏、蓝本、霓虹灯、商业区、诗意的、糖果、圆弧和远征,如图 4-11所示。

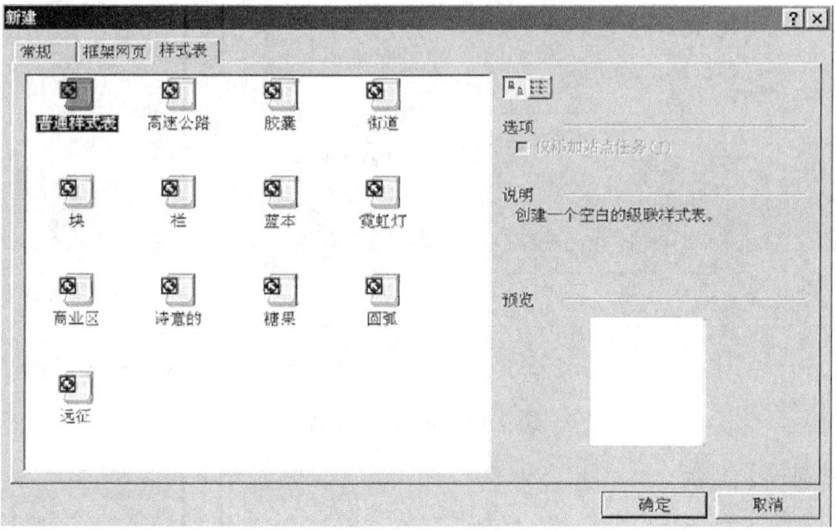

图 4-11　CSS 模版

2. FrontPage 的基本操作

1) 设置网页属性

用 FrontPage 可以设置网页的常规属性和背景属性等页面属性,如图 4-12 和图4-13 所示。在网页属性中可以修改网页标题、背景音乐、网页的背景色,还可以设置背景图片、文本超链接的颜色、文本超链接的特殊字体效果等。

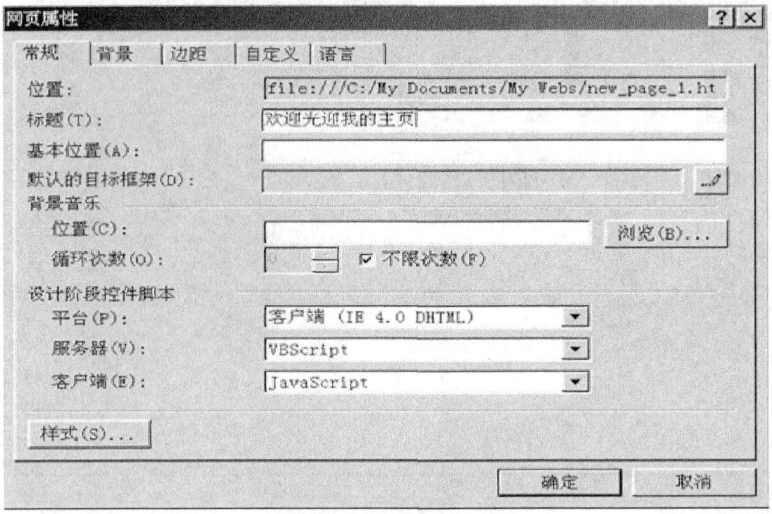

图 4-12　设置网页属性

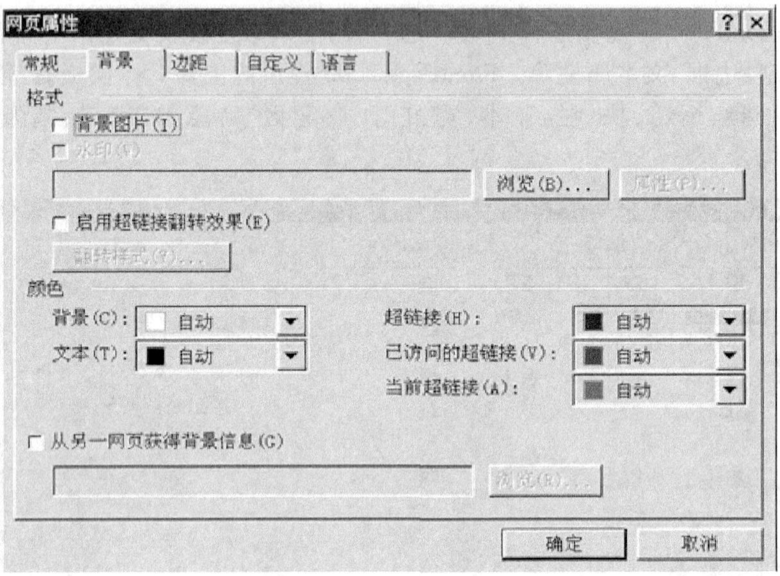

图 4-13　设置网页属性

2）编排网页内容

(1) 使用文本

① 分段与换行。

在 FrontPage 中输入文本与在 Word 中的操作一样，段落中的文本自动换行；FrontPage 中的段落是以回车键来定义的，只要按下 Enter 键，就开始了新的一段；段落之间有一空行隔开；在段落中要换行，必须要插入"换行符"，具体操作是选择菜单"插入 > 换行符"或按 Shift + 回车键；在 Word 中编辑好文字，然后拷贝、粘贴过来，效率也很高。

② 格式化段落。

使用格式化工具栏中的按钮可以格式化段落,如使文本对齐和缩进。

③ 文本修饰。

字体、字号、颜色、效果设置:与 Word 相同,一般不需使用特殊字体和颜色。

设置页面主体颜色:选择“格式 > 背景”命令。

应用 HTML 文本样式:应用文本样式的方法与在 Word 中是一样的。

行间距设置:选择“格式 > 段落”命令,在“行距大小”下拉列表中选择。

用格式刷来复制文本格式:操作与 Word 一样。

取消文本格式:选中文本,选择“格式 > 删除格式”命令。

字符间距设置:选择“格式 > 字体”命令,选择“字符间距”选项。

(2) 插入图片

图片属性有常规属性和外观属性。

① 常规属性。

在“图片源”框下选择图片的来源。一般图片来源于当前站点、WWW 上的某个网页和本地机硬盘上的图片文件。可对图片进行更换和编辑。

在“替代表示”栏目下可以设定图片的替身。可用低分辨率图片替身,可显示该图片的大致轮廓。也可用文字替代图片,用文字描述图片的内容等。

② 外观属性。

在选择“外观”选项卡时弹出“外观”窗口,可对图片的外观属性进行设置。

在“布局”栏中,可指定图片与文本的对齐方式、给图片加上边框与文字、设置图片之间在水平和垂直的间隔和设置图片大小等。

“大小”栏目,可设置图片的大小。

(3) 插入表格

① 设置表格的属性。

在“布局”栏目中指定表格整体的对齐方式和浮动,设置单元格边距和间隔,指定表格边框线的宽度和高度,均以像素为单位。

“边框”栏目可以设置边框的粗细、颜色及亮边框和暗边框等。

“背景”栏目可以选择表格是否具有背景图片或背景颜色。

② 设置单元格的属性。

“布局”栏目指定水平和垂直对齐方式,行跨度和列跨度,设置表格的宽度和高度等。

“边框”栏目可以设置边框的颜色及亮边框和暗边框等。

“背景”栏目可以选择单元格是否具有背景图片或背景颜色。

(4) 设置超级链接

超链接为 Web 浏览器提供了一个 URL,当单击超链接时,Web 浏览器就会转到这个目标地址的页面。

建立超链接的操作过程是:选择作为超链接载体的文本或图片→插入→超链接→弹出“创建超链接”对话框→输入超链接目标地址的 URL 或当前站点内的其他页面。

超链接的类型有当前站点内的页面、本地硬盘中的一个文件、从 WWW 上查找一个页面、E-mail 地址。

超链接文本的外观可以在“网页属性”中设置。

超文本链接用于将当前 Web 页面链接至 Internet 上的另一个页面或站点。超链接文本以下划线和蓝颜色加以显示；当激活超链接文本，弹出其超链接文本（激活）时，该超链接立刻变成红色；已访问过的超链接文本将变为紫红色作为标识，并存放在浏览器的缓冲区，以节省访问时间。

图片超链接即设置超链接的对象是图片。即若不下载图片，应在图片位置用文字说明该图片。热区是用图片的一部分设置为超链接。这样一幅图片可包含多个超链接，在 FP 图片工具条中提供建立和修改热区的各种工具，可建立长方形、圆形和多边形的热区。

图片超链接操作过程是：选择图片→“超链接”工具→“超链接”对话框→输入超链接的目标地址→确定。

（5）表单网页制作

作为功能完善的网站，还必须实现和浏览者的交互。表单就是和浏览者交互的一种元素。已经有越来越多的网站通过网络进行意见调查、网上交易及拍卖等活动，这些都是表单的实际应用。表单提供者可以通过表单搜集浏览者填写和发送的信息。

表单制作主要包括表单的插入及设置表单属性等操作。表单中主要采用 6 个域（字段）：单行文本框、滚动文本框、复选框、单选框、下拉列表框和按钮，如图 4-14 所示。

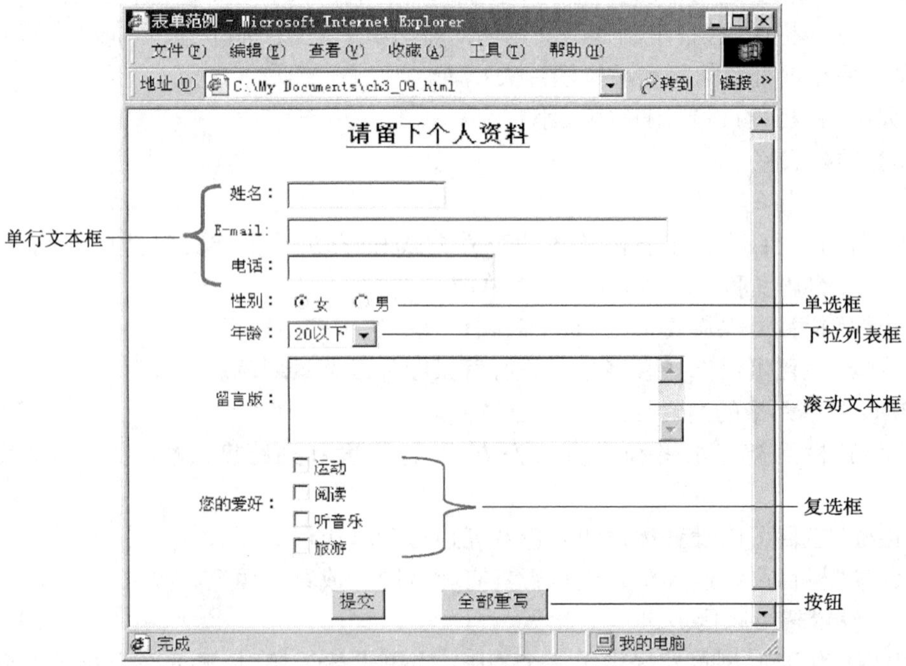

图 4-14 表单实例

3. 其他网页编辑工具

网页三剑客是一组强大的网页编辑工具，最初是由 Macromedia 公司开发出来的，由 Dreamweaver，Fireworks，Flash 3 个软件组成。Dreamweaver 是一个所见即所得的可视化网站开发工具，主要用于动态网页的开发；Fireworks 主要用于对网页上常用的 jpg，gif 的制作和处理，也可用于制作网页布局；Flash 主要用来制作动画。

1) Dreamweaver

Dreamweaver 是 Macromedia 公司推出的一个所见即所得的主页编辑工具，Dreamweaver 强大的功能和简洁的界面也受到网页制作者的钟爱。在 Dreamweaver 中，几乎所有简单对象的属性都可以在属性面上进行修改。翻转图片、导航按钮、E-mail 链接、日期、Falsh 动画、Shockwave 动画，甚至 JavaApplet，ActiveX 等对象也可以通过对象面板插入 Dreamweaver 中。程序使用一些浮动窗口，设计人员可以用鼠标单击的方式插入图像、表格、表单、APPLET、脚本语言等各种对象。这方面延续了所见即所得的编写方式，同时程序也提供对代码的编辑，包括样式表和 JavaScript 脚本。

2) Fireworks

Fireworks 是一个强大的网页图形设计工具，可以使用它创建和编辑位图、矢量图形，还可以非常轻松地做出各种网页设计中常见的效果，比如翻转图像、下拉菜单等，设计完成以后，如果要在网页设计中使用，可以将它输出为“.html”文件，还能输出为可以在 photoshop，illustrator 和 flash 等软件中编辑的格式。

3) Flash

Flash 是 Macromedia 公司开发的优秀的矢量动画编辑工具，是制作网页动画的专业软件。Flash 是交互式矢量图和 Web 动画的标准。网页设计者使用 Flash 可创建出漂亮的、可改变尺寸的，以及极其精密的导航界面、技术说明，可以加入交互性和其他奇特的效果。Flash 除了可以生成动画，还可在网页中加入声音。这样就能生成多媒体的图形和界面，而文件的体积却很小。Flash 虽然不可以像一门语言一样进行编程，但用其内置的语句并结合 Javascript，可设计出互动性很强的网页。

4.2.5 图像处理工具

1. Photoshop

Photoshop 是 Adobe 公司旗下最为出名的图像处理软件之一，是集图像扫描、编辑修改、图像制作、广告创意、图像输入与输出于一体的图形图像处理软件，深受广大平面设计人员和电脑美术爱好者的喜爱。

Adobe 公司 1990 年开始推出 Adobe Photoshop，1996 年推出 Adobe Photoshop 4.0 版术，1998 年又推出功能更加强大的 Adobe Photoshop 5.0 版本，Adobe Photoshop 5.0 之后的多个版本成为当今世界上一流的图像设计与制作工具，其优越性能令其他产品望尘莫及。目前已成为出版界中图像处理的专业标准。

2. Adobe Illustrator(AI)

Adobe Illustrator 是出版多媒体和在线图像的工业标准矢量插画软件。无论是生产印刷出版线稿的设计者和专业插画家、生产多媒体图像的艺术家还是互联网页或在线内容的制作者，都会发现 Illustrator 不仅仅是一个艺术产品制作工具。该软件为线稿提供了无与伦比的精度和控制，适合生产任何小型到大型的复杂项目。其新版本的风格和 Photoshop 极为相似，所以对于 Adobe 的老用户来说相当容易上手。

4.3 动态网页制作

电子商务网站是具有高度可交互性的动态网站，一个电子商务网站上如果只有静态页面，那么这个网站就不能满足用户和企业双方对信息访问和数据处理的需要。网站中的信息需要不断地更新，用户通过电子交易时产生了大量的动态数据（即时交易数据、安全认证数据等）要求电子商务网站提供大量的动态网页。一般而言，动态网页的制作分为两种：网页表示形式的动态制作和网页数据内容的动态制作。

网页表示形式的动态制作是通过在静态网页中添加活动内容，附加一些由其他语言所编写的小程序来使原本内容固定的 HTML 文件来吸引更多人。主要有 4 种制作方式：Script（脚本）语言、Java Applets、CSS、虚拟现实建模语言。交互式动态网页中网页数据内容的动态制作一般和数据库联系在一起，通过特定的编程语言和外部应用程序来访问企业信息系统中已经存在的数据库。它的制作主要包括两大步骤：数据库设计和动态应用程序的制作。

4.3.1 动态网页的处理流程

动态网页的处理流程如图 4-15 所示。

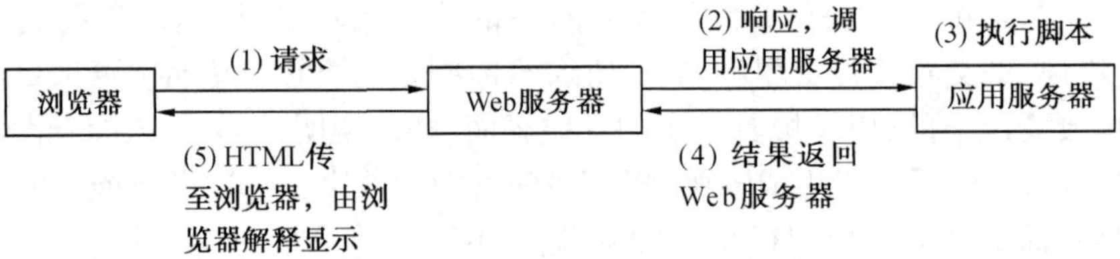

图 4-15　动态网页处理流程

（1）在浏览器的地址栏中输入一个 URL 地址，单击“转到”按钮或敲击键盘上的“回车键”后，单击网页中的超链接并在浏览器菜单栏的“收藏”中选择一个网址后，浏览器将向 Web 服务器发出一个页面请求。

（2）Web 服务器收到这个页面请求，当根据文件扩展名判断出它是一个动态网页后，会从磁盘或存储器中查找获取用户请求的这个页面，再将这个页面传递给应用程序服务器。

（3）应用程序服务器解释执行该页中的脚本代码，并将结果以静态网页的形式保存。

（4）应用程序服务器将静态网页结果传递给 Web 服务器。

（5）Web 服务器把它发送到浏览器，浏览器对这个返回的 HTML 文件进行解释并将结果显示在浏览器中。

4.3.2 常用动态 Web 技术

1. JavaScript

JavaScript 是由 Netscape 公司开发的一种脚本语言（scripting language），或称描述语言。在 HTML 基础上，使用 JavaScript 可以开发交互式 Web 网页。JavaScript 的出现使得网页和用户之间形成了一种实时性的、动态的、交互性的关系，使网页包含更多活跃的元素和更加精彩的内容。

JavaScript 具有如下特点：

（1）JavaScript 是一种脚本编写语言，它采用小程序段的方式实现编程。与其他脚本语言一样，JavaScript 也是一种解释性语言，提供了一个简易的开发过程。它的基本结构形式与 C，C + +，VB 类似，但不像这些语言一样需要先编译，而是在程序运行中被逐行地解释。

（2）JavaScript 是一种基于对象的语言，同时也可以看作面向对象的语言。它能够运用已经创建的对象。

（3）JavaScript 是一种基于 Java 基本语句和控制流之上的简单而紧凑的设计，它的变量采用弱类型而不是用严格的数据类型。

（4）JavaScript 是一种安全语言，它不允许访问本地的硬盘，而且不能将数据存放在服务器上，不允许对网络文档进行修改和删除，只能通过浏览器实现信息浏览或动态交互，从而有效地防止数据的丢失。

（5）JavaScript 是动态的，可以直接对用户或客户输入做出响应。

（6）JavaScript 具有跨平台性，它依赖于浏览器本身，与操作环境无关，只要能运行并支持 JavaScript 的浏览器就可以正确执行。

JavaScript 源程序嵌于 HTML 文档中，用 <Scripts> 标记嵌入，与 HTML 文档一起被浏览器解释运行。例如，在首页上弹出一个窗口显示重要通知，可在 HTML 文件的 <head> 部分插入如下代码：

```
<script LANGUAGE ="JavaScript" >
<! - -
window. open ("/tongzhi/xxx. htm"," name"," width = 550, height = 550, scrollbars
= yes")
// - - >
</script >
```

2. ASP

ASP 是 active server page 的缩写，意为“动态服务器页面”。ASP 是微软公司开发的代替 CGI 脚本程序的一种应用，它可以与数据库和其他程序进行交互，是一种简单、方便的编程工具。ASP 的网页文件的格式是“. asp”，现在常用于各种动态网站中。ASP 是一种服务器端脚本编写环境，可以用来创建和运行动态网页或 Web 应用程序。

1）ASP 的特点

（1）使用 VBScript 或 JavaScript 等简单易懂的脚本语言，结合 HTML 代码，即可快速方便地创建大部分的 Web 网站应用程序。

（2）使用简单的文本编辑器（如 Windows 的记事本）即可创建和编辑 ASP 程序，并且 ASP 程序无须编译，即可在服务器端直接执行。

（3）ASP 提供了一些内置的对象，可用来从客户端的浏览器接收信息或将服务器处理后的响应信息发送给客户端的浏览器。

（4）ASP 提供了一些标准的 ActiveX 组件，同时允许用户添加或创建属于自己的 ActiveX 组件。

（5）ASP 提供了与后台数据库连接和访问的功能，并且可以使动态网页的内容随相关数据库内容的更新而自动更新。

(6) ASP 的源代码不会被传送到客户端的浏览器,因而可以避免所编写的源程序被他人剽窃,同时也提高了程序的安全性。

(7) ASP 可使用服务器端的脚本程序来产生客户端的脚本。

2) ASP 的功能

(1) 处理由浏览器传送到服务器的表单输入。

(2) 访问和编辑服务器端的数据库表。

(3) 读写站点服务器的文件,实现访客计数器等功能。

(4) 提供广告轮播器、取得浏览器信息、URL 表管理等内置功能。

(5) 利用 cookies 与用户交互,保存用户状态。

(6) 扩充功能的能力强,可利用 VC,VB 等多种开发工具定制 ActiveX 组件满足自己的特殊需要。

3) ASP 的工作过程流程

如图 4-16 所示,用户在地址栏中请求一个 ASP 程序,默认页面的扩展名是. asp。浏览器从服务器上请求这个 ASP 程序,而不是像 HTML 一样不需要在服务器上的运行而直接处理一个自身的 HTML 程序。ASP 程序中的服务器端脚本开始运行 ASP 程序,连续地执行这个请求文件中的所有语句,然后生成一个 HTML 文件,最后页面信息发送到浏览器。

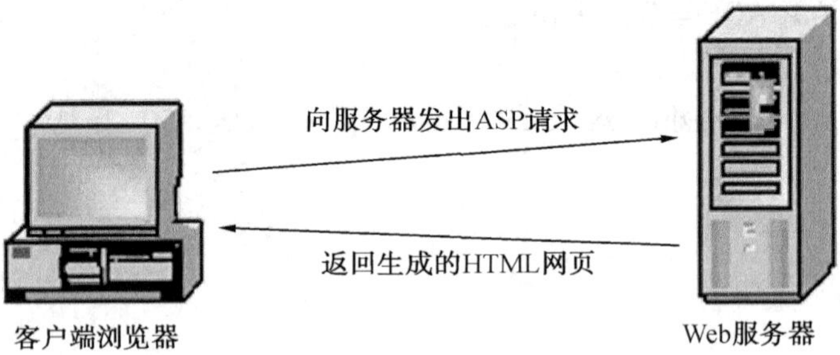

图 4-16 ASP 工作流程

4) ASP 文件的创建与运行

例如,利用“记事本”输入如下一段代码:

```
<html>
<body>
现在的时间是:
<%
t = Time
Response. Write t' 显示当前系统时间
%>
</body>
</html>
```

执行结果如图 4-17 所示。

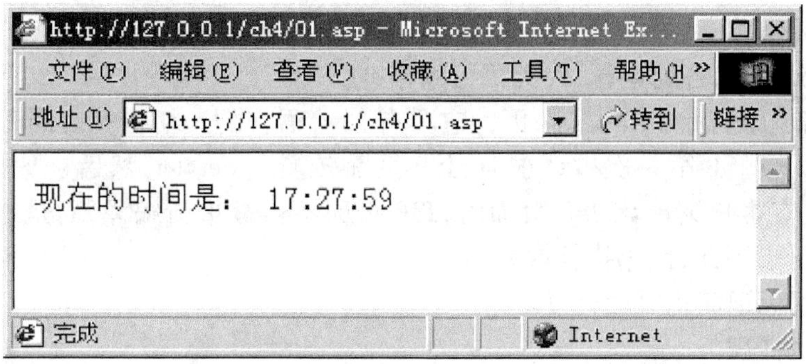

图 4-17 执行结果

3. PHP

PHP 是 personal home page 的缩写，是一种跨平台的服务器端的嵌入式脚本语言。PHP 是将程序嵌入 HTML 文档中去执行，执行效率比完全生成 HTML 标记的 CGI 要高许多；与同样是嵌入 HTML 文档的脚本语言 JavaScript 相比，PHP 在服务器端执行，充分利用了服务器的性能。

PHP 的特性包括：

（1）所有的 PHP 源代码事实上都可以得到；

（2）PHP 是免费的；

（3）PHP 十分便捷；

（4）由于 PHP 是运行在服务器端的脚本，可以在 UNIX，LINUX，Windows 操作系统下运行；

（5）因为 PHP 可以嵌入 HTML 语言，所以学习起来并不困难；

（6）PHP 坚持脚本语言为主，与 Java 和 C + + 不同，是简单的语言；

（7）PHP 消耗相当少的系统资源。

4. JSP

JSP 是 Java server pages 的缩写，即 Java 服务器页，是面向 Web 服务器的技术，主体是一段 Java 程序，它在服务器上直接运行，可以嵌入 HTML 中，完成客户的要求。用 JSP 开发的 Web 应用是跨平台的，既能在 Linux 操作系统下运行，也能在其他操作系统上运行。

JSP 技术的优点如下：

（1）可将内容的生成和显示进行分离。

使用 JSP 技术，Web 页面开发人员可以使用 HTML 或者 XML 标识来设计和格式化最终页面。使用 JSP 标识或者脚本来生成页面上的动态内容。生成动态内容的语句一般被封装在 JavaBean 组件、EJB 组件或 JSP 脚本段中。这样，页面的设计人员和编辑人员就可以同步进行。客户端通过查看源文件，看不到 JSP 标识的语句，也看不到 JavaBean 和 EJB 组件，这样可以保护源程序的代码。

（2）强调可重用的组件。

可重用的、跨平台的 JavaBean 组件、EJB 组件，为 JSP 程序的开发提供方便，我们可以将复杂的处理程序放到组件中，可以多次使用这些组件，极大地减少了在 JSP 页面中写入重复的代码。

（3）一次编写，各处运行，代码执行效率高。

JSP的脚本语言是Java语言，因此它具有Java语言的一切特性。同时，JSP也支持大部分平台。当JSP第一次被请求时，JSP页面转换成Servlet，然后被编译成“.class”文件，以后再有客户请求该JSP页面时，JSP页面不再被重新编译，而是执行已编译好的“.class”文件，因此，代码执行效率高。

（4）采用标记简化页面开发。

（5）安全性高。

5. ASP. Net

ASP. Net建立在微软新一代.Net平台架构上，服务器后端为用户提供建立强大的企业级Web应用服务的编程框架。

ASP. Net与ASP的主要区别在于前者是编译（Compile）执行，而后者是解释（Interpret）执行，前者比后者有更高的效率。除此之外，ASP. Net还可以利用.Net平台架构的诸多优越性能。

6. J2EE

J2EE即Java2平台企业版（Java 2 Platform，Enterprise Edition），是一套全然不同于传统应用开发的技术架构，包含许多组件，可简化且规范应用系统的开发与部署，进而提高可移植性、安全性与再用价值。J2EE是一种利用Java 2平台来简化企业解决方案的开发、部署和管理相关的复杂问题的体系结构。

J2EE技术的基础就是核心Java平台或Java 2平台的标准版，J2EE不仅巩固了标准版中的许多优点，同时还提供了对EJB，Java Servelet，API，JSP及XML技术的全面支持。其最终目的就是成为一个能够使企业开发者大幅缩短投放市场时间的体系结构。

4.4 电子商务网站建设

电子商务网站建设是一个系统工程，需要遵循一定的流程，按部就班地开展工作，这样才能设计开发出符合要求、令人满意的网站。本章将电子商务网站建设分为电子商务网站定位规划、网站运行环境规划、网站内容设计、网站测试与推广、网站管理与维护5个阶段。

4.4.1 电子商务网站定位规划

在建设网站前应该明确建设网站的目的，确定电子商务网站的功能，确定网站规模、投入费用等。只有进行详细的规划，才能避免在网站建设中出现问题，使网站建设能顺利进行。

1. 电子商务网站规划的作用与意义

网站规划是指在网站建设前对市场进行分析、确定网站的目的和功能，并根据需要对网站建设中的技术、内容、费用、测试、维护等作出规划。网站规划是企业电子商务战略管理的需要。网站规划可以促进企业基础管理的信息化和经营管理现代化，从以产品为中心的企业经营到以用户为中心的企业经营、从以技术为中心的企业管理到以信息资源为中心的企业管理、从以MIS管理到以ERP管理。网站规划还可以调动企业员工投入电子商务的积极性。

2. 电子商务网站需求分析

一个网站项目的确立是建立在各种各样的需求上的，这种需求往往来自于客户的实际需求或者是出于公司自身发展的需要。由于网站面对的是不同层次的用户，因此网站的项目负责人对用户需求的理解，在很大程度上决定了此类网站开发项目的成败。

网站需求分析的工作可以分为 4 个方面：用户调查、市场调查与分析、编制《网站功能描述》和评审。

1）用户调查

在需求分析的过程中，往往有很多不明确的用户需求，这时项目负责人就需要调查用户的实际情况，明确用户需求。一个比较理想的用户调查活动需要用户的充分配合，而且还有可能需要对调查对象进行必要的培训。因此，调查的计划安排包括时间、地点、参加人员、调查内容，这些都需要项目负责人和用户的共同认可。调查形式可以是发需求调查表、召开需求调查座谈会或者现场调研。用户调查结束时，需要编写《用户调查报告》。

2）市场调查与分析

市场分析是对市场规模、位置、性质、特点、市场容量及吸引范围等调查资料所进行的经济分析，是指通过市场调查和供求预测，根据项目产品的市场环境、竞争力和竞争者分析和判断项目投产后所生产的产品在限定的时间内是否有市场，以及采取怎样的营销战略来实现销售目标。市场调查与分析包括对目标客户的调查分析、对竞争对手的调查分析及对竞争性市场的定位分析。市场调查与分析结束后，需要编写《市场调研报告》。

电子商务网站的市场调查与分析主要包括 3 个部分：一是目标客户（包括个人客户和企业客户）的调查分析，即调查了解消费者的网上交易需求特点、行为模式等；二是竞争对手的调查分析，了解竞争对手对电子商务的战略和所开展的主要网上业务，研究竞争对手网站的设计构架与运行效果；三是市场定位分析，通过对自身商务需求的研究分析，确定可以上网开展的业务功能和内容。

3）编制《网站功能描述书》

根据《用户调查报告》和《市场调研报告》，需要网站需求分析人员编制《网站功能描述书》，作为日后开发、交付的依据。

4）评审

作为需求分析阶段工作的复查手段，在需求分析的最后一步，应该对网站功能描述书的正确性、完整性和清晰性给予评价。

3. 电子商务网站的定位

电子商务网站包括主题定位和功能定位。

1）主题定位

网站的主题就是一个网站所要提供信息内容的核心，网站的主题应集中、概括地反映企业的经营理念和服务定位，网站的主题要有感召力。电子商务网站主题定位的关键取决于创建网站的目标、网站的性质及浏览对象。电子商务网站主题定位因素之间的逻辑关系如图 4-18 所示。

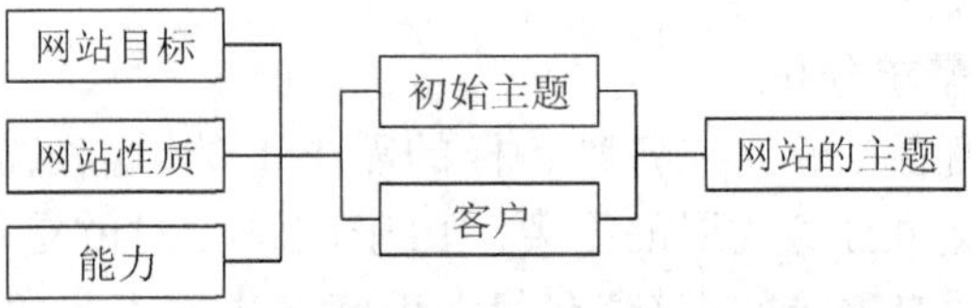

图 4-18　电子商务网站主题定位因素之间的逻辑关系

2）功能定位

首先,要明确组织的任务或目标、网站的近期目标和远期目标、确定的访问者、网站的服务领域和服务对象、网站的盈利方式及访问者光顾的原因。

其次,要对网上能够开展的业务进行分析。通过对自身商务需求的研究分析,对商品特色、行业特点及所处的行业地位等进行分析等,定位企业的品牌形象、产品服务与展示、信息发布、顾客服务、顾客关系、网上调查、网上联盟及网上销售等功能。

商务网站的具体功能定位通常可依据以下几点考量和分析来进行:

(1) 研究营销与服务过程的哪些阶段准备在线经营;

(2) 确定网站提供的商品和服务主要定位于哪些客户群;

(3) 确定是否提供个性化服务;

(4) 考量客户能接受的访问网站的平均响应时间和期望的网络性能水平及访问量;

(5) 分析哪些后端商务过程可以与前端商务过程集成;

(6) 对于开展在线交易的网站考虑支付问题;

(7) 考虑网站的可扩展性和可维护性;

(8) 考虑安全性及其对策。

4. 可行性分析

电子商务网站的可行性分析包括技术可行性分析、经济可行性分析和组织可行性分析。

技术可行性分析是指根据当前信息技术发展状况和本企业的实际情况规划网站的软、硬件平台和解决方案。网站硬件需求分析包括场地需求、服务器方案和互联网接入方式分析;软件环境需求分析包括服务器系统、网站开发环境选择、安全问题分析等。

经济可行性分析包括电子商务网站成本分析和收益分析。成本分析包括网站规划设计成本、构建费用、运行费用、维护费用及管理费用等方面的分析。收益分析包括直接收益、间接收益和品牌收益分析。

组织可行性分析包括人员规划、费用预算及流程进度分析。人员规划是指技术型人才(网络设计师、系统技术人员、网页制作、编程开发人员等)、商业人员(管理人员、营销、销售人员、客户服务人员等)及其他人员(项目管理人员、后台操作人员)的分配与分工;费用预算包括域名费用、线路接入费用和合法的地址费用、服务器硬件设备费用、主机托管费用、系统软件费用、开发费用、网站的市场和经营费用等;流程进度包括网站建设各项工作内容及其时间安排、月度和年度工作安排时间规划、网站各工作人员工作内容及其时间安排等。

5. 域名与主机方式

1）域名

域名就是对应于IP地址的用于在互联网上标识主机的有意义的字符串。选择域名时要考虑以下几个方面：

（1）企业域名的选择与企业相关信息一致，可以是单位名称的中英文缩写、企业的产品注册商标等。

（2）企业域名的选择可采用数字化域名。数字化的域名相对中国绝大多数人来说好记忆，简单明了，不容易搞错，所以，网易网络公司一下子就在Internet上注册了163，263，126，127，188，990等多个域名，这些域名很快被广大的网民所接受，并深入人心。

（3）企业域名的注册要注意域名抢注与域名冲突的问题。解决的方式主要有：① 换个名字，或是在申请的域名上加一个下划线、加一个幸运数字、也可以加一些字母，或者选择其他可用的域名。② 若发生域名冲突可以通过法律手段解决。

2）主机方式

电子商务网站的主机是指存储主页文件的服务器，它能够实现浏览者的查询与访问，需要通信线路和安全的支持。主机相应速度、运营方式和费用的不同，决定了不同的主机方式。

（1）虚拟主机方式

虚拟主机方式是使用特殊的软硬件技术，把一台运行在Internet上的服务器主机分成一台台"虚拟"的主机，每一台虚拟主机都具有独立的域名或IP地址，具有完整的Internet服务器（WWW，FTP，E-mail等）功能，虚拟主机之间完全独立，并可由用户自行管理，在外界看来，每一台虚拟主机和一台独立的主机完全一样。虚拟主机方式投资小、建立速度快、安全可靠、无须软硬件配置及投资、无须拥有技术支持。因此，该方式用于中小企业搭建初级的电子商务网站。选择虚拟主机时要综合考虑速度、服务及价格等因素。

（2）主机托管方式

使用托管服务器方式时，用户拥有自己独立的服务器，但为了减少各种维护费用，可将自己的服务器放在服务商处托管。主机托管方式的特点是灵活、稳定、安全、快捷。

互联网服务商对托管服务器提供的服务内容包括：各种级别的机位出租、提供IP地址、交换机端口、带宽、独立的电子门禁系统、电源供应系统消防设备、安全监控系统、网络监控和客户服务等。

主机托管方式适合大多数中小企业进行较为深入的电子商务。

（3）专线方式

采用独立服务器方式建设网站要考虑：① 硬件，主要包括计算机、网络设备及配件等。② 系统平台，是指服务器选用的操作系统。③ 接入方式，指企业接入Internet的方式（选择ISP）。④ 数据库，指网站选用的后台数据库管理系统。⑤ 防火墙，用来保障企业网站的安全性。⑥ 人员配备，完成网站的软硬件维护和升级等。因此，转向方式投资较大，还需要企业拥有较强的技术力量，一般适用于大型企业。

4.4.2 电子商务网站运行环境

作为企业开展电子商务的媒介，任何电子商务的开发、运行与管理都是在一定的软硬件平台基础上进行的。电子商务网站运行平台的选择和搭建是整个网站建设的基础,其性能将直接影响电子商务网站的实施性能。

1. 电子商务网站运行平台的要求及构成

1) 电子商务网站运行平台的基本构成

不管是何种性质的电子商务网站,也不论其应用程度和深度,所有的电子商务网站的运行平台都必须在一定的计算机、网络设备硬件和应用软件的基础上进行。从逻辑上看,如果把与网站运行平台相关的硬件、软件、开发维护和提供的资源信息都抽象为逻辑组件,那么一个电子商务网站要能够做到正常运行,其运行平台至少应包括网络平台、服务平台、数据库平台及信息发布平台,如图 4-19 所示。

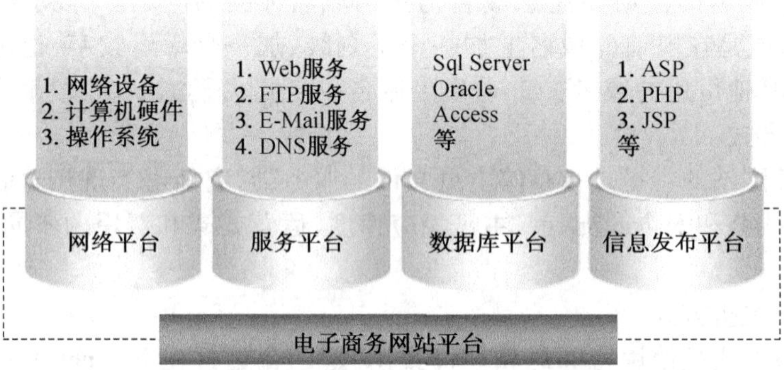

图 4-19 电子商务网站平台

2) 电子商务网站运行环境的要求

(1) 网站必须具有良好的可扩充性。

电子商务网站的建设不可能一步到位,随着企业的发展和电子商务的深入推广,新的业务不断在网上开展;另外,企业与供应商、销售商等的合作也不会一成不变;此外,随着网上业务量的增加,网站的访问也不断增长,网站的规模随时需要扩充,技术也需要及时更新。

(2) 高效的并发处理能力。

企业电子商务网站应该能经受住大量的并发请求,支持进程的多线程执行能力。

(3) 强大的可管理性。

网站的结构可以是分布式的,但必须是可集中管理的。强大的管理如网站内容管理、系统环境管理及呼叫中心管理对于电子商务的高效运行必不可少。

(4) 良好的容错性能。

要考虑网站的可恢复性,一旦出现错误或意外事故,必须保证所有正在进行的交易信息是可恢复的并且数据具有一致性。

(5) 与企业已有的资源兼容整合。

要充分利用现有资源,在现有资源的基础上,引进必要的设备,整合现有系统。

2. 服务器及其选择

服务器是指客户机/服务器网络上的一些机器,管理着应用程序、数据和网络资源,客户机请求服务,而服务器提供服务。服务器可以是集中的也可以是专用的,集中式服务器是一台服务器可以对应多种服务,专用式服务器是一台服务器主机只对应一种服务。为了让上网用户能够快速地访问网站，建站时，应该考虑服务器的分工，即有的Server专门司职WWW访问；有的Server专门司职FTP下载；有的Server专门司职Mail服务；有的Server专门司职BBS或Chat服务，这样形成一个服务器群，各司其职，既缓解访问压力，又加快访问速度。

服务器根据其用途可分为：Web服务器、DNS服务器、FTP服务器、E-mail服务器、数据库服务器等。根据计算机CPU可分为：UNIX服务器（大型机、中型机、小型机）和PC服务器（工作组级、部门级、企业级）。

1）UNIX服务器

如果单从性能出发，UNIX服务器占有绝对优势，是高端系统的首选。在SMP技术、总线技术、I/O性能等方面，UNIX服务器要比PC服务器更先进一些。此外，在UNIX服务器下采用的群集技术通常在30秒之内即可完成故障转移。

2）PC服务器

随着PC技术突飞猛进地发展，PC机的CPU速度、总线带宽、内存容量和I/O技术都在迅速提高。PC服务器软件平台也比以前更加丰富，除了传统的Microsoft Windows NT/2000，Novell的Netware外，UNIX领域的SCO OpenServer，Linux等也都支持PC平台。在选择PC服务器时，要确认服务器的配置级别，PC服务器大体上分为工作组级、部门级、企业级三档。

工作组级是一种单CPU结构的应用服务器，功能全面、可管理性强、易于维护，可满足中小型网络用户的数据处理、文件共享、Internet接入及简单数据库应用的需求；部门级具有大容量硬盘或磁盘阵列和数据冗余保护，数据处理能力较强、易于维护管理，是面向大中型网络的产品；企业级是高档服务器，普遍采用4到8路CPU 4G以上内存结构，支持无磁盘柜集群方式，拥有独立的双PCI通道和内存扩展板设计，具有高内存带宽，大容量热插拔硬盘和热插拔电源，可支持高达8 GB ECC内存，具有超强的数据处理能力。

一般而言，选择服务器时通常要考虑以下几个性能指标：

（1）可管理性。可管理性是指服务器的管理是否方便、应用软件是否丰富。在可管理性方面，PC服务器要优于UNIX服务器。

（2）可用性。可用性是指在一段时间内服务器可供用户正常使用的百分比。

（3）高性能。高性能是指服务器综合性能指标要高，主要要求在运行速度、磁盘空间、容错能力、扩展能力、稳定性、监测功能及电源等方面具有较高的性能指标。

（4）可扩展性。为了使服务器随负荷的增加而平衡升级，并保证工作的稳定性和安全性，必须考虑服务器的可扩展性。

（5）模块化。模块化是指电源、网卡、SCSI卡、硬盘等部件为模块化结构，且都具有热插拔功能，可以在线维护，使系统停机可能性大大减少，特别是分布式电源技术可使每个重要部件都有自己的电源。

3. 网络设备及接入的选择

网络设备及接入的选择包括网络接入设备的选择和网络接入方式的选择。

1）网络接入设备

通常包括网络适配器、调制解调器、中继器、集线器、路由器、网桥、网关、交换机。

2）网络接入方式

目前使用最为广泛的网络接入方式有ADSL（非对称数字用户环路）、VDSL（超高速数字用户环路）、Cable-Modem、光纤接入、FTTB等。

ADSL（非对称数字用户环路）是一种能够通过普通电话线提供宽带数据业务的技术，有“网络快车”之美誉，其下行速率高、频带宽、性能优、安装方便、不需要交纳电话费，深受广大用户喜爱。

VDSL（超高速数字用户环路）是ADSL的快速版本。用户在利用VDSL接入上网的同时可以拨打或接听电话。在现有电话线上安装VDSL，只需在用户侧安装一台VDSL Modem，无须为宽带上网而重新布设或改动线路。

Cable Modem是近两年开始使用的一种超高速Modem，它利用现有的有线电视（CATV）网络进行数据传输，目前技术已经比较成熟。随着有线电视网的日益普及和大众生活质量的不断提高，通过Cable Modem利用有线电视网访问Internet已成为越来越受用户欢迎的一种高速接入方式。

光纤接入是指局端与用户之间完全以光纤作为传输媒体。光纤接入可以分为有源光接入和无源光接入。目前光纤接入的复用技术发展相当快，多数已处于实用化。根据业务的发展，光纤逐渐向家庭延伸，从窄带业务向宽带业务升级。

4．电子商务网站软件环境

1）网络操作系统

选择网络操作系统（NOS）最好的方法是先选择所需的应用程序、客户机、服务器及实用程序，然后再选择它们共同要求的NOS。常用的网络操作系统有UNIX网络操作系统、Linux网络操作系统、Windows Server 2003网络操作系统、Netware操作系统、MAC OS操作系统。

（1）UNIX操作系统

UNIX操作系统属于集中式处理的操作系统，是典型的多用户、多任务操作系统，主要用于超级小型机和大型机等。此系统支持TCP/IP协议、网络文件系统服务、数据库应用等。UNIX具有庞大的支持基础和发行系统，稳定和安全性能非常好，但也有缺点：一些接口含糊不清，缺少标准化，多数是以命令方式来进行操作的，不容易掌握。UNIX一般用于大型的网站或大型的企事业单位局域网中，小型局域网基本不使用UNIX作为网络操作系统。UNIX网络操作系统历史悠久，其良好的网络管理功能已为广大网络用户所接受，拥有丰富的应用软件。目前UNIX网络操作系统的版本有：AT&T和SCO的UNIXSVR 3.2，SVR 4.0和SVR 4.2等。

（2）Linux网络操作系统。

Linux网络操作系统支持几乎所有在UNIX上的功能，是一个完全多任务、多用户的操作系统。Linux的内核代码是公开的、免费的，提供了TCP/IP的完备实现。最近几年中，Linux得到了很大的发展，其功能不断增强，性能不断提高，应用软件也迅猛增加。目前也有中文版本的Linux，如REDHAT（红帽子）、红旗Linux等，在国内已经得到了用户充分的肯定，主要体现在它的安全性和稳定性方面，它与UNIX有许多类似之处。

(3) Windows Server 2003 网络操作系统。

沿用了 Windows 2000 Server 家族的版本划分方式，包括 Windows Server 2003 标准版、Windows Server 2003 企业版和 Windows Server 2003 数据中心版。除此以外，为了降低部署成本，Windows Server 2003 还专门为部门或小型企业服务器提供了 Web 版本。

(4) Netware 操作系统。

Netware 是 NOVELL 公司推出的网络操作系统。Netware 最重要的特征是基于基本模块设计思想的开放式系统结构。它是一个开放的网络服务器平台，可以方便地对其进行扩充。Netware 系统对不同的工作平台、不同的网络协议环境及各种工作站操作系统提供了一致的服务。

(5) MAC OS 操作系统。

MAC OS 操作系统是苹果机专用系统。苹果公司不但生产 MAC 的大部分硬件，连 MAC 所用的操作系统都是它自行开发的。苹果机现在的操作系统已经到了OS 10，代号为 MAC OSX(X 为 10 的罗马数字写法)，这是 MAC 电脑诞生以来最大的变化。新系统非常可靠，它的许多特点和服务都体现了苹果公司的理念。MAC OSX 操作系统界面非常独特，突出了形象的图标和人机对话界面(人机对话界面就是由苹果公司最早开创的，后来才被微软的 Windows 所看中并在 Windows 中广泛应用)。

2) Web 服务器软件

Web 服务器软件与操作系统之间有密切的关系。选择 Web 服务器软件时，不仅要考虑目前的需求，还要考虑将来可能需要的功能。因为更换 Web 服务器软件通常比安置标准软件困难得多，而且会带来一系列的问题，如应用程序和应用服务器是否需要进行更改等。大多数 Web 服务器软件主要是为一种操作系统进行优化的，有的只能在一种操作系统上运行。所以，选择 Web 服务器软件时，还需要和操作系统联系起来考虑，一般要注意以下几个方面的性能：

(1) 响应能力。

响应能力即 Web 服务器软件对多个用户请求信息的响应速度。响应速度越快，单位时间内就可以支持越多的访问量，用户请求信息的响应速度也就越快。

(2) 与后端数据资源应用系统的集成能力。

Web 服务器软件除直接向用户提供信息外，还担负着与其后端各种数据资源应用系统集成的任务，这样，客户机就只需用一种界面来浏览所有后端服务器的信息。它能将不同来源、不同格式的信息转化成统一格式。

(3) 支持 Web 应用开发的能力。

电子商务网站需要 Web 服务器具有一些特殊的功能，如用户认证、数据加密、某种开发语言的支持、可加载第三方的软件和支持等。

(4) 管理的难易程度。

管理的难易程度指的是管理 Web 服务器软件是否简单易行。一般 Web 服务器的管理界面有命令行、telnet、Web 界面和基于窗口的管理应用程序。易管理的 Web 服务器应该具有图形用户界面和完善的向导系统或帮助文档，复杂的界面可能会引起问题而且浪费时间，还可能会导致系统参数配置错误或安全漏洞。

(5) 与硬件平台和操作系统的协调能力。

(6) 稳定性与可靠性。

Web 服务器软件的性能和运行都需要非常稳定。

(7) 安全性能。

选择 Web 服务器时,一方面要能够防止 Web 服务器中的机密信息泄露,另一方面要能够阻止黑客攻击,此外,还要考虑在 Web 服务器中的安全漏洞从发现到能够提供更新补丁之间平均要经过多长时间。一般而言,越是流行的 Web 服务器软件就越容易事先了解到它的问题,也就越容易快速地修复。

目前 Web 服务器软件种类很多,这里选择一些常用的 Web 服务器软件予以介绍。

(1) IIS(Internet information server)

IIS 是运行于 Windows 操作系统上的 Web 服务器软件。IIS5.0 及以上版本所提供的基本服务有 WWW,FTP 服务和 SMTP。

(2) Apache

Apache 是世界使用排名第一的 Web 服务器软件。它可以运行在几乎所有广泛使用的计算机平台上。Apache 源于 NCSAhttpd 服务器,经过多次修改,已成为世界上最流行的 Web 服务器软件之一。因为它是自由软件,所以不断有人来为它开发新的功能、新的特性并修改原来的缺陷。Apache 的特点是简单、速度快、性能稳定,可做代理服务器来使用。

(3) 其他 Web 服务器软件

Tomcat 是一个开放源代码、运行 Servelet 和 JSP Web 应用软件的基于 Java 的 Web 应用软件容器。

WebSphere 软件作为 IBM 电子商务应用框架的一个关键组成部分,为客户提供了一个使其能够充分利用 Internet 的集成解决方案。

3) 数据库服务器软件

电子商务是以数据库技术和网络技术为支撑的,其中数据库技术是核心。每一个商务站点后台必须有一个强大的数据库支撑其工作,从数据的管理到查询生成动态网页、数据挖掘及应用数据的维护都离不开网络数据库。数据库的发展经历了层次型数据库和网状形数据库、关系数据库、三代数据库 3 个阶段。目前常用的网络数据库服务器软件有 Oracle Microsoft,Access,Microsoft SQL Server,MySQL,IBM,DB2 等。

(1) Oracle

Oracle 是一个庞大的品牌系统,其数据库是以高级结构化查询语言(SQL)为基础的关系型数据库,是目前最流行的客户机/服务器结构的数据库。Oracle 公司是全球最大的信息管理软件及服务供应商。

(2) Microsoft Access

Microsoft Access 是一种关系型数据库管理系统(RDBMS)。Access 数据库是 Microsoft Office 套件的 Professional 版和 Developer 版的一个组件,不需要单独安装。与 SQL Server 数据库进行比较,Access 数据库具有以下的特点:

① 功能比较单一,不提供数据发布、分布式事务处理等操作,因此比 SQL Server 数据库需要的内存和磁盘资源要少;

② Access 数据库一般用于桌面应用程序，不适用于大型的企业级应用。

（3）Microsoft SQL Server

Microsoft SQL Server 是一个关系数据库管理系统。它最初是由 Microsoft，Sybase 和 Ashton-Tate 三家公司共同开发的，于 1987 年 12 月推出了第一个 OS/2 版本。在 Windows NT 推出后，Microsoft 与 Sybase 在 SQL Server 的开发上就分道扬镳了，Microsoft 将 SQL Server 移植到 Windows NT 系统上，专注于开发推广 SQL Server 的 Windows NT 版本，而 Sybase 则较专注于 SQL Server 在 UNIX 操作系统上的应用。

SQL Server 2000 是 Microsoft 公司推出的 SQL Server 数据库管理系统，该版本继承了 SQL Server 7.0 版本的优点，同时又比它增加了许多更先进的功能。具有使用方便、可伸缩性好、与相关软件集成程度高等优点。

SQL Server 2005 是一个全面的数据库平台，使用集成的商业智能（BI）工具提供了企业级的数据管理。SQL Server 2005 数据库引擎为关系型数据和结构化数据提供了更安全可靠的存储功能，可以构建和管理用于业务的高可用和高性能的数据应用程序。SQL Server 2005 数据引擎是本企业数据管理解决方案的核心。

SQL Server 2008 是一个重大的产品版本，它推出了许多新的特性和关键的改进，使得它成为至今为止最强大和最全面的 SQL Server 版本。

（4）MySQL

MySQL 是一个多用户、多线程的符合 SQL 标准的小型关系型数据库管理系统，开发者为瑞典 MySQL AB 公司，在 2008 年 1 月 16 号被 Sun 公司收购。目前 MySQL 被广泛地应用在 Internet 上的中小型网站中。由于其体积小、速度快、总体拥有成本低，尤其是开放源码这一特点，被许多为了降低网站总体拥有成本的中小型网站选择作为网站数据库。

与其他的大型数据库（如 Oracle，DB2，SQL Server 等）相比，MySQL 自有它的不足之处，如规模小、功能有限等，但是这丝毫也没有减少它受欢迎的程度。对于一般的个人使用者和中小型企业来说，MySQL 提供的功能已经绰绰有余，而且由于 MySQL 是开放源码软件，因此可以大大降低总体拥有成本。

（5）IBM DB2 通用数据库

IBM DB2 通用数据库是 IBM 公司研制的一种关系型数据库系统。DB2 一直以能在传统 IT 环境和电子商务环境中处理日益膨胀的异构数据、为商业智能（BI）、在线事物处理（OLTP）及知识管理等应用提供整合的数据管理机制而著称。DB2 独特的存储器内置关系数据库技术将电子商务交易的速度提高到 10 倍以上。DB2 主要应用于大型应用系统，具有较好的可伸缩性，可支持大型机和单用户环境，应用于 OS/2，Windows 等平台下。

4.4.3 电子商务网站内容设计

影响网站成功的因素主要有网站结构的合理性、直观性、多媒体信息化的实效性和开销等，成功网站的最大秘诀在于让用户感到网站对他们非常有用。因此，网站内容设计对网站建设至关重要。

1. 电子商务网站内容设计原则

（1）明确建设目标和用户需求；

（2）突出鲜明的主题；
（3）合理选择图片与简化层次结构；
（4）正确运用色彩及其搭配；
（5）网页形式与内容统一；
（6）多媒体功能的适当利用。

2．电子商务网站信息内容的设计

不同类型的企业要根据自身的特点和所对应的目标群体的不同，在规划内容时有所侧重。总体上应从企业信息、产品信息、服务信息和其他相关信息进行规划设计。

1）企业信息规划

包括企业前景、发展历史、经营理念、主要业绩、组织机构、人事信息和企业动态等方面。主要让用户通过网络对企业有所了解，形成良好的第一印象。

2）产品信息规划

包括产品目录、产品价格表、产品搜索和产品技术规格等方面。主要让用户能够快速地查找所需的产品并了解产品的相关信息，以便购买。

3）服务信息规划

包括营销网络信息、售后服务信息、技术支持信息和联系信息等方面。主要为了让用户全面地了解企业的相关服务理念，增加用户对企业的信任度。

4）其他相关信息规划

这一部分根据企业的特点自行设立，一般包括财务信息、互动信息和人才招聘信息等方面。

3．网站目录结构的设计

企业网站的目录结构是指网站组织和存放站内所有文档的目录设置情况。不同的网站有不同的目录结构，目录结构的好坏对浏览者没有太大的影响，但对站点本身的上传维护、内容扩充和移植有着重要的影响。因此在网站设计中需要合理定义目录结构并组织好所有文档，一般应注意以下几个方面：

（1）不要将所有文件都存放在根目录下；
（2）按内容分类建立子目录；
（3）每个目录下都应该有独立的图片存放目录；
（4）目录的层次不要太深，一般不超过3层；
（5）目录的命名不应太长，尽量不使用中文。

4．电子商务网站的栏目设计

网站的栏目是指网站内容的提纲，是网站内容的大纲索引。其功能是将网站的所有内容都分门别类，利用栏目将网站的主体明确显示出来。如果将网站比作一本书，那么书中的每章就是一个栏目。

网站栏目设计的原则是：紧扣主题、精简、提纲挈领、凸显特色。

栏目规划的常用方法有：分类法，即将欲在网站展示的所有资料进行分门别类，每一个类别形成一个栏目；参照法，即参照同类网站所设置的栏目，结合实际需要进行栏目设置的方法。

电子商务网站栏目设计的要点如下：

(1) 主要内容栏目要分得细致;

(2) 直观地列出主要内容(根据网站的内容和提供的服务,按不同主题和层次分为不同的栏目);

(3) 首页设置超级链接和搜索引擎;

(4) 设定网站与客户的双向交流的栏目;

(5) 设置信息下载和咨询服务栏目;

(6) 以方便客户的访问为中心。

5. 电子商务网站的布局设计

网站的各个版面都需要有一个好的布局设计,其具体原则包括:(1) 根据网站的客户群选择合适的布局;(2) 整体布局要遵循简洁大方的原则;(3) 要注意视觉效果与内容翔实相结合的原则;(4) 主次分明、条理清晰的原则。

页面框架设计就是划分页面显示区域的方式,一般有左右型结构、上下型结构和复合型结构。图 4-20 给出了几种常见框架结构。

一般来说,有 3 种技术可以实现网页的布局:将页面分成互不重叠的几个部分,每个部分为一帧并对应一个独立的网页;表格布局即根据需要将页面分成任意数量和大小的单元格,并在其中嵌入网页对象,这也是最常用的布局技术;层布局(DIV)是一种较新的技术,是将一个页面看作多个层面重叠而成的,一般与 CSS(层叠式样式表)结合使用进行布局定位。

图 4-20 几种常见复合型框架模式

6. 电子商务网站的链接结构设计

企业网站的链接结构是指页面之间的相互链接的拓扑结构。网站链接结构的原则是用最少的链接,使得浏览最有效率。它建立在目录结构基础之上,但可以跨越目录,也就是说,每个页面都可以做一个节点,链接是在两个节点之间的连线,可以一对一链接,也可以一对多链接,形成一个立体的空间。

为了实现信息的有效传递,方便用户以最少的时间浏览到所需信息,网站设计人员要规划并设计好主次分明、结构清晰的网站链接结构,使浏览者对网站的内容一目了然。

7. 网站创意风格的设计

企业网站的创意风格是网站设计中最重要的，也是最难掌握的，它没有一个固定的原则或模式，企业网站的风格体现在企业的LOGO、企业的CI（企业形象设计）、企业网站的用色等多个方面。在设计时要注意以下几个方面：

（1）尽可能使企业的LOGO出现在每个页面上，或者在页眉或背景中。

（2）突出网站的标准色彩。适合于网站的标准色彩是指能体现网站形象和延伸内涵的色彩，一般来说，一个网站的标准色彩不超过3种，以相近的色彩为主。

（3）设计网站的标准字体。在关键的标题、菜单、图片里使用统一的标准字体。

（4）设计网站的宣传标语。网站的宣传标语可以说是网站的精神、网站的目标，一般用一句话甚至一个词来高度概括。

8. 电子商务网站的常用模块

1）登录注册模块

登录框是用户用于会员注册和登录的。吸引更多会员是电子商务网站运营的主要目标之一，网站的访问量和点击率很大程度上是和会员数量相关的，故登录框应放在较显眼的位置，并且应具备操作便捷、简单明了的特点，可根据网站界面整体风格变换其具体形式。会员登录框一般放在整个网页的左上方、右上方和中上方较显眼的位置。

实现原理：用户填写用户名及密码，提交到后台在数据库中进行比较，如果信息正确，则保存用户信息，用户登录成功；若登录失败，则返回错误提示信息。

2）导航条模块

网站导航设置是在网站栏目结构的基础上，进一步为用户浏览网站提供的提示系统。由于各个网站并没有统一的标准，不仅菜单设置各不相同，打开网页方式也有区别。有些是在同一窗口打开新网页，有些是新打开一个浏览器窗口，因此仅有网站栏目菜单有时会让用户在浏览网页中迷失方向，遇到无法回到首页或者上一级页面等问题，这就需要辅助性的导航来帮助用户方便地使用网站信息。一般是通过在各个栏目的主菜单下面设置一个辅助菜单来说明用户目前所在网页在网站中的位置。其表现形式比较简单，一般形式为：首页→一级栏目→二级栏目→三级栏目→内容页面。

实现原理：在后台管理界面添加导航，将导航信息保存到数据库中，前台展示页面，通过查询后台数据库得出导航信息的标题、链接页面、打开方式等信息，以超链接形式实现导航。

3）新闻模块

对于电子商务网站来说，信息发布是最基础的功能和目的，获得有效信息是用户浏览网站的主要动力，为用户提供准确、快速、大量有价值的信息才可以吸引更多的用户。网络环境下信息的承载形式包括文本、表格、图片、视频、音频等。信息发布模块可以实现信息发布和维护的高效率、低成本，它提供简单的信息添加工具，通过这个工具，在信息添加完成后软件系统会自动根据页面模板效果生成信息网页，这样既保证了页面美观又保证了风格统一。

实现原理：在后台管理界面添加新闻，将新闻信息保存到数据库中，前台展示页面通过查询后台数据库，得到新闻的标题、作者、内容及新闻的展示图片，在表格中呈现新闻信息。

4）公告模块

公告也是电子商务网站中信息发布的一种常见形式，公告栏的设计主要是为了突出某些重要或时效性很强的信息，一般位于主页的上方比较明显的位置，里面的文字可以大一些，色彩鲜艳一些，可采用滚动字幕的方式显示，以便让浏览者在进入主页的瞬间就可以看到公告栏的信息，并通过点击信息的链接进入详细的介绍页面。

实现原理：在后台管理界面发布公告，将公告信息保存到数据库中，前台展示页面通过查询后台数据库，得出公告信息的标题、内容等信息，然后以表格形式展示出来。

5）商品展示模块

通过网站展示商品是电子商务网站运营的主要目的之一。将商品的特点准确恰当地展示出来，才能引起浏览者的注意，通过浏览查看展示信息进而产生兴趣，在此基础上被激发拥有该产品的愿望并产生购买的行为。可见商品展示是网站取得销售的最重要的影响因素。在电子商务网站中对商品的展示主要可通过文字、表格、图片、视频等手段完成，使网络展示具有其独有的优点，可以更专业、更详细、更全面地介绍商品的特性和功能，用多角度来展示商品（比如展示产品的内部解剖图），并通过视频等方式展示产品的使用、维护等过程。

实现原理：在后台管理界面发布商品，将商品信息保存到数据库中，前台展示页面通过查询后台数据库，得到商品的名称、价格、原价和现价及商品的展示图片，在表格中呈现商品信息。

5）商品购物车、订单查询模块

电子商务网站的信息更新相当快，每天会有大量的新信息进入网站，而在其中找到需要的有用的信息无疑比较困难。所以许多网站都提供了站内搜索功能，方便用户快速找到需要的信息，而使用便捷也是许多网站浏览者非常关注的事情。搜索的设计应根据网站自身的情况而定。购物车模块是用来显示用户已选择采购但暂时未付款的所有商品，可以让用户方便清晰地看到自己的购物车内现在有哪些商品，也是一个可以体现网站人性化服务的模块。

实现原理：点击购买商品，将选购的商品信息保存在购物车表中，同时查询出购物车模块中的信息，并以表格形式表现出来。当点击付款时，随即产生订单编号，将这次选购的商品金额、邮购地址等信息保存起来。一次购物操作完成。

6）友情链接模块

友情链接就是在网站上点击一行字或一张图，会切换到（或弹出）另一个页面。它的作用主要表现在：提高网站的访问量、增加用户浏览时的印象、让搜索引擎收录更多的网页、在搜索引擎排名中增加优势，而这些都是一个电子商务网站管理者必须考虑的因素。

一般友情链接都在网站的主页，链接的方式常为图片链接或文字链接，可以放在网页的左下方、右下方或底部的位置。友情链接是网站宣传的一个有效方式，在选择友情链接的合作网站时需考虑多方面因素，才能发挥它最大的作用。

实现原理：在后台管理界面添加友情链接，将链接信息保存到数据库中，前台展示页面通过查询后台数据库，得到链接的地址、链接的标题、网站的 logo 图片等信息，以超级链接的形式实现友情链接。

4.4.4 电子商务网站测试与推广

1. 电子商务网站测试

电子商务网站建设的完成不表示网站建设的结束，随后还需要对网站进行严格的测试，以保证我们所制作的网站能正常工作。电子商务网站测试就是在电子商务投入运行前，对电子商务网站各方面（如需求分析、设计规格说明、编码等）最终复审，这是电子商务质量保证的关键步骤。测试内容包括功能测试、性能测试、接口测试、可用性测试、兼容性测试及安全测试。具体测试内容见表4-2。

表4-2 网站测试内容

测试方面	具体内容	
功能测试	链接测试	所有链接是否按指示链接到了该链接的页面； 所链接的页面是否存在； 应用系统上是否有孤立的页面。
	表单测试	确保提交按钮能正常工作； 校验提交给服务器的信息的正确性。
	Cookies	Cookies 中保存了注册信息，确认该 Cookie 能否正常工作而且这些信息是否加密。
	数据库测试	使用数据库的 Web 应用系统，应测试可能发生的两种错误，分别是数据一致性错误和输出错误。 数据一致性错误主要是由于用户提交的表单信息不正确而造成的； 输出错误主要是由于网络速度或程序设计问题等引起的。
性能测试	连接速度	测试受连接速度过慢的影响，用户耐心等待的时间； 需要重新登录可能引起数据丢失。
	负荷测试	能否允许多少个用户同时在线； 能否处理大量用户对同一个页面的请求。
	压力测试	进行压力测试是指实际破坏一个 Web 应用系统，测试系统的反映：比如瞬间访问高峰、每个用户传送大量数据、长时间的使用等。
接口测试	服务器接口、外部接口、错误处理。	
可用性测试	导航测试	测试 Web 系统的页面结构；导航条、菜单、连接的风格是否一致；各种提示是否准确。
	内容测试	用来检验 Web 网站提供信息的正确性、准确性和相关性。
	图形测试	能否正确显示图片的大小和质量。
	整体界面测试	是对整个 Web 系统的页面结构设计的测试，是用户对系统的一个整体感受。
兼容性测试	平台测试、浏览器测试、打印测试。	
安全性测试	测试用户名和密码、是否有超时限制、相关信息是否写进日志、检查加密对信息的影响、检查脚本的漏洞。	

2. 电子商务网站的发布和推广

所谓网站发布就是利用工具软件将整个网站上传到互联网服务的过程。利用 DreamWeaver，FrontPage 或其他 FTP 软件可以将制作完成的网页上传到 Web 服务器中,然后在 Internet 上发布。但是,网站的建设并不是一劳永逸的事情,企业在不断发展,网站内容也在不断地更新,所以网站信息的发布是一项经常要做的工作。

网站建设完毕后,网站推广又是另一个重要的环节。电子商务网站推广是指采用一定的策略,尽可能多地让用户了解、访问网站,并通过网站获得有关产品和服务的信息,通过电子商务网站推广达到提高网站的访问量及扩大企业知名度的目的。电子商务网站推广一般有以下几种方式:搜索引擎推广、传统媒体推广、电子邮件推广、网络广告、交换链接等。

进行电子商务网站推广时要明确向谁推广、推广什么、在哪推广及何时推广等要素。并且要注意以下事项:不要发垃圾邮件、公司资料要翔实、配套服务要跟上、网址要突出及推广由专人负责。

4.4.5 电子商务网站管理与维护

随着电子商务网站数量的增加,电子商务网站的维护和管理也越来越受到重视。电子商务网站管理是指对网站输入与输出两个方向的信息流动(也就是从企业流出的和从企业外部流入的信息)的管理和监控,以保证企业的网上业务处理能安全顺利地进行,并确保整个网站内容的完整性和一致性,从而为企业电子商务的运作提供良好的服务。

1. 电子商务网站管理的作用

电子商务网站管理的作用主要体现在以下几个方面:

(1) 网站的维护和管理使得在数量爆炸的网站海洋中始终吸引住客户的注意力;

(2) 从事电子商务竞争的企业将表现为网站经营的竞争,这就需要网站从内容到形式不断地变化;

(3) 通过网站不断地维护,使得网站适应变化的形势,更好地体现出企业文化、企业风格、企业形象及企业的营销策略;

(4) 管理完善的网站会成为沟通企业和用户最为重要的渠道;

(5) 良好的管理可以提高网站的运营质量,降低网站运营成本,并最终使企业的投资得到回报,实现网站建设的初衷。

2. 电子商务网站管理的内容

电子商务网站管理包括很多方面的内容,一般来说,其管理活动包括数据管理、人员管理、功能管理及电子商务网站的其他管理。

1) 数据管理

在企业的网站系统中,数据是最重要的,这是因为:数据是通过相当的时间积累的,这种积累可能长达数年;数据是通过有限的渠道采集所得;数据是在一个不可重现的特定环境下形成;数据代表一个原始的特征。

电子商务网站的数据管理包括数据的备份、数据的修复与清除。

(1) 数据备份

数据备份是保护网站数据完整的必要手段,常用的数据备份手段有镜像备份、导出备份及拷贝复制。

① 镜像备份

网站镜像就是网站的复制版本。因为网站是由很多网页组成的,将其中的一部分网页按原来的结构复制出来，就是一份镜像。

镜像文件是一个独立的文件，和其他文件不同，它是由多个文件通过刻录软件或者镜像文件制作工具制作而成的。镜像文件的应用范围比较广泛，最常见的应用就是数据备份（如软盘和光盘）。

② 导出备份

一般情况下，对程序数据和应用软件的数据，软件的自身设计决定其数据形式的特殊性和关联性。程序自身提供了“导出”形式备份，其备份数据保留了规定的数据格式，在备份时须选定此方法备份。这样在数据恢复时才能得以恢复。

③ 拷贝复制

通过拷贝形式复制与恢复，这种形式适用于较通用的数据格式，备份恢复方法简单，已经被大多数人所熟悉，在这里不做介绍。只是在备份时应考虑数据量，选择适当的备份介质，便于数据恢复。

（2）数据恢复与清除

在备份源出现故障时，通过备份档案管理员很容易查到所需恢复的数据备份，这时，往往备份的数据已经很多，有些与进程有关的数据会重复备份，这时应当按照要求选择所需恢复数据的程序进行恢复，避免所恢复的系统和数据不能保证系统正常运转。

一般情况下，采取了什么样的备份手段就通过什么手段恢复。但是，有些备份的数据手段不能保证在恢复时系统可正常恢复。具体恢复参见备份手段。

数据清除实际上是对所保管的存储数据介质的处理，数据清除决定于保管时效，保管时效一般没有严格的要求。但是，计算结果数据和数据库基础数据有着准确日期和时间特征，备份这些数据不只是为了防止数据故障，而是要记录历史，记录在一个特定日期、特定时间的数据。因此这类数据一般应保存相当长的时间。

2）人员管理

（1）电子商务网站人员类型分析

电子商务网站人员包括网络系统最高管理人员、系统安全审核与监督人员、账号与权限管理人员、服务器开启（运行）与停止人员、专门系统（服务器）功能控制人员、软件开发与维护人员、软件应用人员及访问者。

（2）电子商务网站人员权限分析

① 浏览：只能列出（看一看）指定的文件名或目录，以及子目录，但不能对文件实现包括“运行”在内的任何处理，同时不能对目录进行任何处理。

② 阅读与运行：用户在指定目录下读数据，如果该文件是应用程序即可运行该文件。

③ 创建与运行：用户在指定目录下创建目录、创建文件，但不能运行该目录下的文件。

④ 修改控制：用户对子目录及所包含的文件修改、删除，具备该权限的用户也具备前边提到的几个权限。

（3）权限控制

① 账号和密码

这是一个传统的方法。每一个计算机用户在进入计算机网络系统或进入专门服务器时，均要求使用用户名和密码。用户名是进入计算机软件系统的唯一标识名，实际是一组不显示出来的数据。每一个系统对用户名和密码的使用都有严格的使用策略。例如，密码长度、密码所使用符号、密码设置的权限（由用户本人设置或管理员设置）、密码有效时间等。

② 位置限制

在网络系统及网站中，由各种人员完成各处的工作。有的工作涉及系统，有的涉及专门服务器，这些工作由放置在办公所在地的计算机系统及网站完成。完成这些工作的人员不允许随意地改变办公地点和使用的计算机，因此对相应的用户应限制其使用的计算机，即使用的某个用户账号必须在指定的计算机进入计算机网络系统及网站才能完成相应的工作。通过这种手段的控制，可以根据用户账号所完成的工作性质做相应的管理，更好地解决系统安全问题。

③ 资源路径

运行应用软件目录：需将应用软件保存在一个指定目录，同时分别设置用户的使用权限，这样在用户要运行软件时，用户必须拥有调用这些软件的权限，即软件保存目录是允许该用户执行相应操作的。这样便于对用户权限的统一管理。同一个用户在软件所在目录和数据保存目录的权限是不同的。

用户数据调用与保存目录：每一个用户账号进入计算机后都应有他保存数据或处理数据的指定目录，这些目录提供给该用户使用，目录下的文件由用户自行管理。

④ 时间控制

时间控制就是在指定的日期时间，用户进入计算机网络系统及网站。这样能更有效地管理网络系统及网站。

3）功能管理

电子商务网站的功能管理包括文件管理、网站内容管理、综合管理及安全管理4个方面。

（1）文件管理

文件管理是指对构成网站资源的文件应用层进行的文件管理，以及支持企业与客户之间数据信息往来的文件传输系统和电子邮件系统的管理。电子商务网站的资源由服务器端的一个个网页代码文件和其他各类资源文件组成。一般来说，文件管理包括：网站文件的组织、网站数据备份、网站数据恢复和网站垃圾文件处理等。

（2）网站内容管理

内容管理系统 CMS（Content Management System）是一种位于 Web 前端（Web 服务器）和后端办公系统或流程（内容创作、编辑）之间的软件系统。网站内容管理网站是网站管理的核心。

内容管理系统是把一个网站的内容（文字、图片等等）与网站的组件分离开来，可以将各个页面连接到一起控制页面的显示。通过这个系统，可以方便地管理、发布、维护网站的内容，而不再需要硬性地写 HTML 代码或手工建立每一个页面。隐藏在内容管理系统之后的基本思想是分离内容的管理和设计。页面设计存储在模板里，而内容存储在数据库或独立的文件中。当一个用户请求页面时，各部分联合生成一个标准的 HTML 页面。

网站内容管理可以分为客户信息管理(如客户基本信息、客户反馈信息)、在线购物管理(如购物车管理、订单信息管理)、产品信息管理(如增删、修改产品信息、灵活搜索与定位、产品类别管理、新闻发布管理、图片管理、附件管理等)。

(3) 综合管理

综合管理是指除文件管理、网站内容管理之外,对网站提供的个性化服务等方面的管理,包括邮件、论坛、留言板、数据分析与统计及个性化等方面的管理。

(4) 安全管理

电子商务网站的安全是电子商务可靠运行并有效开展商务活动的基础和保证,也是消除客户安全顾虑、扩大网站客户群的重要手段。安全管理贯穿在以上3个层次的管理之中。一般的,网站安全管理主要分析网站安全威胁的来源,并采取相应的防范措施。同时,网络安全必须与其他的计算机安全技术结合起来,如网络安全、信息系统安全等。

4) 电子商务网站的其他管理

电子商务网站的管理除以上数据管理、人员管理、功能管理外,还包括设备管理(验收、编写操作手册、测试运转情况及维护)、服务器维护(服务器的安放位置、启动与关闭、系统升级、故障记录与处理等)、电源管理(防静电、接地保护等)等。

第5章　电子支付与网上银行

5.1　电子支付概述

5.1.1　支付系统的概念

1. 支付概念

支付是一方为获得某项权益(如所有权、使用权、雇佣权、受服务权等)而向另一方付出等价货币的行为。在货币产生之前的原始社会,以物易物的商品交换行为是一种原始的商品交换行为,是商品经济阶段的初级结算方式。随着商品经济的发展,人们交易的范围和数量不断扩大,货币产生并成为结算的主要手段。后来支付手段变得更加丰富,包括现金、支票、汇票、托收承兑、委托收付、信用卡、信用证等。

2. 支付系统的概念

支付系统是指由提供支付服务的中介机构、管理货币转移的法规和实现支付的技术手段共同组成的,用来清偿经济活动参与者在获取实物资产或金融资产时所承担债务的一种特定方式与安排。根据中央银行与商业银行的职能,社会的支付系统划分为两个层次的系统:

(1) 下层系统是商业银行面对广大银行客户,为社会提供支付服务的金融服务系统,它是银行与客户联系的窗口,是金融服务和管理信息的原点,是商业银行与客户之间的资金往来和结算系统。

(2) 上层系统是中央银行为商业银行提供支付清算服务,并通过服务贯彻中央银行宏观货币政策、维护金融稳定、繁荣市场,对国民经济实施宏观调控的系统,它是完成专业银行之间支付,以及中央银行与专业银行之间支付活动的最终资金清算与结算的系统。

5.1.2　电子支付的概念及支付工具

1. 电子支付的概念

电子支付(electronic payment)也称电子支付与结算,是指电子交易的参与方(包括买方、卖方、金融机构和电子支付工具发行方等)使用安全的信息化手段,通过网络进行的货币支付或流通。电子支付保障了电子商务过程中的资金流,是电子商务高效实施的基本条件。

2. 电子支付工具

电子支付工具很多,可分为3大类:电子货币类,如电子现金、电子钱包等;支付卡类,如信用卡、智能卡、借记卡、电话卡等;电子支票类,如电子支票、电子汇款(EFT)、电子结账等。

5.1.3 电子支付系统

电子支付系统的发展方向兼容多种支付工具。由于各种支付工具存在较大差异,各有特点和运作模式,所以适用于不同的交易过程。当前的多种电子支付系统通常是只针对某一种支付工具而设计的。Mondex 系统、First Virtual 系统和 FSTC 系统是目前主要使用的几种电子支付系统。电子支付系统分为大额支付系统、脱机小额支付系统和联机小额支付系统。

1. 大额支付系统

主要处理银行间大额资金转账。通常支付的发起方和接收方都是商业银行或在中央银行开设账户的金融机构。大额系统是一个国家支付体系的核心应用系统,通常由中央银行运行,处理贷记转账。

2. 脱机小额支付系统(亦称批量电子支付系统)

主要指 ACH(自动清算所),以处理预先授权的定期贷记(如发放工资)或定期借记(如公共设施缴费)为主。支付数据以磁介质或数据通信方式提交清算所。

3. 联机小额支付系统

指 POSEFT 和 ATM 系统,其支付工具为银行卡(信用卡、借记卡或 ATM 卡、电子现金等),主要特点是金额小、业务量大,交易资金采用净额结算(但 POSEFT 和 ATM 中需要对支付实时授信)。

5.1.4 电子支付新形式

在通信技术及计算机网络技术日渐成熟的环境下,随着支付平台的改变,电子支付又出现了 3 种新的形式:

(1) 网上支付。网上支付主要出现在电子商务交易过程中,买卖双方通过 Internet 进行电子资金的转账,从而实现商品或服务的支付与结算。目前日趋成熟的电子支付技术极大地促进了网上交易的发展。

(2) 电话支付。电话支付是电子支付的一种线下实现形式,指消费者使用电话(固定电话、小灵通)或其他类似电话的终端设备,通过银行系统就能从个人银行账户里直接完成付款的方式。

(3) 移动支付。移动支付是使用移动设备通过无线方式对一些商品或服务进行支付的一种新型电子支付方式。例如,近几年出现的微信支付,是由腾讯公司旗下知名移动社交通信软件微信及第三方支付平台财付通联合推出的移动支付创新产品。移动支付所使用的移动终端可以是手机、PDA、移动 PC 等。

5.1.5 电子支付的特点

与传统支付方式相比,电子支付具有以下 4 个特征:

(1) 货币形式不同。电子支付都是采用数字化的方式来完成款项支付;传统支付方式则是通过现金、票据及银行汇兑等实体货币的流转来完成款项支付。

(2) 工作环境不同。电子支付的工作环境是基于 Internet 等开放性的通信网络环境;传统支付则是在较为封闭的系统中运作。

(3) 通信手段不同。电子支付使用的是互联网、外联网、内联网、无线网等通信手段，因此对软、硬件设施的要求很高，一般要求有联网的微机、相关的软件及其他一些配套设施；传统支付使用的则是传统的通信媒介，对软、硬件设备要求不高。

（4）电子支付具有方便、快捷、高效、经济的优势。用户只要拥有一台能上网的PC机，便可足不出户，在很短的时间内完成整个支付过程。支付费用仅相当于传统支付的几十分之一，甚至几百分之一。

5.2 电子商务的网上支付系统

5.2.1 电子商务网上支付概念

1. 网上支付的概念

网上支付（Net payment 或 Internet payment）是电子支付研究在电子商务中的具体应用。网上支付由网上支付模式和网上支付技术支持组成，它以金融电子化专用网络为基础，依靠现行金融支付结算体系的技术支持，以商用电子化工具和各类网上支付工具为媒介，采用现代计算机技术和通信技术作为手段，通过计算机网络系统，以电子信息传递形式来实现电子商务中资金流的在线安全支付。

2. 电子商务网上支付系统

电子商务网上支付系统是由支付活动主体（商家、客户、银行或其他金融机构）、计算机网络系统（Internet、金融专用网络）、网上支付工具、安全控制机制等组成。例如B2C型电子商务网上支付模式，就是集消费者购物流程、支付与结算工具、安全技术、认证系统技术（如公钥基础设施、认证中心等）、信用体系、相关电子商务法律及现行的金融体系为一体的综合大系统。

5.2.2 电子商务网上支付的层次结构

电子商务网上支付包括3个层次，如图5-1所示：最底层是银行提供的网上支付结算清算系统技术的支持，如央行的资金清算系统（如果是跨国交易那就需要国际清算系统参与）、各商业银行的电子汇兑系统等；中间层是一个商业银行提供的下层支付服务系统（即网上支付服务系统）；最高层是在前面两个层次上应用的各类网上支付工具。

网上支付工具 （网上个人支付、电子钱包、电子现金、电子支票、微支付、移动支付）
网上支付服务系统
网上支付结算清算系统 （央行的资金清算系统、商业银行的电子汇兑系统）

图5-1 电子商务网上支付的层次结构

网上支付工具包括：网上个人支付、电子钱包、电子现金、电子支票、微支付与移动支付等；网上支付结算清算系统包括央行的资金清算系统、商业银行的电子汇兑系统。电子商务网上支付系统3个层次的关系为：前台是电子商务中各类网上支付工具的应用，中间是银行结算，后台底层是支付系统与银行间的清算，这就是电子商务支付的基本原理。

5.2.3 电子商务网上支付的基本原理

基于互联网的电子交易支付系统由客户、商家、认证中心、支付网关、客户银行、商家银行和金融专用网络 7 个部分组成。其中,支付网关(payment gateway)是指完成银行网络和 Internet 之间的通信协议转换和进行数据加解密,保护银行内部网络安全的一组服务器。在这里以 B2C 型电子商务网上支付为例,支付原理结构如图 5-2 所示。

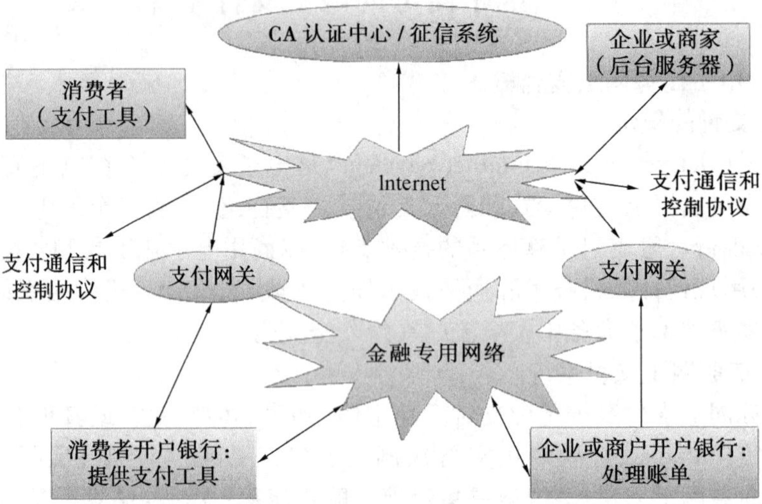

图 5-2 B2C 型电子商务网络支付原理结构图

不管 B2B 还是 B2C 的交易模式,网上支付业务的参与主体除了交易双方之外,通常还应该有电子商务平台、第三方支付中介机构和商业银行。电子商务平台有两类,一类只提供网上交易信息,给买家和卖家提供一个场所;另一类同时也是卖家,直接向买家提供商品服务和配送服务。第三方非银行支付中介的主要功能是连接买卖双方、电子商务平台和银行,起到一个桥梁作用,最终实现网上交易的资金划拨。这样的组织又可以分为两大类:一类是电子商务平台本身充当支付平台,这个支付平台的建立只是为了该电子商务平台自身使用,支付平台直接和银行网关相连;另一类是专门从事网上支付业务的机构,不直接隶属于任何一家电子商务公司,可以为不同电子商务平台提供网上支付。在这种模式下,这类支付中介服务组织大多数为交易双方开立账户,商业银行也是通过它们建立支付网关,网上支付指令通过银行网关最终进入它的后台处理系统,进行最终的资金处理。

从今后比较长的一段时间来看,整个网上支付过程中非银行支付中介所从事的这些支付业务最终还是要经过银行网关,通过银行完成。当然也有两种比较特殊的情况:一种是银联的方式,类似于把银行卡收单业务放到网上做;另一种是当第三方支付平台为交易双方开户以后,可以直接通过账户之间完成交易,这种交易实际上也不是通过银行完成。

5.2.4 网上支付模式的分类

按支付原理、支付工具、支付通信控制协议、支付信息传递路径和支付时间等方面的不同,将网上支付模式分为以下几类。

（1）按照支付原理不同，可以将支付模式分为4种：第1种是银行网关的模式，电子商务平台链接到银行网银系统，这种模式下面买卖双方只涉及电子商务企业和银行，网上交易实际上是直接进入银行的网银系统处理的，电子商务平台只跟银行签约；第2种模式是第三方支付平台模式，电子商务平台先链接到第三方支付平台，支付平台再和银行链接；第3种模式是银联的模式；第4种模式是支付平台内部的交易模式，这种交易模式实际上是封闭的，为买卖双方提供了账户服务，通过内部的账户就可以完成这种交易。

（2）按照消费者使用的支付工具不同，可以将支付模式分为：基于信用卡的网上支付模式、基于智能卡的网上支付模式、基于电子钱包的网上支付模式、基于电子现金的网上支付模式及基于个人网络银行的网上支付模式。所有这些支付工具都可以归为基于账号的支付和基于代币的支付这两类。对B2C型电子商务网上支付而言，基于账号的网上支付可分为电子信用卡支付、个人电子支票等，基于代币的网上支付又称为电子现金或数字现金。

（3）按照网上支付的安全通信与控制模式不同，可以将支付模式分为：基于SSL的网上支付模式、基于SET的网上支付模式及基于改进SSL的支付协议（Visa的3D-Secure标准和Master Card的Secure Code标准）网上支付模式。

（4）按照支付信息传递路径的不同，可以将支付模式分为：间接支付模式（消费者将支付信息传给商家，商家再将支付信息传给银行支付处理网络）、直接支付模式（消费者在银行网址发出支付指令，银行再将支付结果发给商家）和基于第三方（非银行）支付模式（消费者和商家间的支付业务由第三方支付公司来完成，这是目前发展最为迅速的支付模式，例如eBay的PayPal，中国易趣网的安付通和淘宝网的支付宝等）。

（5）按照消费者实际付款的时间不同，可以将支付模式分为：提前支付模式（如预付费卡、游戏充值卡）、延期支付模式和立即支付模式。

（6）考虑到不同类型电子商务的实力、资金流通量大小、支付结算习惯等因素，按照开展电子商务实体性质的不同把当前的网上电子支付分为两类：B2C型网上电子支付方式和B2B型网上电子支付方式。B2C型网上电子支付方式是用于企业与个人、政府与个人、个人与个人进行网上支付的一种方式，比如信用卡网上支付、IC卡网上支付、电子现金支付、电子钱包支付及个人网络银行支付等。这些方式适用于金额不是很大的网上交易支付结算，应用起来较为方便灵活，风险也相对较低。B2B型网上电子支付方式是用于企业与企业、企业与政府进行单位网络交易时采用网络支付的方式，比如电子支票网络支付、电子汇兑系统、国际电子支付系统SWIFT与CHIPS、中国国家现代化支付系统、金融EDI及最新的企业网络银行服务等。这些方式通常适用于较大金额的网络交易支付结算。

5.3 网上支付工具

5.3.1 支付卡

支持电子支付的银行卡种类很多，常用的有信用卡、贷记卡和智能卡。

1. 信用卡

信用卡是银行或金融公司发行的，授权持卡人在指定的商店或场所进行记账消费的信用凭证。发卡机构一般会给予持有者一定的信用额度，持卡人可以预支现金，也可以在信用限额内购买商品。持卡人与银行间的清算通常有两种方式：一种是由持卡人根据自己的资金情况自由选择清算时间，但未按期结算的借贷部分需要承担较高的利息；另一种清算方式则要求每月必须结清。

2. 贷记卡

与信用卡相对应的另一种银行卡是贷记卡（借记卡），它要求用户预先将资金存入银行卡中才能消费，不允许透支。在电子支付中，信用卡与贷记卡的支付流程除清算方式不同外其他基本相似。

3. 智能卡

智能卡（smart card，简称 IC 卡）是包含一个嵌入式芯片的电子卡（见图 5-3），能够对卡上的信息进行增加、删除或其他操作，可用在交易处理、认证和授权上。芯片记录数据以一种加密形式保存，使用时需要“刷卡”并输入个人身份识别码（personal identification number，简称 PIN）验证身份，因此相比一般信用卡，需要安全口令才能操作。刷卡工作是在智能卡支付系统提供的专用读卡配套设备上完成的，它采用系统内部识别的特殊交换密钥开启智能卡账号完成货币资金的划拨与支付。

智能卡主要有两大类。第一类为接触式智能卡，需要插入读卡机内。读卡机接收到智能卡信息后可将存储在芯片中的数据读出，并可根据消费情况对数据进行修改，“一卡通”基本上都是使用这类智能卡。另一类是非接触式 IC 卡，也就是通常所说的射频卡，由 IC 芯片、感应天线组成，封装在一个标准的 PVC 卡片内，将射频卡和 IC 卡技术结合起来，解决了无源和免接触的难题。这类卡和 IC 卡设备无电路接触，通过非接触的读写技术进行读写（如光或无线技术），其内嵌芯片除了 CPU、逻辑单元、存储单元外，还增加了射频收发电路，主要用于要求处理速度快捷或不方便插入的场合，如应用于公交卡、门禁、会议签到、产品标识、物流追踪等。

(a) 接触式智能卡

(b) 非接触式智能卡

图 5-3 智能卡

5.3.2 电子现金

1. 电子现金的概念

电子现金（E-cash）又称为数字现金，是一种以数据形式流通的、能被客户接受的、通过网上购买商品或者服务时使用的货币（图 5-4）。它把现金数值转换成为一系列经过加密的序列数，通过电子方式将序数表示为现实金额的币值。电子零钱或电子硬币本质上也属于电子现金范畴，它特指价值数额微小的电子现金。

电子现金是一种储值型的支付工具，使用时与纸质现金类似，多用于小额支付，可实现脱机处理。按载体划分，电子现金包括两类：一类是币值存储在 IC 卡上；另一类则是以数据文件的形式存储在计算机的硬盘上。

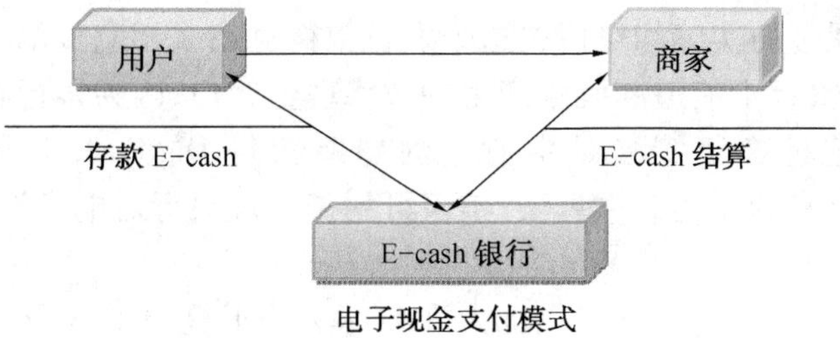

图 5-4　电子现金支付模式

2. 电子现金的属性

（1）货币价值。数字现金必须有一定的现金、银行授权的信用或银行证明的现金支票进行支持，不能存在任何不兼容性问题。

（2）可交换性。数字现金可以与纸币、商品/服务、网上信用卡、银行账户、支票等进行互换。

（3）可存储性。可存储性允许用户将数字现金存储在一个计算机的外存、IC 卡，或者其他更易于传输的标准或特殊用途的设备中。由于在计算机上产生或存储伪造现金非常容易，因此最好将现金存入一个不可修改的专用设备。

（4）重复性。必须防止数字现金的复制和重复使用。因为买方可能用同一个数字现金在不同国家、地区的网上商店同时购物，这就造成数字现金的重复使用。一般的数字现金系统会进行事后检测和惩罚。

3. 电子现金的制作过程

电子现金是由荷兰的 David Chaum 在 1982 年最先开发出来的，它已经基本形成了一套可行的电子现金制作与应用体系，目前实际应用中的电子现金大多遵循这个体系。电子现金有着较为严格的制作程序，并且充分利用数字签名等尖端安全技术，以保证电子现金的防伪与可靠。

电子现金的制作过程相当于客户从银行购买或兑换电子现金的过程：

（1）客户在发行电子现金的银行建立资金账户，存储一定的现金，并领取相应的客户端电子现金应用软件；

（2）客户在自己的计算机上安装电子现金应用软件，利用此软件产生一个原始数字代币及其原始序列号 X；

（3）客户端借助软件将原始序列号 X 与另一个随机数（隐藏系数）相乘，得到一个新的序列号 Y，与原始数字代币一起发送到发行银行；

（4）银行收到客户传来的相关信息后，只可以看见这个新序列号 Y 与数字代币的联合体，银行用其签名私钥对其进行数字签名，认可申请人的电子现金价值，并从客户资金账号中扣去对应资金金额；

（5）银行将经过数字签名的新序列号 Y 与数字代币的联合体回送客户；

（6）客户收到后再用隐藏系数分解新序列号 Y，变换出这个数字代币的原始序列号 X，这时收到的经过签名的数字代币与原始序列号 X 联合体就是产生的一定价值的电子现金。客户可把这个电子现金存在硬盘上或 IC 卡中或电子钱包中以备使用。

上述步骤可以一次产生多个电子现金，即批量操作。任何收到这些带有发行银行数字签名的电子现金的实体均可以去这个发行银行兑换成相应货币。采用这种产生机制的一个特点是:银行不能追溯到刚产生的数字现金客户,因为银行看不到电子现金的原始序列号 X。这种隐蔽签名是由荷兰阿姆斯特丹 DigiCash 公司的创始人 David Chaum 发明的具有专利权的数学算法,不仅可用来实现银行对电子现金的认证,而且允许电子现金的匿名。

然而,这种完全匿名的电子现金也为许多不法分子提供了方便。合理的电子现金系统应该是不完全或条件匿名的。为此,Stadler 等人提出了公平盲签名,Camenisch 等人和 Frankel 等人分别独立地首次提出了公平的离线电子现金的概念。它们应用于条件匿名的支付系统,可以被第三方撤销,从而防止利用电子现金的完全匿名性进行的犯罪活动。

电子现金的产生可能还有其他一些方式。例如,直接在发行银行产生电子现金(带有发行银行的数字签名)后,应客户要求兑换存入客户在银行开设的电子现金资金账号上,客户通过特殊的电子现金终端软件从这个账号中把电子现金取出,然后下载到自己的计算机上。

4. 电子现金的实际解决方案

在电子现金市场,提供解决方案的公司有以下几个:

(1) IBM 公司。IBM 的 Mini-pay 系统提供了一种 E-cash 模式。该产品使用 RSA 公共密钥数字签名,交易各方的身份认证是通过证书来完成的,电子货币的证书当天有效。该产品主要用于网上的小额交易。

(2) DigiCash 公司。DigiCash 的产品名为 E-cash,它提供了一种无条件匿名 E-cash 模式的系统。主要特点是通过数字记录现金,集中控制和管理现金,是一种足够安全的系统。使用该系统发布 E-cash 的银行有十多家。在使用 E-cash 时,买方和卖方必须在发放 E-cash 的银行建立一个账户。银行向他们提供"Purse"软件,用于管理和传送 E-cash。然后,资金被从常规账户输入 Purse 软件上,并在被支出以前存储在买方的内置硬盘上。

(3) CyberCash 公司。CyberCash 可提供用于小额数字现金事务的服务。在资金传输方面,CyberCash 与 DigiCash 相似,资金被从常规银行账户上传输给 CyberCoin 钱夹,然后,买方就能用这些钱进行各种事务处理。与 CyberCash 提供的信用卡服务不同,CyberCash 的费用必须由商家来支付。DigiCash 的 E-cash 和 DigiCash 的 CyebrCoin 都能帮助商家在处理事务时盈利。但数字现金也有麻烦,与信用卡相比,只有极少的地方接收数字现金。

(4) Netcash 公司。Netcash 是可记录的、匿名的数字现金支付系统。其主要特点是设置分级货币服务器来验证和管理数字现金,比较安全。

(5) Modex 公司。Modex 是欧洲使用的,以智能卡为电子钱包的数字现金系统。可以应用于多种用途,具有信息存储、电子钱包、安全密码锁等功能,安全可靠。

5. 电子现金的特点

电子现金具有现金的特点:采用匿名性,可以存、取、转让,适用于小的交易量。电子现金也存在一些不足,主要表现为:

(1) 成本较高,电子现金对于硬件和软件的技术要求都较高,需要一个大型的数据库存储用户完成的交易和 E-cash 序列号以防止重复消费。目前只有少数商家接受电子现金，提供电子现金服务的银行也不多。

(2) 电子现金支付流程复杂。一些早期的电子现金系统，如 DigiCash 和 First Virtual 等，实际上已经不再提供这种电子现金服务。

(3) 存在货币兑换问题，由于电子货币仍以传统货币体系为基础，一些国家只发行与本国币种等同的电子现金。这样的风险较大，如果某个用户的存储设备损坏导致电子现金丢失，电子现金就无法恢复。

(4) 电子伪钞的出现，使发行人和客户要付出不能承受的代价。

6. 电子现金应用的安全性问题

数字现金系统特有的安全性要求，如可传递性、匿名性、不可追踪性等，为犯罪分子提供了便利，从而给电子商务带来极大的威胁。例如：因为数字现金可轻易被复制，以至于复制的数字现金可以不留任何痕迹；用户假冒他人，在未经他人同意的条件下，支取他人数字现金中的款项；用户将某一非法组织的非法贸易资金通过数字现金的方式转移到自己的账户，即洗钱；用户利用数字现金的匿名性进行非法购买；用户利用数字现金的可传递而不被跟踪的特点行贿受贿；犯罪分子蒙骗或迫使银行执行数字现金的提款协议，即盗窃银行；犯罪分子利用数字现金中的匿名性而偷税漏税等。

要解决这样的问题，可以在一定程度上牺牲其中一些特性，例如满足匿名性的同时，要具有一定程度上的可追踪性，即一方面仍然对合法的用户的隐私加以保护，另一方面，在某种条件下，银行可将用户的提款记录或存款记录提交给委托人，委托人根据自己的密钥解密提交的信息，从而将用户的提款信息和存款信息联系起来，以实现对支付的跟踪。但现在这些方法都不是很完善，有些是正在研究的科研课题。

5.3.3 电子支票

1. 电子支票的概念

电子支票(E-check)是数字化支票，是利用数字传递将资金从一个账户转移到另一个账户的电子付款形式(图 5-5)。它与传统支票所包含的信息、具有的功能均相同，只不过是以数字签名代替手工签名，以数字认证来验证付款者、付款银行和银行账号等信息。

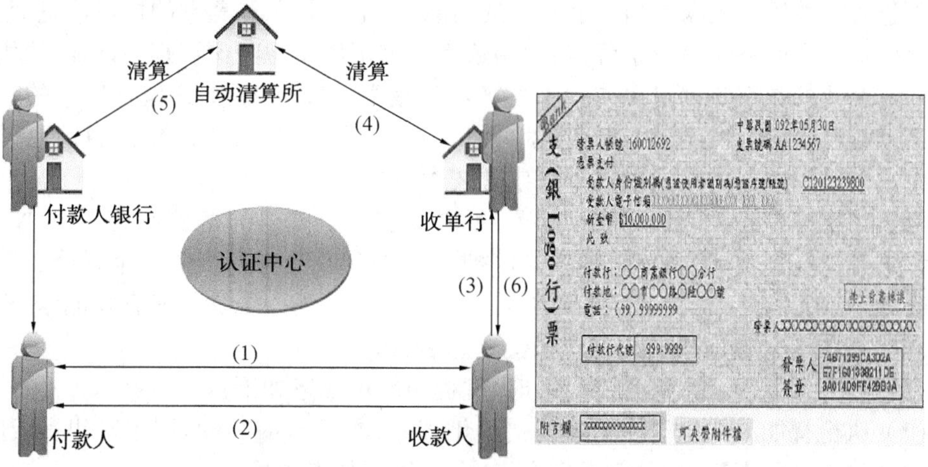

图 5-5 电子支票支付流程

电子支票的支付是在与商户及银行相连的网络上以密码方式传递的，电子支票可以使支票的支付业务和全部处理过程电子化、信息化。使用方先将电子支票发送给接受方，接受方即时查询支票签发资信记录，在确认支票合法有效后，再将支票送往接受方开户银行进行电子支票承兑。相较于传统支票，因电子支票必须要接受方签字确认后才能被银行处理而更加安全。

2. 电子支票的优点

电子支票借鉴纸质支票转移支付的优点，它是利用数字传递将资金从一个账户转移到另一个账户的电子付款形式，多使用公用关键字加密签名或个人身份识别码(PIN)代替手写签名。用电子支票支付，事务处理费用较低，而且银行也能为参与电子商务的商户提供标准化的资金信息，可能是最有效率的支付手段。其优点如下：

(1) 电子支票可为新型的在线服务提供便利：它支持新的结算流；可以自动证实交易各方的数字签名；增强每个交易环节上的安全性。

(2) 电子支票保留了纸质支票的基本特征和灵活性，又加强了纸质支票的功能，因而易于理解，能得到迅速采用。

(3) 电子支票非常适合小额结算。电子支票的加密技术使其比基于非对称的系统更容易处理。收款人和收款人银行、付款人银行能够用公钥证书证明支票的真实性。

(4) 电子支票可为企业市场经济活动提供服务，企业运用电子支票结算可以降低成本；由于支票内容可附在贸易伙伴的汇款信息上，电子支票可以方便地与 EDI 应用集成，实现结算业务的自动化。

(5) 电子支票要求建立准备金，而准备金是商务活动的一项重要要求。第三方账户服务器可以向买方或卖方收取交易费来盈利，它也能够起到银行作用，提供存款账户并从中盈利。

3. 电子支票的技术解决方案

电子支票在国际上主要使用金融服务标识语言(financial services markup language，简称 FSML)书写。用 FSML 书写的电子支票包含所有普通纸质支票中所具有的全部信息，包括手写的、打印的、印刷的甚至利用磁条和条形码所代表的信息。另外，电子支票中还可包含一些纸质支票中所不能包含的信息，如电子订单和票据的接口信息等。

使用电子支票系统有以下优点：使用数字证书可以实现身份识别与认证；使用客户方个人与企业的数字签名可以取代手写签名和签章，实现电子支票包含信息的完整性和不可抵赖性；使用公开密钥加密技术可以实现支票信息的保密性等。目前电子支票系统中签名私钥的保护是通过电子支票簿技术实现的。

电子支票簿是一种硬件和软件装置，可以实现电子支票的密钥生成、存取控制、签名和背书等最基本功能，具体来说就是保护电子支票中签名私钥的安全系统。它具有防篡改的特点，并且不容易遭到来自网络的攻击。常见的电子支票簿有智能卡、PC 卡、PDA 等。智能卡是目前最常用的电子支票簿装置。

以智能卡式电子支票簿为例，其产生过程一般可描述如下：

(1) 执行智能卡式电子支票簿的初始化程序，激活卡内芯片，调用密钥生成程序，生成加密和签名的密钥对，私钥保存在卡内，公钥可从卡内导出；

(2) 发行电子支票与相应智能卡的银行对支票账号、智能卡信息及持卡人进行登记；

(3) 用户的公钥能以安全的方式从卡中导出发送给银行 CA，银行 CA 把公钥、一定的支票账号和持卡人(即用户)进行映射；

(4) 银行 CA 验证所有的账户信息和公钥后，给作为电子支票簿的智能卡发放一张用银行私钥签名的带银行公钥的数字证书；

(5) 软件系统确认银行颁发的数字证书的完整性，把证书及一些账户信息(如支票账号、支票限制信息等)存入智能卡内；

(6) 借助软、硬件系统生成智能卡式电子支票簿，并在卡面上打印银行的标识、持卡人姓名、识别码等；

(7) 随机生成初始 PIN(个人身份识别码)，安装到智能卡芯片中；

(8) 把与电子支票对应的智能卡式电子支票簿和被覆盖的 PIN 发给电子支票用户。用户收到后在己方安装对应的软、硬件，就可以应用智能卡式电子支票簿了。

4. 电子支票的应用

电子支票的支付一般通过专用网络、设备、软件及一套完整的用户识别、标准报文、数据验证等规范化协议完成数据传输，从而控制安全性。电子支票支付遵循金融服务技术联盟提交的 BIP 标准。典型的电子支票系统有 NetCheque，NetBill，E-check 等。

电子支票支付发展的主要问题是今后如何逐步过渡到公共互联网络上进行传输。目前的电子资金转账或网上银行服务方式，是将传统的银行转账应用到公共网络上进行的资金转账。一般在专用网络上应用具有成熟的模式(例如 SWIFT 系统)，公共网络上的电子资金转账仍在实验之中。目前大约 80% 的电子商务仍属于贸易上的转账业务。

1996 年，美国通过的《改进债务偿还方式法》成为推动电子支票在美国应用的一个重要因素。1998 年 1 月 1 日，美国国防部与由银行和技术销售商组成的旨在促进电子支票技术发展的金融服务技术财团，通过美国财政部的财政管理服务支付了一张电子支票以显示系统的安全性。CheckFree 公司处理了 8 500 万宗电子交易，总额达 150 亿美元。目前，只有美国银行支持的支票才能在 Internet 上被接受，因为在线检验需要依赖美国的支票兑现基础设施。尽管电子支票大大节省了交易处理费用，但是人们仍持谨慎的态度。电子支票的普及还需要一个过程。

目前，中国人民银行和各商业银行已建立起全国范围内的支付结算、资金清算体系。如何有效利用现有网络资源来实现电子支票的各项功能，减少硬件设备投入、软件开发等一系列费用，已成为我国金融科技界正在探索的重大课题。

5.3.4 电子钱包

电子钱包(E-wallet)是电子商务活动中网上购物顾客常用的一种电子支付工具，是在小额购物或购买小商品时常用的新式钱包。最近，电子钱包一直是全世界各国开展电子商务活动中的热门话题，也是实现全球电子化交易和 Internet 交易的一种重要工具，全球已有很多国家正在建立电子钱包系统以便取代现金交易的模式，目前，我国也正在开发和研制电子钱包服务系统。

1. 电子钱包的概念

电子钱包是一个客户用来进行安全网络交易特别是安全网络支付并且储存交易记

录的特殊计算机软件或硬件设备，就像生活中随身携带的钱包一样，能够装入个人身份信息、电子现金、电子零钱、安全零钱、电子信用卡、在线货币、数字货币和数字现金等。它的本质是装载电子货币的"电子容器"，可将支付信息集成在一个数据结构里，以备调用，需要时能方便地辅助客户取出其中电子货币进行支付。

电子钱包本身可能是个特殊的计算机软件，也可能是个特殊的硬件装置。当其形式上是软件时，电子钱包常常表现为电子钱包软件（如 Microsoft Wallet）；当其形式上是硬件时，电子钱包常常表现为一张储值的卡，即智能卡（以 IC 卡形式出现，更加安全）。

2. 电子钱包的功能

电子钱包具有如下功能：

(1) 电子安全证书的管理。包括电子安全证书的申请、存储、删除等。

(2) 安全电子交易。进行 SET 交易时辨认用户的身份并发送交易信息。

(3) 交易记录的保存。保存每一笔交易记录以备日后查询；持卡人在进行网上购物时，卡户信息（如账号和到期日期）及支付指令可以通过电子钱包软件进行加密传送和有效性验证。电子钱包能够在 Microsoft，Netscape 等公司的浏览器软件上运行。持卡人要在 Internet 上进行符合 SET 标准的安全电子交易，必须按照符合 SET 标准的电子钱包。

(4) 商户站点的链接。电子钱包内设众多商户站点链接，用户可通过链接直接登录商户站点进行购物。

3. 电子钱包的组成体系

电子钱包的组成体系包括商家和银行支持的电子钱包服务系统及客户端电子钱包软件。

1) 电子钱包服务系统

网上购物使用电子钱包时，需要在电子钱包服务系统中进行。电子商务活动中的电子钱包软件通常都是免费提供的。用户可以直接使用与自己银行账号相连接的电子商务系统服务器上的电子钱包软件，也可以通过各种保密方式利用因特网上的电子钱包软件。

世界上有 VisaCash，Mondex，Proton 等电子钱包服务系统。① VisaCash 电子钱包服务系统主要与信用卡配合使用，其电子钱包卡有 3 种存在方式，即一次性 VisaCash 电子钱包卡，可充值的专用 VisaCash 电子钱包卡，和作为一个电子钱包应用与其他应用共存于同一张银行卡上的形式存在。② Mondex 电子钱包服务系统主要与电子现金配合使用，它方便地实现了资金在一张 Mondex 电子钱包卡和另外一张 Mondex 电子钱包卡之间的划拨。③ Proton 电子钱包服务系统最初由比利时全国的支付系统运营商 Banksys 研发，它与 Mondex 电子钱包最大的区别是每笔交易都可追踪审计，目前已有 4 000 万张 Proton 电子钱包卡在流通中。目前在欧洲，Proton 是使用最广泛的电子钱包。这些体系的共同特点是与智能卡应用紧密配合，不光可以应用在 Internet 上，也可以应用在传统金融专用网络的支付结算中。

2) 电子钱包管理器

在电子商务服务系统中设有电子货币和电子钱包的功能管理模块，叫作电子钱包管理器（Wallet Administration），顾客可以用它来改变保密口令或保密方式，用它来查看自己银行账号上的收付往来的电子货币账目、清单和数据。电子商务服务系统中还有电子交易记录器，顾客通过查询记录器，可以了解自己都买了什么物品，购买了多少，也可以把查询结果打印出来。

3）客户端电子钱包软件

电子商务活动中的客户端电子钱包软件通常是免费提供的。著名的客户端电子钱包软件包括 Microsoft 的 Microsoft Wallet，IBM 的 Consumer Wallet 和 Cyber Cash 的 Internet Wallet。这些电子钱包软件通常设计为浏览器的 Plug-In 软件，加载在浏览器上。如 Microsoft Wallet，是以 ActiveX 固件的方式内置在 IE 浏览器中，它分为两个组件：一个是客户的个人地址信息管理组件，可让客户填写姓名、联系电话及送货地址等信息；另一个是付款信息管理组件，可填写有关电子货币等付款信息。Microsoft Wallet 主要采取支持 SET 的协议交易，它可以支持的电子货币主要有信用卡、电子现金、电子支票等。

5.4 网上银行

5.4.1 网上银行的概念

网上银行（Internet bank or E-bank）包含两个层次的含义：一个是机构概念，指通过信息网络开办业务的银行；另一个是业务概念，指银行通过信息网络提供的金融服务，包括传统银行业务和因信息技术应用带来的新兴业务。在日常生活和工作中，我们提及网上银行，更多是第二层次的概念，即网上银行服务的概念。

网上银行又称网络银行、在线银行，是指银行利用 Internet 技术，通过 Internet 向客户提供开户、销户、查询、对账、行内转账、跨行转账、信贷、网上证券、投资理财等传统服务项目，使客户足不出户就能够安全便捷地管理活期和定期存款、支票、信用卡及个人投资等。可以说，网上银行是在 Internet 上的虚拟银行柜台。

5.4.2 网上银行的类型

网上银行发展的模式有两种。一种是完全依赖于互联网的无形的电子银行，也叫"虚拟银行"。所谓虚拟银行就是指没有实际的物理柜台作为支持的网上银行，这种网上银行一般只有一个办公地址，没有分支机构，也没有营业网点，采用国际互联网等高科技服务手段与客户建立密切的联系，提供全方位的金融服务。以美国安全第一网上银行为例，它成立于 1995 年 10 月，是在美国成立的第一家无营业网点的虚拟网上银行，它的营业厅就是网页画面，当时银行的员工只有 19 人，主要的工作就是对网络的维护和管理。另一种网上银行是在现有的传统银行的基础上，利用互联网开展传统的银行业务交易服务，即传统银行利用互联网作为新的服务手段为客户提供在线服务，这实际上是传统银行服务在互联网上的延伸，是目前网上银行存在的主要形式，也是绝大多数商业银行采取的网上银行服务模式。事实上，我国还没有出现真正意义上的虚拟网上银行，国内现在的网上银行基本都属于第二种模式。

5.4.3 网上银行的功能

一般说来网上银行的业务品种主要包括以下几种：

（1）基本网上银行业务。商业银行提供的基本网上银行服务包括：在线查询账户余额、交易记录、下载数据、转账和网上支付等。

(2) 网上投资。由于金融服务市场发达,可以投资的金融产品种类众多,国外的网上银行一般提供包括股票、期权、共同基金投资和 CDs(大额可转让定期存款)买卖等多种金融产品服务。

(3) 网上购物。商业银行的网上银行设立的网上购物协助服务,大大方便了客户网上购物,为客户在相同的服务品种上提供了优质的金融服务或相关的信息服务,加强了商业银行在传统竞争领域的竞争优势。

(4) 个人理财助理。个人理财助理是国外网上银行重点发展的一个服务品种。各大银行将传统银行业务中的理财助理转移到网上进行,通过网络为客户提供理财的各种解决方案,提供咨询建议,或者提供金融服务技术的援助,从而极大地扩大了商业银行的服务范围,并降低了相关的服务成本。

(5) 企业银行。企业银行服务是网上银行服务中最重要的部分之一,其服务品种比个人客户的服务品种更多,也更为复杂,对相关技术的要求也更高。企业银行服务一般提供账户余额查询、交易记录查询、总账户与分账户管理、转账、在线支付各种费用、透支保护、储蓄账户与支票账户资金自动划拨、商业信用卡、投资服务等服务。部分网上银行还为企业提供网上贷款业务。

除了银行服务外,大型商业银行的网上银行均通过自身或与其他金融服务网站联合的方式,为客户提供多种金融服务产品,如保险、抵押和按揭等,以扩大网上银行的服务范围。

5.5 网上支付的模式与流程

5.5.1 基于信用卡的网上支付流程

信用卡网上支付模式包括无安全措施的信用卡支付模式、基于第三方的信用卡支付模式、基于 SET 协议的信用卡支付模式、基于 SSL 协议的信用卡支付模式、基于改进 SSL 的信用卡支付模式(3D-secure 标准和 Secure Code 标准)。

1. 基于第三方的信用卡网上支付模式与流程

这种基于第三方的信用卡网上支付模式有两种:一种是由银行直接充当第三方,这在我国表现为各商业银行的网络银行服务所通过信用卡账号进行网上交易的注册账号,这里对其不展开说明;另一种就是基于可信任第三方(非银行)的信用卡支付模式,其交易流程一般如图 5-6 所示。

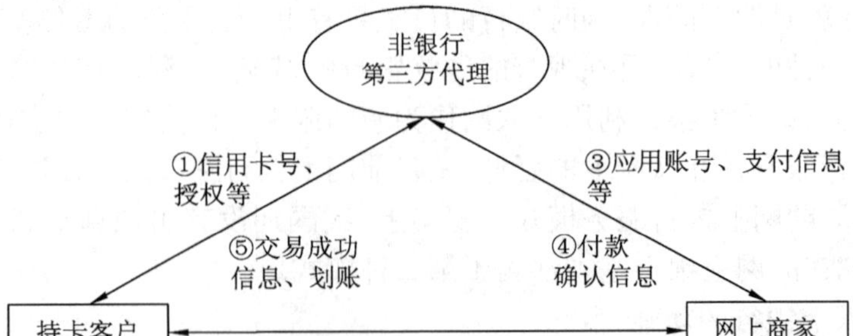

图 5-6 基于第三方代理机构的信用卡支付的支付流程示意图

(1) 持卡客户(即买方)以在线或离线方式在第三方代理机构处登记信用卡号和注册一个相应的应用账号,由代理人持有买方的信用卡号和账号;

(2) 持卡客户上网用该应用账号从网上商家处进行在线订货,且把应用账号传送给商家;

(3) 商家将持卡客户传送来的应用账号、交易资金、支付条款等信息以离线或在线方式提供给第三方代理机构核实,第三方代理机构验证应用账号信息后,经与持卡客户协商,得到持卡客户确认,再将确认信息返回给商家;

(4) 商家在收到第三方代理机构的确认信息后,接收持卡客户的购货订单,然后给持卡客户和第三方发出交易确认通知;

(5) 第三方代理机构收到交易确认通知后,按支付条款要求办理资金转拨手续。

使用这种方式是通过双方都信任的第三方代理机构协助完成的,由于真正的信用卡信息不在开放的网络上多次传送,因此持卡客户没有信用卡信息被盗窃的风险,卖方也没有很高的受骗风险。这种方式对第三方代理机构的公正、信誉与操作规范有很高的要求,主要风险由第三方代理机构承担。著名的 CyberCash 公司和 FirstVirtual 公司都提供信用卡的第三方代理支付模式的服务,两种服务在具体业务上略有不同。

基于第三方支付公司的电子商务网上支付模式已经趋于成熟,如美国 eBay 的 PayPal 在 2005 年初已经有 6 400 万注册用户,PayPal 在中国 PayPal(贝宝)用户也在发展中;中国目前提供第三方支付服务公司有几十家,比较著名的有阿里巴巴、易趣和淘宝网的安付通和支付宝,YeePay,银联的 Chinapay 等。

2. 基于 SET 协议的信用卡网上支付模式与流程

SET 是实现在开放的网络(Internet 或公众多媒体网)上使用付款卡(信用卡、借记卡和取款卡等)支付的安全事务处理协议。它的实现不需要对现有的银行支付网络进行大改造。该协议的 1.0 版本于 1997 年 5 月 31 日发布。

SET 规定了电子支付系统各方购买和支付信息传送的流程。图 5-7 为 SET 协议结构流程图。

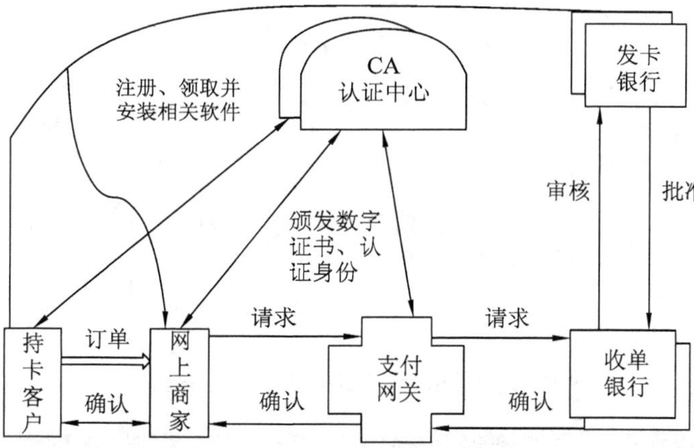

图 5-7 基于 SET 协议的信用卡网上支付流程

可见,电子支付系统的交易三方为:持卡人、商家和支付网关。交易流程为:

(1) 持卡人决定购买,向商家发出购买请求;

（2）商家返回同意支付等信息；

（3）持卡人验证商家身份，将订购信息和支付信息安全传送给商家，但支付信息对商家来说是不可见的（用银行公钥加密）；

（4）商家验证支付网关身份，把支付信息传给支付网关，要求验证持卡人的支付信息是否有效；

（5）支付网关验证商家身份，通过传统的银行网络到发卡行验证持卡人的支付信息是否有效，并把结果返回商家；

（6）商家返回信息给持卡人，送货；

（7）商家定期向支付网关发送要求支付信息，支付网关通知卡行划账，并把结果返回商家，交易结束。

安全电子交易使用的安全技术包括：加密（公开密钥加密、秘密密钥加密）、数字信封、数字签名、双重数字签名、认证等。它通过加密保证了数据的安全性，通过数字签名保证交易各方的身份认证和数据的完整性，通过使用明确的交互协议和消息格式保证了互操作性。由于它实现起来比较复杂，每次交易都需要经过多次加密、HASH 及数字签名，并且须在客户端安装专门的交易软件，因此现在使用该协议的电子支付系统并不多。目前中国银行的网上银行中的支付方式是基于 SET 协议的。

3. 基于 SSL 协议的信用卡网上支付模式与流程

SSL 提供了点对点的加密通道，实现了消费者与商家之间通过互联网安全传递信用卡信息，保证了数据通过公用网络传输过程中的保密性，其最大缺点是缺乏交易各方的认证机制和完备的防抵赖功能。基于 SSL 协议机制的信用卡网络支付流程如图 5-8 所示。

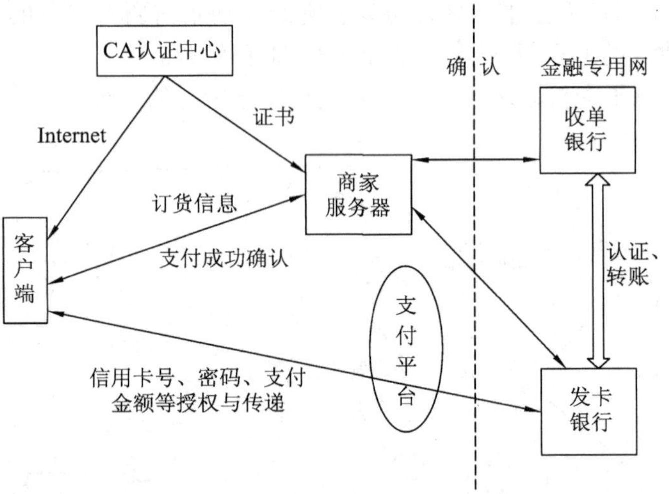

图 5-8　基于 SSL 协议的信用卡网络支付流程

（1）持卡客户在网上或直接到发卡银行进行信用卡注册，得到发卡银行的网络支付授权，下一次网络支付就不需要再注册了；

（2）持卡客户连接上网，在商家电子商务网站选择商品或服务，填写订货信息；

（3）持卡客户确认订货单的商品与资金金额信息，在选择付款方式时选择信用卡支付方式及信用卡类别；提交后，生成一个带有信用卡类别的订货单发往商家电子商务服务器；

(4) 商家服务器向持卡客户回复收到的订货单查询，但并不确认发货。商家服务器生成相应订单号，加上其他支付相关信息发往发卡银行（或借助第三方网络支付平台）；

(5) 在订货单提交后（或借助第三方网络支付平台），持卡客户机浏览器弹出新窗口页面，提示即将建立与发卡银行端网络服务器的安全连接，SSL 协议机制介入开始；

(6) 持卡客户端自动验证发卡银行端网络服务器的数字证书；

(7) 通过验证发卡银行端网络服务器的数字证书后，SSL 握手协议完成，意味着持卡客户端浏览器与发卡银行端网络服务器的安全连接通道已经建立，进入正式加密通信，浏览器下端状态栏出现一个“闭合锁”状标志，地址栏出现了 https 的标志，如图 5-9 所示；

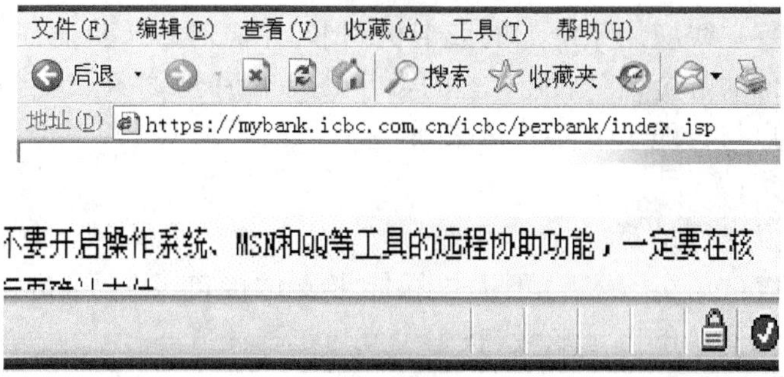

图 5-9 SSL 标志

(8) 出现相应发卡银行的支付页面，显示从商家发来的相应订单号及支付金额信息，持卡客户填入自己的信用卡号和支付密码，确认支付。这时还可取消支付，只不过原发给商家的订货单作废；

(9) 支付成功后，屏幕提示将离开安全的 SSL 连接。持卡客户确认离开后，持卡客户端与银行服务器的 SSL 连接结束，SSL 介入结束；

(10) 发卡银行在后台把相关资金转入商家资金账号，发送付款成功消息（如以 E-mail 方式发给商家）。商家收到银行发来的付款成功消息后，发送收款确认信息给持卡客户，承诺发货。持卡客户还可根据订货单在线查询，以及电话查询该订货单的执行情况。

5.5.2 基于智能卡的网上支付流程

根据获取智能卡信息的手段不同，可以分为带读卡器的智能卡网络支付模式和不带读卡器的智能卡网络支付模式。智能卡的在线支付模式和电子钱包（信用卡）的 SET 协议支付模式基本相同。使用这种模式进行网络支付时，客户需要购买一个专用的智能卡读卡器，安装连接在上网的客户计算机上，使其更加安全、保密和便捷。智能卡网上支付的流程如图 5-10 所示。

(1) 准备阶段：向发卡机构申请智能卡并充值（此时智能卡相当于一个电子钱包）；

(2) 启动装有读卡机的在线应用系统，如个人计算机、终端电话或其他专用系统；

(3) 进入消费系统，如访问商家网站或消费场所；

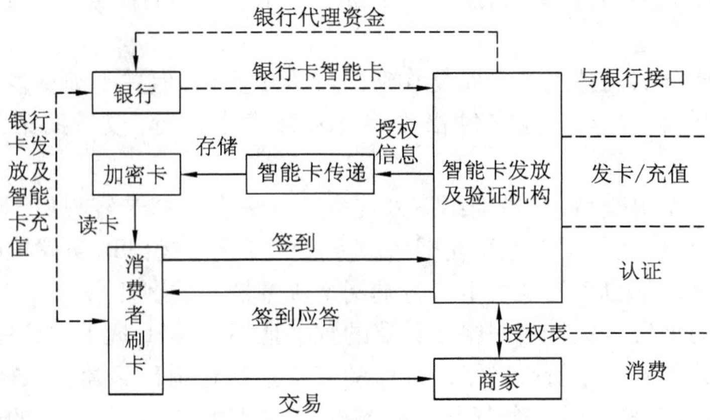

图 5-10　基于智能卡的网上支付流程

（4）通过安装在线应用系统上的读卡机刷卡，并输入 PIN 验证；

（5）输入支付的资金，将智能卡上的数字货币转移给商家（也可以进入银行系统实现个人银行账户与智能卡之间的转账）；

（6）商家发货；

（7）商家与发卡行结算。

如果消费系统（如网上商店）不提供智能卡支付接口，用户可进入发卡银行，刷卡并输入 PIN 和网上商店的电子账号，将整个支付过程完成。

5.5.3　基于电子钱包的网上支付流程

1. 电子钱包支付模式简介

电子钱包的网络支付模式，是在电子商务过程中客户利用电子钱包作为载体，选择其存放的电子货币（如信用卡、电子现金等），在 Internet 平台上实现即时、安全可靠的在线支付形式。在国外，电子钱包并不只限于在 Internet 平台上应用。在专用网络平台上，如利用 IC 卡等硬件电子钱包，也可以像普通信用卡一样在 POS 上进行消费。这种在公共网络平台 Internet 与专用网络平台上都能应用，安全性又较强的特点，是卡式电子钱包比较普及的重要原因。这里主要介绍基于 Internet 平台的电子钱包的支付与结算。

电子钱包的网络支付模式，主要遵循 SET 安全协议机制。基于 SET 协议机制的网络支付流程中运用了一系列先进的安全技术与手段，如私有与公开密钥加密法、数字摘要、数字信封、数字签名、双重签名等技术手段及数字证书等认证工具，因此说它是非常安全的，这也保证了电子钱包运用的安全性。利用电子钱包里的信用卡支付时是完全遵守 SET 机制的，流程严谨而复杂；而利用电子钱包里的电子现金支付时，除了验证双方的数字证书外，基本遵守电子现金的支付模式，电子钱包软件成了电子现金客户端软件，支付处理流程比较简单，无须银行的直接中介。所以两者在应用上还有些区别。

2. 电子钱包的支付流程

在 Internet 这样的公共网络平台上应用电子钱包进行网络支付时，需要参与各方（即客户、商家以及银行）安装相应的电子钱包服务软件，中间涉及第三方 CA 的认证与数字证书的颁发事务，以支持电子钱包整个流程上的安全可靠操作。利用信用卡的电子钱包的网上支付业务处理流程如图 5-11 所示。

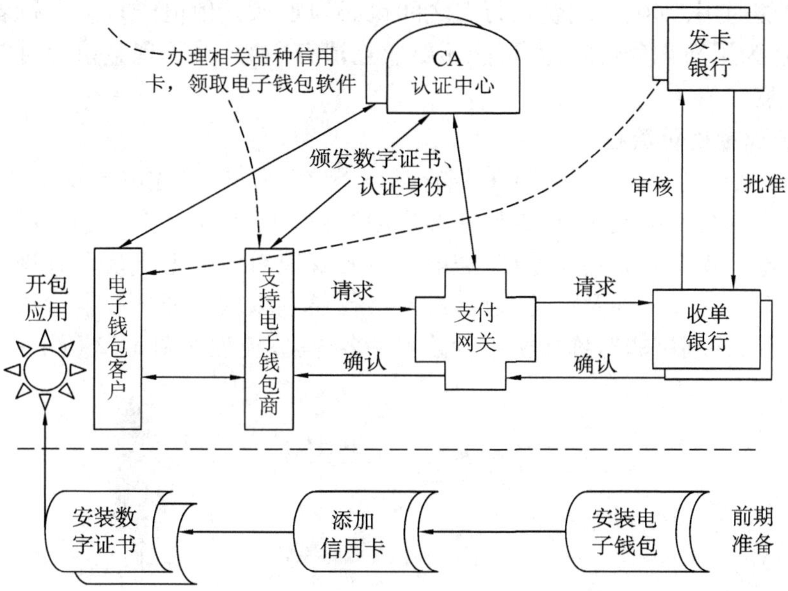

图 5-11　基于电子钱包的网上支付流程

(1) 客户使用浏览器在商家的 Web 主页上查看在线商品目录浏览商品,选择要购买的商品。

(2) 客户填写订单。

(3) 订单可通过电子化方式从商家传过来,或由客户的电子购物软件建立。

(4) 顾客确认后,选定用电子钱包付款。将电子钱包装入系统,单击电子钱包的相应图标,电子钱包立即打开,然后输入自己的保密口令,在确认是自己的电子钱包后,从中取出一张电子信用卡来付款。

(5) 电子商务服务器对此信用卡号码采用某种保密算法算好并加密后,发送到相应的银行,同时销售商店也收到了经过加密的购货账单并转送到服务器上。

(6) 如果经银行确认后拒绝并不予授权,说明顾客的这张电子信用卡上的钱数不够用,或已透支。顾客可单击电子钱包取出另一张信用卡,重复上述操作。

(7) 如果经银行证明这张信用卡有效并授权后,销售商可以交货。

5.5.4　基于电子现金的网上支付流程

1. 电子现金支付模式简介

电子现金使用的基本模式为电子现金发行者发行电子现金并供参与的实体使用,参与者可能是个人或商家,电子现金有发行者的电子签字,保证在电子现金发行者为主的架构系统中此电子现金的有效性。付款人在使用电子现金付款前需要事先向电子现金发行者购买电子现金,再以此购买商品;商家可保留此电子现金,在再向其他人购买时用以付款,也可向电子现金发行者换回实体的现金。

电子现金支付模式中最基本的参与者是付款人、收款人和电子现金发行者三方。电子现金发行者可能直接就是银行等金融单位,也可能是公正的第三方机构。如果是公正的第三方机构,则架构中必须再加入银行进行实体现金的交换,电子现金发行者也可能不止一个，若有多个电子现金发行者，也可能发行各自的电子现金。如果需要这些电子现金能够通用，则电子现金发行者之间也必须承认其他电子现金发行者发行的电子现金，最后为了简化分账问题，可能还要成立清算中心，电子现金系统可能发展到非常复杂的程度。

2. 电子现金支付流程

下面以一个电子现金发行者（非银行的发行者）为例，描述电子现金的支付流程。应用电子现金进行网络支付时，需要在客户端安装专门的电子现金客户端软件，在商家服务器安装电子现金服务器端软件，需要发行者安装对应的电子现金管理软件等。为了保证电子现金的安全性及可兑换性，发行银行还应该从认证中心申请数字证书以证实自己的身份，并利用非对称加密进行数字签名，具体流程如图 5-12 所示：

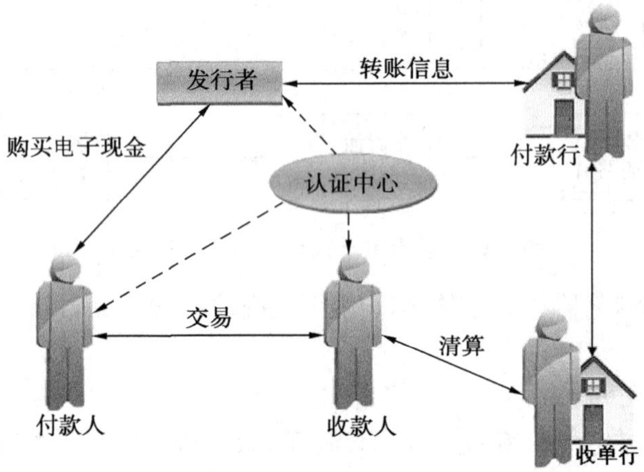

图 5-12　基于电子现金的网上支付流程

（1）预备工作。付款人、收款人（商家）、发行者都要在认证中心申请数字证书，并安装专用软件。付款人从发行者处开设电子现金账号，并用其他电子支付方式存入一定数量的资金（如使用银行转账或信用卡支付方式），利用客户端软件兑换一定数量的电子现金。接受电子现金付款的商家也要在发行者处注册，并签约收单行用于兑换电子现金。

（2）付款人与收款人达成购销协议，付款人验证收款人身份并确定对方能够接受相应的电子现金支付。

（3）付款人将订单与电子现金一起发给收款人。这些信息使用收款人的公开密钥加密，收款人使用自己的私钥解密。

（4）收款人收到电子现金后，可以要求发行者兑换成实体现金。发行者通过银行转账的方式将实体资金转到收单行，收款人与收单行清算。

3. 电子现金支付模式的优缺点

电子现金支付模式有以下优点：

（1）使用上与传统现金相似，比较方便和易于被接受；

（2）支付过程不必每次都经过银行网络（即离线支付），成本低，适合小额支付；

（3）可以匿名使用，使用过程具有不可追踪性；

(4) 安全性较高。充分利用了数字签名技术保证安全,防止伪造、抵赖。

电子现金支付模式存在以下缺点:

(1) 电子现金的支付属于"虚拟支付层"模式,真正的资金划拨还需要通过"实际支付过程"进行,例如使用转账的方式是从银行卡中划拨一定的资金购买电子现金;

(2) 电子现金支付的匿名性及不可追踪性使得电子现金的持有者一旦丢失相关资料,将无法报失;

(3) 需要安装额外的软件,对于付款人来说初期设置比较复杂。

5.5.5 基于电子支票的网上支付流程

1. 电子支票支付模式简介

电子支票的网络支付就是在互联网平台上利用电子支票完成商务活动中的资金支付与结算。电子支票支付使用方式模拟传统纸质支票应用于在线支付,可说是传统支票支付在网络的延伸。电子支票的签发、背书、交换及账户清算流程均与纸票相同,用数字签名背书,用数字证书来验证相关参与者身份,安全工作也由公开密钥加密来完成。除此之外,电子支票的收票人在收到支票时,即可查知开票人的账上余额及信用状况,避免退票风险,这是电子支票超越传统支票的优点。

电子支票通过互联网传送,收款银行收到电子支票后,通过自动清算所(automated clearing house,简称 ACH)网络来交换,这种银行体系和公众网络整合的做法,为银行及用户提供了类似实体支票处理机制的可行方案。电子支票支付模式按照参与银行的情况,可分为同行电子支票网络支付模式和异行电子支票网络支付模式两种,其中异行支付相对复杂一些。

2. 电子支票支付流程

此处以异行电子支票为例介绍电子支票的支付流程。异行电子支票由于涉及两个或多个银行,以及中间的用于银行间资金清算的自动清算所,所以流程较为复杂一些。一个完整的异行电子支票支付流程如图 5-13 所示。

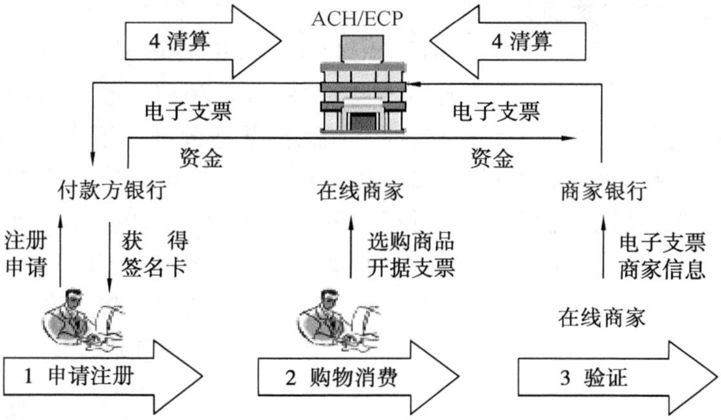

图 5-13 异行电子支票的网上支付流程

(1) 付款人(消费者)和收款人(商家)达成购销协议并选择用电子支票支付;

(2) 付款人利用自己的私钥对填写的电子支票进行数字签名后,通过网络发送给收款人,同时向银行发出付款通知单;

(3) 收款人通过认证中心对消费者提供的电子支票进行验证,验证无误后将电子支票送交收单行索付;

(4) 收单行把电子支票发送给自动清算所的资金清算系统,以兑换资金进行清算;

(5) 自动清算所向付款人的付款银行申请兑换支票,并把兑换的相应资金发送到收款人的收单行;

(6) 收单行向商家发出到款通知,资金入账。

电子支票与电子现金的系统架构类似,最大的不同是电子现金需要发行单位为其所发行的现金担保,因此电子现金发行单位在电子现金上的数字签名很重要;而电子支票的开票人(即付款人)要为其所开出的支票兑现做担保,因此付款人在电子支票上的数字签名很重要。

3. 电子支票模式的优缺点

电子支票支付模式有以下优点:

(1) 与传统支票类似,用户比较熟悉,易与接受,可广泛应用于 B2B 结算;

(2) 电子支票具有可追踪性,所以当使用者支票遗失或被冒用时可以停止付款并取消交易,风险较低;

(3) 通过应用数字证书、数字签名及各种加密/解密技术,提供比传统纸质支票中使用印章和手写签名更加安全可靠的防欺诈手段。加密的电子支票也使他们比电子现金更易于流通,买卖双方的银行只要用公开密钥确认电子支票即可,数字签名也可以被自动验证。

电子支票支付模式有以下缺点:

(1) 需要申请认证,安装证书和专用软件,使用较为复杂;

(2) 不适合小额支付及微支付;

(3) 电子支票通常需要使用专用网络进行传输。

5.5.6 合并账单支付模式

1. 合并账单支付模式简介

此模式主要的特性是将消费者的消费金额并入 ISP 账单或电话账单,属于此类的服务公司称之为 ICP,可能与 ISP 合作或本身就是 ISP。消费者在线购物的款项将加入上网费账单,每个月 ICP 再与 ISP 根据合同分账,因此在此模式下商家必须与 ISP 签订合同,而消费者必须是 ISP 的使用者,如果不是 ISP 的使用者,有些 ISP 提供消费者购买该 ISP 发行的虚拟预付卡(储值卡),消费者取得此卡号与密码,必须回到入口网站进行开卡手续,即可在所有已经与 ISP 合作的 ICP 进行消费。

合并账单支付模式在消费者购买游戏点卡、电影网站点卡等 ICP 服务中应用很广泛。这一类消费通常数额很小,消费者往往希望用最简单的方式进行支付,而忽略其安全性。

2. 合并账单模式支付流程

ISP 账单模式架构如图 5-14 所示。ICP 与 ISP 签订合同后 ICP 将商品通过 ISP 放在入口网站,消费者(付款人)通过 Internet 登录入口网站消费,数据由 ISP 记录,固定时间与 ICP 分账。ISP 实际收款方式,是以账单向付款人请款。

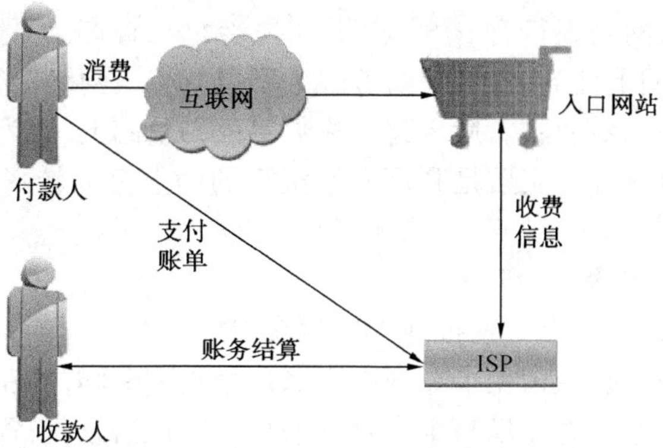

图 5-14　合并账单模式支付流程

此种付款方式的优点是付款人为原来 ISP 的用户，身份不需要再以其他方式鉴别，付款人的信用程度已有相当程度的认定，不易有不认账的情况发生。收款人因有 ISP 当第三者，可免除收费困扰。同时 ICP 提供的商品或服务也因有第三者存在而更能保证品质。以往商品特性往往被限制，实体的物品因有物流的问题而很少被利用，因此服务多为电子书、扫毒服务和电子数据下载等。但近几年来，ICP 提供的商品已包括实体物品，物流则由 ICP 负责，ISP 只负责资金流的部分。

3. 合并账单模式的优点

合并账单支付模式有以下优点：

(1) 支付方式非常方便，只需输入自己网络介入的用户名和密码即可；

(2) 合并账单模式是一种延迟付款的方式，因此付款人可先将该现金用于其他用途或得到消费额度最多一个月的利息收入；

(3) ICP 可对消费者缴费信用状况事先评估，对信用不佳者可拒绝提供服务。

5.5.7　个人网银的网上支付流程

1. 个人网银简介

图 5-15 为个人网银的页面。

图 5-15　个人网银

个人网银即个人网络银行，向个人提供开户、销户、查询、对账、行内转账、跨行转账、支付结算、信贷、网上证券、投资理财等服务项目。个人网络银行一般分为网上个人银行大众版和个人银行专业版。后者建立在数字证书基础上，因为功能更加强大、更加安全。个人网银支付流程的实质是利用网络银行的网上个人转账功能，完成网上支付过程。

2. 个人网银支付流程

以工行个人网银为例，个人网银网上支付流程如下：

(1) 在银行开设存折或信用卡账户得到账户号码和密码，并在账户上存钱。

(2) 开通个人网银。客户填写个人基本信息及账户信息，设置网银登录密码，认真阅读个人网上银行客户服务协议，提交注册信息，进入网银激活页面，激活个人网银。

(3) 安装安全控件、客户证书、银行认证书、证书驱动等，获得介质（U 盾）密码，这样就完成了个人网上银行的系统设置。

(4) 登录商家网站，浏览商家服务器中货物，确定订单，使用网银进行网络支付，产生支付页面。

(5) 借助个人网络银行系统的支持，进行安全网络支付。

目前个人网络银行的网络支付通常是结合信用卡账号进行的，特别是在我国，个人网银支付模式的实质还是信用卡网络支付。

5.5.8 企业网银的网上支付流程

1. 企业网银简介

图 5-16 为中国工商银行的企业网上银行页面。

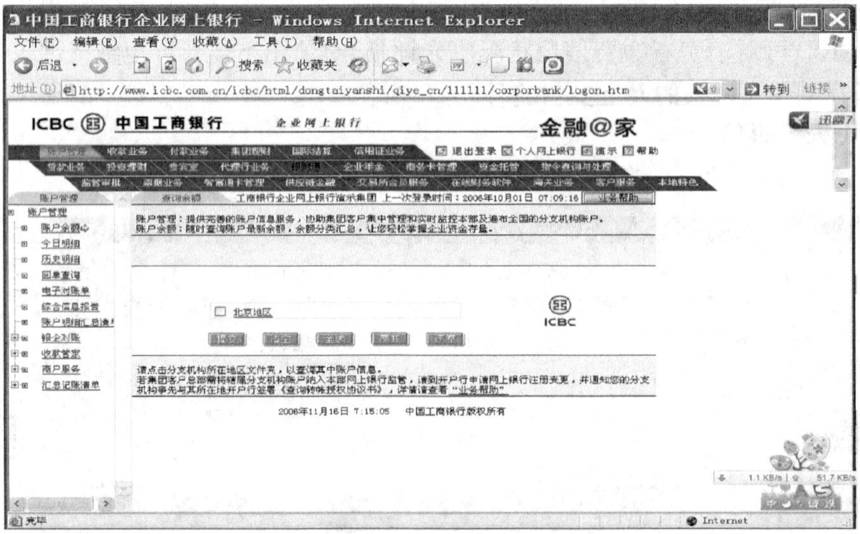

图 5-16 企业网银

企业网上银行是指通过互联网或专线网络，为企业客户提供账户查询、转账结算、在线支付等金融服务的渠道。根据功能、介质和服务对象的不同，企业网上银行可分为普及版、标准版和中小企业版。企业网上银行业务功能有基本功能和特定功能。基本功能包括账户管理、网上汇款、在线支付等；特定功能包括贵宾室、网上支付结算代理、网上收款、网上信用证、网上票据、账户高级管理等业务功能；另外，还开发了供应链金融等新型业务。

企业网络银行的网上支付模式与直接用个人网银专业版账号进行支付结算的过程比较相像，只是企业的网上支付通常涉及中大额的资金转移等问题，它采用的安全防护手段更多、更安全，而且涉及与银行后台的基于金融专用网的电子汇兑系统、行间结算系统等的配合使用。

企业网络银行在进行支付结算时，实质上在后台传递的也是支付的指令，体现为Web式支付表单和相关的付款通知表单，这与电子支票传递本质上是一样的。只是电子支票是在买方企业与卖方企业间直接传递，而网络银行支付表单则直接提交给买方开户银行，待买方开户银行确认真实有效后，可直接在后台利用电子汇兑系统或电子联行系统等进行相关资金转账处理。

在安全技术方面，企业网络银行在网上支付中一般要用到数字证书的验证，以及加密和解密、支付密码的使用等。有些网络银行为了保证数字证书及包含内容的安全，把这些客户账户有关的资料信息写入IC卡。

2. 企业网络银行的网上支付流程

企业网络银行的网上支付模式在客户前台是基于Internet平台的，它采用数字签名、数字证书等相关安全技术，以保证支付表单的真实性与有效性；该模式在银行后台则是基于金融专用网络的，类似电子汇兑系统的后台处理方式。企业网络银行的网上支付模式流程描述如图5-17所示。

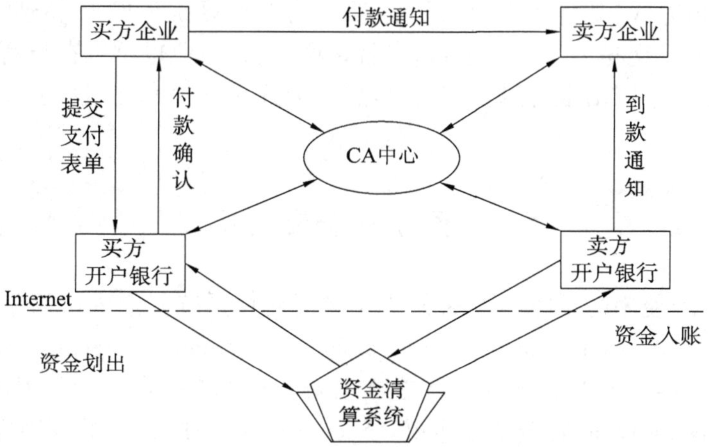

图5-17　企业网银网上支付模式流程

进入企业网络银行的网上支付模式流程前，买方首先需要完成网络银行服务的客户手续，配置企业网络银行客户端软件，安装数字证书，可能还需做企业内部财务软件数据接口配置等预备工作。网上支付时一般分成3个不同阶段，即买方的购买阶段、买方的支付阶段、银行后台清算兑付阶段。

1）买方的购买阶段

（1）买方借助网络访问卖方的服务器，浏览卖方服务器中推荐的货物，达成购买意向，签订电子合同，选择使用企业网络银行方式进行网上支付，产生支付页面。

(2) 系统自动启动企业网络银行的应用页面。

2) 买方的支付阶段

(1) 出现企业网络银行系统登录页面,选择相应的登录工具。

(2) 在登录窗口中输入企业的用户号和密码,进入企业网络银行支付表单页面。这时表单中已有买方支付账号及买方企业的相关信息,在表单中再填入卖方和支付的相关信息,如票据号、收方账号与名称、收方开户行、支付金额、支付期限等信息后,就可确认支付。确认支付的过程,就是把相应的支付表单借助相关安全手段安全提交给买方开户银行,同时给卖方发送一个付款通知。

3) 银行后台清算兑付阶段

(1) 买方开户银行(即企业网络银行)收到买方提交的支付表单后,通过 CA 中心对买方身份、支付表单内容的真实性与有效性进行认证,如果验证不能通过,则回送买方拒绝处理消息。

(2) 上述验证通过后,则买方开户银行向买方企业发出支付表单确认通知,利用后台的资金清算系统,向卖方开户银行的卖方资金账号划出相应资金金额。

(3) 卖方开户银行确认卖方资金账号按相应金额收到款后,向买方开户银行回送收款确认消息,同时向卖方企业发出到款通知。

(4) 买方开户银行收到卖方开户银行发来的收款确认消息后,向买方企业发出付款确认通知。整个网上支付流程结束。

B2B 网上支付的企业网络银行支付方式在支付结算时间上和一次支付金额上与 B2C 型网上支付方式(如信用卡、电子现金等)均有所区别。例如,企业网络银行的支付可与签订合同等交易环节分开进行,也就是说,买方企业也可以在与商家网站签订订货合同后,单独登录网络银行进行支付,也可以分几次支付完毕,这与 B2B 的商务特点是吻合的。

5.6 网上安全支付协议

目前,国内外使用的保障电子商务在线购买支付系统安全的协议包括 SSL(secure socket layer)和 SET(secure electronic transaction)、3D-Secure 和 Secure Code 安全认证协议等协议标准。鉴于 SSL 和 SET 协议在本书安全技术有关章节做了阐述,这里仅介绍 3D-Secure 和 Secure Code 安全认证协议。Secure Code 解决方案的许多方面,如身份验证、授权验证、通道安全、抵赖性与 Visa 3D-secure 相同,所以下面仅对 Visa 3D-secure 进行阐述。

5.6.1 3D-Secure 和 Secure Code 安全认证协议概述

3D-Secure 和 Secure Code 是国际信用卡组织提出的新一代全球通用支付标准。2001 年,VISA 和 MasterCard 都推出了自己的银行卡网上支付标准。VISA 推出的是 3D-Secure 标准(名称为 Verified by VISA),MasterCard 推出的是 UCAF 标准(名称为 Secure Code)。VISA 的 3D(Domain 域)标准是一个开放的标准,美国运通、大莱等机构都已经或准备采用此标准。

3D-Secure 基于 SSL 协议,其实质是可信第三方(TTP)的网上支付认证模式,在技术上它利用了SSL在加密传输和数据完整方面的特点,持卡人只需通过浏览器以用户名/密码方式进行认证。3D-Secure证书只用于发卡行和商家身份认证,持卡人不需操作个人证书,这样在保证交易安全的同时又弱化了数字证书给客户带来的不便。最初的3D-Secure协议对于发卡行和商家来说是一个前端方案,不需要改变后端系统,交易参与各方非常容易使用,是一个集合了SSL协议和SET协议优点的银行卡网上安全认证支付协议。

Secure Code适用于MasterCard和Maestro品牌的信用卡和借记卡。它利用了UCAF(universal cardholder authentication field,此隐藏域为持卡人的认证信息)域和SPA算法(secure payment application,基于发卡行的远程交易安全方法)。为了支持Visa的3D,它还提供了一种3D的认证方式,修改了3D的部分内容来兼容UCAF和SPA运算,但对3D的定义、消息、协议未做任何改变。

5.6.2 3D-Secure协议原理

1. 交易原理

3D-Secure包含3个不同的域,它是由B2C型电子商务网络支付一般模式的"4角模式"转变而来,这3个域是:

(1) 发卡方域(issuer domain)。由一般模式中的消费者(持卡人)和消费者的开户行(发卡行)这二角转变而来,即由持卡人(浏览器)和其发卡机构(ACS服务器,access control server,以及注册服务器ES,enrollment server)构成。

(2) 收单方域(acquirer domain)。由一般模式中的商家和商家的开户银行(收单行)这二角转变而来,即由商户(MPI插件,Merchant Plug-In)和其收单机构(验证服务器)构成。

(3) 中间操作域(interoperability domain)。由一般模式中的认证系统、支付网关等转变而来,即由目录服务器(directory server,简称DS)和验证历史服务器(authentication history server,简称AHS)构成,由Visa负责发卡行和收单行之间的验证信息交互。

2. 注册过程

在进行3D-Secure交易前,用户需要完成一个注册过程:

(1) 持卡人访问发卡机构的3D-Secure,登记网页;

(2) 持卡人提供信用卡的卡号、有效期和其他个人信息,以便登记网站进行核实。同时与发卡机构之间建立一个共享的秘密信息,如密码、个人私密问题等;

(3) 发卡机构对用户提供的信息进行验证,确认登记人是持卡人,并向持卡人返回一个3D密码。如果持卡人是智能卡,验证过程要确认持卡人在登记的同时确实拥有该智能卡;

(4) 发卡机构存储验证信息,并把信息提供给ACS。

至此,持卡人就可以利用3D支付进行网上购物了。在整个登记过程中,Visa并不参与。

3. 交易流程

有了3D密码,持卡人就可以利用3D-Secure进行网上支付了,基于改进3D-Secure的B2C型网络安全支付模式网上交易的实现过程如图5-18所示。

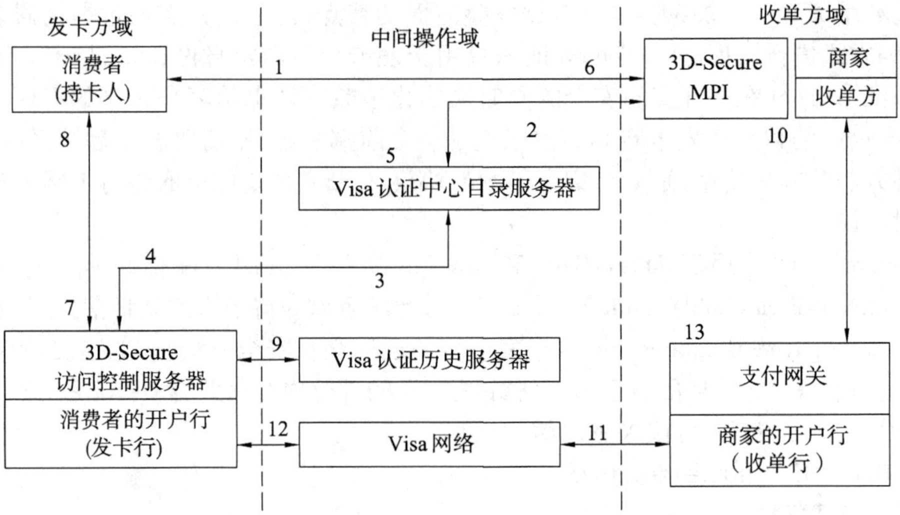

图 5-18　基于改进 3D-secure 的 B2C 型网络安全支付模式

(1) 消费者在商家页面完成订单并提交卡号码;

(2) 商家 MPI 被激活,并向 Visa 目录服务请求检验卡号码;

(3) Visa 向发卡行 ACS 检验卡号码是否加入 VbV(Verified by Visa,安全认证品牌)验证;

(4) 发卡行进行检验,并返回确认信息与发卡行服务器 URL;

(5) Visa 目录服务向商家 MPI 传递确认信息与 URL;

(6) 商家 MPI 通过消费者浏览器向发卡行服务器提出认证请求;

(7) 发卡行 ACS 利用自身提供的认证机制(如用户 ID/密码)验证消费者;

(8) 消费者应答验证要求;

(9) 认证结果通过消费者浏览器发送至商家 MPI,同时发送至 Visa 认证历史服务器;

(10) 商家服务器依照原有流程向收单机构支付网关发送授权请求;

(11) 收单机构支付网关通过 Visa 网络向发卡行发送授权请求;

(12) 发卡行通过 Visa 网络向收单机构发送授权信息;

(13) 收单机构支付网关向商家发送授权信息,商家执行后续购物流程。

3D-Secure 是一个基于 SSL 协议、重点解决安全认证的银行卡网上支付协议。它利用了 SSL 在加密传输和数据完整方面的特点,同时又弱化了数字证书给客户带来的不方便性,采用持卡人使用口令来进行身份认证的方法,保证了交易的安全。

4. 安全性分析

1) 身份验证分析

3D 将身份验证和授权分为两个阶段。持卡人在登记注册过程中,提交自己的银行卡信息,并获取 3D 密码。以后在进行网上支付时,持卡人将在身份验证页面内向发卡行提交 3D 密码。3D 密码就是标识该持卡人的身份信息,类似于传统交易中借记卡的密码或信用卡的签名。持卡人确认交易时,发卡银行将对持卡人进行身份确认,验证 3D 密码无误后,发卡行使用 CVV 计算方法计算出 CAVV 值,并通过持卡人传到商户、再从商户传到收单机构，收单行构造交易授权请求，并将 CAVV 置于授权请求内，再传回发卡行。发卡行利用收单行传来的交易数据并与传来的 CAVV 匹配，如一致，则发卡机构确认已经对持卡人进行了身份验证，并据此将授权响应传到收单行。

CAVV 值身份验证的优点：

(1) 支持多种措施验证

这种验证方式支持密码口令、数字证书、智能卡、移动设备、短消息等多种措施来进行相关领域 CHINA CREDIT CARD 验证。

(2) 使用 CAVV 值身份验证与授权安全性好

CAVV 值是对主账号加入交易序列号和一些认证状态值，然后进行 DES 运算和数学运算产生的结果。DES 的密钥由发卡行管理。由于 CAVV 值与持卡人账号有关联，加入了交易序列号等随机因素，并使用加密方法(发卡行掌握、不可仿冒)，因此它能够标识本次交易的持卡人身份，并作为证明发卡行对该用户已经认证的依据。

(3) 适用多种用户间的验证

商户与收单行、商户与目录服务、发卡行与目录服务器、发卡行与验证历史服务器等都可以使用数字证书来进行身份验证。

2) 数据传输的安全性与完整性

各个点对点的通信环节(除持卡人以外)都使用数字证书 + SSL/TLS，来保证通道加密和数据完整。

3) 抗抵赖性

3D 的交易不可否认性依赖于 Visa 的验证历史服务器。每一次交易，在发卡行向持卡人发送带有发卡行数字签名的验证响应信息的同时，发卡行都向验证历史服务器传输包含上述带发卡行签名的响应信息的一份拷贝，同时附上商户和持卡人的相关信息及有关本次交易的订单序列号、持卡人主账号等交易相关信息。这些信息历史记录作为证据，在持卡人抵赖交易时，Visa 作为第三方机构提供这些记录。

由于 3D-Secure 不强制要求持卡人使用数字证书，因此无法达到数字签名的严格的抗抵赖性。但是 Visa 作为除发卡行、商户和持卡人以外的第三方单位，它提供的历史记录也为交易纠纷提供了一定的不可否认的证据。

5.6.3 SSL, SET 与 3D-Secure 协议的比较

1. 功能方面比较

SSL 的功能特性是提供了两台机器间的安全连接。从电子商务特性来看，它并不具备商务性、服务性、协调性和集成性，原因是当初它并不是为支持电子商务而设计的，是后来为了克服其局限性才在原有基础上发展而来的。

SET 的功能特性是：位于应用层的 SET 规范了整个商务活动的流程和信息流走向，必须采用的加密、认证都制定了严密的标准，最大限度地保证了商务性、服务性、协调性和集成性。SET 详尽地反映了参与各方间存在的关系，还定义了加密信息的格式和传输信息的规则。

3D-Secure 功能特性是：透过网络联机，实时确保参与网络交易的持卡人与网络特约商店获得银行授权。3D 协议既有 SSL 简单易实现的优点，又有 SET 安全可靠的优点。不但满足了电子商务的需要，还针对移动商务在不同阶段的特点和要求给出相应

的解决方案。

2. 安全方面比较

SSL 中采用了公钥机制、数字摘要和 MAC 检测。SSL 可以提供信息机密性、完整性和一定程度的身份鉴别功能,但是,SSL 不能提供完备的防抵赖功能。

SET 协议的认证要求参与 SET 交易的成员都必须申请数字证书,进行多方认证,这样可以提高参与交易的各方防抵赖的能力。SET 协议独特的双重数字签名技术可以保证商家在接收到信用卡及订单信息后,不能窥视到信用卡的信息,银行也不能看到订单的信息。

3D 协议主要包括发卡银行、收单银行及 VISA 3 个方面。客户与商店进行在线交易时,不需要商店、收单银行、消费者、发卡银行及中间交易确认商等 5 方均遵循严格的规定,只需要消费者与往来发卡银行进行数据确认,商店与收单银行自行确认之后,收单银行再与发卡银行进行付款动作。VISA 为发卡银行和收单银行的中间桥梁,提供交易确认服务,如此,可以兼顾数据安全和数据便利性。

由于 SSL 与 SET 和 3D 的加密侧重点各不相同:SSL 对网上传输的所有信息都加密,速度较慢;而 SET 和 3D 对网上传输的信息进行的加密是有选择的,只对敏感性信息加密,而其他的信息用明文传输,这样不仅提高了系统效率,又确保了交易数据的安全。

3. 应用特点比较

SSL 对系统要求不高,所以基于 SSL 协议的支付系统要简单得多,处理速度比 SET 协议快,系统负载也相应要轻许多。

SET 协议复杂,对系统要求较高,处理速度慢,支付系统要求在银行网络、商家服务器和顾客的 PC 上都安装相应的软件,个人证书管理复杂,使用不便。

3D-Secure 协议使用方便快捷,有 3 个方面原因:(1) 它是一个前端方案,不需要改变后端系统,持卡人只需通过浏览器以用户名/密码方式进行认证而不需要安装额外软件;(2) 3D-Secure 基于证书,但只用于发卡行和商家,持卡人不需操作个人证书,商家对持卡人身份验证是通过持卡人实时输入的个人信息来实现,而持卡者不需要验证商家的身份,步骤简单;(3) 3D-Secure 支付流程中加入了大量消息的交换,提供了更轻巧的消息格式,以支持移动终端等低内存的设备。认证过程需要占用 10 ~ 15 秒的时间。

5.7 移动支付

移动支付也称手机支付,是指交易双方为了某种货物或者服务,以移动终端设备为载体,通过移动通信网络实现的商业交易。移动支付所使用的移动终端可以是手机、PDA、移动 PC 等。

1. 移动支付的分类

(1) 按交易金额分类

根据交易金额的大小,分为微支付和宏支付两类。

① 微支付:是指交易额少于 10 美元的支付行为,主要应用于游戏、视频内容等互联网虚拟产品的购买等。

② 宏支付：是指交易金额较大的支付行为，如在线购物或者近距离支付（微支付方式同样包括近距离支付，如交停车费等）。两者之间最大的区别在于对安全要求的级别不同。对于宏支付来说，通过金融机构进行交易鉴权是非常必要的；而对于微支付来说，使用移动网络本身的 SIM 卡鉴权机制就已足够。

（2）按获得商品的渠道分类

根据获得商品的渠道不同，分为移动服务支付、移动远程支付、移动现场支付 3 种。

① 移动服务支付：用户购买的是基于手机的内容或应用，如手机铃声、手机游戏等。应用服务的平台与支付费用的平台相同，即皆为手机，且以小额支付为主。

② 移动远程支付：远程支付有两种方式，一是支付渠道与购物渠道分开的方式，如通过有线上网购买商品或服务，而通过手机来支付费用；二是支付渠道与购物渠道相同，都通过手机，如通过手机来远程购买彩票等。

③ 移动现场支付：在购物现场选购商品或服务，通过手机或移动 POS 机等支付的方式。例如，在自动售货机处购买饮料、在报摊上买杂志，付停车费、加油费、过路费等。现场支付方式，一种是利用移动终端，通过移动通信网络与银行及商家进行通信，完成交易；另一种是只将手机作为 IC 卡的承载平台及与 POS 机的通信工具来完成交易。

（3）按接入方式分类

目前移动支付接入方式主要有 5 种：利用短信（STK）方式、利用语音 IVR（交互式语音应答）方式、利用 USSD 方式、使用 WAP 协议实现、利用 Web 方式。当前主要采用的是短信方式、语音方式和 Web 方式，其余两种则较少使用。随着移动支付技术的不断发展，USSD 方式将成为未来移动支付的主要接入方式。

（4）按业务模式分类

从业务模式看，移动支付可以分为手机代缴费、手机钱包、手机银行和手机信用平台等几类业务。

① 手机代缴费业务。代收费的额度较小且支付时间和额度固定，用户所缴纳的费用在移动通信费用的账单中统一结算。例如，个人用户的 E-mail 邮箱服务费代收。当前这种服务在手机支付服务中居首要地位。

② 手机钱包业务。这是综合了支付类业务的各种功能的一项全新服务，以银行账户为资金支持手段，手机为交易工具的业务。它将用户在银行的账户和用户的手机号码绑定，通过手机短信、IVR、WAP 等多种方式，用户可以对绑定账户进行操作，实现购物消费、转账、账户余额查询，并可通过短信等方式得到交易结果通知和账户变化通知。

③ 手机银行业务。由手机、GSM 短信中心和银行系统构成。在手机银行的操作过程中，用户通过 SIM 卡的菜单对银行发出指令后，SIM 卡根据用户指令生成规定格式的短信并加密，然后指示手机向 GSM 网络发出短信，GSM 短信系统收到短信后，按相应的应用或地址传给相应的银行系统，银行对短信进行预处理；再把指令转换成主机系统格式，银行主机处理用户的请求，并把结果返回给银行接口系统，接口系统将处理的结果转换成短信格式，短信中心将短信发给用户。

2. 常见的移动支付使用方法

（1）短信支付：是手机支付的最早应用。它将用户手机 SIM 卡与用户本人的银行卡账号建立一种一一对应的关系，用户通过发送短信的方式在系统短信指令的引导下完成交易支付请求。这种支付方式操作简单,可以随时随地进行交易,手机短信支付服务强调了移动缴费和消费。

(2) 扫码支付: 一种基于账户体系搭建起来的新一代无线支付方案。在该支付方案下,商家可把账号、商品价格等交易信息汇编成一个二维码,并印刷在各种报纸、杂志、广告、图书等载体上发布。用户通过手机客户端扫描二维码,便可实现与商家第三方支付账户的支付结算。最后,商家根据支付交易信息中的用户资料就可以进行商品配送,完成交易。同时,商家也可通过扫描客户移动端的付款码来收取货款,如图 5-19 所示。

图 5-19　扫码支付

(3) 指纹支付: 即指纹消费,采用目前已成熟的指纹系统进行消费认证,即顾客使用指纹注册成为指纹消费折扣联盟平台会员,通过指纹识别即可完成消费支付。

(4) 声波支付: 利用声波的传输,完成两个设备的近场识别。其具体过程是:在第三方支付产品的手机客户端里,内置有"声波支付"功能。当用户通过手机购买售货机里的商品时,用户打开此功能后,手机会播放一段超声波,听起来像是"咻咻咻",售货机听到这段声波之后就会自动处理,用户在自己手机上输入支付密码,售货机就会吐出商品。

5.8　第三方支付

1. 第三方支付的概念

所谓第三方支付,就是和多家银行签约、并具备一定实力和信誉保障的第三方独立机构提供的交易支持平台。在通过第三方支付平台的交易中,买方选购商品后,使用第三方平台提供的账户进行货款支付。由第三方通知卖家货款到达、进行发货,买方检验物品后,就可以通知第三方平台付款给卖家,第三方再将款项转至卖家账户。

2. 第三方支付的特点

(1) 操作便利

第三方支付平台提供一系列的应用接口程序,将多种银行卡支付方式整合到一个界面上,负责交易结算中与银行的对接,使网上购物更加快捷、便利。消费者和商家不需要在不同的银行开设不同的账户,可以帮助消费者降低网上购物的成本;帮助商家降低运营成本；帮助银行节省网管开发费用，并为银行带来一定的潜在利润。

（2）支付更加简化

较之SSL，SET等支付协议，利用第三方支付平台进行支付操作更加简单而易于接受。SSL是现在应用比较广泛的安全协议，在SSL中只需要验证商家的身份。SET协议是目前发展的基于信用卡支付系统的比较成熟的技术。但在SET中，各方的身份都需要通过CA进行认证，程序复杂，手续繁多，速度慢且实现成本高。有了第三方支付平台，商家和客户之间的交涉由第三方来完成，使网上交易变得更加简单。

（3）解决支付和信用双重问题

第三方支付平台本身依附于大型的门户网站，且以与其合作大银行的信用作为信用依托。因此第三方支付平台能够较好地突破网上交易中的信用问题，有利于推动电子商务的快速发展。

3. 第三方支付的主流产品

目前，国内的第三方支付产品主要有支付宝、财付通、银联商务、快钱等，如图5-20所示。根据艾瑞咨询发布的2016第三方支付数据报告：中国第三方互联网支付交易规模达到6.1万亿元。

排名	厂商
1	支付宝（中国）网络技术有限公司
2	财付通支付科技有限公司
3	网银在线（北京）科技有限公司
4	银联商务有限公司
5	快钱支付清算信息有限公司
6	上海银联电子支付服务有限公司
7	迅付信息科技有限公司
8	广州银联网络支付有限公司
9	北京银联商务有限公司
10	南京苏宁易付宝网络科技有限公司

图5-20　2017年第三方支付公司排名

4. 典型第三方支付工具——支付宝简介

支付宝是提供网上支付服务的第三方支付平台，于2003年10月在淘宝网推出，由阿里巴巴公司创办。支付宝一经推出，短时间内迅速成为使用极其广泛的网上安全支付工具，深受用户喜爱，引起业界高度关注，用户覆盖了整个C2C，B2C及B2B领域。

（1）交易规模：截至2014年年底，支付宝实名用户超过3亿，支付宝钱包活跃用户超过2.7亿.单日手机支付量超过4 500万笔，超过2013年“双十一”创造的单日手机支付4 518万笔的全球峰值纪录。2014年“双十一”全天，支付宝手机支付交易笔数达到1.97亿笔。支付宝稳健的作风、先进的技术、敏锐的市场预见能力及极大的社会责任感，赢得了银行等合作伙伴的广泛认同。目前，支付宝已经跟国内外180多家银行，以及 VISA、MasterCard 国际组织等机构建立了深入的战略合作关系，成为金融机构在电子支付领域最为信任的合作伙伴。

（2）提供的主要服务：支付宝主要提供支付及理财服务，包括网购担保交易、网络支付、转账、信用卡还款、手机充值、水电煤缴费、个人理财等多个领域。在进入移动支付领域后，为零售百货、电影院线、连锁商超和出租车等多个行业提供服务。此外，还推出了余额宝等理财服务。

（3）支付宝工作流程：支付宝交易是支付宝公司针对网上交易而特别推出的安全付款服务，其运作的实质是以支付宝为信用中介，在买家确认收到商品前，由支付宝替买卖双方暂时保管货款的一种增值服务。支付宝的工作流程如图 5-21 所示。

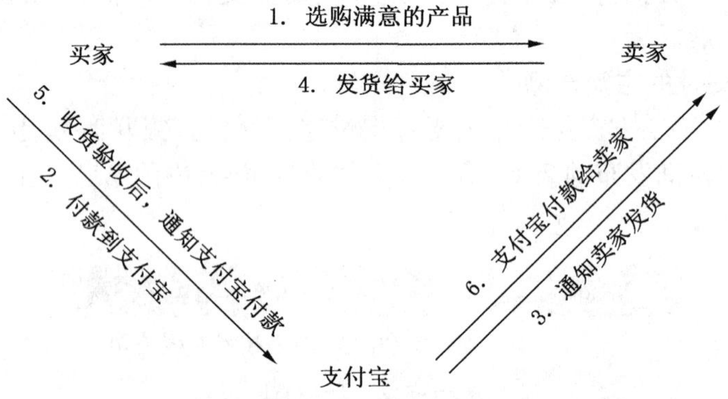

图 5-21　支付宝工作流程

第6章　网络营销理论与应用

6.1　网络营销概述

网络营销是以现代电子技术和通信技术的应用与发展为基础，与市场的变革、竞争及营销观念的转变密切相关的一种理念，是电子商务技术与传统营销理念相结合的产物。网络营销相对于传统的市场营销，在许多方面都具有明显的优势，带来了一场企业营销观念的革命。网络营销的产生有其在特定条件下的技术基础、观念基础和现实基础，是多种因素综合作用的结果，具体分析其产生的根源，可以更好地理解网络营销的本质。

6.1.1　网络营销的诞生与发展

1. 网络营销的过去：Web 1.0 时代

互联网已经有近50年的历史。1969年，由美国国防部高级研究项目署(Advanced Research Project Agency，简称ARPA)资助的阿帕网问世，该网络主要用于学术和军事的研究，10年以后，出现了第一个在线社区USENET。1993年，第一批网页和浏览器出现在互联网上，这成了互联网发展的转折点。具有Web 1.0特质的企业、媒体、用户都聚集到万维网上，使得它的发展速度远远超过当年的广播、电视及其他种种传统媒体的发展速度。

第一代从事电子商务的企业就像卷入了一场淘金热。不管是老企业还是新兴企业，都争相到网络上去占领一席之地，许多企业的网络销售额与日俱增，占据了很大的市场份额，但是真正通过网络经营获得盈利的企业并不多。2000年初有一项调查显示，接受调查的21家公司12个月中的销售额分别增长了100%～500%，但是这些公司全部处于亏损经营的状态。从2000年初到2002年，仅美国境内就有500多家网络企业倒闭，人们将这种现象称作“网络企业的终结”。等到尘埃落定，熬过困境的网络企业中，有60%的企业在2003年第四季实现了盈利。掌握了互联网技术的厂商实现了信息技术与营销实践的结合。互联网技术对企业营销活动产生了诸多方面的影响，见表6-1。

表 6-1　互联网技术对营销活动的影响

互联网技术的属性	对营销活动的意义
传递的是比特，不是原子	数字形式的信息、产品、沟通可以近乎实时地存储、传递和接收；文字、图表、照片、音频、视频都可以数字化
充当沟通的媒介	不管身处何处，志同道合的人都可以聚集在一起，进行商业合作；技术使得人们可以更为便捷地沟通、分享信息（比如供应链中的多家企业）
全球化	互联网开辟了新的市场，人们可以在全球范围内合作，员工可以跨国协作
网络延伸	利用自动化沟通的便利，企业可以扩展市场，消费者则可以在第一时间将自己的品牌感受告知他人
信息对等	企业可以对信息进行规模定制，让消费者对产品和定价等信息有更多的了解
工作的自动化	网络的自助服务功能降低了运营成本，出现了自动交易、自动支付、自动实施等功能

2. 网络营销的现在：Web 2.0 时代

Web 2.0，从模式上是从单纯的"读"向"写""共同建设"发展；由被动地接收互联网信息向主动创造互联网信息迈进。Web 2.0 的核心是以用户为本，用户创造内容、价值。用户就有了更多的主动权和话语权，可以直接参与制作和发布内容，如可以把写的文章放到博客上，随手拍发布在微博上，信息的传递不再是单向的，而是双向的。Web 2.0时代的主要特点有：

（1）用户参与网站内容制造与传播。与 Web 1.0 网站单项信息发布的模式不同，Web 2.0 网站的内容通常是用户发布的，使得用户既是网站内容的浏览者（信息获取），也是网站内容的制造者（信息发布）和传播者（信息转发）。这也就意味着 Web 2.0网站为用户提供了更多参与的机会，例如，博客网站和 Wiki 就是典型的用户创造内容的指导思想，而 tag 技术（用户设置标签）将传统网站中的信息分类工作直接交给用户来完成；微博则打通了用户从信息发布、传播到再传播的所有环节。

（2）Web 2.0 更加注重交互性。用户在发布内容过程中不仅实现了与网站服务器之间的交互，而且，也实现了同一网站不同用户之间的交互（如各种网络圈子、同城交易、文章评论等），以及不同网站之间信息的交互。

（3）Web 2.0 网站与 Web 1.0 没有绝对的界限且在不断融合。Web 2.0 技术可以成为 Web 1.0 网站的工具（例如，博客和 RSS 已经被大量应用于传统电子商务网站甚至企业网站），一些在 Web 2.0 概念之前诞生的网站本身也具有 Web 2.0 的特征，例如 B2B 电子商务网站的免费信息发布和网络社区类网站的内容也来源于用户。

（4）Web 2.0 的核心不在于技术而在于指导思想。Web 2.0 有一些典型的技术，但技术是为了达到某种目的所采取的手段，Web 2.0 技术本身不是 Web 2.0 网站的核心，重点在于典型的 Web 2.0 技术体现了具有 Web 2.0 特征的应用模式，因此，与其说 Web 2.0 是互联网技术的创新，不如说是互联网应用指导思想的革命。

Web 2.0 是体验经济的时代，消费者追求自我的丰富性、自足性，强调自我价值的实现及社会归属感与身份感。在 Web 2.0 的时代里，消费者不仅可以通过网络主动获取信息，还可以作为发布信息的主体。你可能因为论坛上某驴友分享了一部新的片子中的优美风景，而上网订了去往西双版纳的机票，可能因为不知道买什么品牌的电脑好，在新浪微博提出询问，最后由一位澳大利亚的网友建议买了惠普的超级本。电通集团(Dentsu)在2005年提出了AISAS理论(Attention，注意；Interest，兴趣；Search，搜索；Action，行动；Share，分享)模式。AISAS模式的转变，两个具备网络特质的"S"——Search(搜索)，Share(分享)的出现，指出了互联网时代下搜索(Search)和分享(Share)的重要性，而不是一味地向用户进行单向的理念灌输，充分体现了互联网对于人们生活方式和消费行为的影响与改变。

3. 网络营销的将来：Web 3.0 时代

从Web 1.0时代用户被网络的海量信息所淹没，到Web 2.0时代搜索引擎相对精确的搜索，人们对于网络提供信息的质量要求越来越高。智能化的Web 3.0能为用户带来个性化服务。对Web 3.0最常见的解释是，网站内的信息可以直接和其他网站相关信息进行交互，能通过第三方信息平台同时对多家网站的信息进行整合使用；用户在互联网上拥有自己的数据，并能在不同网站上使用；完全基于Web，用浏览器即可实现复杂系统程序才能实现的系统功能。Web 3.0是以统一的通信协议，通过更加简洁的方式为用户提供更为个性化的互联网信息资讯定制的一种技术整合，将会是互联网发展中由技术创新走向用户理念创新的关键一步。我们常说，有问题去百度、谷歌，可是它们真能给我们解决所有问题吗？答案是否定的。我们需要输入关键词，在几千个甚至几万个搜索结果中苦苦寻找我们所需要的答案。举个例子，"一个人去北京旅游，预算在5000元左右"，在Web 3.0时代，输入该问题，电脑自动会给出一套完整方案。

随着消费者市场意识的成熟，80后、90后已成为重要的消费群体，他们乐观、敢于冒险，消费目的强调追求快乐、享受生活，而非传统的成就感，消费中注重对个人价值的体现，他们对商品的情感性、夸耀性及符号性价值的要求，早已超过商品或服务的使用价值。同时他们的购买方式，也更倾向于网络购物。同时随着互联网越发开放，企业广告取得消费者的信任也越发困难，消费者更愿意相信陌生网友的口碑传播，消费者对彼此的信任远远超过了对企业的信任。移动互联网爆炸式地发展，手机终端功能越来越强大，移动互联网透露出的机遇与诱惑正在让互联网业界欲罢不能。随着4G的发展、移动通信及Web 3.0技术的提升，移动互联网必将成为一个更大的新兴市场。营销大环境的变化，让Web 2.0时代的营销难以应付。

Web 3.0时代，将人的需求与网络信息聚合，是人与人的关联在互联网上聚合的时代。当互联网真正成为一个人们依赖的新的社会空间的时候，互联网的价值才真正得到充分发挥。用户需要的不仅仅是门户、搜索、博客和社区，而是基于用户的个性化需求和行为构建的平台。

6.1.2 网络营销的概念

网络营销，又有人称之为互联网营销、网上营销，国内外对其定义都大同小异。屈云波认为，"网络营销是借助联机网络、电脑通信和数字交互式媒体的威力来实现营销目标"。也有人认为，网络营销是以互联网络为媒体，以新的方式、方法和理念实施营销活动，更有效地促成个人和组织交易活动的实现。

在英文中，Cyber Marketing，Internet Marketing，Network Marketing，e-Marketing等都表示网络营销，不过，内涵有一定的差异。Cyber Marketing意思是网络营销，是指在虚

拟的计算机空间(Cyber,计算机虚拟空间)进行运作;Internet Marketing 是指在 Internet 上开展的营销活动;Network Marketing 是在网络上开展的营销活动,同时这里的网络不仅仅是 Internet,还可以是一些其他类型网络,如增值网络 VAN。目前,比较习惯采用的术语是 e-Marketing,e 表示电子化、信息化、网络化,既简洁又直观明了,而且与电子商务(e-Business)、电子虚拟市场(e-Market)等相对应。

从国内外对网络营销的不同表示方法、定义来看,对于网络营销,有一个基本的要素,即互联网。没有互联网,也就没有网络营销。不过,营销主体不限于网络公司、电子商务企业。也就是说,网络营销并不是网络公司、电子商务公司的专利。冯英健对网络营销的定义为:网络营销是企业整体营销战略的一个组成部分,是为实现企业总体经营目标所进行的,以互联网为基本手段营造网上经营环境的各种活动。

6.1.3 网络营销信息传递

根据信息论创始人申农(C. E. Shannon)的观点,通信即信息发送者和接收者之间的信息传递,一个通信过程是指由信源(发送者)发出信息,通过信息传递通道传送信息,再由信宿(接收者)获取信息,在传递过程中伴随着系统内部或者外部产生的各种干扰因素即噪声,由此构成通信过程。在网络营销系统中,同样存在信息源、信息传递渠道、信息接收者、噪声等 4 个基本要素,如图 6-1 所示。

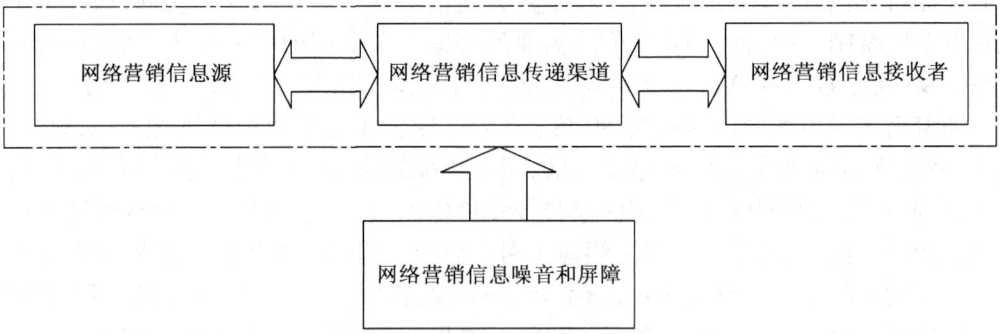

图 6-1 网络营销信息传递模型

(1) 网络营销信息源。企业希望通过互联网手段向用户传递的各种信息组成网络营销信息源。企业网站上的内容如企业简介、产品介绍、促销信息,以及通过外部网络营销信息源发布的网络广告、供求信息、微博、微信等都属于信息源的内容。网络营销信息源是网络营销的基础,只有在明确向用户传递哪些信息的基础上,才能采用合适的网络营销方法来传递这些信息。

(2) 网络营销信息的载体和传递渠道。网络营销信息可以通过企业网站、搜索引擎及其他第三方网络营销服务商的资源等作为信息的载体,并通过这些方式向用户传递信息,用户则可以通过电子邮件、网络社区、微信等方式向企业传递信息。在所有的营销信息载体中,企业网站所包含的信息容量最大,也最容易被信息发送者所控制,而微博、微信等社会化网络则在交互性等方面作用更为突出。

(3) 网络营销信息接收渠道。信息接收渠道和传递渠道是同一事物的两个方面,站在信息接收者(用户)角度上,对网络营销信息是接收和获取,并在必要时向企业发送一定的信息。虽然信息接收/获取渠道和信息传递渠道所依赖的是同样的工具,但由于在网络营销信息传递系统中所处方向不同，所以对信息渠道的期望目标和应用方式不同。例如，对于搜索引擎，从企业的角度出发，是希望让企业网站在主要搜索引擎都有好的排名，这样当用户检索时企业被发现的概率就比较大，因而通过各种搜索引擎营销方法来完善搜索引擎传递渠道。而站在用户的角度来看，希望通过搜索引擎获得尽可能丰富的、有价值的信息，如果是为了购买某种商品进行购买调研，期望从搜索结果中发现最新的、价格适中的产品，并了解其详细信息，这其中包含着用户使用搜索引擎的行为特征，因此应站在用户的角度上来研究网络营销信息的接收渠道，而不仅仅是为了企业发布信息的方便。

（4）网络营销信息接收者。信息接收者即用户/潜在用户。在网络营销信息传递系统中，由于具有双向传递的特点，信息接收者同时也是信息发送者。因此，网络营销的信息传递具有交互性，更加体现出用户在整个网络营销中所处的重要位置。交互性的实质是营造企业与用户之间互相传递信息变得更加方便的环境，这种交互性对于企业和用户双方都是有利的，企业将正确的信息传递给了正确的用户，用户则得到了自己需要的有助于做出购买决策或者正确的产品使用的信息。

（5）噪声和屏障。在网络营销信息传递过程中，存在噪声的影响，主要表现为对信息传递的各种障碍，尤其在信息直接传递时这种现象更为明显。其中可能是由于企业的信息发布准备工作不力，也可能是传播渠道的技术问题，或者是信息接收者为避免打扰人为设置的障碍等。例如，假如一个企业网站没有登录搜索引擎，用户通过搜索引擎等常规手段将无法获得该企业的信息，这样就会造成信息接收方无法获取自己希望的信息，造成被动信息传递无效；在利用电子邮件传递信息时可能遭到邮件服务商的屏蔽，或者被邮件接收者自己设置的邮件规则所拒绝，从而造成主动性信息传递失败。

6.2 常用的网络营销方法

6.2.1 企业网站平台

在所有的网络营销工具中，企业网站是最基本、最重要的一个。没有企业网站，许多网络营销方法将无用武之地，企业的网络营销整体效果也将大打折扣。

1. 企业网站的特点

1）企业网站具有自主性和灵活性

企业网站是根据企业本身的需要建立的，并非由其他网络服务商所经营，因此在功能上有较大的自主性和灵活性。也正因为如此，不同企业网站的内容和功能会有较大的差别，企业网站效果的好坏，主动权掌握在自己手里，其前提是对企业网站有正确的认识，这样才能适应企业营销策略的需要，并且从经济上、技术上有实现的条件，因此企业网站应适应企业的经营需要。

2）企业网站是主动性与被动性的矛盾统一体

企业通过自己的网站可以主动发布信息，这是企业网站主动性的一面。但是发布在网站上的信息不会自动传递给用户，只能被动地等待用户自己来获取信息，这又表现出企业网站具有被动性的一面。同时具有主动性与被动性也是企业网站与搜索引擎和电子邮件等网络营销工具在信息传递方式上的主要差异。

3）企业网站的功能需要通过其他网络营销手段才能体现出来

企业网站的网络营销价值，是通过网站的各种功能和各种网络营销手段而体现出来的，网站的信息和功能是基础，网络营销方法的应用是条件。如果建设一个网站而不去合理应用，企业网站这个网络营销工具将不会发挥应有的作用。无论功能多么完善的网站，如果没有用户浏览和应用，企业网站也就成为摆设，这也就是为什么网站推广作为网络营销首要职能的原因。在实际应用中，一些企业由于缺乏专业人员维护管理，呈现给浏览者的网站内容往往数年如一日，甚至对用户的咨询邮件都不急于回复，这样的企业网站不能发挥其应有的作用，也就不足为怪了。

4）企业网站的功能具有相对稳定性

企业网站功能的相对稳定性具有两方面的含义：一方面，一旦网站的结构和功能被设计完成并正式开始运作，那么在一定时期内将基本稳定，只有在运行一个阶段再进行功能升级的情况下，才能拥有新的功能。网站功能的相对稳定性无论对于网站的运营维护还是一些常规网络营销方法的应用都很有必要，一个不断变化着的企业网站是不利于网络营销的；另一方面，功能的相对稳定性也意味着，如果存在某些功能方面的缺陷，在下次升级之前的一段时间内，将影响网络营销效果的发挥，因此在企业网站策划过程中应充分考虑到网站功能的这一特点，尽量做到在一定阶段内网络功能的稳定并具有一定的前瞻性。

5）企业网站是其他网络营销手段和方法的基础

企业网站是一个综合性的网络营销工具，它在网络营销中的作用不是孤立的，不仅与其他营销方法具有直接的关系，也是开展网络营销的基础。

2. 企业网站与网络营销的关系

企业网站与网络营销的关系可以从下列 4 个方面来说明：

（1）从企业开展网络营销的一般程序来看，网站建设完成不是网络营销的中介，而是为网络营销各种职能的实现打下基础，如网站推广、在线顾客服务等。只有网站建设完成一些重要的网络营销方法（如搜索引擎营销、邮件列表营销、网络会员制营销等）才具备了基本条件。一般来说，网络营销规划制定之后，首先应开始进行企业网站的策划和建设。

（2）从企业网站在网络营销中所处的地位来看，网站建设是网络营销策略的重要组成部分。有效地开展网络营销离不开企业网站功能的支持，网站建设的专业水平同时也直接影响着网络营销的效果，这表现在品牌形象、在搜索引擎中被检索到的机会等多个方面。因此，在网站策划和建设阶段就要考虑将要采用的网络营销方法对网站的需要，如网站功能、网站结构、搜索引擎优化、网站内容、信息发布方式等。

（3）从网络营销信息来源和传递渠道来看，企业网站内容是网络营销信息源的基础。企业网站是企业信息的第一发布场所，它代表了企业官方的形象和观点，在表现形式上应该是严肃而认真的。其他网络营销方法对网络营销信息传递不外乎两种方式，它们都以企业网站的信息为基础：一种是通过各种推广方法，吸引用户访问网站从而实现信息传递的目的；另一种是将营销信息源通过一定的手段直接传递给潜在用户。

（4）从企业网站与其他网络营销方法的关系来看，网站的功能决定着哪些营销方法可以被采用。同时，由于网站的功能不会自动发挥作用，而是通过其他网络营销方法才得以体现的，因此企业网站与其他网络营销方法之间是互为依存、互相促进的。

3. 企业网站的网络营销功能

1）品牌形象

网站的形象代表着企业的网上品牌形象。人们在网上了解一个企业的主要方式就是访问该公司的网站，网站建设的专业化与否直接影响企业的网络品牌形象，同时也对网站的其他功能产生直接影响，尤其对于以网上经营为主要方式的企业。网站的形象是访问者对企业的第一印象，这种印象对于建立品牌形象、产生用户信任具有至关重要的作用，因此具备条件的企业应力求在自己的网站建设上体现出自己的形象。但实际上很多网站对此缺乏充分的认识，网站形象并没有充分体现出企业的品牌价值。相反一些新兴的企业却利用这一原理做到了“小企业大品牌”，并且获得了与传统大型企业平等竞争的机会。

2）产品/服务展示

顾客访问网站的主要目的是为了对公司的产品和服务进行深入的了解，企业网站的主要价值也就在于灵活地向用户展示产品说明的文字、图片甚至多媒体信息。即使一个功能简单的网站也至少相当于一本可以随时更新的产品宣传资料，并且这种宣传资料是用户主动来获取的，他们对信息内容更为关注，因此往往网络可以获得比一般印刷宣传资料更好的宣传效果。这也就是为什么一些小型企业只满足于建立一个功能简单的网站的主要原因。在投资不大的情况下，同样有可能获得理想的回报。

3）信息发布

网站是一个信息载体，在法律许可的范围内，可以发布一切有利于企业形象、顾客服务的信息，以及促进销售的企业新闻、产品信息、促销信息、招标信息、合作信息和人员招聘信息等。因此，拥有一个网站就相当于拥有了一个强有力的宣传工具，这就是企业网站具有自主性的体现。当网站建成之后，合理组织对用户有价值的信息是网络营销的首要任务。当企业有新产品上市、开展阶段性促销活动时，也应充分发挥网站的信息发布功能，将有关信息首先发布在自己的网站上。

4）顾客服务

通过网站可以为顾客提供各种在线服务和帮助信息，比如常见问题解答（FAQ）、电子邮件咨询、在线表单、顾客咨询的实时回答等。对于一个设计水平较高的常见问题解答，应该可以解除80%以上顾客的困惑，回答80%以上顾客关心的问题，这样不仅为顾客提供了方便，也提高了顾客服务效率，节省了服务成本。

5）顾客关系

通过网络社区、电子刊物、有奖调查等方式吸引顾客参与，不仅可以起到产品宣传的目的，同时也有助于增进顾客关系。顾客忠诚度的提高将直接增加销售额，尤其是对于功能复杂或者需要听取他人建议的产品，如数码产品、时装、化妆品等，顾客参与的企业网络营销活动兴趣较高，企业可以充分利用这种特点来建立和维持良好的顾客关系。

6）网上调查

市场调研是营销工作不可或缺的内容，企业网站为网上调查提供了方便而又廉价的途径。通过网站上的用户调查表，或者电子邮件、论坛、实时信息等方式征求顾客意见等，可以获得有价值的用户反馈信息。无论作为产品调查、消费者行为调查，还是品牌形象等方面的调查,企业网站都可以在获得第一手市场资料方面发挥积极的作用。

7)资源合作

资源合作是独具特色的网络营销手段,为了获得更好的网上推广效果,需要与供应商、经销商、客户网站,以及其他内容、功能互补或者相关的企业建立资源合作关系,实现资源共享到利益共享的目的。如果没有企业网站,便失去了很多积累网络营销资源的机会,没有资源,合作就无从谈起。常见的资源合作习惯包括交换链接、交换广告、内容合作、客户资源合作等。

8)网上销售

建立网站及开展网络营销活动的目的之一是为了增加销售。一个功能完善的网站本身就可以完成订单确认、网上支付等电子商务功能,即企业网站本身就是一个销售渠道。随着电子商务价值越来越多地被证实,更多的企业积极开拓网上销售渠道,增加网上销售手段。实现在线销售的方式有多种,利用企业网站本身的资源来开展在线销售是一种有效的形式。

4. 网络营销导向的企业网站评价标准

在网络营销时代,企业建立网站的目的就是为企业营造一个良好的经营环境,如何来评价一个企业的网站是否符合网络营销的要求,主要有以下几个方面的标准:

(1)以网站帮助企业实现经营目标为网站建设目标。霸者网络信息技术有限公司CEO余强认为:网络营销型企业网站一定是为了满足企业的某些方面的网络营销功能,比如面向客户服务为主的企业网站营销功能,以销售为主的企业网站营销功能,以国际市场开发为主的企业网站营销功能,以上简单列举均是以实现企业的经营目标为核心,通过网站这样的工具来实现其网站营销价值的。

(2)良好的搜索引擎表现。企业网站另一个重要功能是网站推广功能,而搜索引擎是目前网民获取信息最重要的渠道,如果企业网站无法通过搜索引擎进行有效推广,那么这个企业网站从一定程度上来讲其营销性会大打折扣,所以网络营销型企业网站必然要解决企业网站的搜索引擎问题,也可以理解为搜索引擎优化的工作。在营销型企业网站解决方案中,搜索引擎优化工作为基础和长期的工作,从企业网站的策划阶段乃至从企业网络营销的战略规划阶段就已经开始,而其又贯穿于企业网站的整个运营过程。

(3)良好的客户体验。企业网站最终面对的是潜在客户与客户,或者说是与本公司业务有关联的任何组织和个人,如何提升企业网站的客户体验是网络营销型企业网站必须考虑的重要问题。

(4)重视细节。细节也是客户体验中一个重要的元素,由于其重要性所以我们单独将其作为网络营销型企业网站的一个因素,在网络营销型网站的流程制定、内容维护、网站管理等方面都需要重视细节。

(5)网站监控与管理。网络营销型网站的另一个因素是网站本身的监控功能与管理功能,通过对网站监控和管理为企业进一步开展网络营销决策提供依据,提升企业网络营销的效果。

6.2.2 许可E-mail营销

1. 许可E-mail营销的定义

许可式E-mail营销是在用户事先许可的前提下,通过电子邮件的方式向目标用户传递有价值信息的一种网络营销手段。

2. E-mail 营销的功能

E-mail 营销的功能主要表现在 8 个方面:品牌形象、产品推广销售、顾客关系、顾客服务、网站推广、资源合作、市场调研和增加市场竞争力。

(1) 品牌形象

E-mail 营销对于企业品牌形象的价值,是通过长期与用户联系的过程中逐步积累起来的,规范的、专业的 E-mail 营销对于品牌形象有明显的促进作用。品牌建设不是一朝一夕的事情,这个艰巨的任务不可能通过几封电子邮件就完成,因此,利用企业内部列表开展经常性的 E-mail 营销具有潜在的价值。

(2) 产品推广/销售

产品推广/销售是 E-mail 营销最主要的目的之一,正是因为 E-mail 营销的出色效果,使得它成为最主要的产品推广手段之一。一些企业甚至用直接销售指标来评价 E-mail 营销的效果,尽管这样并没有反映出 E-mail 营销的全部价值,但也说明营销人员对 E-mail 营销带来的直接销售有很高的期望。

(3) 顾客关系

与搜索引擎等其他网络营销手段相比,E-mail 首先是一种互动的交流工具,然后才是其营销功能,这种特殊功能使得 E-mail 营销在顾客关系方面比其他网络营销手段更有价值。与 E-mail 营销对企业品牌的影响一样,顾客关系功能也是通过与用户之间的长期沟通才发挥出来的,内部列表在增强顾客关系方面具有独特的价值。

(4) 顾客服务

电子邮件不仅是顾客沟通的工具,在电子商务和其他信息化水平比较高的领域,也是一种高效的顾客服务手段,通过内部会员通信等方式提供顾客服务,可以在节约大量顾客服务成本的同时提高顾客服务质量。

(5) 网站推广

与产品推广功能类似,电子邮件也是网站推广的有效方式之一。与搜索引擎相比,E-mail 营销有自己独特的优点:网站被搜索引擎收录之后,只能被动地等待用户去检索并发现自己的网站,通过电子邮件则可以主动向用户推广网站,并且推荐方式比较灵活,既可以是简单的广告,也可以通过新闻报道、案例分析等方式出现在邮件的内容中,因此获得了读者的高度关注。

(6) 资源合作

经过用户许可获得的 E-mail 地址是企业的宝贵营销资源,可以长期重复利用,并且在一定范围内可以与合作伙伴进行资源合作,如相互推广、互换广告空间。企业的营销预算总是有一定限制的,充分挖掘现有营销资源的潜力,可以进一步扩大 E-mail 营销的价值,让同样的资源投入产出更大的收益。

(7) 市场调研

利用电子邮件开展在线调查是网络市场调研中的常用方法之一,具有问卷投放和回收周期短,成本低廉等优点。

(8) 增强市场竞争力

在所有常用的网络营销手段中,E-mail 营销是信息传递最直接、最完整的方式,可以在很短的时间内将信息发送到列表中的所有用户,这种独特功能在风云变幻的市场竞争中显得尤为重要。E-mail 营销对于市场竞争力的价值是一种综合体现,也可以说是前述 7 大功能的必然结果。充分认识 E-mail 营销的真正价值,并用有效的方式开展 E-mail 营销,是企业营销战略实施的重要手段。

3. 许可 E-mail 营销的基本方法

潜在用户的 E-mail 地址是企业重要的营销资源,是营销信息的接受对象,也是 E-mail 营销需要重点研究的内容。根据对用户 E-mail 地址资源的所有形式,可将 E-mail 营销分为内部 E-mail 营销和外部 E-mail 营销,或者叫内部列表和外部列表。内部列表是一个企业/网站利用一定方式获得用户自愿注册的资料来开展的 E-mail 营销,而外部列表是指利用专业服务商或者具有与专业服务商一样可以提供专业服务的机构提供的 E-mail 营销服务,企业自身并不拥有用户的 E-mail 地址资料,也无须管理维护这些用户资料。

内部列表和外部列表的 E-mail 营销由于拥有的用户资源不同,因此在操作方法上也有很大的不同。

1)内部列表 E-mail 营销的基本内容

(1) E-mail 营销的技术基础:建立自己的邮件列表,并从技术上保证用户可以加入、退出邮件列表,并实现对用户资料的管理及邮件发送和效果跟踪等功能;

(2) 用户的 E-mail 地址资源:在用户自愿加入邮件列表的前提下,获得足够多的用户的 E-mail 地址资源,是 E-mail 营销发挥作用的必要条件;

(3) 内部列表 E-mail 营销的工作内容:向用户发送的电子邮件的内容设计,邮件内容直接决定着是否能引起用户的兴趣并最终实现营销目的。

因此,内部列表 E-mail 营销的 3 项基本内容是:建立自己的邮件列表、获得尽可能多的用户加入列表、向用户发送有价值的信息。

2)外部列表 E-mail 营销的基本内容

尽管很多网站都开始有各种类型的邮件列表,但由于用户资源、管理等方面的限制,内部列表并不一定完全能够满足开展 E-mail 营销的需要,尤其对于许多中小型网站,企业用户资源积累时间比较长,潜在用户数量比较少,不利于迅速扩大宣传,再者,由于缺乏专业人员和投入的资源限制,即使建立了列表,使用列表的效率也比较低。因此,为了某些特定的营销目的,通常还需要专业服务商的服务。这对于没有建立自己内部列表的企业是最好的选择。

专业的 E-mail 营销服务商拥有大量的用户资源,可以根据要求选择定位程度比较高的用户群体,服务商有专业的发送和跟踪技术,及丰富的操作经验和较高的可信度,因而营销效果也有其独到之处。从国内目前的 E-mail 广告市场来看,可供选择的外部列表 E-mail 营销资源主要有:免费电子邮箱提供商、专业邮件列表服务商、专业 E-mail 营销服务商、电子刊物和新闻邮件服务商、专业网站的注册会员资料等。这些服务商及其 E-mail 营销形式各有特点,可根据具体需要选择。

4. 优衣库的案例分析

优衣库(UNIQLO)是日本零售业排名首位,并在世界服装零售业名列前茅的跨国服装。截至 2009 年 6 月,优衣库在全球拥有近 850 家连锁门店。2002 年优衣库进驻中国,2007 年优衣库中国区销售额同比翻了一倍。2009 年,优衣库中国门店迅速扩展至 34 家。

随着国内网民规模急剧扩大,网络购物正逐步成为年青一代的购物主流。为了加强对国内二、三线城市的覆盖,2009 年 4 月 23 日,优衣库淘宝旗舰店正式上线。优衣库进驻淘宝网的当天,销售额即突破 30 万元;至当年 6 月底,优衣库的网络总销售额已达到1 800万元;11 月 2 日,优衣库的单日网络销售额更达到了惊人的 114 万元。短短半年多,优衣库迅速成为服装企业网络销售的领头羊。

在全球经济危机的浪潮中,消费环境萎靡不振,而优衣库独树一帜,网络销售额持续增长,原因不仅归结为其令人信服的品质和适宜的价格,更是由于优衣库(UNIQLO)采用了高效的网络营销方式——EDM 营销。

EDM 营销,即电子邮件营销,是一种精准高效、低成本的市场推广手段,是互联网最重要的营销方式之一。电子邮件营销最大的优势在于:刺激无明确需求的消费;较搜索引擎和在线广告而言成本更低,目标更精准。

2009 年,优衣库把在中国的市场推广工作全面委托给大宇宙咨询(上海)有限公司。大宇宙经过专业的分析和比较后,选择了上海亿业网络科技发展有限公司为优衣库量身订制电子邮件营销的解决方案,将电子邮件打造成优衣库重要的营销渠道。上海亿业网络科技发展有限公司 2004 年正式成立于美国加州,是目前中国领先的许可邮件营销服务提供商。

通过发送电子邮件邀请函,将对优衣库感兴趣的淘宝会员,转化为优衣库的活跃用户。定期向新老会员发送电邮杂志,开展 EDM 营销,定期向客户推荐新产品,提高客户的品牌忠诚度。经过半年的 EDM 运营,优衣库的活跃用户增长近 70%,电子邮件营销渠道产生了约 20% 的销售额,电子邮件已成为优衣库重要的网络营销渠道。

6.2.3 搜索引擎营销

1. 搜索引擎营销的定义

所谓搜索引擎营销,就是根据用户使用搜索引擎的方式,利用用户检索信息的机会尽可能地将营销信息传递给目标用户。用户检索所用的关键词反映出用户对该问题(产品)的关注,这种关注是搜索引擎之所以被应用于网络营销的根本原因。

2. 搜索引擎营销的基本原理

搜索引擎营销得以实现的基本过程是:企业将信息发布在网站上成为以网页形式存在的信息源;搜索引擎将网站/网页收录到索引数据库;用户利用关键词进行检索(对于分类目录则是逐级目录查询);检索结果中罗列相关的索引信息及其链接 URL;根据用户对检索结果的判断选择有兴趣的信息并点击 URL 进入信息源所在网页,整个过程如图 6-2 所示,这个过程也说明了搜索引擎营销的基本原理。

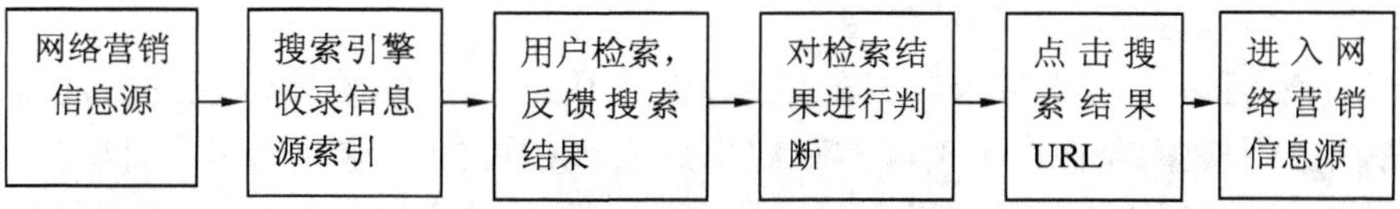

图 6-2　搜索引擎营销的基本过程

3. 搜索引擎营销对网络营销的价值

1）搜索引擎对网站推广的价值

所谓网站推广，也就是为用户发现网站信息并来到网站创造机会。在用户获取信息的所有方式中，搜索引擎是最重要的信息获取渠道。一个设计专业的网站，通过搜索引擎自然检索获得的访问量一般占网站总访问量的60%，有些网站甚至80%以上的访问者来自搜索引擎。一些网站采用自然检索与付费搜索引擎关键词广告相结合的方式，获得了更好的效果。当然并不是每个网站设计对搜索引擎都足够友好，搜索引擎对网站的推广价值与网站建设的专业性有很大关系。有些网站已发布多年，但即使用公司名称作为关键词都无法通过搜索引擎检索到网站信息，这样当然就不可能通过搜索引擎达到网站推广的目的。

2）搜索引擎对产品促销的作用

在不同的季节、针对不同的产品，除了在企业网站上充分体现出产品推广意识之外，合理利用搜索引擎可以实现更好的产品推广目的。一般来说，用户以“产品名称”或者“品牌名＋产品名称”“品牌名＋产品名称＋购买方式”等关键词进行检索时，往往表明用户已经产生了对该产品的购买意向，也就意味着通过搜索引擎检索结果页面针对产品进行的宣传会发挥很好的推广效果。用户购买产品之前，尤其是购买汽车、住房、电器、数码产品等高价值产品之前，通过互联网获取初步的产品信息已经成为普遍现象。在这个过程中，搜索引擎发挥了至关重要的作用，已经成为有效的产品促销工具，这种促销的效果对于网上销售及网下销售同样具有积极的意义。

3）搜索引擎对网络品牌的价值

网络品牌是企业网络营销活动的综合体现，包括企业域名选择的合理性、企业网站建设的专业性、网站的各种网络推广活动等。在网络品牌建设中，搜索引擎的作用是不可忽视的。企业的网站信息应该被主要搜索引擎收录（即增加网站的搜索引擎可见度），从而获得被用户发现的机会，否则再精美的网站也体现不了企业的品牌形象。可见，与企业网站设计及网络广告、网络公关等活动产生的品牌效应不同，上市企业对网络品牌价值的显现不仅仅取决于网络营销人员的策划，也取决于搜索引擎的信息处理方式和用户信息检索行为等，因此，实现搜索引擎营销的品牌价值是一个综合活动。

4）搜索引擎对网上市场调研的价值

无论是获取行业资讯、了解国际市场动态，还是对竞争者进行分析，搜索引擎都是非常有价值的市场调研工具。通过搜索引擎，可以方便地了解竞争者的市场动向，对于竞争者的产品信息、用户反馈、市场网络等公开信息均可方便地获得最新信息。通过搜索引擎获得的初步信息，加之专业的网站分析和跟踪，还可以对行业竞争状况做出理性的判断。

5）搜索引擎营销的抵御性策略

搜索引擎可以为用户带来丰富的信息，但是用户对检索结果信息的关注度是有限的，通常在出现检索结果的前3页才有被用户发现的可能。这就意味着，同样一个关键词在检索结果中被用户发现的机会是有限的，即搜索引擎推广资源有相对稀缺性。利用这一特点，可以设计合理的抵御性策略，避免让竞争者获得更多的推广机会，例如设置搜索引擎检索页面固定位置的广告、同一企业的多产品广告，以及采用同一公司的多网站策略等。

6）搜索引擎作为网站优化的检测工具

网站优化往往要用到一些搜索引擎优化检测工具以获得网站在搜索引擎检索结果中的表现，例如检查网站链接数量、网站被搜索引擎收录网页数量、网站的 PR 值等。但实际上，任何一种搜索引擎优化工具都不能完全反映所有的搜索引擎优化问题，只能在一定范围内才能反映出某些指标的状况。这是因为每个搜索引擎对网页的索引和排名算法不同，而且搜索引擎的算法也在不断变化之中。其实搜索引擎本身一样提供更加详细和更加直接的信息。分析搜索引擎检索结果，是研究网站搜索引擎优化状况的有效方法之一。

4. 搜索引擎营销的主要模式

1）免费登录分类目录

这是最传统的网站推广手段。目前多数重要的搜索引擎都已经开始收费，只有少数搜索引擎可以免费登录。但网站访问量主要来源于少数几个重要的搜索引擎，即使登录大量低质量的搜索引擎，对网络营销也没有太大的效果。搜索引擎的发展趋势表明，免费搜索引擎登录的方式已经逐步退出网络营销舞台。

2）搜索引擎优化（SEO）

通过对网站栏目结构和网站内容等基本要素的优化设计，提高网站对搜索引擎的友好性，使得网站中尽可能多的网页被搜索引擎收录，并且在搜索结果中获得好的排名效果，从而获得尽可能多的潜在用户。利用 Google、百度等技术性搜索引擎进行推广，当网站建成发布后，通常不需要自己登录搜索引擎，而是通过其他已经被搜索引擎登录网站的链接让搜索引擎自动发现自己的网站（当然这些搜索引擎也提供用户自定义提交网址的入口，不过这种主动提交可能比其他网站链接被搜索引擎收录的速度更慢）。

3）付费登录分类目录

类似于原有的免费登录，仅仅是当网站缴纳费用之后才可以获得被收录的资格。一些搜索引擎提供的固定排名服务，一般也是在收费登录的基础上开展的。此类搜索引擎营销与网站设计本身没有太大关系，主要取决于费用，只要缴费，一般情况下就可以被登录，但正如一般分类目录下的网站一样，这种付费登录搜索引擎的效果也存在日益降低的问题。

4）付费关键词广告

关键词广告是付费搜索引擎营销的主要模式之一，也是目前搜索引擎营中发展最快的模式。不同的搜索引擎有不同的关键词广告显示，有的将付费关键词检索结果出现在搜索结果列表最前面，也有的出现在搜索结果页面的专用位置。

5）关键词竞价排名

所谓竞价排名也是搜索引擎关键词广告的一种形式，即按照付费最高者排名最前的原则，对购买同一关键词的网站进行排名的一种方式。竞价排名一般采取按点击收费的方式。与关键词广告类似，竞价排名方式也可以方便地对用户的点击情况进行统计分析，可以随时更换关键词以增强营销效果。

6）网页内容定位广告

基础网页内容定位的网络广告（content-targeted advertising）是关键词广告搜索引

擎营销模式的进一步延伸。广告载体不仅仅是搜索引擎的搜索结果网页，也是这种服务合作伙伴的网页。

案例——麦包包网

网站搜索引擎优化是网站推广最有效的方法之一，下面我们来具体看看麦包包网站采用搜索引擎优化(SEO)营销的成功之处：

(1) 网站主关键词(目标关键词)、title(标题)和description(描述)精准到位。麦包包网站的title和description设置相当精准，且语句通顺简洁。显然，麦包包对自己的用户群体分析得很透彻，用户主题把握得很精准。搜索"淘宝网""淘宝商城""开心网""包包"的一般都是有购买需求、时尚、消费能力非常强的年轻人，因此麦包包把这些搜索量非常大，用户群体集中的热门搜索词作为网站关键词。特别是对搜索引擎分词组合法的灵活运用，如"淘宝网商城"可以拆分为"淘宝""淘宝商城"。至于description，虽然Google明确说不使用description作为排名因素，但是它是直接显示在搜索结果中给用户看的，而且通过description中关键词的堆砌获得百度很好排名的正面例子很多，所以description对于网站关键词排名或多或少还是有帮助的。

(2) 注重细节，关注用户体验，优化图片设置。Alt的添加不仅是有利于搜索引擎蜘蛛抓取相关信息，同时也利于提升网站访问用户的体验。例如其logo的Alt属性的设置为"麦包包：时尚包包流行第一站，淘宝网包包优秀网商！"

(3) nofollow属性应用。麦包包网站对于nofollow属性的运用非常灵活，除了给注册、登录、购物车、去结算等没有实际内容和意义的链接添加nofollow属性外，最新动态新闻、包包专题促销页面、最新评论、新手指南、付款方式、配送方式、常见问题、售后服务、联系我们及合作联盟的图片链接等全部nofollow掉了，不过特别要说明的是，友情链接页面没有添加nofollow。用nofollow告诉搜索引擎此链接不跟踪，且不传递链接的权重，尤其是对于这种大型的电子商务网站，nofollow可以极大地提高爬虫(baiduspider，Googlebot等)的工作效率，让爬虫在有限的时间内去抓取重要的、有实际意义的页面。

(4) 重视优化栏目页，提升栏目页关键词的排名。

(5) 网站结构：一般采用树形结构，层级控制在3层内。树形结构是一种对搜索引擎很友好的网站结构，便于搜索引擎蜘蛛逐层访问和抓取. URL链接，麦包包大部分使用静态链接，层级一般控制在3个层级之内，像女包栏目页". pshow-1234565. html"等即使是搜索结果页面，也不包含无效参数。

(6) 外链及锚文本建设：麦包包网外链建设很到位。麦包包网站建立了大量的外链，其锚文本形式也多样化。

(7) 善于借势，借力发力。麦包包网站的主关键词都是热门的词汇，而且很多词直接取自淘宝网、开心网，这些词本身就囊括了目标用户群。

成功是很难被复制的，但是成功的方法是可以学习的，从对麦包包网的搜索引擎优化分析中可以得出很多做搜索引擎营销的方法。

6.2.4 病毒性营销

病毒性营销(viral marketing,也可称为病毒式营销)是一种网络营销方法(常用作网站推广的手段),即通过提供有价值的信息和服务,利用用户之间的主动传播来实现网络营销信息传递的目的;病毒性营销同时也是一种网络营销思想,其背后的含义是如何充分利用外部网络资源(尤其是免费资源)扩大网络营销信息传递渠道。

1. 病毒性营销的定义

病毒性营销是一种常用的网络营销方法,常用于进行网站推广、品牌推广等。病毒性营销利用的是用户口碑传播的原理,在互联网上这种"口碑传播"更为方便,可以像病毒一样迅速蔓延,因此病毒性营销(病毒式营销)成为一种高效的信息传播方式。由于这种传播是用户之间自发进行的,因此几乎是不需要费用的网络营销手段。

2. 病毒式营销的策划流程

(1) 决定自己要干什么。这要求开始策划前,一定确定目标,是想宣传品牌还是吸引客户购买,还是为了增加某个网站的流量。这将是后面几个要素的根本。

(2) 分清楚用户是谁。病毒式营销的通路决定了其人群覆盖力度很强。但也要求策划者必须进行人群细分,知道最有价值的用户是谁,他们有什么特征和共性。

(3) 挖掘兴趣点,认真地分析这些用户群体的兴趣焦点。例如,老一辈企业家和"80后"的兴趣点是不一样的。假如你用百度的恶搞视频去推送给企业管理者,肯定达不到扩散的效果。所以,研究你的用户的兴趣点,是"营销创意"的真正开始。

(4) 现在你已经知道了想干什么,也知道了用户是谁,并且有了一个绝佳的创意,那么现在该考虑通过什么途径去进行推广了。现在的营销手段空前丰富,视频、邮件、软文等让人目不暇接。

病毒式营销策划流程如图6-3所示。

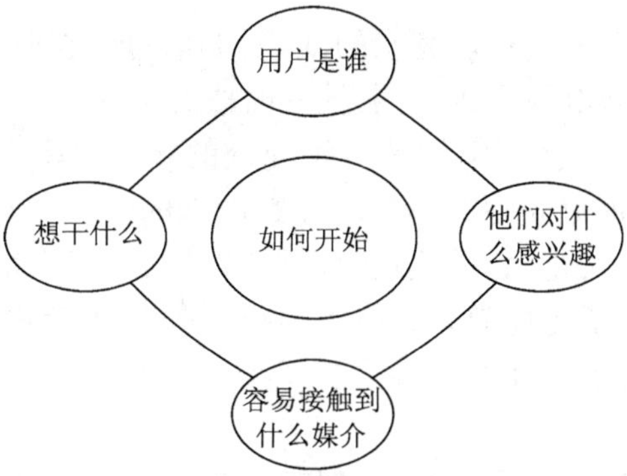

图6-3 病毒式营销策划流程

3. 病毒式营销的特点

病毒式营销是通过利用公众的积极性和人际网络,让营销信息像病毒一样传播和扩散,营销信息被快速复制传向数以万计、数以百万计的受众。它存在一些区别于其他营销方式的特点。

1) 有吸引力的病原体

天下没有免费的午餐,任何信息的传播都要为渠道的使用付费。之所以说病毒式营销是无成本的,主要是指它虽然利用了目标消费者的参与热情,但渠道使用的推广成本依然是存在的，只不过目标消费者受商家的信息刺激自愿参与到后续的传播过程中，原本应由商家承担的广告成本转嫁到了目标消费者身上，因此对于商家而言，病毒式营销是无成本的。

目标消费者并不能从“为商家打工”中获利，那么他们为什么自愿提供传播渠道呢？这是因为第一传播者传递给目标群的信息不是赤裸裸的广告信息，而是经过加工的、具有很大吸引力的产品和品牌信息，而正是这一披在广告信息外面的漂亮外衣，突破了消费者戒备心理的“防火墙”，促使其完成从纯粹受众到积极传播者的转变。

网络上盛极一时的“流氓兔”证明了“信息伪装”在病毒式营销中的重要性。韩国动画新秀金在仁为儿童教育节目设计了一个新的卡通兔，这只兔子相貌猥琐、行为龌龊、思想简单、诡计多端、爱耍流氓、只占便宜不吃亏，然而正是这个充满缺点、活该被欺负的弱者反成了偶像明星。这项设计挑战了已有的价值观念，反映了大众渴望摆脱现实、逃脱制度限制的愿望。流氓兔的 Flash 出现在各 BBS 论坛、Flash 站点和门户网站，私下里网民们还通过聊天工具、电子邮件进行传播。如今这个网络虚拟明星衍生出的商品已经达到 1 000 多种，成了病毒式营销的经典案例。

2）几何倍数的传播速度

大众媒体发布广告的营销方式是“一点对多点”的辐射状传播，实际上无法确定广告信息是否真正到达了目标受众。病毒式营销是自发的、扩张性的信息推广，它并非均衡地、同时地、无分别地传给社会上每一个人，而是通过类似于人际传播和群体传播的渠道，把产品和品牌信息传递给消费者及那些与他们有着某种联系的个体。例如，目标受众读到一则有趣的 flash，他的第一反应或许就是将这则 flash 转发给好友和同事，无数个参与转发的“大军”就构成成几何倍数传播的主力。

3）高效率的接收

大众媒体投放广告有一些难以克服的缺陷，如信息干扰强烈、接收环境复杂、受众戒备抵触心理严重等。以电视广告为例，同一时段的电视有各种各样的广告同时投放，其中不乏同类产品“撞车”现象，大大减少了受众的接受效率。而对于那些可爱的“病毒”，是受众从熟悉的人那里获得或是主动搜索而来的，在接受过程中自然会有积极的心态，接收渠道也比较私人化，如手机短信、电子邮件、封闭论坛等（存在几个人同时阅读的情况，这样反而扩大了传播效果）。以上优势，使得病毒式营销有效地克服了信息传播中的噪音影响，增强了传播的效果。

4）更新速度快

网络产品有自己独特的生命周期，一般都是来得快去得也快，病毒式营销的传播过程通常是呈 S 形曲线的，即在开始时很慢，当其扩大至受众的一半时速度加快，而接近最大饱和点时又慢下来。针对病毒式营销传播力的衰减，一定要在受众对信息产生免疫力之前，将传播力转化为购买力，方可达到最佳的销售效果。

4. 病毒式营销的 3W 策略

病毒式营销正被越来越多的企业所采用，但要成功地实施病毒式营销，显然不是一件容易事，必须精心筹划。企业在成功实施病毒式营销时，需要从以下 3 个方面把握好 3W 策略：

（1）创建有感染力的“病原体”（What）。“病原体”的重要性是显而易见的，对于

“病原体”来说，只有“感染性”强，才会吸引受众关注，引起受众心灵上的共鸣，进而通过心灵的沟通感染受众，然后不断蔓延开来。

在互联网中这种“病原体”是很常见的，如流氓兔、“馒头血案”、免费的应用软件、迎合受众口味的免费电子书等。

用 Flash 创建一个非常有趣的游戏或者经典动画，创建的游戏和动画就是一个超级的“病原体”。当受众看到或收到有趣的图片或很酷的 Flash 游戏附件时，通常会把它发给朋友，而朋友们也会顺便发给其他朋友。一传十，十传百，这种滚雪球效果可以轻松创建起一个巨大的营销网络，在几小时之内，就能到达成百上千的受众那里。

企业在创建“病原体”时，必须要考虑的问题是，如何将信息传播与营销目的有效地结合起来？如果仅仅是为用户带来了娱乐价值或者实用功能、优惠服务，而没有达到营销的目的，那么这样的病毒式营销对企业来说，价值就不大；反之，如果广告气息太重，可能会引起用户反感而影响信息的传播，因此企业在实施病毒式营销时，必须巧妙地将营销信息“揉入病毒”中，而不能太直白，让受众一眼就看出。

（2）找到易感染人群（Who）。在“病原体”创建完之后，病毒式营销的关键就是找到易感染人群，也就是早期的接收者，他们是最有可能的产品或服务使用者。他们主动传递信息，影响更多的人群，然后营造出一个目标消费群体。在传播过程中，普通受众在这些易感染人群的带动下，逐渐开始接受某一商品或服务。

（3）选准“病毒”的初始传播渠道（Where）。病毒式营销信息当然不会像“病毒”那样自动去传播，需要借助于一定的外部资源和现有的通信环境来进行。因此，企业在选择“病毒”的初始传播渠道时，要考虑到易感染人群的关注重点和社会热点。

一般来说，病毒式营销的原始信息先在易于传播的小范围内进行发布和推广，然后再利用公众的积极参与行为，让“病毒”大规模扩散。

案例——冰桶挑战赛

2014 年，冰桶挑战风靡全球。这个由美国 ALS（肌萎缩性脊髓侧索硬化症）协会发起的慈善活动，要求参与者在网上发布自己被浇冰水的视频，再点名其他人参与。被邀请者要么在 24 小时内接受挑战，要么选择捐出 100 美元。比尔·盖茨、马克·扎克伯格、科比、雷军、周鸿祎、刘德华等各界大佬名流纷纷迎战。伴随持续发酵的名人效应，从 2014 年 7 月 29 日到 8 月 12 日，ALS 协会总部共收到 230 万美元捐款，而 2013 年同期收到的捐赠只有 2.5 万美元。截至 2014 年 8 月 20 日，捐款数已高达 1 140 万美元。零成本、短时间内引爆互联网，“冰桶挑战”是一场成功的病毒式营销。

“冰桶挑战”的病原体并非具体产品，而是以慈善为目的，期望引起大众对肌萎缩性脊髓侧索硬化症的关注，募集善款，其“病原体”并未刻意设计和制造。有影响力的易感人群的参与，是其成功的关键之一。“冰桶挑战”中，全球政、商、文娱等各界标杆人物纷纷被点名参与，他们拥有的话语权与关注度，本身就是一种巨大的传播力。而“病原体”虽未刻意包装，但传播上无疑利用了有利的慈善环境和人们对慈善的关注。“冰桶挑战”起源于美国，据相关统计，美国是世界上慈善捐款最兴盛的国家，慈善机构手中掌握着占GDP近10%的财富。每年美国人会将收入的1.8%进行捐赠。

传播方式和规则的设计是成功的核心。倒冰水的方式，让大众看到平日衣着光鲜的名人们被浇冰水时的“狼狈”一刻，满足了娱乐时代大众对名人的围观和窥奇欲望，在与众乐乐中，慈善一改往日的温情脉脉与煽情催泪，令人耳目一新。

接力点名并限时挑战的规则是快速培植“病毒”的器皿。腾讯员工徐志斌在《社交红利》一书中，将腾讯在社交领域的成功总结为“让信息在关系链中流动”。“冰桶挑战”的病毒式传播正是利用了这种关系资源。而以慈善的名义点名，又让参与者站在了道德制高点上，使被点名者“不得不”应战。

互联网为“冰桶挑战”提供了高效的传播渠道。其传播的低成本、开放性、时效性、互动性，为名人和大众的参与、围观提供了平台。而不得不说的是，病毒式营销往往具有一定的周期。当大众注意力减退，“冰桶”真正冷却下来时，ALS慈善该如何有效继续？或许，持续创新，制造新的“病毒”，才会有再次的传播引爆点。①

6.2.5 博客营销

1. 博客营销的定义

博客营销是通过博客网站或博客论坛接触博客作者和浏览者，利用博客作者个人的知识、兴趣和生活体验等传播商品信息的营销活动。博客营销本质在于通过原创的专业化内容进行知识分享争夺话语权，建立起信任权威并形成个人品牌进而影响读者的思维和购买。博客营销的本质是公关行为，可以简单概括为：以网络信息传递形式表现个人思想；以网络信息传递形式表现个人体验；以网络信息传递分享个人知识资源。

2. 博客营销的特点

博客营销主要有以下几个特点：

（1）博客是一个信息发布和传递的工具。常用的网络营销信息发布媒介包括：门户网站的广告、新闻；行业网站、专业网站供求信息平台；网络社区论坛、二手市场；公司网站、个人网站等。在信息发布方面，博客与其他工具有一定相似的地方，即博客所发挥的同样是传递网络营销信息的作用，这是认识博客营销的基础。网络营销信息传递实际上也是整个网络营销活动的基础。在博客营销的概念上，我提出一个基本观点：“博客具有知识性、自主性、共享性等基本特征。正是博客这种性质决定了博客营销是一种基于个人知识资源（包括思想、体验等表现形式）的网络信息传递形式。因此，开展博客营销的基础是对某个领域知识的掌握、学习和有效利用，并通过对知识的传播达到营销信息传递的目的”。

（2）博客与企业网站相比，博客文章的内容题材和发布方式更为灵活。企业网站是开展网络营销的综合工具，也是最完整的网络营销信息源，公司产品信息和推广信息往往首先发布在自己的企业网站上。作为一个公司的官方网站，企业网站的内容和表现形式往往是比较严肃的，而博客文章内容题材和形式多样，因而更容易受到用户的欢迎。此外，专业的博客网站用户数量大，有价值的文章通常更容易迅速获得大量用户的

---

① 网易：《冰桶挑战：成功的病毒式营销》，http://money.163.com/14/0828/07/A4NI7SR5002552IM.html.

关注,从而在推广效率方面高过一般的企业网站。博客应用的方便灵活性使得其有别于企业网站,它可以有效补充企业网站内容,或者使之转换为更适合用户阅读和接受的内容。同样,如果博客拥有个人网站,也可以发布自己希望发表的任何信息,但是相对于博客网站来说,个人网站的影响力通常比较弱,而且在创建内容和品牌可信度方面有一定难度,合理利用博客工具有利于弥补个人网站宣传功能的不足。

(3) 与门户网站发布广告和新闻相比,博客传播具有更大的自主性,并且无须直接费用。在门户网站和其他专业网站上通过网络广告或者新闻的形式进行推广,也是常用的网络营销方法,但是作为营销人员,自己无法主动掌握这些资源,只能将文章或者广告交给网站或者其代理机构来操作,这对信息传播内容和方式等有较大的限制,而且往往需要支付高昂的费用。在这方面,博客的信息传递无须直接费用,是最低成本的推广方式。

(4) 与供求信息平台的信息发布方式相比,博客的信息量更大,表现形式更灵活,也完全可以用"中立"的观点来对自己的企业和产品进行推广。在一些供求信息发布平台、专业门户等网站发布信息,是最基础的网络营销方式,在早期的网络营销中曾经发挥积极作用,并且取得了显著效果,但随着各种信息平台和其信息数量的激增,大量信息被淹没,使得用户获取有价值的商业信息并不容易,因而降低了这种初级推广的效果。博客文章的信息发布与供求信息发布是完全不同的表现形式,博客文章的信息量可大可小,完全取决于对某个问题描写的需要,博客文章并不是简单的广告信息,实际上单纯的广告信息发布在博客网站上也起不到宣传的效果,所以博客文章写作与一般的商品信息发布是不同的,在一定意义上可以说是一种公关方式,只是这种公关方式完全是由企业自行操作的,而无须借助于公关公司和其他媒体。

(5) 与论坛营销的信息发布方式相比,博客文章显得更正式,可信度更高。在网络社区(如论坛等)发布信息,也是早期网络营销常用的方式之一,但这种形式现在已经很难发挥作用,因而逐渐被排除在主流网络营销方法之外,现在通常是为刚刚接触互联网的初级用户所采用,一些正规公司如果采用在论坛发布广告的方式进行宣传,也会显得很没面子,并且也根本发挥不了什么作用。此外,博客文章相比一般的论坛信息发布具有的最大优势在于,每一篇博客文章都是一个独立的网页,而且博客文章很容易被搜索引擎收录和检索,这样使得博客文章具有长期被用户发现和阅读的机会,一般论坛的文章读者数量通常比较少,而且文章很难持久,几天后可能已经很难被发现。所以,博客营销与论坛营销相比的优势非常明显,可以说完全不在一个层次上。

3. 博客营销的优势

博客营销主要有以下优势:

(1) 细分程度高,广告定向准确。博客是个人网上出版物,拥有其个性化的分类属性,因而每个博客都有其不同的受众群体,其读者也往往是一群特定的人,细分的程度远远超过了其他形式的媒体。而细分程度越高,广告的定向性就越准。

(2) 互动传播性强,信任程度高,口碑效应好。博客在我们的广告营销环节中扮演的角色既是媒体(blog)又是人(blogger),既是广播式的传播渠道又是受众群体,这样就能够很好地把媒体传播和人际传播结合起来,通过博客与博客之间的网状联系扩散开去,放大传播效应。

每个博客都拥有一个相同兴趣爱好的博客圈子，而且在这个圈子内部的博客之间的相互影响力很大，可信程度相对较高，朋友之间互动传播性也非常强，因此可创造的口碑效应和品牌价值非常大。虽然单个博客的流量绝对值不一定很大，但是它受众群明确，针对性非常强，单位受众的广告价值自然就比较高，所能创造的品牌价值远非传统方式的广告所能比拟。

（3）影响力大，引导网络舆论潮流。随着“芮成钢评论星巴克”“DELL 笔记本”等多起博客门事件的陆续发生，证实了高端人群所形成的评论意见影响面和影响力度越来越大，知名博客渐渐成为网民们的“意见领袖”，引导着网民的舆论潮流，他们所发表的评价和意见会在极短的时间内在互联网上迅速传播，对企业品牌造成巨大影响。

（4）大大降低传播成本。口碑营销的成本主要集中于教育和刺激小部分传播样本人群上，即教育和开发口碑意见领袖，因此成本比面对大众人群的其他广告形式要低得多，其结果也往往能事半功倍。

如果企业在营销产品的过程中能巧妙地利用口碑的作用，必定会达到很多常规广告所不能达到的效果。例如，博客规模赢利和传统行业营销方式创新，都是当下社会热点议题之一，因而广告客户通过博客口碑营销不仅可以获得显著的广告效果，而且还会因大胆利用互联网新媒体进行营销创新而吸引更大范围的社会人群、营销业界的高度关注，引发各大媒体的热点报道，这种广告效果必将远远大于单纯的广告投入。

4. 博客营销的主要步骤

博客营销的诸多好处吸引了众多的企业，但是如何把企业搬到博客上，如何有效地实施博客营销，这是不少企业所困惑的。博客营销，博客是“基础”，营销是其“本质”——只有“好”的博客，才能更好地实现“营销”功能。

在具体实施时，企业有两种方式可以选择：一种是利用有一定知名度的博客传递企业的信息，当然博客的知名度越高，企业需要支付的费用也就越高；另一种则是企业自己建博客，然后在博客上传递企业的营销信息。当然，在开展这种方式的博客营销时，先要完成建立博客和推广博客这两方面工作。

1）建立博客

（1）博客平台的选择。选择高关注度的门户网站，博客就有更多的机会被点击和关注。

（2）博客取名。在给博客取名时，一定要突出所在行业的关键词，同时兼顾目标群体的搜索习惯，并尽量增加关键词的密度，以便获得更多被检索的机会。一般情况下，尽量避免用×××的博客，因为这样的博客从名称上来说几乎没有什么特色，既不便于被搜索引擎收录，也难以被目标群体关注。当然名人博客另当别论。

企业在选择关键词时，一定要把握好关键词需求和关键词竞争的平衡点，尽量不要把焦点放在最流行的关键词上。有时候选择一些长尾关键词，反而能使博客获得一个较好的排名。因为最流行的关键词往往存在很多的竞争对手，而长尾关键词反之。

（3）博文写作。博文的好坏直接关系到博客的质量和“营销”的价值。在撰写博文时，切入点很重要，要从目标群体感兴趣的地方或社会热点切入，切忌把企业的产品介绍直接罗列进去，让人感觉索然无味。对于企业来说，其高层管理者的做人之道、人生经历、成功经验等就是一个很好的切入点。另一方面，技术难点、热点问题，以及企业为产品提供售后技术支持和服务等也是目标群体比较感兴趣的内容。

2）推广博客

博客人气是博客营销的基础，只有积聚足够多的人气，博客才有营销的价值，而要积聚足够多的人气，除了不断更新博文“黏住”目标群体外，更重要的工作就是把博客推广出去，如何推广博客有以下几种方法：

(1) 建立相关行业的圈子，发出邀请，聚集圈内人气。

(2) 与流量大的博客相互加为好友，增加被点击和浏览的机会。

(3) 多发布原创或热点文章，让博客得到推荐。一旦被推荐到门户网站的频道首页或博客首页，就能够直接带来很大的流量。此外，原创内容在搜索引擎中会有比较好的排名。

(4) 利用博客的内部链接，为重要的关键词页面建立众多反向链接。反向链接指的是网页和网页之间的链接，而非网站与网站之间的。网页内部页面之间的相互链接对网站排名是有帮助的。

(5) 通过软文来推广博客。如果是幼儿教育类的博客，可以把博主写的博客发到一些幼教、育儿等类型的网站，这样做的好处就是能够带来大量的读者，在别人转载的同时会有大量的外部链接。

案例——AMD

2006年6月，全球著名的微处理器厂商AMD公司正式宣布签约国内著名演员徐静蕾，并在其博客投放广告。具有“中华第一博”美誉的徐静蕾，正式成为AMD公司大中华区移动计算技术品牌的形象代言人。而AMD看中徐静蕾的，除了其作为演员的知名度外，更看中其在博客上的超高人气，一向以创新作为企业竞争法则的AMD，开展了一场以博客营销为主导的网络营销方式。

徐静蕾超过一千万的博客点击率，已经使得徐静蕾成为个人化媒体中最引人瞩目的明星，她拥有一大批忠诚的网络读者，这些读者大都是一批素质高、文化水平高，同时具有一定小资气质的人士，而这些人正是AMD所要影响的消费群。AMD选择徐静蕾博客进行营销推广，不仅仅开创了一种全新的营销模式，更精准地圈定了一批特定消费群——这种精准化的营销正是许多企业希望达到的。可以说，博客营销的不断深入及应用范围的不断扩张，开辟了一个全新的营销平台。这个营销平台强调的是互动、意图、身份识别和精准，而它的核心内容就是与传统意义上“广泛传播”相对应的“小众传播”，即所谓的精准营销。AMD开展博客营销的目的，就是希望把营销的本质回归到口口相传的口碑式营销上来，强调互动传播，强调小众传播影响大众传播，让传播的效应从数字上的成功(点击率、PV数)转移到传播的质量上来。

6.2.6 APP营销

1. APP营销的概念

最近几年，随着智能手机占据的市场份额越来越高，APP这个词开始出现在人们的日常交流中。那么什么是APP呢？APP是Application的简称，指智能手机的第三方应用程序。目前，比较流行的手机操作系统有苹果的IOS、Google开发的Android、微软推出的Windows Phone。随着智能手机和平板电脑等移动终端设备的普及，人们逐渐习惯了使用APP客户端上网的方式。目前国内各大电商，也都拥有了自己的APP客户端并日益人性化，这标志着APP客户端的商业使用已经逐步走向成熟。

截至2014年底，国内移动互联网的用户达5.57亿，已全面超越PC互联网用户。在全球市场上，苹果APP Store中APP总下载量目前已经突破500亿次。在这种大背景下，商家若能推出自己的官方APP，同时吸引特定的目标客户人群关注和下载自己的APP，将有助于商家采用更多更便捷的营销手段，使这些人群逐步成为自己的忠实的客户。

APP营销即应用程序营销，是指通过定制手机软件、SNS及社区等平台上运行的应用程序来开展的营销活动的总称，当前的APP营销多指第三方智能移动平台的应用程序营销。APP营销是WAP营销发展到一定阶段的产物，二者都来源于企业对移动营销的重视。

APP营销的本质与营销的本质相比，其实并没有太大的变化，都在于立足产品本身，从用户角度出发所进行的营销活动。例如，UNO新品男士洗面奶上市之际，推出了一款品牌APP。考虑到用户的年龄层是20～30岁的年轻男士，他们的娱乐活动丰富，因此这款APP集娱乐、交友、品牌元素于一身，除了提供优惠信息外，还开发了摇骰子、交换名片两种功能，让用户可迅速成为宴会达人，广结好友。生硬地在一些APP中插入广告并不能取得好的效果，只有真正从顾客角度出发的APP才能够达到营销目的。

2. APP营销的主要模式

随着APP的不断发展与推出，APP营销的手段也日益多样化和专业化。目前主要的APP营销主要模式有：

（1）广告植入

在APP中植入广告是最为直接，也是最先被人们想到的一种营销手段。企业通过植入动态广告形式进行宣传，当用户点击广告栏的时候就会进入网站链接，可以了解企业详情或者参与活动，这种模式操作简单，只要将广告投放到那些下载量比较大的应用上就能达到良好的传播效果。这种营销手段简单、直接、快速，能够依托一个好的APP平台迅速扩大自己的目标客户。而且大多数情况下APP是专业化、单一化的，这种APP的特点使得投放广告的目标群体也非常明确，提高了广告植入的效率。

案例：巧妙的品牌产品投放——乐事薯片

虽然乐事薯片进入中国多年，获得了巨大的成功，其市场份额和品牌认知也长期位列第一。然而随着生活水平的提高及对健康饮食的日益关注，人们对无食品添加剂的产品越来越青睐。如何打消消费者对薯片给健康带来的顾虑，深入传递乐事薯片是由“100%纯天然土豆”制成的理念，成为乐事薯片二次创业的巨大挑战。

于是2012年，乐事瞄准了红遍大江南北的“开心农场”，开始在“开心农场”中进行植入营销。将乐事“100%天然土豆种子”和“薯片加工机”等分别植入“开心农场”原料与道具中，用户不仅可以选择种植100%纯天然的乐事土豆，还可以现场加工制造乐事100%纯自然土豆制作出来的薯片，卖给或分享给好友。而且，期间设置一定奖励机制，刺激用户重复参与体验，使所有人人网的用户都可以在其中体验制作乐事100%纯天然薯片的乐趣。根据著名咨询机构尼尔森的调查发现：从活动前到活动后，用户对乐事薯片的核心诉求有了更加清晰的了解，认为乐事是“由100%纯天然土豆制成”的信息认知大幅提升，由25.5%提升为57.4%。当然最为重要的数据要算品牌喜好度的增加。活动两个月后，用户对乐事薯片的喜好度从39%升至72.4%，提升近一倍。通过此次推广，更多的用户从“可能会”购买“乐事薯片”变为“肯定会”购买；从“可能会”首选乐事变为“肯定会”首先乐事。在这两个月中，无论是预购还是首选，“肯定会”的所占比重均提高了一倍左右。

由此可见，乐事薯片以游戏互动的形式将自己的品牌形象完美植入目标消费者心中，并且以此拉近了与消费者之间的距离，得到了非常良好的市场反应。①

（2）线上线下相结合

APP营销有的时候不仅仅是在移动网络终端向消费者和客户提供信息，还可以同线下的营销活动相结合，形成一个完整的营销系统。此时的APP营销已经“不是一个人在战斗”，而是为整个营销体系锦上添花。这种线上线下相结合的营销方式，可以更快地提高活动影响力，使得线下营销的效果更好。

（3）开发自身品牌APP

除了在别人的APP上投放广告之外，现在更多的企业也会发布自身产品的APP。这也成为日益重要的一种模式，既可帮助消费者进一步了解品牌或产品，又可帮助建立起品牌与消费者的情感关联，而这正是企业APP营销的核心所在。在这个需要越来越基于消费者的情感、信任基础上开展营销活动的时代，利用品牌APP传递品牌理念，深化品牌形象，树立品牌口碑，帮助品牌和产品认知度的提升，搭建起品牌与消费者间沟通的桥梁，无疑是企业营销者的明智之举。

企业可以用与众不同、新颖奇特的创意内容与品牌或产品的核心概念相融合，有效地反映出产品主旨或品牌理念，让消费者在使用APP过程中自然而然地了解产品和品牌信息，让用户在娱乐的同时对品牌形成一定的黏性，使其在选择此类产品时能更多地考虑自己的品牌。同时，企业还可以通过推出能为消费者提供主动便捷服务的APP来为消费者创造价值，提升品牌的亲和力，树立品牌的良好口碑。在让用户通过APP某些功能得到APP的同时，融入品牌或产品元素，与推广品牌及产品有机结合，让品牌APP成为消费者接触品牌与产品的桥梁，与品牌其他“营”“销”渠道有机结合，这样才能最终实现促成产品销售的目的。

6.2.7 网络广告

1. 网络广告的定义

网络广告有广义和狭义之分，广义的网络广告是指在互联网上发布的所有以广告宣传为目的的信息，如图像式网络广告、网络联盟广告、关键词广告、邮件广告等；狭义

---

① 刘杰克：《网络营销实战 传统企业如何借助网络营销实现战略突围》，电子工业出版社，2014年。

的网络广告则专指图像式网络广告。

2. 网络广告的基本形式

美国交互广告署(interactive advertising bureau,简称 IAB)所列出的网络广告形式中,主要有标志广告(BANNER)、赞助式广告、分类广告、推荐式广告、E-mail 广告、Rich Media 广告、关键词广告等几种。另外还有一些网络广告并未包含在 IAB 的广告类别中,并且新型网络广告形式仍在不断出现。

BANNER 一般放置在网页上的不同位置,在用户浏览网页信息的同时吸引用户的关注,从而获得网络营销的效果。BANNER 广告有多种表现规格和形式,其中最常用的是 486×60 像素的标准标志广告。由于这种规格曾处于支配地位,所以在早期有关网络广告的文章中,如没有特别指明,通常都是指标准标志广告。这种标志广告有多种不同的称呼,如横幅广告、全幅广告、旗帜广告等。除了标准标志广告,早期的网络广告还有一种略小一点的广告,称为按钮式广告(BUTTON),常用的按钮广告尺寸有 4 种:125×125(方形按钮),120×90,120×60,88×31。

关键词广告不同于基于网页发布的网络广告或者 E-mail 广告,其所依附的载体是搜索引擎的检索结果。虽然关键词广告也是在现实网页上,但这个网页的内容和上面的关键词广告都不是固定的,只有当用户使用某个关键词检索时才会出现,这也就决定了关键词广告具有一定的特殊性。

分类广告之所以受到欢迎在于其形式简单、费用低廉、发布快捷、信息集中,查看分类广告的人一般对信息有一定的主动需求,这也是分类广告的优势所在。随着越来越多的中小企业开展网络营销活动,网络分类广告逐渐受到青睐也就不足为怪了。企业在建立自己的网站之前可以利用在网上查询或发布供求信息的方式来开展初步的网络营销活动,对于已经建立网站的企业,也可以利用分类广告的方式进行网站或产品推广。

分类广告是网上信息发布的一种形式,在专业的分类广告服务出现以前,一些网络营销人员往往在网络社区中发布商业广告。不过有些社区并不欢迎大量的广告信息,因此在网络社区做广告感觉有点遮遮掩掩,而在分类广告区则可以光明正大地为产品/服务做宣传。现在有些分类广告服务仍然是免费的,对于许多中小企业来说,充分利用网上的免费资源,无疑是很有吸引力的。

分类广告常见的发布途径包括:专业的分类广告服务网站、综合性网站开设的相关频道和栏目、网上企业黄页、部分行业网站和 B2B 网站的信息发布区、网上跳蚤市场、部分网络社区的广告发布区等。一般来说,专业性的分类网站通常功能比较完善,分类比较全面,很容易在适合自己产品的类别中发布广告。同样,用户查找信息也比较方便,从而保证了分类广告信息的效果。综合性网站的分类广告栏目可以从众多的网站访问者中吸引一部分人的注意,而行业网站和 B2B 综合网站则容易直接引起买卖双方的关注,广告效果甚至略胜一筹。

3. 网络广告的优势

网络广告和传统广告相比,具有以下优势,如表 6-2 所示。

表 6-2 网络广告优势分析

优　势	详细说明
传播范围广，不受时空限制	通过互联网，网络广告可以将信息 24 小时不间断地传播到世界各地。作为网络广告，只要具备上网条件，任何人在任何地点都可以随时随意浏览广告信息，这是传统媒体无法达到的。
交互性强	在网络上，用户是广告的主人，当对某一产品发生兴趣时，只需轻轻单击鼠标，就可以进入该产品的主页，详细了解产品的信息。另外，用户可以通过网络直接填写并提交在线表单信息，厂商也可以随时获得用户的反馈信息。
投放更有针对性	网站一般都能建立完整的用户数据库，包括用户的地域分布、年龄、性别、收入、职业、婚姻状况、爱好等。这些资料可以帮助厂商分析市场与受众，根据目标受众的特点，有针对性地进行信息发布。
效果可量化，能有效监控	利用传统媒体做广告，很难准确地知道有多少人接收到广告信息，在网络上通过权威公正的访客流量统计系统，可以精确统计出广告被多少个用户浏览过，以及这些用户浏览的时间分布和地域分布。借助分析工具，可以让厂商正确评估广告效果，知道广告投放策略，使广告投放更有针对性。
投放灵活、成本低	在传统媒体上做广告，发布后很难更改，即使可以改动，往往也需要付出很大的经济代价。而网络广告制作周期短，可以根据客户的需求及时完成制作。此外，还可以按照客户需要，及时变更宣传内容，这样客户经营决策的变化就能及时实施和推广。作为新兴媒体，网络媒体的收费也远低于传统媒体，直接利用网络广告对产品进行促销宣传，也可以为客户节省很多销售成本。
感官性强	传统媒体是二维的，而网络广告则是多维的，它能以多媒体、超文本格式文件等为载体，让消费者亲身体验产品或服务。这种以图、文、声、像的形式，能够传送多感官的信息，能让顾客身临其境般感受产品或服务。

4. 网络广告的网络营销价值

从网络营销所产生的效果来看，网络广告的价值可以归纳为 6 个方面：

（1）品牌推广。网络广告最主要的效果之一就表现在对企业品牌价值的提升，这也就是为什么用户浏览而没有点击网络广告同样会在一定时期内产生效果。在所有的网络营销方法中，网络广告的品牌推广价值最为显著。同时，网络广告丰富的表现手段也为更好地展示产品信息和企业形象提供了必要条件。

（2）网站推广。网站推广是网络营销的主要职能，获得尽可能多的有效访问量是网络营销取得成效的基础。网络广告对网站推广的作用非常明显，通常出现在网络广告中的“点击这里”按钮就是对网站推广最好的支持，网络广告（如网页上的各种BANNER 广告、文字广告等）通常会链接到相关的产品页面或网站首页，用户对于网络广告的每次点击，都意味着为网站带来了访问量的增加。因此，常见的网络广告形式对于网站推广都有明显的效果，尤其是关键词广告、BANNER 广告、E-mail 广告等。

（3）销售促进。用户由于受到各种形式的网络广告吸引而获取产品信息，已成为营销用户购买行为的因素之一。尤其当网络广告与企业网站、网上商店等网络营销手段相结合时，这种产品促销活动的效果更为显著。网络广告对于销售的促进作用不仅表现在直接的在线销售，也表现在通过互联网获取产品信息后对线下销售的促进。

（4）在线调研。网络广告对于在线调研的价值可以表现在多个方面，如对消费者行为的研究，对于在线调查问卷的推广，对于各种网络广告形式和广告效果的测试，对于用户对新产品看法的研究等。通过专业服务商的邮件列表开展在线调查,可以迅速获得特定用户群体的反馈信息,大大提高了市场调查的效率。

(5) 客户关系。网络广告所具有的对用户行为的跟踪分析功能为深入了解用户的需求和购买特点提供了必要的信息。这种信息不仅成为网上调研内容的组成部分,也为建立和改善顾客关系提供了必要条件。网络广告对顾客关系的改善也促进了品牌忠诚度的提高。

(6) 信息发布。网络广告是向用户传递信息的一种手段,因此可以理解为信息发布的一种方式。通过网络广告投放,不仅可以将信息发布在自己的网站上,也可以发布在用户数量更多、用户定位程度更高的网站,或者直接通过电子邮件发送给目标客户,从而获得更多用户的注意,大大增强了网络营销的信息发布功能。

案例——361°

2008年奥运会在北京举办,这对众多的中国运动品牌企业来说,既是机遇也是挑战。谁能抢占先机,谁就能赢得进步与发展壮大的机会。以生产运动系列产品、配件及运动休闲产品为主的361°体育用品有限公司自然不会放过这次机遇。2007年,361°与腾讯合作,在腾讯网迷你首页推出了媒体广告“决胜08中国,勇敢做自己”,掀起了运动产业备战“2008奥运”的序幕。

该广告以迎接奥运为主题,烘托出企业的民族运动品牌特色。热情激昂的广告文字,品牌与奥运的巧妙衔接,使网民仿佛置身奥运决战之巅,361°将其专业运动的品牌定位与奥林匹克运动精神紧密结合,实现了又一个新的成长与飞跃。

2007年,在沃顿商学院、CCTV全球资讯榜与经济观察报、腾讯网联合举办的“影响中国”年度评选中,361°获最高奖项,成为“入选”企业中最年轻、发展速度最快的品牌。

6.3 网络营销实践应用

6.3.1 网站推广

1. 网络推广常用方法概述

网站推广策略也可以称为网络推广的策略,是对各种网站推广工具和资源的具体应用。制定网站推广策略是在分析用户获取网站信息的主要途径的基础上进行,从而发现网站推广的有效方法。根据网络营销实践经验和中国互联网络信息中心(CNNIC)近年来发布的《中国互联网发展状况统计报告》等,发现用户获得网站信息的主要途径包括搜索引擎、网站链接、口碑传播、电子邮件、媒体宣传等方式。每种网站推广方式都需要相应的网络工具或者推广的资源,表6-3归纳了常用的网站推广方法及相关网络工具和资源。

表 6-3　常用网站推广方法及相关工具

网站推广	相关推广工具和资源
搜索引擎推广	搜索引擎和分类目录
电子邮件推广	潜在用户的 E-mail 地址
资源合作推广	合作伙伴的访问量、内容、用户资源等
信息发布推广	行业信息网站、B2B 电子商务平台、论坛、博客网站、社区等
病毒性营销	电子书、电子邮箱、免费软件、免费贺卡、免费游戏、聊天工具等
快捷网址推广	网络实名、通用网址，以及其他具有类似功能的快捷寻址服务
网络广告推广	分类广告、在线黄页、网络广告媒体、无线通信工具等
综合网站推广	网上、网下各种有效方法的综合应用

通过表 6-3 可以看出，网站推广的基本工具和资源都是一些常规的互联网应用的内容，但由于每种工具在不同的应用环境中都会有多种表现形式，因此建立在这些工具基础上的网站推广方法相当多，这就大大增加了用户了解网站的渠道，也为网站推广提供了更多的机会。

除了这些常规网站推广方法之外，一些网站（通常是非传统企业网站，如软件下载、交友社区、电子商务等类别网站）也采用一些非常规的手段，如弹出大量的广告、浏览器插件更改用户浏览器默认主页、强制性地安装软件（2005 年之后受到舆论指责的流氓软件）、发送垃圾邮件、进行不规范的网站联盟等，这些方式对网站访问量的增长虽然具有明显的拉动作用，但由于会对用户正常上网造成一定的影响甚至危害，因此在正规的网络营销中并不提倡这些方法。

2. 网站生命周期曲线

通过对大量网站推广运营规律的研究，从网站推广的角度来看，一个网站从策划到稳定发展要经历 5 个基本阶段：网站策划与建设阶段、网站发布初期、网站增长期、网站稳定期、新增长期。图 6-5 是一个网站推广阶段与访问量增长曲线示意图。

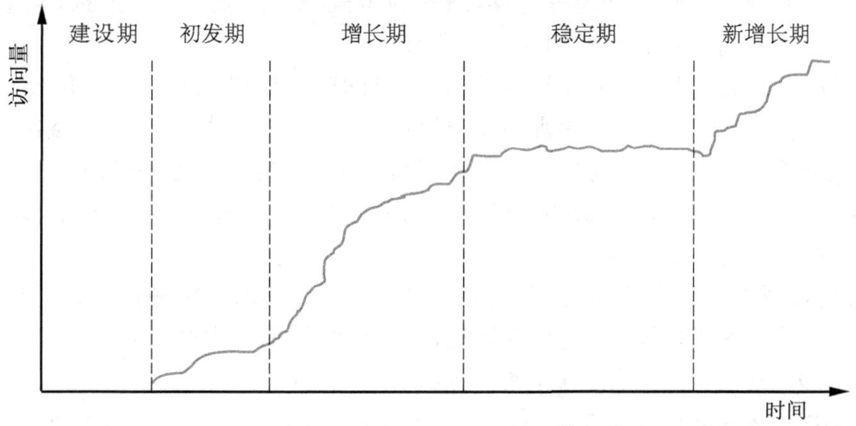

图 6-4　网站生命周期曲线

图 6-4 中表现的是一般正常网站访问量的发展轨迹，或者说是对一个网站推广效果的期望轨迹，但也并不能代表所有网站的发展状况。例如，有些网站由于推广不力等

原因造成访问量长期没有明显增长，有些网站则有可能在某个阶段出现意外原因造成访问量突然下降，甚至无法访问的现象。

从图中可以看到，当网站进入稳定期之后，由于不同的经营策略，网站访问量可能进入新一轮的增长期，也可能进入衰退期。对于一个长期运营的网站来说，自然希望当进入一个稳定阶段之后，通过有效的推广，再次进入成长期。之所以网站进入稳定期之后不同的网站会出现迥异的表现，在很大程度上就是因为对网站运营所处阶段及其特点了解不深，没有采取针对性的推广策略。

另外，这里解释一下为什么要把网站建设纳入网站推广的阶段。在企业网站研究的相关内容中，已经介绍过网站建设对网络营销可能产生的影响，尤其是对网站推广的影响。因为网站推广方法受到网站功能和设计的制约，网站建设决定了某些网站的推广方法。例如，对于搜索引擎营销等，应该从网站策划阶段就开始，否则等到发现网站推广效果不佳时，还是要进行网站基本要素的重新设计。因此，尽管真正意义上的网站推广通常在网站发布之后进行，但在策划和建设过程中就有必要制定推广策略，并且为网站发布后的推广奠定基础，也就是说，网站策划和建设的阶段，事实上已经开始网站推广工作了。

6.3.2 网上市场调研

1. 网上市场调研及其特点

网上市场调研，泛指利用互联网手段进行的各种以市场调研为目的的活动，如搜集市场信息、了解竞争者的情报、调查顾客对产品/服务的意见等。人们在浏览网站时常常会看到一些小调查，如一些网站在新改版之后对访问者所进行的调查，一般有少数几个选择项目，比如“满意”“不满意”“一般”等。当选定一个答案并单击提交按钮，就是参加了一次在线调查，这种方式所获得的结果就是最简单的网上调查。不过，将网上调查应用在企业的市场调研中一般不会这么简单，因为市场调查需要了解更多的信息，有时还要在特定人群中选择合适的被调查者，比如调查顾客对某个产品或者某个品牌的满意度、调查消费者的购买行为等，所以调查的手段也相对复杂，还要涉及问卷设计和测试、问卷投放和回收及数据处理等多个环节。

从市场调研的程序上来说，网上调研与传统的市场调研没有本质的区别。一个完整的市场调研过程都是从明确调研问题及目标开始，接着设计市场调研、搜集市场信息资料、整理分析资料，最后是撰写市场调研报告。但是，网上市场调研所采用的信息搜集方式会有所不同，因而对市场调研设计中的部分内容，如在线调查表的设计、发放和回收等也提出了不同的要求。

与传统市场的调研方法相比，利用互联网进行市场调研有很多优点，主要表现在提高调研效率、节约调查费用、调查数据处理比较方便、不受地理区域限制等方面。因此，网上调研成为一种不可忽视的市场调研方法。

2. 网上市场调研的基本方法

当确定了调研主题之后，最重要的任务就是资料搜集和处理调查数据。在市场调研的整个过程中，搜集市场信息资料是工作量最大、耗时最长的程序。借助于互联网，这个过程可以大为缩短。根据获取信息资料的过程，可以将市场信息来源分为第一手资料和第二手资料：第一手资料是调研人员通过现场实地调查，直接向有关调研对象搜集的资料;第二手资料则是指经过他人搜集、记录、整理所积累的各种数据的资料。互联网不仅为获得第一手资料提供了良好的途径,而且增加了获取第二手资料的渠道,同时也更加方便,成本更低,因此互联网在市场调研中的优势在搜集市场资料阶段更加明显。

对于市场调研而言,获取第一手资料的方法主要有访问法、观察法、实验法等。以最常用的访问法为例,它还可以进一步具体化,比如人员访问法、电话访问法、邮件资讯法等。同样,网上市场调研的方法也可以根据不同的调查方式细分,如网上搜索法、网站跟踪法、在线调查法、电子邮件调查法、对访问者随机抽样调查法等。第二手资料搜集相对比较容易,花费代价较小,来源也更广。利用互联网搜集第二手资料更加方便,速度也比传统方法快得多,而且通常可以直接从网上复制,因此大大缩短了资料搜集和数据输入及处理的时间。用于搜集第二手资料的常用方法有网上搜索法、网站跟踪法、订阅邮件列表等。

6.3.3 网络品牌

1. 网络品牌的含义

网络品牌这一术语并不陌生,尤其在有关域名保护、网络广告、网站专业性建设等相关文章中,设计网络品牌概念的很多。但网络品牌究竟是什么含义则很难说清楚,也难以找到权威的解释。为了详细说明网络品牌的含义,要先回顾一下市场营销中品牌的概念。美国市场营销协会对品牌的定义是:“品牌(brand)是一种名称属性标记符号或设计,或是它们的组合运用,其目的是借以辨认某个销售者或某群销售者的产品或服务,并使之同竞争对手的产品和服务区别开来。”

从这个定义来看,主要强调了品牌的可辨识性因素,即企业品牌存在的特征。那么什么是网络品牌呢?简单来说,企业品牌在互联网上的存在即网络品牌。网络品牌有两个方面的含义:一是通过互联网手段建立起来的品牌;二是互联网对网下既有品牌的影响。两者对品牌建设和推广的方式和侧重点有所不同,但目标是一致的,都是为了企业整体形象的创建和提升。

相对于传统意义上的企业品牌,网络品牌具有下列特点:

(1) 网络品牌是网络营销效果的综合表现。网络营销的各个环节都与网络品牌有直接或间接的关系。因此,可以认为网络品牌建设和维护存在于网络营销的各个环节。从网站策划、网站建设,到网站推广、顾客关系和在线销售,无不与网络品牌相关。网络品牌是网络营销综合效果的体现,如网络广告策略、搜索引擎营销、供求信息发布各种网络营销方法等均对网络品牌产生影响。

(2) 网络品牌的价值只有通过网络用户才能表现出来。正如科特勒在《营销管理》一书中所言:“每一个强有力的品牌实际上代表了一组忠诚的顾客。”因此,网络品牌的价值也就意味着企业与互联网用户之间建立起来的和谐关系。网络品牌是建立用户忠诚度的一种手段,因此对于顾客关系有效的网络营销方法对网络品牌营造同样是有效的,如集中了相同品牌爱好者的网络社区,在一些大型企业如化妆品、保健品、汽车行业、航空公司等比较常见,网站的电子刊物、会员通讯等也是创建网络品牌的有效方法。

(3) 网络品牌体现了为用户提供的信息和服务。Google 是最成功的网络品牌之一，当人们想到 Google 这个品牌时，头脑中的印象不可能仅是那个非常简单的网站界面，更主要的是他在搜索方面的优异表现，Google 可以给我们带来满意的搜索效果。可见有价值的信息和服务才是网络品牌的核心内容。

（4）网络品牌建设是一个长期的过程。与网站推广、信息发布、在线调研等网络营销活动不同，网络品牌建设不是通过一次活动就可以完成的，不能获得立竿见影的效果，网络营销是一项长期的营销策略，对网络营销效果的评价用一些短期目标并不能全面衡量。

2. 网络品牌的层次

知名品牌企业的网络品牌策略主要是品牌形象从网下向网上的延伸和发展，而非知名企业和新创企业的网络品牌则近乎是全新的创建过程。对于网络用户来说，从网上获得的印象几乎就是对于企业的全部印象，因此这些企业在向用户传递品牌信息时更应细心。网络品牌包含 3 个层次，如图 6-5 所示。

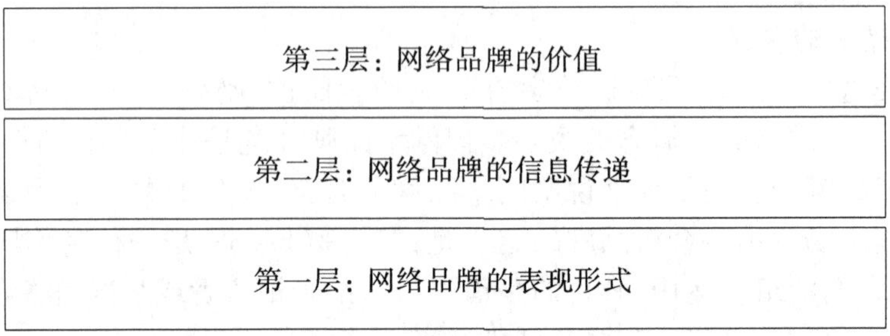

图 6-5　网络品牌层次

（1）网络品牌要有一定的表现形态。一个品牌之所以被认知，首先应该有其存在的表现形式，也就是可以表明这个品牌确实存在的信息，即网络品牌具有可认知的、在网上存在的表现形式，如域名、网站（网站名称和网站内容）、电子邮箱、网络实名/通用网址等。

（2）网络品牌需要一定的信息传递手段。仅有网络品牌的存在并不能为用户所认知，还需要通过一定的手段和方式向用户传递网络品牌信息，才能为用户所了解和接受。网络营销的主要方法如搜索引擎营销、许可 E-mail 营销、网络广告等都具有网络品牌信息传递的作用。因此，网络营销的方法和效果之间具有内在的联系，在进行网站推广的同时也达到了品牌推广的目的，只有深入研究其中的规律，才能在相同营销资源的条件下获得综合营销效果的最大化。

（3）网络品牌价值的转化。网络品牌的最终目的是为了获得忠诚顾客并达到增加销售的目的，因此，网络品牌价值的转化过程是网络品牌建设中最重要的环节之一，用户对一个网络品牌从了解到形成一定的转化行为（如网站访问量上升、注册用户人数增加、销售额上涨等）的过程也就是网络营销活动的过程。

6.3.4　网络营销渠道

1. 网络营销渠道的类型

在传统的营销渠道中，中间商是重要的组成部分，中间商之所以在营销渠道中占有重要的地位，是因为利用中间商能够在广泛提供产品和进入目标市场方面发挥最高的效率。营销中间商凭借其业务往来关系、经验、专业化和规模化经营，提供给企业的利润通常高于自营商店所能获得的利润。但互联网的发展和商业应用，使传统营销中间商凭借地理原因所能获取的优势被互联网的虚拟性所取代，同时互联网的高效率的信息交换，改变了过去传统营销渠道的诸多环节，将错综复杂的关系简化为单一的关系，因而互联网改变了营销渠道的结构。

网络营销渠道可以分为两大类：一类是通过互联网实现从生产者到消费(使用)者的网络直接营销渠道，这时传统中间商只能发生改变，由过去的中间环节变为为直接渠道提供服务的中介机构，如提供货物运输配送服务的专业物流公司，提供货款网上结算服务的网上银行及提供产品信息发布和网站建设的 ISP 和电子商务服务商；另一类是通过融入互联网技术后的中间商提供网络间接营销渠道。新兴的中间商也对传统的中间商产生了巨大的冲击，例如在家电销售领域，京东商城对传统的国美、苏宁家电连锁企业的冲击，为了争夺线上市场，苏宁、国美也纷纷开展网上商城进行家电销售。

2. 网络营销渠道的建设

由于网络营销对象和企业自身经营特点不同，网络营销渠道也是有很大差别的。网络营销有多种方式，但目前主要的是两种：一种是 B2B，也就是企业与企业之间进行的商务活动模式，例如企业利用互联网向供应商进行采购或支付等。这种模式虽然交易量大，但交易次数少，并且购买方比较集中。因为网络营销渠道建设的关键在于订货系统建设，这样方便购买企业进行选择。由于量大次数少，配送时可以进行专门配送，既可以保证速度又可以保证质量，减少中间环节带来的损失。第二种方式是 B2C，也就是企业与消费者之间进行的电子商务模式，这种模式下每次交易量小，交易频繁，购买者非常分散，因此这种方式的网络营销渠道建设的关键是结算系统和配送系统。

在选择网络营销渠道时还要注意产品的特性，有些产品容易数字化，可以直接通过互联网传输，而对大多数有形产品，还必须依靠传统配送渠道来实现货物的空间移动。对于部分产品依赖的渠道，可以通过对渠道信息的网络整合最大限度地提高渠道的效率，减少由于运营中的人为失误和时间耽搁造成的损失，以及由于迂回运输等因素造成的渠道成本的增加。在渠道建设时还要考虑以下几个方面的问题：

(1) 从消费者角度设计渠道。只有采用消费者比较放心、容易接受的方式才有可能吸引消费者网上购物，提升购物网站的可信度，克服网上购物的“虚”的感觉。

(2) 合理设计订货系统。网上企业在设计订货系统时要尽可能简化客户的操作，提升操作界面的易用性，不要让消费者填写太多信息，保护消费者的私人信息。另外，订货系统还应该提供商品搜索和分类查询功能，以便消费者在最短时间内找到需要的商品，同时还应该对商品提供消费者想了解的信息，如性能参数、外形、尺寸、品牌等主要信息。

(3) 建立完善的配送和退货系统。消费者只有看到购买的商品后，才能真正感到踏实，因此建立快速有效的配送服务是非常重要的。目前各大电子商务企业正在开展多种形式的配送系统建设，如与第三方物流公司合作、自建主干物流网络等。建立完善的退货物流体系也是很重要的，目前在网络购物过程中经常出现退货难、成本高及退货成本的分担等问题，这些都影响了网上营销渠道的快速、健康发展。

6.3.5 网络营销服务

1. 网络营销服务的分类

网络营销服务可以简单划分为网上产品服务营销和客户服务营销。无论是产品服务营销还是客户服务营销,服务营销的核心理念是客户满意和客户忠诚,通过取得客户的满意度和忠诚度来促进相互有利的交换,最终实现营销业绩的改进和企业的长期成长。根据网络营销交易时间的间隔,可以将网络营销服务划分为售前服务、售中服务和售后服务。

2. 网络营销服务的特点

服务区别于有形产品的主要特点是不可感知性、不可分离性、可变性和易消失性,同样,网络营销服务也具有上述特点,但其内涵却发生了很大的变化,具体体现在以下几个方面:

(1) 增强了客户对服务的感性认识。服务的不可感知性包括两层含义:一是服务与实体商品相比较,服务的特质及组成服务的元素,在许多情况下都是无形的;二是消费者消费服务后所得到的收益很难被觉察,或是得经过一段时间后消费者才能感觉出利益所在。服务的这一特征决定消费者不能以对待实体商品的办法(如触摸、尝试、嗅觉等)判断服务的优劣,而只能以搜寻信息的办法,参考多方面意见及自身的体验来做出判断,因此,在进行网络营销服务时,需要通过一些有形的方式将服务表现出来,以增强客户的体验和感受。

(2) 突破时空不可分离性。服务的不可分离性是指服务的生产过程和消费过程是同时进行的,服务人员提供服务于客户之时,也正是客户消费、享受服务的过程,生产与消费服务在时间上是不可分离的。在传统市场的服务中,服务往往受到时间和空间的限制,客户为寻求服务需要花费大量的时间去等待。而在网络营销服务中,基于互联网的远程服务可以突破服务的时空限制,如现在的远程医疗、远程教育、网络订票、网上金融理财等,这些服务通过互联网都可以实现消费方和供给方的分离。

(3) 提供更高层次的服务。传统服务的不可分离性使得客户寻求服务受到限制,网络营销服务突破了传统服务的限制。客户可以通过互联网得到更高层次的服务,不仅可以了解信息,还可以直接参与整个过程,最大限度地满足客户的个人需求。

(4) 客户寻求服务的主动性增强。客户通过互联网可以直接向企业提出要求,企业可以针对客户的要求借助网络营销低成本地满足客户的“一对一”需求。当然,企业在业务流程及管理方式方面也得做出相应的调整,以适应该柔性化的服务。

(5) 服务成本效益提高。一方面企业通过互联网实现远程服务,扩大服务市场的范围,创造了新的市场机会;另一方面,企业通过互联网提供服务,可以增强企业与客户之间的关系,培养客户忠诚度,减少企业的营销成本费用。因此,许多企业将网络营销服务作为企业在市场竞争中的重要手段。

3. 网络营销服务策略

网络营销服务的过程总是伴随着客户和企业产品接触的过程。网络营销服务过程分为售前服务、售中服务和售后服务:售前服务是利用网络营销把企业产品和服务的有关信息发送给目标客户,包括产品技术指标、主要性能、使用方法和价格等;售中服务是为客户提供咨询、导购、订购、结算和送货等服务;售后服务的主要内容是为用户安装、调试产品,解决产品在使用过程中的问题,排除技术故障,提供技术支持,寄发产品改进或升级信息,以及获取客户对产品和服务的反馈。

1) 网络营销售前服务

企业网络营销售前服务主要是提供信息服务。企业提供售前服务的方式主要有两种:一种是通过自己的网站宣传和介绍产品信息;另一种是通过第三方平台提供商品信息。除了提供产品信息外,还应该提供产品性能介绍和同类产品比较信息、购买信息、所包括的服务、产品使用说明等信息。总之,通过提供全方位的信息服务,来消除消费者在消费过程不确定的预期心理。

2) 网络营销售中服务

此类服务是指在产品的买卖关系已经确定,等待产品送到指定地点过程中的服务,如了解订单执行情况、产品运输情况等。在传统营销中,有 30% ~40% 的资源是用于应对客户对销售执行情况的查询和询问,这些服务不但浪费时间,而且非常琐碎,难以给用户满意的答案,客户满意度低。而网络营销客户服务突破了传统市场对地理位置的依赖和分割,因此网络营销售中服务非常重要。因此企业网站在提供网上订货功能的同时,还要提供订单执行查询功能,方便客户及时了解订单执行情况,同时减少因网上直销带来的客户对售中服务人员的需求。

3) 网络营销售后服务

网络营销售后服务是指借助互联网直接沟通的优势,以便捷方式满足客户对产品帮助、技术支持和使用维护的需求。网络营销售后服务有两类:一是基本的网上产品支持和技术服务;二是企业为满足客户的附加需求提供的增值服务。

由于分工的日益专业化,使得一个产品的生产需要多个企业的配合,因此产品的支持和技术也相对复杂。提供网上产品支持和技术服务,可以方便客户通过网站直接找到相应的企业或者专家寻求帮助,减少不必要的中间环节。如美国波音公司通过网站公布其零件供应商的联系方式,同时将有关技术资料放到网站,方便各地飞机维修人员及时索取最新资料或寻求技术帮助。为提升企业的竞争力,许多企业在提供基本售后服务的同时还提供一些增值性服务。

6.4 网络营销管理

6.4.1 网络营销管理的内容体系

1. 网络营销管理内容体系的分类

网络营销过程离不开网络营销管理,这些工作可能是零散的,不够系统的,有时也缺乏针对性,比如对网站流量的统计分析、对网络广告效果的跟踪控制、对网站的优化设计、对主要竞争者的研究、对网站链接的管理等,这些都与网络营销管理有关,但开展其中任何一项工作或者若干工作的组合也并不代表开展了完整的网络营销管理,研究网络营销管理的作用就在于将这些管理工作系统化、规范化。在实际工作中对网络营销管理没有引起足够的重视,在一定程度上是因为对网络营销内容缺乏系统的认识。

网络营销管理的内容相当繁多,并且贯穿于网络营销策略制定和网络营销实施过程之中的多个层面,所以将网络营销管理的内容完全系统化并不是很简单的一件事情,要比制定一项具体的网络营销策略复杂很多。下面是对网络营销管理内容粗略的分类，尽管不尽完善，但对于了解网络营销管理的框架体系仍有一定的参考价值。

根据研究和应用的不同角度，可以用多种方法对网络营销管理内容体系进行分类。

（1）按照网络营销管理的形式，参照管理学的研究方法，可以将网络营销管理分为：网络营销计划管理、网络营销人事管理、网络营销组织管理、网络营销策略实施管理、网络营销效果评价和控制等。每一项网络营销管理职能都可以细化为若干具体的工作，并且与网络营销具体策略的实施建立对应关系。

（2）按照开展网络营销的阶段可以将网络营销管理分为：网络营销总体策划阶段的管理、网络营销准备阶段的管理、网络营销实施过程的管理、网络营销效果控制与评价管理等。

（3）按照网络营销工作的性质，可划分为单项网络营销策略管理、阶段性网络营销管理和连续性网络营销管理。单项网络营销策略管理是对于某一项具体的网络营销活动管理；阶段性管理主要针对某个时期，或者网络营销发展的某个阶段进行的临时性管理措施，如在网站建成之后进行的专业性诊断、网站推广不同阶段的推广计划和效果评价等；连续性网络营销管理则具有长期性、重复性的特征，如进行网站内容维护管理、在线顾客关系管理、顾客关系和顾客服务管理等。

（4）按照对网络营销工作的内容，可将网络营销管理分为：网络营销基础环境管理、网络营销产品和服务管理、网络营销的内容管理、网络营销用户资源管理、用户行为研究与管理、网站流量统计管理等。

2. 网络营销管理的一般内容

通过对网络营销管理的分类，可以了解在不同视角下网络营销管理的表现形式和包含的主要内容。由于网络营销管理所涉及的内容较多，彼此之间又缺乏系统性，仅仅经过这样的简单分类还不足以对网络营销管理建立起整体印象，正如在网络营销的内容体系没有被清晰地勾画出来之前，对于网络营销的认识往往是对其中具体网络营销方法的简单堆积，或者某些零散的，甚至是不切实际的“网络营销理论”的罗列。这样简单的堆积和罗列对于理解网络营销的核心思想、提升对网络营销的认识显然是不够的。同样的道理，即使对网络营销管理的一些常规内容有所了解，并不等于已经认识了网络营销管理的全貌。因此，下面从网络营销基本职能的角度来简单说明网络营销管理的一般内容。

网络营销管理的一般内容包括 8 个方面，其含义简介如下：

（1）网络品牌管理。是指通过合理利用各种网络营销统计创建和提升品牌，主要内容包括网络品牌策略制定、网络品牌计划实施、网络品牌评价等。

（2）网站的推广管理。网站推广的直接效果表现在网站访问量的增加、品牌形象的提升、用户数量的增长等多个方面。网站推广管理是网络营销管理的基础内容之一，也是最基本的网络营销管理活动，主要包括：网站专业性诊断、网站搜索引擎优化状态诊断、网站推广阶段计划的制定、各种网站推广手段管理、网站推广效果分析评价（如网络广告、E-mail 营销、搜索引擎营销等）、网站流量统计分析、网站访问量与效果转化分析等。

（3）信息发布管理。信息发布包括网站的内容策略及内容管理、外部信息发布渠道管理、信息发布的效果管理等。

(4) 在线顾客关系管理。包括用户行为研究、用户资料管理和有效利用、顾客关系营销策略的效果评价等。

(5) 在线顾客服务管理。在线顾客服务的基础是有效利用在线服务手段,对各种在线服务手段的特点进行研究并制定适合用户要求的顾客服务策略构成了在线顾客服务管理的基本内容。

(6) 网上促销管理。针对不同产品/服务,制定不同阶段的促销目标和策略,并对在线促销的效果进行跟踪控制。

(7) 网上销售管理。主要内容包括在线销售渠道建设、在线销售业绩分析评价、网上销售与网站推广、网上促销等工作的协调管理。

(8) 网上市场调研管理。包括在线市场调研的目标、计划、调研周期管理,以及调查结果的合理利用和发布管理等。

通过上述简单介绍可见,网络营销管理贯穿于整个网络营销活动中,网络营销管理的内容体系也相当庞大,每一项网络营销职能均包含多种具体的网络营销管理内容,在不同的阶段,网络营销管理的任务和实现手段也会有一定的差别,有些属于阶段性网络营销管理,有些则属于长期性、连续性的管理内容。在对网络营销各项具体职能进行管理的基础上,才可能进行网络营销效果的综合评价。

从网络营销管理的应用现状来看,目前对于网络营销管理的应用,主要是在网站推广管理方面相对比较成熟,这也是最基本的网络营销管理活动,比如网站流量统计分析,已经广泛应用于网络营销活动之中。

6.4.2 网站访问统计分析

网站访问统计分析,是指在获得网站流量统计基本数据的前提下,对有关网站访问数据进行统计、分析,从中发现用户访问网站的规律,并将这些规律与网络营销策略等相结合,从而发现目前网络营销活动中可能存在的问题,并为进一步修正或重新制定网络营销策略提供依据。当然这样的定义是站在网络营销管理的角度来考虑的,如果出于其他方面的目的,对网站流量分析会有其他相应的解释。

1. 网站访问统计分析的价值

通过各种网站流量统计分析系统或者网站流量分析软件可以获得网站流量的基本数据,这些数据是网站访问统计分析的基础。一般的网站流量统计系统虽然都具备一定的统计分析功能,但总体来说这些通用性的统计分析软件多局限于数据记录和对现有数据进行简单的汇总,并据此制作出图表、曲线之类的分析报告,这些信息对于了解网站的访问量情况发挥了积极作用,但是一般的网站流量统计系统对用户访问行为分析方面很难深入,这些模式化的分析结果实际上难以与网络营销策略结合起来,也就无法为网络营销工作提供有效的指导。真正对网络营销有价值的网站统计分析并不仅仅是流量数据的简单汇总,有些地方涉及多方面的工作,需要分析人员具备专业的网络营销知识以及其他第三方数据等。因此,在网站流量统计分析管理中,对网站访问统计数据的分析能力的差异决定了网络营销管理水平的高低。

归纳起来,网站统计分析对网络营销管理的意义主要表现在下列几个方面:

(1) 及时掌握网站推广的效果,减少盲目性;

（2）分析各种网络营销手段的效果，为制定和修正网络营销策略提供依据；

（3）通过网站访问数据分析进行网络营销诊断，包括对网站推广的效果分析、网站优化状况诊断等；

（4）了解用户访问网站的行为，为更好地满足用户需求提供支持；

（5）网站访问量可以用于作为网络营销效果评价的参考指标。

网站统计分析是网络营销专业人员的必备知识，专业的网站访问统计分析报告不仅可以清晰地看到网站运营的成就，并且可以从中发现网站访问与网络营销策略之间的关系。进行网站访问统计分析的前提是对网站流量各项统计指标的含义有深刻认识，并且在此基础上积累大量的实践经验。

2. 网站访问统计指标的意义

网站访问统计分析的基础是获取网站流量的基本数据，根据作者对网站访问统计分析的相关研究认为，网站访问统计指标大致可以分为3类，每类包含若干数量的具体统计指标。这3类指标包括网站流量指标、用户行为指标和用户浏览网站的方式。

1）网站流量指标

网站流量的主要统计指标包括：

（1）独立访问数量（unique visitors）；

（2）重复访问数量（repeat visitors）；

（3）页面浏览数（page views）；

（4）每个访问者的页面浏览数（page views per user）；

（5）某些具体文件/页面的统计指标，如页面显示次数、文件下载次数等。

2）用户行为指标

用户行为指标主要是反映用户如何来到网站，在网站上停留了多长时间，访问了哪些页面等，主要的统计指标包括：

（1）用户在网站的停留时间；

（2）用户来源网站（引导网站）；

（3）用户所使用的搜索引擎及其主要关键词；

（4）在不同时段的用户访问量情况。

3）用户浏览网站的方式

用户浏览网站方式的相关统计指标主要包括：

（1）用户上网设备类型；

（2）用户浏览器的名称和版本；

（3）访问者电脑分辨率显示模式；

（4）用户所使用的操作系统名称和版本；

（5）用户所在地理区域分布状况等。

6.4.3 网络营销效果评价体系

在网络营销活动中，对网络营销效果进行评价是一项必不可少的工作。网络营销整体效果是通过各种方法的综合作用所产生的，整体效果如何，是否实现了网络营销计划的目标，除了对各种具体方法所进行的评估之外，还需要通过对网络营销效果进行综合评价来检验。

网络营销效果综合评价的战略意义在于,它不仅是对一个时期网络营销活动的总结,也是制定下一个阶段网络营销策略的依据。因为通过各种专业的评价和分析数据,可以及时发现网络营销应用中的问题,从而为如何提高下一阶段的网络营销效果提供决策依据。

在目前的网络营销实践中,对网络营销效果的评价体系主要可分解为下列 4 个方面的内容:对网站建设专业性的评价;对网站推广和网络品牌的评价;对网站访问量指标的评价;各种网络营销活动反应率指标的评价。下面分别给予简单介绍。

1. 对网站建设专业性的评价

网站建设是网络营销的基础,是网络营销信息传递的主要渠道之一。根据对网站结构、网站内容、服务、功能、可信度等基本要素进行的综合评价,反映了一个网站在某一阶段是否具有明确的网络营销导向,以及网站基本要素中存在哪些影响网络营销效果的因素。基于网络营销导向的网站评价指标体系,不仅可以做到对网站专业性的定性描述,也可以做到对网站建设阶段工作的定量评价。

2. 对网站推广和网络品牌的评价

网站推广的效果是对网站建设的专业性,尤其是网站优化水平的综合反映,这在一定程度上说明了网络营销人员为之付出的努力,在一定程度上还可以进行量化分析。网站推广可分为四个阶段:策划建设阶段、网站发布初期、网站增长期、网站稳定期。在网站推广运营的不同阶段有明显的阶段特征,相应地对每个阶段也有不同的评价内容,例如网站建设完成后需要对网站专业性进行评价,而网站访问量进入快速增长期后则要对访问量增长率、各种推广手段的有效性等进行评价。

从网站推广的总体结果来看,网站推广效果的评价指标主要包括:网站被主流搜索引擎收录和排名状况、获得其他相关网站链接的数量和质量、网站访问量和注册用户数量等。

1) 网站被主流搜索引擎收录和排名状况

网站被主流搜索引擎收录和排名的状况,可以从以下 3 个方面进行评价:

(1) 网站被各个主要搜索引擎收录的网页数量。网页被收录的数量越多,意味着被用户发现的机会越大,这也就是搜索引擎目标层次原理中的第一个层次,即增加网站的搜索引擎可见度。对搜索引擎收录网页数量进行评价,实际上也反映了网站的内容从策略上是否得到了有效的实施,内容贫乏的网站自然不可能产生大量高质量的网页。因此,对搜索引擎收录网页数量的比较,往往可以反映出不同网站之间网络推广资源的差异。

(2) 被搜索引擎收录的网页数量占全部网页数量的比例。理想的情况是网站所有的网页都被搜索引擎收录,但实际上一些网站因为在网站栏目结构、链接层次和网页 URL 涉及等方面的问题造成大量的网页无法被搜索引擎收录,这样网站内部网页资源的价值就无法通过搜索引擎推广表现出来。网站被搜索引擎收录的网页比例越接近 100%,就说明网站搜索引擎自然检索推广的基础工作越扎实。

(3) 在搜索引擎检索结果中有较好的表现。在前两项评价的基础上,还有必要对网站在主流搜索引擎检索结果的表现进行评价,尤其是利用网站的核心关键词进行检索时,与竞争者相比,在这些关键词检索结果页面中的优势地位如何。因为搜索引擎推广在一定程度上可以理解为与竞争者为有限的搜索结果推广资源而竞争，只有优于竞争者才能获得用户的关注。这里所讲的核心关键词是指为网站通过搜索引擎自然检索带来较高访问量的关键词，也即“长尾理论”中反映在头部的部分重要的关键词。由于用户检索行为的分散性，所以不可能对用户检索的所有关键词进行分析评价。

2）获得其他网站链接的数量和质量

在常用的网站工作中，获得相关网站的链接是常用的推广方法之一，因此获得其他网站链接的数量和质量在一定程度上可以表明网络营销人员对网站推广工作所做的努力，尤其可以反映网站在行业中受到其他网站关注的程度。不过网站链接的数量与网站访问量之间并没有严格的正比关系，有些相关网站链接可能带来明显的访问量，也有些链接对网站推广的效果并不显著。不过，从网站链接在搜索引擎优化中的意义考虑，高质量的网站链接仍然是有价值的。

3）网站访问量和注册用户数量

网站访问量是网络营销取得效果的基础，它在一定程度上反映了网站获得顾客的潜在能力，作为评价网站推广效果的基本指标，可以对常用网站访问量和注册用户数量等进行评价。注册用户数量反映了通过网站推广获得的网络营销资源，例如注册用户资料是开展内部列表 E-mail 营销的三大基础之一。网站访问量指标则直接反映了网站推广的直接效果，对网站访问数据的统计分析也是网络营销管理的基本方法和基本内容。

3. 对网站访问量指标的评价

在网络营销评价方法中，网站访问统计分析是重要的方法之一。通过网站访问统计报告，不仅可以了解网络营销所取得的效果，而且可以从统计数字中发现许多有说服力的问题。网站访问量统计分析无论对于某项具体的网络营销活动还是网络营销的总体效果都有参考价值，它也是网络营销评价体系中最具有说服力的量化指标。虽然获得用户访问并非网络营销的最终目标，但是访问量直接关系到网络营销的最终效果，因此网站访问量指标可以看作是网络营销的中间效果。

通常说的网站流量（traffic）指网站的访问量，是用来描述访问一个网站的用户数量以及用户所浏览的网页数量的指标。常用的统计指标包括网站在一定统计周期内（例如每天、每周或者每月）的独立用户数量、总用户数量（含重复访问者）、网页浏览数量、每个用户的页面浏览数量、用户在网站的平均停留时间等。

4. 各种网络营销活动反应率指标的评价

在网络营销活动中，有些活动的效果并不表现为访问量的增加而是直接达到销售促进的效果，因此便无法用网站访问量指标来进行评价。例如企业进行促销活动时，采用电子邮件方式发送优惠券，用户下载之后可以直接在传统商场消费使用，这样用户就无须登录网站，这时网络促销活动的效果对网站流量就不会产生明显的增加，因此只能用该次活动反应率指标来评价，如优惠券的下载数量、在商场中兑现的数量等。

另外，对于网络广告，虽然其点击率通常比较低，但网络广告对于那些只浏览而没有点击广告的用户同样产生影响，因此用网络广告对网站流量增加的评价方式会低估网络广告的价值。对于这些通过网站访问量无法评估的网络营销活动，通常采用对每项活动的反应率指标来进行评价，如网络广告的点击率和转化率、电子邮件的送达率和回应率等。其他类似的网络营销方法也可以参照这种模式进行效果评估。

第 7 章　电子商务物流管理

自古以来,人们所需产品的生产地和消费地就有所不同,人们需要消费商品的时候常常无法得到。食品和其他产品分布很广,但只有在每年的某些时期供给才会丰富。早期人们的选择是,要么就时就地消费,要么将产品转移到更需要的地点储存起来留待以后使用。然而,由于没有良好的运输、仓储系统,产品的转移被限制在人力所及的范围内,易腐产品只能储存很短的时间。运输、仓储系统的局限性迫使人们只能居住在产品的出产地附近,消费极其有限的几种产品。

即使今天,在世界的某些地区,生产和消费也只能在极其有限的地理范围内进行。在亚洲和非洲的一些国家和地区仍有突出的例子,在那里,多数人生活在自给自足的小村落里,居民所需的多数产品出产于紧邻地区,只有少数从其他地区进口。在这种经济方式下,生产率和生活水平通常较低。导致这种局面的主要原因就是缺乏高度发达、成本低廉的物流系统,因此阻碍了与其他地区的产品交换。假设 A 国和 B 国的消费者需要购买录像机和计算机软件,在未来一年里,两国要购买录像机和文字处理软件的消费者数量相同,由于两地劳动力成本、关税、运输和产品质量存在差异,对消费者来说,产品的有效价格不同,A 国和 B 国的消费者(两个经济体总计)总共需要支付 1 450 美元来满足他们的需求,具体计算见表 7-1。

表 7-1　只购买本地产品的消费者需支付的费用　(单位:美元)

消费者所在地	录像机	文字处理软件	总计
A	400	300	700
B	250	500	750
两个经济体总计			1 450

现在,如两国互相交易其有成本优势的产品,消费者和整体经济都将获益。B 国生产录像机的劳动力成本低,而 A 国在生产低成本、高质量的软件方面有优势。随着廉价、可靠的运输出现,各国专门生产成本最低的产品,而从其他国家购买产品就会有经济收益。在运输成本合理的情况下,B 国就可以向 A 国销售比当地生产和运输更便宜的录像机。相反,A 国拥有设计、生产软件的成本优势,支付合理的运输费用后,还可以在 B 国销售比当地更便宜的软件。经过改良后的经济情况是两国消费者共节约了 250(1 450 - 1 200)美元,具体计算见表 7-2。昂贵的运输费用会使得进口产品的到岸价格高于本地产品价格,从而阻碍两国之间的贸易和比较经济利益的实现。

表 7-2 运输价格低廉时贸易的收益 (单位:美元)

消费者所在地	录像机	文字处理软件	总计
A	300	300	600
B	250	350	600
两个经济体总计			1 200

随着物流系统的改进,消费和生产开始出现地域分化。各个地区专门生产那些生产效率最高的产品,富余产品廉价运输到其他消费地,同时进口当地需要但不生产的产品,这一交换过程遵循的是比较优势原则(the principle of comparative advantage)。

同一原则应用于世界市场,则可以解释现今大规模国际贸易这一现象。高效的物流系统使得全球各企业得以利用各地土地和生产率的优势。物流正是贸易的核心。它对人类生活水平的提高做出了贡献。

对企业而言,对物流活动的有效管理是至关重要的。企业的市场范围往往覆盖了广大的地区,而生产却可能只集中在相对少的几个地区。生产地和市场地时空分离,物流就是联结它们的桥梁。

7.1 物流管理概述

物流的英文 Logistics 原意是指在战争时,补给物资的后勤运送工作。但是随着时代的变迁,Logistics 已可解作:如何管理把货物由卖家运到最后买家手中的过程。这几年,物流在我国也崭露头角,成为市场经济新的一大热点。

7.1.1 物流的定义

由国家质量技术监督局发布的《中华人民共和国国家标准物流术语》已于 2001 年 8 月 1 日起正式实施,其中对物流进行了定义:

"物品从供应地向接受地的实体流动过程中,根据实际需要,将运输、储存、装卸、搬运、包装、流通加工、配送、信息处理等基本功能实施有机结合。"

除此之外,中国的物流专家还经常引用美国物流管理协会的最新定义,美国物流管理协会关于物流定义的大致意思是:物流是供应链流程的一部分,它通过有效率地计划、执行实施和控制商品的储存和流动(通)、服务和相关信息,以满足从原产地到消费地的过程中消费者的需要。

从以上物流的定义可知,物流具有以下内涵:

(1) 物流是一种经济活动。因而诸如河水、空气等自然、物理运动都不属于物流研究对象;另外,不带有经济性质的社会活动也不是物流研究范围,比如学生将课本、文具从教室带到宿舍或者人们随身携带的物品随着人体的移动而发生移动等。

(2) 物流是物品从供应地向接收地流动的过程。

(3) 物流包括运输、储存、装卸、搬运、包装、流通加工、配送、信息处理等基本功能。

(4) 物流是一种创造价值的活动。它包括时间价值:缩短时间创造价值(合理组织管理实现),弥补时间创造价值(储存实现);空间价值(运输实现):从集中生产地到分散需求地,从分散生产地到集中需求地(如分散的粮食生产地到集中的城市粮食消费);加工附加价值,如流通加工。

(5) 物流是物品有效率、有效益的流动。研究物流、实施物流管理的目的就是为了提高物流效率,降低物流成本,从而最终提高物流效益。

(6) 物流是不断满足客户需求的过程。满足客户需求是物流管理追求的根本目标。只有当顾客在他希望进行消费的时间和地点拥有所希望数量和要求的产品时,产品才有价值。

7.1.2 物流的作用

物流是一个不可省略或者说不可跨越的过程,而且,随着这个过程的发生,会产生费用、时间、距离以及人力、资源、能源、环境等一系列问题。人们只有客观地认识这些问题,正确地对待、科学地解决好这些问题,才是正确的态度和选择。一般说来,物流的作用主要表现在以下 5 个方面。

1. 保值

物流有保值作用。也就是说,任何产品从生产出来到最终消费,都必须经过一段时间、一段距离。在这段时间和距离过程中,都要经过运输、保管、包装、装卸、搬运等多环节、多次数的物流活动。在这个过程中,产品可能会淋雨受潮、水浸、生锈、破损、丢失等。物流的使命就是防止上述现象的发生,保证产品从生产者到消费者移动过程中的质量和数量,起到产品的保值作用,即保护产品的存在价值,使该产品在到达消费者手中时使用价值不变。

2. 节约

1973 年,爆发了席卷全球的石油危机。世界范围内原材料价格的猛涨和人工费用支出的不断增加使世界各国靠廉价原材料、燃料、劳动力而获利的传统盈利方式面临挑战。这时,人们又开始重新关注物流对企业盈利的价值。在此之前,发达国家的企业大多把追求利润的竞争焦点放在生产领域,千方百计降低物资资源消耗以获取"企业的第一利润源泉",千方百计提高劳动生产率以获取"企业的第二利润源泉"。然而,生产领域的这两个"利润源泉",都要受到科学技术发展水平的制约,在生产机械化、自动化程度不断提高和生产工艺日趋程序化、规范化的新情况下,技术趋同性的增强使这两个"利润源泉"基本无"泉"可挖。人们开始把探寻利润的目光从生产领域转向非生产领域,惊奇地发现创造物流价值的成本相当高昂,企业生产经营过程中的浪费仍然十分突出。搞好物流,能够节约自然资源、人力资源和能源,同时也能够节约费用。再加上微电子技术、信息技术以及制度创新等因素,自 20 世纪 80 年代以后,作为企业的"第三利润源泉"的物流,就自然成为市场竞争的一个新焦点,受到理论界和实务界的高度重视。

值得注意的是,我国物流管理水平与发达国家相比,还存在较大差距。交通运输部统计显示,目前我国社会物流总成本占国内生产总值的 18%,运输费用占国内生产总值的 9% 以上,分别高出发达国家 80% 和 50%。

3. 缩短距离

物流可以创造时空价值,即克服时间间隔、距离间隔。现代化的物流在创造时空价值的例证不胜枚举。如今在超市可以买到世界各国的新鲜水果;邮政部门改善了服务,使信件投送时间大大缩短,全国快递两天内就到,美国联邦快递能做到隔天送达亚洲 15 个城市;日本的配送中心可以做到上午 10 点前订货、当天送到。这种物流速度,把人们之间的地理距离和时间距离一下子拉得很近。随着物流现代化的不断推进,国际运输能力大大加强，极大地促进了国际贸易，使人们逐渐感到这个地球变小了，各大洲的距离更近了。

4. 增强企业竞争力、提高服务水平

近年来，企业的经营理念在从“生产导向”过渡到“顾客导向”之后，迅速转为“为顾客创造价值”。在“为顾客创造价值”的时代，价值不仅意味着有形的金钱，还意味着无形的、可以感知的利益，这是当前企业参与市场竞争的新规则。管理大师迈克尔·波特在《竞争优势》一书中指出，企业竞争的成功只能通过成本优势或价值优势来取得。一个既无成本优势又无价值优势的企业只能属于前途渺茫的企业，必将走向衰亡。

在同样的经济环境下，制造企业，例如家电生产企业，相互之间的竞争主要表现在价格、质量、功能、款式、售后服务的竞争上，可以说，像彩电、空调、冰箱等家电产品在工业科技如此进步的今天，质量、功能、款式及售后服务，目前各企业的水平已经没有太大的差别，唯一可比的地方往往是价格。这种价格上的低级竞争会强化顾客对该产品只是一种普通商品的认识。而一个基于价值优势的竞争战略比单纯的价格竞争战略要优越得多，因为物质上的价值固然重要，而使顾客对所要得到产品的整体价值有认同，感到物有所值、甚至物超所值更为重要，如此即使价格稍高一些，顾客也会接受。

当前既能提供成本优势，又能提供价值优势的管理领域是极少的，而物流管理则是这些为数不多的管理领域中的一个。高效、合理的物流管理，既能够降低企业经营成本，又能为顾客提供优质的服务；既能使企业获得成本优势，又能使企业获得价值优势。因此，物流管理日益受到企业的重视，被纳入企业战略管理的范围，甚至成为企业发展战略的基石。

一个拥有卓越物流能力的企业，可以通过向客户提供优质服务获得竞争优势；一个物流管理技术娴熟的企业，如果在存货的可得性、递送的及时性和交付的一贯性等方面领先于同行业的平均水平，就能成为有吸引力的供应商和理想的业务伙伴。

5. 保护环境

环境问题是当今时代的主题，保护环境、治理污染和公害是世界各国的共同目标。现代物流活动会对环境造成污染和破坏，例如：飞机起降的噪音，汽车尾气对大气、包装物对环境的污染等。绿色物流是现代物流可持续发展的必然趋势。人类的经济活动不能因物流而过分地消耗资源、破坏环境，以至于造成重复污染。它是以经济学一般原理为基础，建立在可持续发展理论、生态经济学理论、生态伦理学理论、外部成本内部化理论和物流绩效评估的基础上的物流科学发展观。同时，绿色物流也是一种能抑制物流活动对环境的污染，减少资源消耗，利用先进的物流技术规划和实施运输、仓储、装卸搬运、流通加工、包装、配送等作业流程的物流活动。

7.1.3 物流管理的定义和内容

所谓物流管理是指在社会再生产过程中，根据物质资料实体流动的规律，应用管理的基本原理和科学方法，对物流活动进行计划、组织、指挥、协调、控制和监督，使各项物流活动实现最佳协调与配合，以降低物流成本，提高物流效率和经济效益。物流管理的内容主要包括：

（1）对物流活动诸要素的管理，包括运输、储存等环节的管理；

（2）对物流系统诸要素的管理，即对其中人、财、物、设备、方法和信息等6大要素的管理；

（3）对物流活动中具体职能的管理，主要包括物流计划、质量、技术、经济等职能的管理等。

7.1.4 物流管理的目标

物流管理的目标是在服从企业总体目标的前提下，通过发展物流活动组合能够使企业在长期内得到尽可能高的投资回报，具体来说就是使物流服务与物流成本实现合理化的水平。

高水平的物流服务是由高的物流成本来保证的，企业很难既提高物流服务水平，又降低物流成本，除非有较大的技术进步。一般来说，提高物流服务，物流成本即上升，它们之间存在着效益背反。并且，物流服务与物流成本之间并非呈线性关系。

如图 7-1 所示，在服务水平较低阶段，如果追加 X 单位的服务成本，服务质量将提高 Y；而在服务水平较高阶段，同样追加 X 单位的成本，提高的服务质量为 Y'（$Y' < Y$）。

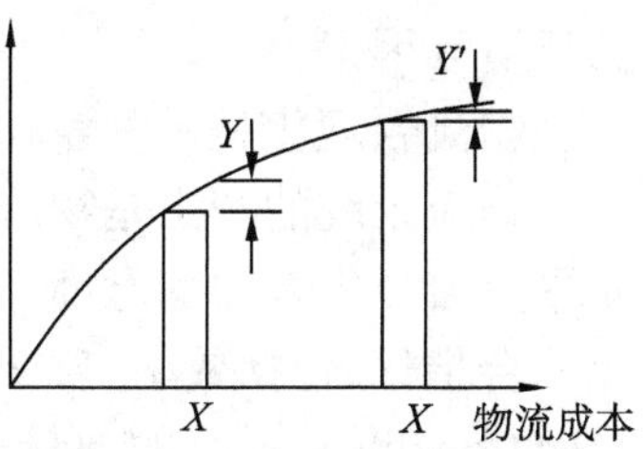

图 7-1　物流服务与物流成本

图 7-1 给予我们的启示是，投入相同的成本并非得到相同的物流服务的增长。在处于相当的服务水平的情况下，要想超过竞争对手，提出并维持更高的服务标准就需要有更多的投入，因此一个企业在作出投入决定前必须经过仔细研究和对比。

美国市场营销权威科特勒提出："物流目的必须引进投入与产出的系统效率概念，才能得出较好的定义。"即应把物流看成是由多个效益背反的要素构成的系统，避免为了固执地达到单一的目的，而损害了企业整体的利益。企业决策在提出降低物流成本的要求时，必须认真考虑物流成本与物流服务之间的关系。

一般在对物流服务和物流成本做决策时，考虑以下 4 种方法，如图 7-2 所示：

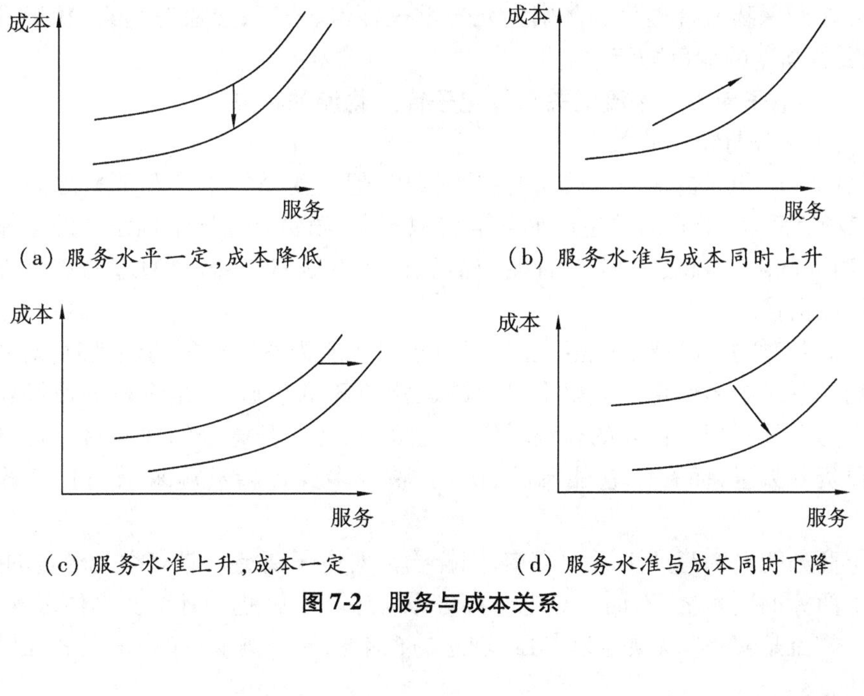

（a）服务水平一定，成本降低

（b）服务水准与成本同时上升

（c）服务水准上升，成本一定

（d）服务水准与成本同时下降

图 7-2　服务与成本关系

（1）在物流服务水平不变的前提下考虑降低成本，如图 7-2(a)所示。不改变物流服务水平，通过优化物流系统来降低物流成本，这是一种追求效益的方法。

（2）为提高物流服务不惜增加物流成本，如图 7-2(b)所示。这是许多企业在面对特定顾客或其特定商品面临激烈竞争时采取的积极做法。

（3）在成本不变的前提下提高物流服务水平，如图 7-2(c)所示。这是一种追求效益的办法，也是一种有效地利用成本性能的办法。

（4）用较低的成本来实现较高的物流服务，如图 7-2(d)所示。这是增加销售、增加效益，具有战略意义的办法。

具体到企业如何定位，除了需要根据企业总体目标的指引，还应该通盘考虑各方面的情况，如商品战略和地区销售战略、流通战略和竞争对手、物流成本与物流系统所处的环境等因素。

物流合理化是一种兼顾成本与服务的过程，也就是兼顾投入与产出之比的过程。

物流系统的产出是物流服务，产出的多少可以用服务水平高低来衡量和评价；服务水平直接决定客户满意度，现代物流管理以实现客户满意为第一目标。客户满意是一个综合指标，包括效率、质量、速度、成本、安全等，具体表现为 7R 原则，即适合的质量(right quality)、适合的数量(right quantity)、适合的时间(right time)、适合的地点(right place)、优良的印象(right impression)、适当的价格(right price)和适合的商品(right commodity)。客户满意即为客户提供上述 7 个方面的恰当服务。

物流系统的投入是为提高物流服务所消耗的活劳动和物化劳动，体现为物流成本。以最低的物流成本达到可以接受的物流服务水平，或以可以接受的物流成本达到最高的服务水平。事实上要实现物流成本最小、物流服务最好，总库存最少及产品质量最优等目标之间存在着冲突，即存在物流各要素之间的“效益背反”关系，如何处理好物流成本和物流服务水平之间的关系就是物流合理化的过程。

此外在确保物流合理化的基础上充分重视环保、公害、交通等因素，积极发展符合 21 世纪发展潮流的绿色物流。

7.1.5 电子商务与物流的关系及电子商务物流的特点

1. 电子商务与物流的关系

商品的生产和消费是经济活动的主要构成，但在商品的生产和消费之间存在各种间隔：如场所间隔，即商品的生产地与消费地不同，需要通过物流过程中的运输进行连接；又如时间间隔，即商品的生产日期与消费日期不尽相同，需要通过物流过程中的储存保管加以衔接。

电子商务对物流的影响是巨大的，当电子商务成为商业竞争的环境时，对物流的影响一是物流系统中的信息变成整个供应链运营的环境基础；二是企业的市场竞争将更多地表现为以外联网所代表的企业联盟的竞争；三是市场竞争的优势将不再是企业拥有的物质资源数量，而在于它能调动、协调、整合多少社会资源来增强自己的市场竞争力。

电子商务能对物流产生巨大影响，同样物流对电子商务也具有举足轻重的作用，物流是电子商务的要素之一，而且是电子商务系统中不可跨越的环节。具体表现为：

（1）物流是实现“以顾客为中心”理念的根本保证。例如，如果消费者在网络上所购商品迟迟不能送到他们手中,或商家所送商品并非是顾客所购买的,消费者将可能不会再选择网络购物。因此,如果缺少了现代化的物流技术,电子商务给消费者带来的购物便捷就等于零。

(2) 物流服务于商流。在电子商务条件下,消费者通过网络购物,完成了商品所有权的转移过程,即商流过程。但电子商务活动并没有结束,只有商品实体和服务由卖方(供方)以适当的方式、途径转移到了消费者手中,商务活动才告以结束。

(3) 生产的顺利进行需要各种物流活动的支持。生产的全过程从原料的采购开始便要求有相应的供应物流活动将所采购的材料运输到位,否则,生产就难以进行;在生产的各工艺流程之间,也需要有原材料、半成品的物流过程,即所谓的生产物流,以实现生产的流动性;部分余料、可重复利用的物资的回收,也需要所谓的回收物流;废弃物的处理也需要废弃物物流。可见,整个生产过程实际上包含了一系列的物流活动。现代物流管理通过降低成本、优化库存结构、减少资金占压、缩短生产周期,保障了现代化生产的高效运行。

2. 电子商务物流的特点

电子商务时代的来临,使物流具备了一系列新特点。

1) 信息化

电子商务时代,物流信息化是电子商务的必然要求。物流信息化表现为物流信息的商品化、物流信息搜集的数据库化和代码化、物流信息处理的电子化和计算机化、物流信息传递的标准化和实时化、物流信息存储的数字化等。因此,条码技术(Bar Code)、数据库技术(Database)、电子订货系统(electronic ordering system,简称 EOS)、电子数据交换(electronic data interchange,简称 EDI)、快速反应(quick response,简称 QR)及有效的客户反映(effective customer response,简称 ECR)、企业资源计划(enterprise resource planning,简称 ERP)等先进技术与管理策略在我国的物流中将会得到普遍的应用。

2) 自动化

自动化的基础是信息化,自动化的核心是机电一体化,自动化的外在表现是无人化,自动化的效果是省力化,另外还可以扩大物流作业能力、提高劳动生产率、减少物流作业的差错等。物流自动化的设施非常多,如条码/语音/射频自动识别系统、自动分拣系统、自动存取系统、自动导向车、货物自动跟踪系统等。这些设施在发达国家已普遍用于物流作业流程中,我国由于物流业起步晚,发展水平低,自动化技术的普及还需要相当长的时间。

3) 网络化

物流领域的网络化有两层含义:一是物流配送系统的计算机通信网络,包括物流配送中心与供应商或制造商的联系要通过计算机网络,另外与下游顾客之间的联系也要通过计算机网络通信,例如物流配送中心向供应商提出订单这个过程,就可以使用计算机通信方式,借助于增值网(VAN)上的电子订货系统(EOS)和电子数据交换技术(EDI)来自动实现,物流配送中心通过计算机网络搜集下游客户的订货的过程也可以自动完成;二是组织的网络化,即所谓的组织内部网(Intranet)。例如,台湾的电脑业在20 世纪 90 年代创造出了“全球运筹式产销模式”,这种模式基本是按照客户订单组织生产,生产采取分散形式,即将全世界的电脑资源都利用起来,采取外包的形式将一台电脑的所有零部件、元器件、芯片外包给世界各地的制造商去生产,然后通过全球的物流网络将这些零部件、元器件和芯片发往同一个物流配送中心进行组装,由该物流配送中心将组装的电脑迅速发给订户。可见,物流的网络化成为电子商务下物流活动的主要特征。

4）智能化

这是物流自动化、信息化的一种高层次应用,物流作业过程中大量的运筹和决策,如库存水平的确定、运输(搬运)路径的选择、自动导向车的运行轨迹和作业控制、自动分拣机的运行、物流配送中心经营管理的决策支持等问题都需要借助于大量的知识才能解决。在物流自动化的进程中,物流智能化是不可回避的技术难题。好在专家系统、机器人等相关技术在国际上已经有比较成熟的研究成果。为了提高物流现代化的水平,物流的智能化已成为电子商务下物流发展的一个新趋势。

5）柔性化

柔性化本来是为实现"以顾客为中心"理念而在生产领域提出的,但要真正做到柔性化,即真正地能根据消费者需求的变化来灵活调节生产工艺,没有配套的柔性化的物流系统是不可能达到目的的。20 世纪 90 年代,国际生产领域纷纷推出弹性制造系统(flexible manufacturing system,简称 FMS)、计算机集成制造系统(computer integrated manufacturing system,简称 CIMS)、制造资源系统(manufacturing requirement planning,简称 MRP-Ⅱ)、企业资源计划(enterprise resource planning,简称 ERP),以及供应链管理的概念和技术,这些概念和技术的实质是要将生产、流通进行集成,根据需求组织生产,安排物流活动。因此,柔性化的物流正是适应生产、流通与消费的需求而发展起来的一种新型物流模式。这就要求物流配送中心要根据消费需求"多品种、小批量、多批次、短周期"的特色,灵活组织和实施物流作业。

7.1.6 电子商务物流系统及其构成

1. 系统的概念

"系统"一词源于古希腊语,原意是指部分组成整体、集合。现代意义的系统概念已成为重要的哲学方法论概念和重要的科学概念。可以简单地理解为"两个以上相互联系的元素之间有机地结合起来,具有一定功能的集合"。

系统一般具有 4 个特性:整体性、相关性、目的性和环境适应性。整体性是指各个部分结合在一起表现出的整体功能大于各个组成部分功能的简单叠加;相关性是指各个组成部分之间存在一定的内在联系;目的性是指系统具有将各个要素集合在一起的共同目标;环境适应性是指系统与环境是相互依存的,系统必须适应环境的变化。

2. 物流系统的概念和特点

物流系统是指在一定的时间和空间里,由所需输送物资的物质实体、物流设施设备和工具、人员及信息等若干相互制约的要素构成的、具有实现物资的空间效用、时间效用和形质效用功能的有机整体。

(1) 物流系统具有一定的整体目的性。

正如前面所讲到的那样,物流系统一定要有明确的目的,进行物流系统设计或将现存的物流结构向物流系统转变,必须首先明确物流系统的目的。

（2）物流系统是一个大跨度、复杂、动态性系统。

国际物流的地域跨度之大自不待言，即使是企业间物流，在现代经济社会中，跨越不同地域也是常有的事。大跨度系统带来的主要问题是管理难度较大，对信息的依赖程度高。物流系统构成要素本身就十分复杂，此外，物流系统要素间的关系也不像一般生产系统那样简单而明显，这也增加了系统的复杂性。物流系统由于衔接了多个供方和需方，系统会随着需求、供应、渠道、价格的变化而变化，而且系统内的要素也同样经常发生变化，难以长期稳定。稳定性差、动态性强带来的重要问题是要求系统有足够的灵活性甚至是柔性，这自然会增加管理和运行的难度。

（3）物流系统构成要素之间存在"效益背反"的现象。

为保证物流系统目的的实现，构成物流系统的各个功能要素或者说子系统必须围绕着物流系统的目标相互衔接，构成一个有机的整体。在这个整体中，部分的合理化和最优化并不代表整体的合理化和最优化。对于物流系统来说还有一个很重要的方面，表现在作为一个有机整体的要素之间存在着效益背反的关系。所谓"效益背反"是指一个部门成本的降低或效益的提高会因另一个部门的高成本而抵消的这种相关活动之间的相互作用关系。换言之，效益背反原理体现的是一方利益的追求要以另一方利益的牺牲为代价的相互排斥的状态，这种状态在物流系统中随处可见。例如，提高物流服务水平要以增加物流成本为代价，仓库里货物的高层堆码能够提高保管效率，但却降低了货物拣选等作业的效率。掌握效益的背反原理，对于正确理解和把握物流系统各个部分之间的关系十分重要。

评价物流系统质量的高低很重要的一个标准体现在物流总成本上，在保证物流系统目的实现的前提下，使物流总成本最低是我们构筑物流系统或者说实现物流系统的重要目的。为此，必须运用效益背反的原理对物流因素进行最佳结合。

（4）物流系统作为其上位系统的子系统而发挥作用。

企业物流系统的上位系统是企业的经营系统，物流系统是企业经营大系统的一部分或者说是其子系统。物流系统目标的设定（如物流服务水平设定）要以企业总体的经营目标、战略目标为依据，服从企业总体发展的要求。企业物流的最终目的是要促进企业的生产和销售，提高企业的盈利水平。

（5）物流需要通过信息的反馈加以控制。

现代物流管理的显著特点是信息化，物流系统中各个环节的衔接配合离不开信息功能，信息是构成物流系统的核心要素。为使物流系统按预定目标运行，必须对物流系统运行中出现的偏差加以纠正，设计出来的物流系统在运行的过程中也需要不断完善，这些都需要建立在对信息充分把握的基础之上。

3. 物流系统的构成

物流系统包括作业子系统和信息子系统两大部分：

（1）作业子系统，是指运输、储存、包装、装卸、搬运、流通加工等职能系统。它是为了实现物流各项作业功能的效率化，通过各项作业功能的有机结合增进物流效率化的统一体。该子系统中最重要的就是运输系统和仓储系统。运输在传统物流和现代物流中都具有非常重要的地位，因为它是连接供求的桥梁和纽带，只有通过运输系统才能实现物资的传递。现代物流系统中的运输系统更加注意服务成本、服务速度和服务的持续一致性。在设计物流系统时，要使运输速度和成本趋向平衡。仓储系统与运输系统一样，也是在传统物流系统与现代物流系统中都处于重要地位的子系统，仓储系统主要涉及仓库管理和存储控制。

（2）信息子系统，又称为“物流情报系统”，这个子系统是传统物流所不具备的。包括订货、发货管理，在库、出货管理等机能，力求完成商品流动全过程的信息活动。它同其他职能（如采购、生产、销售等）有机地结合在一起，通过信息的顺畅流动提高物流系统的工作效率，是实现作业活动效率化的支持系统，信息子系统在现代物流系统中处于一个中心的地位。

4. 物流系统网络的内涵和要素

1）物流系统网络的内涵

物流的过程，如果按其运动的程度（即相对位移大小）来观察，它是由运动过程和相对静止（也可以理解为运动速度为零）过程组成的。一般情况下，两种不同形式的运动过程或相同形式的两次运动过程中都有暂时的静止，而一次暂时静止也往往连接两次不同的运动。物流过程便是由这种多次的运动—静止—运动—静止所组成。

通过对物流系统进行抽象，可以把其看成与这种运动形式相呼应、由点与线连成的网络，如图7-3所示。其中的节点指的是货物在流动过程中临时经停的存放点，如零售店、仓库、工厂或供货商等；线路指的是不同存放点之间货物的移动。任意一对节点之间可能有多条线路相连，代表不同的运输形式、不同的路线、不同的产品。

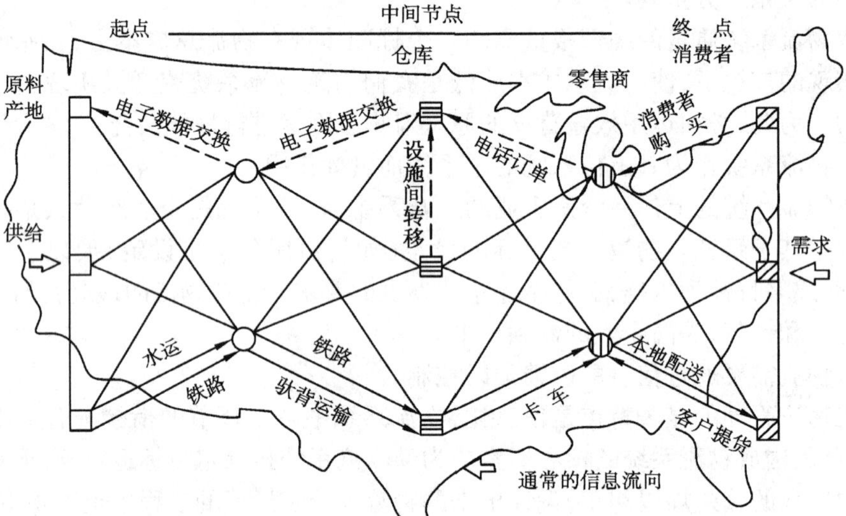

图7-3 物流系统网络图解

在物流系统中，与物流网络相配合的还有信息网络，包括关于销售收入、产品成本、库存水平、仓库利用率、预测、运输费率及其他方面的信息。信息网络中的线路由两点之间的信息传输构成，节点指的是不同的数据采集点和处理点，如进行订单处理、拣选、备货和更新库存记录等。

从抽象概念来看，信息网络与产品流动的网络非常相似，都可以视为节点和线路的集合。然而，两者最主要的区别在于产品大多是沿分销渠道顺流而“下”（流向最终消费者),而信息流则多是沿分销渠道逆流而“上”(流向原料产地)。

产品流动网络与信息网络结合在一起就形成了物流系统,这样就可以避免分别设计可能导致的整个系统设计的次优。因此,各个网络并不是相互独立的。例如,信息网络的设计将会影响系统的订货周期,进而影响产品网络各节点保有的库存水平;库存的可得率会影响客户服务水平,进而影响订货周期和信息网络的设计。同样,其他各因素之间的相互依赖也要求从整体的角度看待物流系统,而不能将其分开考虑。

2)物流网络的构成要素

物流网络结构是指产品从原材料起点到市场需求终点的整个流通渠道的结构,包括物流节点的类型、数量、位置,节点上资源的数量、种类,节点所服务的客户群体;节点之间线路的负载能力、物理特性及节点之间所采取的运输方式等。构成物流网络的要素主要包括:

(1)厂商

厂商即供应商,处于物流系统网络的起点。由于物流网络系统的核心功能就是实现原材料或产品从产地到消费者之间的空间转移,所以厂商的分布情况对整个物流系统网络结构起着至关重要的作用。例如,在厂商分布集中和厂商分布分散两种情况下,所要求的物流节点的位置、数量及运输线路、运输方式等就会不同,因此对应的物流网络就会出现很大差别。

厂商分布与物流网络结构相互制约。当大规模的厂商分布既定的时候,物流网络结构往往会把厂商分布作为一个约束条件;而当物流网络初具规模的时候,新的厂商在选址时则会把已有的物流网络作为约束条件。

(2)物流节点

所有的物流活动都是在线路和节点上进行的。其中,在线路上进行的活动主要是运输,包括集货运输、干线运输、配送运输等。物流功能要素中的其他所有功能要素,如仓储、配货、包装、装卸、分货、集货、流通加工等,都是在节点上完成的。所以,从这个意义来讲,物流节点是物流系统中非常重要的部分。实际上,物流线路上的活动也是靠节点组织和联系的,如果离了节点,物流线路上的运动必然陷入瘫痪。

现代物流网络中的物流节点对优化整个物流网络起着重要作用,从发展来看,它不仅执行一般的物流职能,而且越来越多地执行指挥调度、信息等神经中枢的职能,是整个物流网络的灵魂所在,因而越来越受到人们的重视。所以,在有的场合也称之为物流据点,对于特别执行中枢功能的又称物流中枢或物流枢纽。

根据不同物流节点的功能和规模,确定合适的物流节点配置,可以为物流网络功能的实施提供强有力的支撑。其中物流中心和配送中心是物流网络的重要节点。

(3)运输线路和运输方式

物流网络节点实体之间的连接需要通过运输(包括运输线路和运输方式)来实现。不同的运输线路和方式具有不同的适用范围,如铁路主要用于区域性物流服务,而公路一般用于中短途物流服务、集货和配送物流服务等;同样,不同的运输方式也会产生不同的费用;此外运输在物流过程中还影响着物流的其他环节,例如,运输方式的选择决定着装运货物的包装要求;使用不同类型的运输工具决定其配套使用的装卸搬运设备以及接收和发运站台的设计;企业库存储存量的大小直接受运输状况的影响,发达的运输系统能比较适量、快速和可靠地补充库存，以降低必要的储存水平。因此，提高不同节点之间运输的有效性是物流网络规划的一个重要方面。

(4) 信息系统

在物流网络各节点之间不仅存在产品实体的流动，也存在着大量物流信息在节点之间的传递。在物流网络系统内，物流信息的及时传递、共享及处理都会对整个物流网络的效率产生重要影响。在构建物流网络构架时，既要考虑有形的硬件节点建设，也要考虑无形的信息网络体系建设。只有有了物流信息管理体系的支持，物流网络才能真正激活，才能真正发挥效用。

(5) 物流网络组织

物流网络的运行离不开人力资源与组织管理，因此在进行物流网络资源配置时不仅要考虑节点配置，还要考虑人力资源的配置和对整个物流网络的组织管理。只有建立一套好的物流网络的组织管理和运行机制，物流网络系统才有可能实现持续良好运转。

如果把物流网络系统比作人的生理系统，那么可以把厂商、客户、物流中心、配送中心看作人体的骨架和器官，把运输线路和信息传递看作人体的血液循环系统和神经系统，把物流网络组织管理看作人体的调节系统，它们既明确分工，又相互协作，共同构成物流网络系统。

(6) 客户

作为物流网络终端的客户，也是整个系统重要的一部分。在客户导向原则下，物流网络系统是否高效的直接评价标准就是能否满足客户的需求，包括库存可得率、送货速度、订单履行的速度和准确性等。因此，可以看出客户在整个物流系统网络中举足轻重的地位。

7.2 供应链管理

7.2.1 供应链管理思想产生的必然性

1. 21 世纪企业面临环境的主要特征

进入 21 世纪后，由于科学技术的不断进步和经济的不断发展，以及全球化信息网络和全球化市场的形成及技术变革的加速，围绕产品创新的市场竞争也日趋激烈，企业面临的竞争环境将更为严峻。技术进步和需求多样化使得产品生命周期不断缩短，企业面临着缩短交货期、提高产品质量、降低成本和改进服务的压力。所有这些都要求企业能对不断变化的市场做出快速反应，源源不断地开发出满足用户需求的、定制化的"个性化产品"去占领市场以赢得竞争，市场竞争也主要围绕新产品的竞争而展开。

综合而言，企业面临的环境有如下几个方面的特点：

(1) 信息爆炸的压力。大量信息的飞速产生和通信技术的发展迫使企业把工作重心从如何快速获得信息转到如何准确地过滤和有效地利用各种信息上。

(2) 技术进步越来越快。新技术、新产品的不断涌现一方面使企业得以获得新的竞争手段，另一方面也使每个企业都受到巨大的挑战。企业必须要不断地开发新产品，否则他们将面临由于不能掌握新的技术而遭淘汰的处境。

(3) 高新技术的应用。高新技术的使用范围越来越大,全球高速信息网使企业极易获得所需要的信息,而更敏捷的教育体系使越来越多的人能在越来越短的时间掌握最新技术,从而大大加剧了竞争的激烈性。以计算机及其他高新技术为基础的新生产技术在企业中的应用是20世纪末21世纪初的主要特色之一。例如,计算机辅助设计、计算机辅助制造系统、柔性制造系统、自动存储和拣出系统、自动条码识别系统等,在世界各国尤其是工业发达国家的生产和服务中得到广泛应用,虽然高新技术应用的初始投资很高,但它会带来许多竞争上的优势。高新技术的应用不仅仅节省人力,降低劳动成本,更重要的是提高了产品和服务的质量,降低了废品和材料损失,缩短了对用户需求的响应时间。由于可以在很短时间内就把新产品或服务介绍给市场,企业赢得了时间上的优势,这种趋势在以后还会进一步加强。

(4) 市场和劳务竞争全球化。企业在建立全球化市场的同时也在全球范围内造就了很多的竞争者。尽管发达国家认为发展中国家需要订单和产品,许多发展中国家却坚持他们更需要技术,希望也能成为国际市场上的供应商。商品市场国际化的同时也创造了一个国际化的劳动力市场。教育的发展使得原来相对专业的工作技能成为大众化的普通技能,从而使得工人的工资不得不从他们原有的水准上降下来,以维持企业的竞争优势。

(5) 产品研制开发的难度越来越大。越来越多的企业认识到新产品开发对企业创造收益的重要性,因此许多企业不惜工本予以投入。但是资金利用率和投入产出比却不尽如人意,原因之一就是产品研制开发的难度越来越大,特别是那些大型的、结构复杂的、技术含量高的产品在研制中一般都需要各种先进的设计技术、制造技术、质量保证技术等,不仅涉及的学科多,而且大都是多学科交叉的产物,因此如何能成功地解决产品开发问题是摆在企业面前的头等大事。

(6) 可持续发展的要求。人类只有一个地球! 国际上维持生态平衡和保护环境的呼声越来越高。臭氧层空洞、热带雨林迅速减少、全球变暖、酸雨、核废料、能源储备和可耕地减少……一个又一个环境问题摆在人们面前。在全球制造和国际化经营趋势越来越明显的今天,各国政府将环保问题纳入发展战略,相继制定出各种各样的政策法规,以约束本国及外国企业的经营行为。人类在许多方面的消耗都在迅速接近地球的极限。随着发展中国家工业化程度的提高,如何在全球范围内减少自然资源的消耗成为全人类能否继续生存和持续发展的大问题。一位销售经理曾说:“过去生产经理常问我该生产什么,现在是我问他能生产什么?”原材料、技术工人、能源、淡水资源、资金及其他资源越来越少,各种资源的短缺对企业的生产形成很大的制约,而且这种影响在将来会愈加严重。在市场需求变化莫测、制造资源日益短缺的情况下,企业如何取得长久的经济效益,是企业制定战略时必须考虑的问题。

(7) 全球性技术支持和售后服务。赢得用户信赖是企业保持长盛不衰的竞争力的重要因素之一。赢得用户不仅要靠具有吸引力的产品质量,而且还要靠售后的技术支持和服务。许多世界著名企业在全球拥有健全而有效的服务网络就是最好的印证。

(8) 用户的要求越来越苛刻。随着时代的发展,大众知识水平的提高和激烈竞争的加剧带给市场越来越多、越来越好的产品,使用户的要求和期望越来越高。消费者的价值观发生了显著变化,需求结构普遍向高层次发展:一是对产品的品种规格、花色、需求数量呈现多样化、个性化要求，并且这种多样化要求具有很高的不确定性；二是对产品的功能、质量和可靠性的要求日益提高，并且这种要求提高的标准又是以不同用户的满意程度为尺度的，产生了判别标准的不确定性；三是要求在满足个性化需求的同时，产品的价格要像大批量生产那样低廉；制造商将发现最好的产品不是他们为用户设计的，而是他们和用户一起设计的。全球供应链使得制造商和供货商得紧密联系在一起来完成一项任务。这一机制也同样可以把用户结合进来，使得生产的产品真正满足用户的需求和期望。

世界经济的发展及信息技术的应用，使整个世界日益成为一个紧密联系的经济体。事实上，经济全球化不仅已经很明显，而且进程正在加快。科学技术的进步为经济全球化提供了各种必要的手段和物质保证，其中信息技术的日新月异更成为推动经济全球化的一大动力。信息技术的发展，打破了时间和空间对经济活动的限制，为国家、企业间经济关系的发展提供了新的手段和条件。运用网络通信、数据库、标准化等技术可以很容易地实现信息网络化、全球化，使得各种信息能够很快超越国家和个人的界限，在世界范围内有效地传递和共享，任何一个企业都可以随时得到自己所需要的各种信息。正是在经济全球化高速发展的基础上，世界上的每个企业都被各种经济纽带更紧密地联系在一起，既互相依存，又互相补充。这种情况下，每个企业都有机会占领更大的市场，但也有部分企业可能因竞争失利而被市场所淘汰，企业面对的将是日益激烈、甚至是残酷的市场竞争。

2. 21 世纪全球市场竞争的主要特点

随着经济的发展，影响企业在市场上获取竞争优势的主要因素也发生着变化。认清主要竞争因素的影响力，对于企业管理者把握资源应用、获取最大竞争优势具有非常重要的意义。与 20 世纪的市场竞争特点相比，21 世纪的市场竞争又有了新的特点。

1）产品生命周期越来越短

随着消费者需求的多样化，企业的产品开发能力也在不断提高，目前，国外新产品的研制周期已大大缩短。由于产品在市场上存留时间大大缩短了，企业在产品开发和上市时间的活动余地也越来越小，这就给企业造成巨大压力。一般中小企业在这样的环境面前显得力不从心，许多企业虽然曾经风光一时，但由于后续产品开发跟不上，造成产品落伍之时也是企业倒闭之日。

2）产品品种数飞速膨胀

因消费者需求的多样化越来越突出，厂家为了更好地满足其要求，便不断推出新的品种。这样一来引起了一轮又一轮的产品开发竞争，结果是产品的品种数成倍增长。

3）对订单的响应速度越来越快

一般来说，品种、质量、价格、时间和服务是决定企业竞争力的 5 大要素，但在不同历史时期，这 5 大要素对企业竞争力的作用是不同的。

在工业化初期，主要依靠价格进行竞争；第二次世界大战以后，随着工业化水平的提高，质量逐渐成为影响竞争力的关键；20 世纪 80 年代以后，企业竞争和经营环境发生了深刻变化，竞争优势逐渐转移到品种和服务上；20 世纪 90 年代以后，由于科学技术的进步、经济的发展、全球化信息网络和全球化市场的形成，以及技术变革的加速，围绕新产品的市场竞争更加激烈。所有这些都要求企业能对不断变化的市场做出快速反应,不断地开发出满足用户需求的定制化产品去占领市场以赢得竞争。用户不但要求厂家按期交货,而且要求的交货期越来越短。我们所说的企业要有很强的产品开发能力,这不仅指产品品种,更重要的是指产品上市时间,即尽可能提高对客户需求的响应速度。

对于现在的厂家来说,市场机会几乎稍纵即逝,留给企业思考和决策的时间极为短暂。如果一个企业对用户要求的反应稍微慢一点,很快就会被竞争对手抢占先机。如何缩短产品的开发、生产周期,在尽可能短的时间内满足用户要求,已成为当今所有管理者最为关注的问题之一。所以,技术进步和客户需求的个性化使得产品生命周期不断缩短。面对不断缩短响应周期的巨大压力,企业必须将竞争力的决定因素最终转移到时间上来。现在,各国企业纷纷将制定竞争战略基点建立在时间基础之上,出现了基于时间竞争(time based competition,简称 TBC)的思想,实施基于时间的竞争战略就是旨在改善企业的各种与时间有关的绩效指标,快速地对市场变化做出反应以取得竞争优势。

4) 对产品和服务的期望越来越高

20 世纪 90 年代以后,用户对产品质量和服务质量的要求越来越高。用户已不满足于从市场上买到标准化生产的产品,他们希望得到按照自身要求定制的产品或服务。这些变化导致产品生产方式发生革命性的变化。传统的标准化生产方式是"一对多"的关系,即企业开发出一种产品,然后组织规模化大批量生产,用一种标准产品满足不同消费者的需求。然而,这种模式已不再能使企业继续获得效益。现在的企业必须具有根据每一个顾客的特别要求定制产品或服务的能力,即所谓的"一对一"(one to one)的定制化服务(customized service);企业为了能在新的环境下继续保持发展,纷纷转变生产管理模式,采取措施从大量生产(mass production)转向定制化大量生产(mass customization)。例如,以生产芭比娃娃著称的美泰公司,从 1998 年 10 月份起可以让女孩子登录到 barbie. com 上设计她们自己的芭比娃娃朋友,她们可以选择娃娃的皮肤弹性、眼睛颜色、头发的式样和颜色、附件和名字,当娃娃邮寄到孩子手上时,女孩子会在上面找到她们娃娃的名字。这是美泰公司第一次大量制造"一个一样"的产品。又如,中国的海尔是一个全球著名的家电制造企业(现在也在向手机、医药等行业扩展),每年的产品产量非常大,一般人看来应属于备货型(make to stock)生产类型,但是,在 2000 年以后,海尔却采取了一套按订单生产(make to order)的战略来组织生产。其结果是不仅满足客户的个性化需求,同时也把库存降到了最低限度,拉近了与用户的距离,实现了向 3 个"零"(零距离、零缺陷、零营运资本)目标的迈进。不过,应该看到,虽然个性化定制生产能高质量、低成本、快速地响应客户需求,但也对企业的运作模式提出了更高的要求。

由此可见,企业面临外部环境变化带来的不确定性,包括市场因素(顾客对产品、产量、质量、交货期的需求和供应方面)和企业经营目标(新产品、市场扩展等)的变化。这些变化增加了企业管理的复杂性,企业要想在这种严峻的竞争环境下生存下去,必须具有强有力的处理环境变化和由环境引起的不确定性的能力。

3. 新的竞争环境对企业管理模式的影响

在全球市场的激烈竞争中,企业面对的是一个变化迅速且无法预测的买方市场,致使传统的生产与经营模式对市场剧变的响应越来越迟缓和被动。

1）传统管理模式

管理模式是一种系统化的指导与控制方法，它把企业中的人、财、物和信息等资源，高质量、低成本、快速及时地转换为市场所需要的产品和服务。因此，自企业建立那天起，质量、成本和时间（生产周期）就一直是企业的3个核心活动，企业管理模式也是围绕着这3个方面不断发展的。企业的生存和发展有赖于这3个核心活动过程的管理水平。质量是企业的立足之本，成本是生存之道，而时间则是发展之源。没有好的质量就无法得到消费者的认可，企业所提供的产品或服务就无法在市场上立足；没有低的成本，企业就没有实力进行价格竞争，会因为无法获得再生产所需要的资金而难以为继；而企业要适应不断发展的消费需求，就必须能在最短的时间里提供消费者所需要的产品或服务，因此生产周期（包括产品研制和生产时间）就成了能否适应企业发展要求的关键。

在工业化发展初期，居民消费水平较低，竞争主要依靠价格。产品只要便宜、可用，就有市场。要使价格便宜，必须在生产过程和流通过程中降低成本。与此相适应，大量生产（mass production）成为主流生产方式。以汽车生产为例，20世纪初，亨利·福特通过采用流水作业方式，使过去通过手工方式制造的、价格高昂的汽车，能像“别针和火柴”那样大量生产出来，使成本和价格大幅度降低，让普通平民都能买得起汽车。大量生产满足了人们想拥有一部车的愿望，一举把汽车从少数富翁的奢侈品变成大众化的交通工具，使汽车进入了普通家庭。汽车工业因此成为美国的支柱产业，汽车也改变了人们的生活方式。

后来，随着技术的进步、经济的发展和工业化水平的提高，人们的消费水平也日益提高，此时质量和服务就成为影响竞争力的关键。质量高、服务好的产品就拥有更多的顾客。日本企业大力开展全面质量管理（total quality management，简称TQM）运动，提高服务水平，使日本的产品深受消费者欢迎，不少企业因此而获得成功。

自20世纪80年代以来，随着市场全球化的发展、产品需求呈饱和趋势的出现及科学技术的迅速发展，企业经营环境发生了很大的变化。企业经营环境的不确定性日益增加，人们的消费方式和消费观念也发生了深刻的变化，用户的定制化需求越来越明显。品种更新换代的周期越来越短，从而使企业逐渐将竞争转移到增加产品品种和缩短推向市场的时间上来。因为大家都已经认识到，谁能迅速适应市场环境的变化，不断推出用户所需要的全新产品，谁就能拥有市场竞争的主动权，在竞争中获得胜利。

总而言之，企业的经营环境和竞争的变化，促使竞争模式从基于价格的竞争转向基于质量和服务的竞争，最终又转移到基于时间的竞争上来。

2）促使企业管理模式变化的内在因素

以上所介绍的企业管理模式的转变不是偶然的，它有其必然的变化规律。在20世纪40年代至60年代，企业处于相对稳定的市场环境，这时的“纵向一体化”模式是有效的。但是在以后特别是在20世纪90年代科技迅速发展、世界竞争日益激烈、顾客需求不断变化的形势下，“纵向一体化”模式则暴露出种种缺陷。

（1）增加企业投资负担

不管是投资新建的工厂，还是用于其他公司的控股，都需要企业自己筹集必要的资金,这给企业带来许多不利之处。首先,企业必须花费人力、物力设法在金融市场上筹集所需要的资金。其次,资金到位后,随即进入项目建设周期(假设新建一个工厂)。为了尽快完成基本建设任务,企业还要花费精力从事项目实施的监管,这样又将消耗大量的企业资源。由于项目有一个建设周期,在此期间企业不仅不能安排生产,而且还要按期偿还借款利息。显而易见,用于项目基本建设的时间越长,企业的利息负担就越重。

(2) 承担丧失市场时机的风险

对于某些新建项目来说,由于有一定的建设周期,往往出现项目建成之日也就是项目下马之时的现象。市场机会早已在项目建设过程中逝去,这样的事例在我国很多。从选择投资方向看,决策者当时的决策可能是正确的,但就是因为花在生产系统基本建设上的时间太长,等生产系统建成投产时,市场行情可能早已发生了变化,错过了进入市场的最佳时机而使企业招致损失。因此,项目建设周期越长,企业承担的风险就越高。

(3) 迫使企业从事不擅长的业务活动

"纵向一体化"管理模式的企业实际上是"大而全""小而全"的翻版,这种企业把产品设计、计划、财务、会计、生产、人事、管理信息、设备维修等工作看作本企业必不可少的业务工作,许多管理人员往往花费过多的时间、精力和资源去从事辅助性的管理工作。由于精力分散,他们无法做好关键性业务活动的管理工作。结果是,辅助性的管理工作没有抓起来,关键性业务也无法发挥核心作用。这样不仅使企业失去了竞争力,而且也增加了企业产品成本。例如,某机器制造厂为了解决自己单位富余人员的就业问题,成立了一个附属企业,把原来委托供应商生产的某种机床控制电器转为自己生产。由于缺乏技术和管理能力,不仅成本比外购的高,而且产品质量低劣,最后影响到整机产品的整体性能和质量水平,一些老客户纷纷撤销订单,使企业蒙受了不必要的损失。

(4) 在每个业务领域都直接面临众多竞争对手

采用"纵向一体化"管理模式企业的另一个问题是:它必须在不同业务领域直接与不同的竞争对手进行竞争。例如,有的制造商不仅生产产品,而且还拥有自己的运输公司。这样一来,该企业不仅要与制造业的对手竞争,而且还要与运输业的对手竞争。在企业资源、精力、经验都十分有限的情况下,四面出击的结果是可想而知的。事实上,即使是 IBM 这样的大公司,也不可能拥有所有业务活动必需的才能。因此,从 20 世纪 80 年代末期起,IBM 就不再进行纵向发展,而是与其他企业建立广泛的合作关系。例如,IBM 与苹果公司合作开发软件,协助 MCT 联营公司进行计算机基本技术研究工作,与西门子公司合作设计动态随机存储器,等等。

(5) 增大企业的行业风险

如果整个行业不景气,采用"纵向一体化"模式的企业不仅会在最终用户市场遭受损失,而且会在各个纵向发展的市场遭受损失。过去曾有这样一个例子,某味精厂为了保证原材料供应,自己建了一个辅料厂。但后来味精市场饱和,该厂生产的味精大部分没有销路。结果不仅味精厂遭受损失,与之配套的辅料厂也举步维艰。

4. 供应链管理模式的产生与发展

鉴于"纵向一体化"管理模式的种种弊端,供应链理论产生于 20 世纪 80 年代初的美国，一方面随着科学技术的飞速进步、生产力的迅猛发展、顾客消费水平的不断提高，消费者的需求层次升级、需求结构呈现多样化的特征，同时经济全球化趋势给各国经济带来了深刻的影响，这一切使企业竞争越来越激烈，制造企业面临的竞争环境也日益严峻，制造企业需要不断地提高产品质量、降低成本、改进服务、缩短交货期来满足竞争的需要；另一方面电子信息技术的出现又加强了企业之间在业务上的协调和发展，而且加深了企业之间相互信任、相互支持的友好关系。在这两方面的作用下，供应链理论和技术的形成与发展得以促进。

供应链理论的基本思想：

（1）系统的观点：即不再孤立地看待供应链上的各个企业，而是把从供应商、制造商到销售商、用户的整个供应链看成一个有机整体。

（2）共同的目标：最终顾客创造的需求才使得供应链得以存在，而且只有顾客满意，供应链才能延续与发展，因此，最终顾客对产品或服务的成本、质量等方面的要求，成为供应链中所有参与者的共同目标。

（3）新型的企业与企业之间的关系：通过仔细选择业务伙伴，减少供应商数目，变过去企业与企业之间的敌对关系为紧密合作的业务伙伴关系。

（4）全新的库存观念：供应链管理不再把库存看作调节供应链中供需不平衡的首选方案，而认为库存不一定是必需的，它只是起平衡作用的最后工具。

（5）集成化的管理思想：供应链管理采用系统的、集成的管理思想来统筹整个供应链的各个功能，为了实现共同的目标，通过业务重构等方法消除供应链各节点企业的自我保护主义，实现供应链的集成和优化，通过核心企业的管理思想在整个供应链上的扩散和移植，实现管理思想的集成。

根据相关资料统计：供应链管理的实施可以使企业总成本下降10%；供应链节点上的企业按时交货率提高15%以上；订货—生产的周期时间缩短25%～35%；供应链节点上的企业生产率增值提高10%以上；等等。

有学者认为，21世纪的竞争不是企业与企业之间的竞争，而是供应链与供应链之间的竞争。显然，这种竞争优势不是哪一个企业所具有的，而是整个供应链的综合能力。

5. 供应链管理思想产生的必然性

任何事物的产生都有其合理性，供应链管理思想也不例外。归纳起来，供应链管理思想的产生有如下4点必然性：

（1）市场空间和形态的变化对传统管理方式的挑战。信息社会或网络社会已经开始影响到我们的生活，这必然要带来工作和生活方式的改变，其中最主要的就是消费需求的变化。在短缺经济时代，数量供给不足是主要矛盾，所以企业的管理模式主要以提高效率、最大限度地从数量上满足用户的需求为主要特征。现在，随着人们经济生活水平提高，个性化需求越来越明显，多样化需求对企业管理的影响越来越大，而品种的增加必然增大管理的难度和对资源获取的难度。企业在兼顾社会利益方面的压力也越来越大，如环保问题、可持续发展问题等，使企业既要考虑自己的经济利益，还要考虑社会利益。

（2）传统管理模式的主要特征及其在新环境下的不适应性。传统管理模式是以规模化需求和区域性的卖方市场为决策背景，通过规模效应降低成本，获得效益。这样的生产方式必然是少品种、大批量。虽然这种生产方式可以最大限度地提高效率，降低成本，取得良好的规模效益，但它适应品种变化的能力很差；另外，管理层次多必然影响整个企业的响应速度，其组织结构是一种多级递阶控制，管理的跨度小、层次多，且集权式管理，以追求稳定和控制为主。

（3）传统管理模式的主要特点是“纵向一体化”。这种模式增加了企业的投资负担，企业必须自己筹集资金进行建设，然后自己进行经营和管理。因为企业在发现一个新的市场机会时，进行扩建或改建会延长企业响应市场的时间（至少是一个基本建设周期）。如此一来，企业还要承担丧失市场时机的风险。“纵向一体化”模式迫使企业去从事自己并不擅长的业务，这样的管理体制模式显然不适应瞬息万变的市场需求。在这样的外部压力下，企业间寻求彼此的合作，以整合各自的核心竞争力，供应链管理思想应运而生。

（4）交易成本变动形成的无限动力。在 20 世纪 90 年代，全球制造的出现导致全球竞争日益加剧，同时用户需求呈现多样化、变化频繁的趋势，因而企业面临着前所未有的“超竞争”。原有的“纵向一体化”的组织模式给企业带来了大量的机会成本，已完全不适合市场发展的需要。企业要想生存与发展，必须制定以尽可能快的速度、尽可能低的成本、尽可能多的产品品种为特征的战略，将主要精力用于其核心竞争力，同时尽可能地利用外部资源。供应链就是企业群在这一特定的环境下的积极应变。这里，交易成本包括“发现相对价格的工作”、谈判、签约、激励、监督、履约等的费用。毫无疑问，利用外部资源将带来大量的交易成本。这就需要供应链。

7.2.2 供应链管理的模型及其特征

1. 供应链的概念

供应链这一名词直接译自英文的 supply chain，目前尚未形成统一的定义。

在研究分析的基础上，我国学者马士华、林勇给出一个供应链定义：供应链是围绕核心企业，通过对信息流、资金流、物流的控制，从采购原材料开始，制成中间产品和最终产品，最后由销售网络把产品送到消费者手中的，将供应商、制造商、分销商、零售商，直到最终用户连成一个整体的功能网链结构。它是一个范围更广的企业结构模式，包含了所有加盟的节点企业，从原材料的供应开始，经过链中不同企业的制造加工、组装、分销等过程一直到最终用户，它不仅是一条连接供应商到用户的物流链、信息链、资金链，而且是一条增值链，物料在供应链上因加工、包装、运输等过程而增加其价值，给相关企业都带来收益。

2. 供应链的结构模型

图 7-4 形象地展示了产品从生产到消费的全过程。按照供应链的定义，这个过程是一个非常复杂的网链模式，覆盖了从原材料供应商、零部件供应商、产品制造商、分销商、零售商直至最终客户的整个过程。

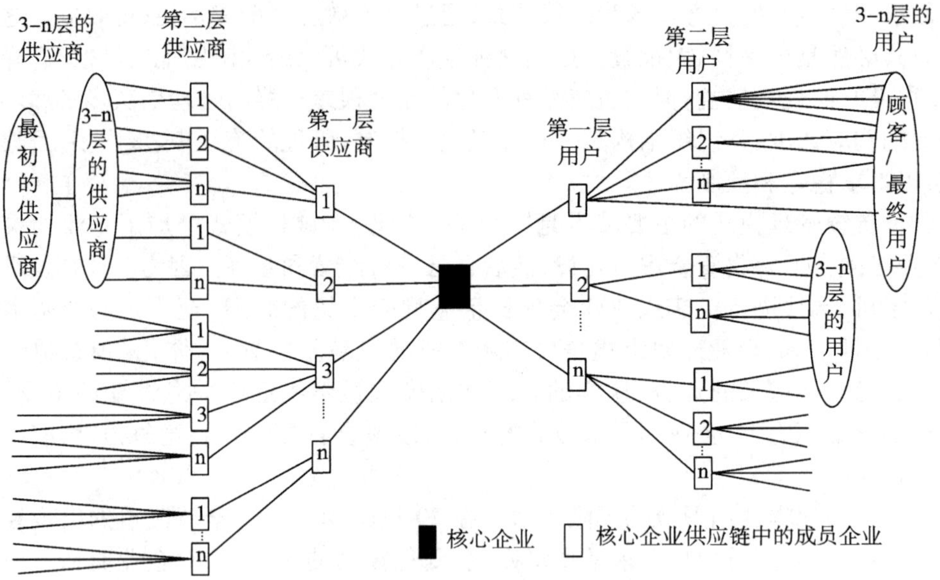

图 7-4　供应链系统分层结构

3. 供应链的特征

从供应链的结构模型可以看出,供应链是一个网链结构,由围绕核心企业的供应商、供应商的供应商和用户、用户的用户组成。一个企业是一个节点,节点企业和节点企业之间是一种需求与供应的关系。供应链主要具有以下特征:

(1) 复杂性。因为供应链节点企业组成的跨度(层次)问题,供应链往往由多个、多类型甚至多国企业组成,所以供应链结构模式比一般单个企业的结构模式要复杂。

(2) 动态性。供应链管理因企业战略和适应市场需求变化的需要动态更新,其中,节点企业需要动态更新,这就使得供应链具有明显的动态性。

(3) 面向用户需求。供应链的形成、存在、重构,都是基于一定的市场需求而发生的,并且在供应链的运作过程中,用户的需求拉动是供应链中信息流、物流、资金流运作的驱动源。

(4) 交叉性。节点企业可以既是这个供应链的成员,又是另一个供应链的成员,众多的供应链形成交叉结构,增加了协调管理的难度。

4. 供应链管理的概念

计算机网络的发展进一步推动了制造业的全球化、网络化过程。虚拟制造、动态联盟等制造模式的出现,更加迫切需要新的管理模式与之相适应。传统的企业组织中的采购(物资供应)、加工制造(生产)、销售等看似整体,但却是缺乏系统性和综合性的企业运作模式,这已经无法适应新的制造模式发展的需要,而那种“大而全,小而全”的企业自我封闭的管理体制,更无法适应网络化竞争的社会发展需要。因此,供应链的概念和传统的销售链是不同的,它已跨越企业界限。从建立合作制造或战略伙伴关系的新思维出发,从产品生命线的“源”头开始,到产品消费市场的“汇”,从全局和整体的角度考虑产品的竞争力,使供应链从一种运作性的竞争工具上升为一种管理性的方法体系。

供应链管理是一种集成的管理思想和方法。它执行供应链中从供应商到最终用户的物流的计划和控制等职能。例如,伊文斯(Evens)认为:“供应链管理是通过前馈的信息流和反馈的物料流及信息流,将供应商、制造商、分销商、零售商,直到最终用户连成一个整体的管理模式。”菲利浦(Phillip)则认为供应链管理不是供应商管理的别称,而是一种新的管理策略,它把不同企业集成起来以增加整个供应链的效率,注重企业之间的合作。最早人们把供应链管理的重点放在管理库存上,作为平衡有限的生产能力和适应用户需求变化的缓冲手段,它通过各种协调手段,寻求把产品迅速、可靠地送到用户手中所需要的费用与生产、库存管理费用之间的平衡点,从而确定最佳的库存投资额。因此其主要的工作任务是管理库存和运输。现在的供应链管理则把供应链上的各个企业作为一个不可分割的整体,使供应链上各企业分担的采购、生产、分销和销售的职能成为一个协调发展的有机体。

有两种不同的供应链运作模式:一种称为推动式,一种称为牵引式,如图7-5所示。推动式的供应链运作模式以制造商为核心,产品生产出来后就从制造商逐级推向分销商、零售商,用户处于被动接受的地位,各个企业集成度比较低。通常采用提高安全库存的方法应付需求变动,因此,整个供应链上库存量较高,对需求变动的响应能力比较差。牵引式供应链的驱动力产生于最终用户,整个供应链集成度比较高,信息交换迅速,可以根据用户的需求实现定制化服务。采取这种运作模式的供应链系统库存量较低。

(a) 推动式

(b) 牵引式

图7-5　两种不同模式的供应链

作为供应链战略管理的内容之一,就是要选择适合自己实际情况的运作模式,牵引式供应链虽然整体绩效表现出色,但对供应链上企业要求较高,对供应链运作的技术基础也要求较高。而推动式供应链相对较为容易实施。企业采取什么样的供应链运作模式,与企业系统的基础管理水平有很大关系,切不可盲目模仿其他企业的成功做法,因为不同企业有不同的管理文化,盲目跟从反而会得不偿失。

5. 供应链业务外包与第三方物流

在市场竞争中,企业欲获得竞争优势,就必须从企业与环境特点出发,培育自己的核心竞争力,供应链管理强调的是把主要精力放在企业的关键业务(企业核心竞争力)上,充分发挥其优势,同时与全球范围内的合适企业建立战略合作关系,企业的非核心业务由合作企业完成,这就是所谓的“业务外包”(outsourcing)。

随着社会分工的进一步细化和物流业的快速发展,物流外包(logistics outsourcing)逐渐被供需双方所认可。所谓物流外包,即生产或销售的企业为集中精力增强核心竞争力,而将其物流业务以合同的方式委托于专业的物流公司(第三方物流,3PL)运作。现代企业盛行将经营聚焦在具有核心竞争力的产品生产和研发上,而对辅助性物流活动则进行外包。

1）企业选择第三方物流的利弊

在当今竞争日趋激化和社会分工日益细化的大背景下，将物流外包给专业的第三方物流供应商，可以有效降低物流成本，提高企业核心竞争力。具体表现在：

（1）解决物流资源有限的问题，使企业更专注于核心业务的发展；

（2）使企业得到先进的技术和管理经验，实现以信息换库存，降低成本；

（3）减少固定资产投资，加速资本周转；

（4）企业得到更加专业化的服务质量；

（5）降低风险，同合作伙伴分担风险；

（6）提高企业的运作柔性。

当然，与自营物流相比较，物流外包在为企业提供上述便利的同时也会给企业带来诸多不利的影响：企业不能直接控制物流，造成相关业务的失控；缺乏合格的第三方物流企业；企业将放弃对物流专业技术的开发等。

2）物流经营模式选择依据

企业采用自营还是第三方物流形式，取决于两个因素的权衡：物流对于企业成功的重要程度和企业管理物流的能力。如图 7-6 所示，企业所处的位置决定其奉行的战略。

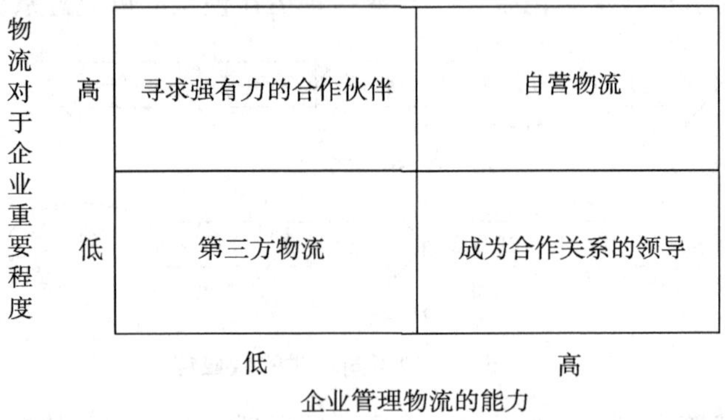

图 7-6　物流经营模式选择依据

如果企业对自身客户服务要求高，物流成本占总成本的比重大，且有高素质人员对物流运作进行有效管理，那么该企业就不应将物流业务外包出去，而应该自营。沃尔玛就是这样的企业，其物流管理非常出色。相反，如果对于一家公司来说，物流并不是其核心业务，企业物流管理能力也不强，那么采用第三方物流形式就有利于降低成本，提高客户服务水平。戴尔公司认为其核心竞争力是网络营销，而不是物流，因此，该公司在世界各地直销时，就采用第三方物流形式，在一定地理范围内销售商品。

如果物流是企业的核心业务，但企业物流管理能力很低，那么寻求物流合作伙伴将给企业带来很多收益，好的合作伙伴在企业现有的、甚至还未进入的市场拥有物流设施，可以向企业提供自营物流无法获得的运输、仓储等物流服务和专业化的管理。相反，如果企业物流业务不那么重要，但是有专业的人员管理，那么该企业就会主动寻找需要物流服务的伙伴，通过共享物流系统提高业务量，实现规模经济效益，降低企业成本，而这类企业的目标伙伴就应该是位于图 7-6 中左上方的企业。

7.3 电子商务物流管理信息技术

对信息资源的充分利用是现代物流管理的一个显著特征,信息技术的发展,对物流管理的成功起着重要的支撑作用。

7.3.1 自动识别技术

1. 自动识别技术的基本概念

在我们的现实生活中,各种各样的活动或者事件都会产生这样或者那样的数据,这些数据包括人的、物质的、财务的,也包括采购的、生产的和销售的,这些数据的采集与分析对于我们的生活、生产或者决策来讲是十分重要的。如果没有这些实际的数据支持,生产和决策就将成为一句空话,将缺乏现实基础。

在计算机信息处理系统中,数据的采集是信息系统的基础,这些数据通过数据系统的分析和过滤,最终成为影响我们决策的信息。

在信息系统早期,相当部分数据的处理都是由人手工录入,这样,不仅数据量十分庞大,劳动强度大,而且数据误码率较高,也失去了实时的意义。为了解决这些问题,人们就研究和发展了各种各样的自动识别技术,将人们从烦琐的重复的但又十分不精确的手工劳动中解放出来,提高了系统信息的实时性和准确性,从而为生产的实时调整、财务的及时总结及决策的正确制定提供参考依据。

在当前比较流行的物流研究中,基础数据的自动识别与实时采集便是物流信息系统(logistics management information system,简称 LMIS)的存在基础,因为,物流过程比其他任何环节更接近于现实的"物",物流产生的实时数据比其他任何情况都要密集,数据量都要大。

那么,究竟什么是自动识别技术呢?

自动识别技术就是应用一定的识别装置,通过被识别物品和识别装置之间的接近活动,自动地获取被识别物品的相关信息,并提供给后台的计算机处理系统来完成相关后续处理的一种技术。

自动识别技术是以计算机技术和通信技术的发展为基础的综合性科学技术,它是信息数据自动识读、自动输入计算机的重要方法和手段,归根结底,自动识别技术是一种高度自动化的信息或者数据采集技术。

自动识别技术近几十年在全球范围内得到了迅猛发展,初步形成了一个包括条码技术、磁条磁卡技术、IC 卡技术、光学字符识别、射频技术、声音识别及视觉识别等集计算机、光、磁、物理、机电、通信技术为一体的高新技术学科。

2. 自动识别技术的种类

自动识别系统根据识别对象的特征可以分为两大类:数据采集技术和特征提取技术。这两大类自动识别技术的基本功能都是完成物品的自动识别和数据的自动采集。

数据采集技术的基本特征是需要被识别物体具有特定的识别特征载体(如标签等,仅光学字符识别例外),而特征提取技术则根据被识别物体的本身的行为特征(包括静态的、动态的和属性的特征)来完成数据的自动采集。大致可以包括条码技术、磁条磁卡技术、IC 卡技术、光学字符识别、射频技术、声音识别及视觉识别等。

可以说，自动识别从条码技术开始，到无线射频技术结束。也就是说，条码技术是自动识别技术的始祖，而无线射频技术则是自动识别技术的未来。

1）条码技术

条码由一组规则排列的条、空及相应的数字组成，这种用条、空组成的数据编码可以供条码阅读器识读，而且很容易译成二进制数和十进制数。这些条和空可以有各种不同的组合方法，构成不同的图形符号，即各种符号体系（也称码制），适用于不同的场合。

阅读条形码符号所包含的信息，需要一个扫描装置和译码装置，通称为阅读器。它的功能是把条形码条符宽度、间隔等空间信号转换成不同时间长短的输出信号，并将该信号转化为计算机可识别的二进制编码输入计算机。扫描器又称光电读入器，它装有照亮被读条码的光源和光电检测器件，接收条码的反射光，产生模拟量信号，经放大、转化后送译码器处理。译码器存储有需译读的条码编码方案数据库和译码算法。

带有条形码的商品，扫描器探头接触条码符号时，根据光的反射和光电转换原理，即可通过识码器被计算机识别。这时，有关商品的信息就被打印或显示出来。具有正确率高、速度快、灵活、费用低、操作简单等优点。

条形码的基本功能是用来识别任何一个具有身份特征或名称的事物。条码技术的应用领域相当广泛，适用于各种行业和各种用途，最常见的是用于物品管理和贸易往来，即商品条码。商品条码可以说是商品的“身份证”，是商品流通于国际市场的“共同语言”，主要印在零售包装上，作为商品由制造、批发和零售等作业过程的自动化管理符号。除此之外，物流条码（也叫储运条码）是用在商品装卸、仓储、运输等过程中的识别符号，通常印在外包装箱上，用来识别商品种类和数量，也可以用于仓储批发业销售现场的扫描结账。

上述这些条码都是一维条码，如图 7-7 所示。由于其包含的信息量小，而且过分地依赖数据库、不能显示汉字、易因磨损或皱折而被拒读等弊病，越来越制约商品的流转效率。二维条码是从一维条码基础上发展起来的一种容量大、成本低、准确性高、编码方式灵活、保密防伪性强的编码技术，如图 7-8 所示。它是在计算机与信息技术基础上发展起来的一种标准化信息存储、传递和自动识别技术，自 1990 年开始在世界上得到广泛的应用。

图 7-7　一维条形码

图 7-8　二维条形码

条码技术在物流管理中有较广泛的应用，它提供了一种对物流中的物品进行标志和描述的方法，借助 POS 系统、EDI 等现代技术手段，企业可以随时了解有关产品在供应链上的位置，并即时做出反应。条码是实现 POS 系统、EDI、电子商务、供应链管理的技术基础，是物流管理现代化、提高企业管理水平和竞争能力的重要技术手段。

2）射频识别技术（radio frequency identification，简称 RFID）

射频识别技术的基本原理是电磁理论。射频系统的优点是不局限于视线，识别距离比光学系统远，射频识别卡具有可读写能力，它的优点是可携带大量数据、难以伪造和智能性较高等。射频识别和条码一样是非接触式识别技术，由于无线电波能“扫描”数据，所以 RFID 挂牌可做成隐形的，有些 RFID 识别产品的识别距离可以达到数百米，RFID 标签可做成可读写的。

射频标签最大的优点就在于非接触，因此完成识别工作时无须人工干预、适于实现自动化且不易损坏，可识别高速运动物体并可同时识别多个射频标签，操作快捷方便。射频标签不怕油渍、灰尘污染等恶劣的环境，短距离的射频标签可以在这样的环境中替代条码，例如用在工厂的流水线上跟踪物体。长距离的产品多用于交通上，可达几十米，如自动收费或识别车辆身份。

RFID 识别的缺点是标签成本相对较高，而且一般不能随意扔掉，而多数条码扫描寿命结束时可扔掉。

（1）无线射频识别技术的工作原理

射频识别系统的基本模型如图 7-9 所示。

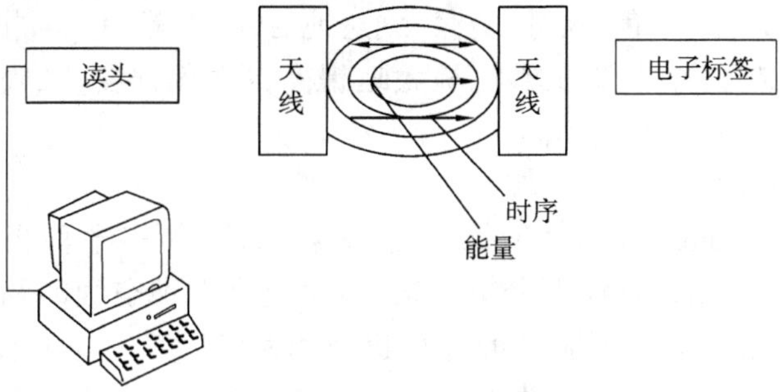

图 7-9　RFID 基本模型

其中，电子标签又称为射频标签、应答器、数据载体；阅读器又称为读出装置、扫描器、读头、通信器、读写器（取决于电子标签是否可以无线改写数据）。电子标签与阅读器之间通过耦合元件实现射频信号的空间（无接触）耦合，在耦合通道内，根据时序关系，实现能量的传递和数据的交换。

时序指的是读头和标签的工作次序问题，也就是读头主动唤醒标签。相当于读头发出“你在哪里，你在哪里？”的询问（reader talk first，简称 RTF），这时标签首先自报家门，相当于标签回答“我在这里，我在这里”（tag talk first，简称 TTF）。

对于无源标签来讲，一般是读头先讲的形式；对于多标签同时识读，可以是读头先讲的形式，也可以是标签先讲的形式。对于多标签同时识读，“同时”也只是相对的概念。为了实现多标签无冲撞同时识读，对于读头先讲的形式，读头先对一批标签发出隔离指令，使得读头识读范围内的多个电子标签被隔离，最后，只保留一个标签处于活动状态与读头建立无冲撞的通信联系。通信结束后指令该标签进入休眠，指定一个新的标签执行无冲撞的通信指令。如此重复，完成多标签同时识读。对于标签先讲的形式，标签反复随机发送自己的识别 ID，不同的标签可以在不同的时间段被读头正确读取，完成多标签同时识读。

发生在阅读器和电子标签之间的射频信号的耦合类型主要有电感耦合和电磁反向散射耦合两种。

(2) 无线射频识别技术的应用

无线射频识别技术有以下用途:

① RFID 技术能够跟踪递送过程中的物品,用于行李、邮件和包裹的处理;

② 可用于实现军事后勤资产的可视性计划;

③ 可实现文档追踪和图书馆管理;

④ 可用于进行交通管理与城市规划。

此外,RFID 技术还用于身份识别、产品和票据防伪、门禁和防盗系统;用于医疗行业的病人的病历管理和犯罪案例侦察,近年来特别用于航空反恐怖袭击。

虽然 RFID 技术的用途非常广泛,但是供应链与物流管理被认为是 RFID 技术最大的舞台。信息的准确性和及时性是供应链与物流管理的关键,要想提高供应链管理的效益,必须使链上的成员及时获得其他成员和各业务环节的运行信息。RFID 技术可以实现从商品设计,原材料采购,半成品与产成品的生产、运输、仓储、配送一直到销售,甚至退货处理和售后服务等所有供应链上的环节的实时监控,准确地随时获得例如种类、生产商、生产时间、地点、颜色、尺寸、数量、到达地、接收者等的产品相关信息,能较好地满足供应链对信息获取和处理的需求,极大地提高自动化程度,大幅降低差错率,显著提高供应链的透明度和管理效率。

7.3.2 GIS 技术

GIS(geographical information system,地理信息系统)是多学科交叉的产物,它以地理空间数据为基础,采用地理模型分析方法,适时提供多种空间的和动态的地理信息,是一种为地理研究和地理决策服务的计算机技术系统。其基本功能是将表格型数据(无论它来自数据库、电子表格文件或直接在程序中输入)转换为地理图形显示,然后对显示结果做浏览、操作和分析。其显示范围可以从洲际地图到非常详细的街区地图,显示对象包括人口、销售情况、运输线路及其他内容。

GIS 应用于物流分析,主要是指利用 GIS 强大的地理数据功能来完善物流分析技术。国外公司已经开发出利用 GIS 专门为物流分析服务的工具软件。完善的 GIS 物流分析工具软件集成了车辆路线模型、最短路径模型、网络物流模型、分配集合模型和设施定位模型等。

7.3.3 GPS 技术

GPS 是 global positioning system 的简称,它是结合了卫星、无线通信技术等的导航系统,具备全天候、全球覆盖、高精度的特征,能够实时、全天候为全球的陆地、海上、空中的各类目标提供实时的三维定位、速度及精确时间信息。

1. GPS 概述

全球定位系统(global positioning system,简称 GPS)是美国从 20 世纪 70 年代开始研制,耗资 200 亿美元,于 1994 年全面建成的,是具有在海陆空进行全方位实时三维导航与定位能力的新一代卫星导航与定位系统。经过我国测绘部门十多年的使用表明,GPS 以全天候、高精度、自动化、高效益等显著特点,赢得了广大测绘工作者的信赖,并成功应用于大地测量、工程测量、航空摄影测量、运载工具导航和管理、地壳运动监测、工程变形监测、资源勘察、地球动力学等多种学科,从而给测绘领域带来了一场深刻的技术革命。

随着全球定位系统的不断改进和硬件软件的不断完善,GPS 的应用领域正在不断开拓,目前已经遍及国民经济的各个部门,并逐步深入人们的日常生活。

2. GPS 的物流功能

1）实时监控功能

在任意时刻通过发出指令查询运输工具所在地理位置(经度、纬度、速度等信息)并在电子地图上直观地显示出来。

2）双向通信功能

GPS 用户可以使用无线话音功能与司机进行通话,或使用本系统安装在运输工具上的移动汉字液晶显示终端进行汉字消息收发对话。

司机通过按下相应服务动作键,将信息反馈到 GPS 网络,调度员或质量监督员可以在显示屏上确认其工作正确性,了解并控制整个运输作业的准确性(发车时间、到货时间、卸货时间、返回时间等)。

3）动态调度功能

调度人员可以在任意时刻通过调度中心发出调度指令,并得到确认信息。可以进行运输工具待命计划管理,操作人员通过在途信息反馈,在运输工具未返回车队前即做好待命计划,可提前下达运输任务、减少等待时间,加快运输工具周转速度;还可进行功能管理,将运输工具的运能信息、维修记录信息、司机人员信息、运输工具在途信息等多种信息提交给调度部门决策,以提高运输工具使用效率,减少空车时间和空车距离。

4）数据存储、分析功能

实现路线规划和优化,预先规划车辆运行路线、运行区域、运行时间,并将该信息记录在数据库中,以备以后查询、分析使用。根据存储资料可以随时了解每台运输工具的历史资料,并根据管理部门的不同要求制作不同报表,使得管理部门能够快速准确地做出判断和发出指令。

可以进行可靠性分析,通过及时了解运输工具运行状态,决定运输工具是否需要维修,并预先做好相应计划,通过分析运输工具有关数据(例如差错时间)动态衡量该型号车辆的性能。

5）铁路运输管理

铁路部门运用该技术可以显著提高路网及运营的透明度,为货主提供更好的服务。

6）货物跟踪管理

货物跟踪管理是指物流企业利用现代信息技术获取货物运输状态的信息,提高物流运输服务的方法。使用该技术后,所有被运送货物的物流全过程各种信息都集中在中心计算机里,业主可以随时查询货物的位置和状态。

7.3.4 POS 系统和 EOS 系统

1. POS 系统

1）POS 系统的概念

销售点实时管理系统(point of sale)是指通过自动读取设备(如收银机)在销售商品时直接读取商品销售信息(如商品名、单价、销售数量、销售时间、销售店铺、购买顾客等),并通过通信网络和计算机系统传送至有关部门进行分析加工,以提高经营效率的系统。

POS 系统最早应用于零售业,以后逐渐扩展到其他如金融、旅馆等服务性行业,利用 POS 信息的范围也从企业内部扩展到整个供应链,成为信息共享,提高供应链物流效率的重要信息手段。

2) POS 系统的构成

一个完整的 POS 系统由软件系统和硬件系统两大部分构成。

(1) POS 硬件系统结构的基本结构可分为 3 类:一是单个收款机结构;二是收款机与微机相连构成 POS 系统;三是收款机、微机与网络构成的 POS 系统。目前大多采用第三种类型,它的硬件结构主要包括收款机、扫描器、显示器、打印机网络、微机与硬件平台等。

(2) POS 软件系统主要包括前台 POS 销售系统和后台 MIS 信息管理系统。前台 POS 软件的功能是进行日常销售、交班结算、退货、支持各种付款方式、即时纠错等;后台 MIS 软件的功能是进行商品入库管理、商品调价管理、商品销售管理、单据票证管理、报表打印管理、数据维护管理,以及进行完善地分析和销售预测。

3) POS 系统的作用

(1) 节约大量人力、物力。由于库存管理是动态管理,即每卖出一件商品,POS 的数据库中就相应减少该商品的库存纪录,免去了商场盘存之苦,节约了大量人力、物力;同时,企业的经营报告、财务报表及相应的销售信息,都可以及时提供给经营决策者,以保持企业的快速反应。

(2) 缩短资金流动周期。实行 POS 系统管理,对于库存商品的销售情况,每时每刻都一目了然,商场的决策者可将商品的进货量始终保持在合理水平,可提高有效库存,使零售企业在市场竞争中占据更有力的地位。据统计,在应用 POS 系统后,商品有效库存可增加 35% ~40%,这就缩短了资金的流动周期。

(3) 提高企业的经营管理水平。首先,可以提高企业的资金周转率,在应用 POS 系统后,可以提前避免出现缺货现象,使库存水平合理化,从而提高商品周转率,最终就会提高企业的资金周转率;其次,在应用了 POS 系统后,可以进行销售促进方法的效果分析,把握顾客购买动向,按商品品种进行效益管理,给销售水平制订采购计划,并能进行有效的店铺空间管理和不同时间段的促销活动分析等,从而使商品计划效率化。

2. EOS 系统

1) EOS 的概念

电子自动订货系统(electronic ordering system,简称 EOS)系统是零售业与批发业之间通过增值网或互联网和终端设备以在线联结方式将各种信息(从订货到接单),用计算机进行处理的系统。

EOS 系统并非单个的零售店与单个的批发商组成的系统,而是许多零售店与许多批发商组成的大系统的整体运作方式。EOS 系统操作的基本过程如下:

(1) 在零售的终端利用条码阅读器获取准备采购的商品条码,并在终端机上输入订货资料;

(2) 利用电话线通过调制解调器传到批发商的计算机中;

(3) 批发商开出提货传票,并根据传票同时开出拣货单,实施拣货,然后依据送货传票进行商品发货;

(4) 送货传票上的资料作为零售商的应付账款资料及批发商的应收账款资料,将其连接到应收账款的系统中;

(5) 零售商对送到的货物进行检验后,便可以陈列与销售了。

EOS 系统按应用范围可分为企业内的 EOS 系统(如连锁店经营中各个连锁分店与总部之间建立的 EOS 系统),零售商与批发商之间的 EOS 系统,以及零售商、批发商和制造商之间的 EOS 系统。EOS 的基本框架如图 7-10 所示。

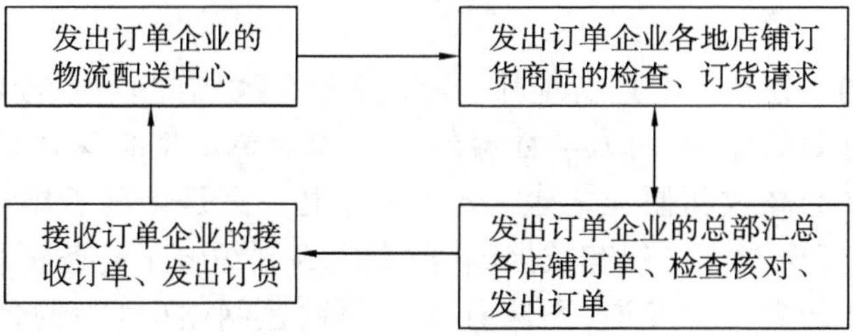

图 7-10　EOS 基本框架

2) EOS 系统在企业物流管理中的作用

(1) 对于传统的订货方式,如上门订货、邮寄订货、电话、传真订货等,EOS 系统可以缩短从接到订单到发出订货的时间,缩短订货商品的交货期,减少商品订单的出错率,节省人工费;

(2) 有利于减少企业的库存水平,提高企业的库存管理效益,同时也能防止商品特别是畅销商品缺货现象的发生;

(3) 对于生产厂家和批发商来说,通过分析零售商的商品订货信息,能准确判断畅销商品和滞销商品,有利于企业调整商品生产和销售计划;

(4) 有利于提高企业物流信息系统的效率,使各个业务信息子系统之间的数据交换更加便利和迅速,丰富企业的经营信息。

3) 应用 EOS 系统时的注意事项

(1) 订货业务作业的标准化。这是有效利用 EOS 系统的前提条件。

(2) 商品代码的设计。在零售行业的管理方式中,每一个商品品种对应一个独立的商品代码,商品代码一般采用国家统一规定的标准。对于统一标准中没有规定的商品则采用本企业自己规定的商品代码。商品代码的设计是应用 EOS 系统的基础条件。

(3) 订货商品目录账册(order book)的制作更新。订货商品目录账册的设计和运用是 EOS 系统成功的重要保证。

(4) 注意计算机及订货信息输入和输出终端设备的添置和 EOS 系统设计,这是应用 EOS 系统的基本条件。应制定 EOS 系统应用手册并协调部门间、企业间的经营活动。

第 8 章　电子商务安全与风险管理

随着互联网的迅速普及和广泛应用，电子商务在我国的政治、经济、文化等许多领域发挥着越来越重要的作用，对人类社会的发展和变革产生着深远影响。但在人们享受电子商务所带来的高效和便捷之余，安全问题也一直是伴随着电子商务发展的“心病”。电子商务的安全能否得到有效保障，愈发成为制约电子商务顺利发展的瓶颈。

随着电子商务的进一步发展，不法分子利用钓鱼网站（网络钓鱼是种通过垃圾邮件、即时聊天工具、手机短信或网页发送虚假信息，声称自身是来自于银行或其他知名机构的欺骗性信息，意图引诱用户给出敏感信息如用户名、口令、账号或信用卡详细信息的攻击方式）、木马病毒等诱骗网民购物、诈取网银账号密码、劫持浏览器首页等现象进一步攀升。2010 年全年，国内互联网新增钓鱼网站 175 万个，比 2009 年增加 1.186%；其中，钓鱼网站的受害网民高达 4 411 万人次，损失超过 200 亿元。2010 年黑客仅通过网络广告、恶意推广购物导航途径获取的单项不法收入，就高达 3 ~ 5 亿元。因此如何为电子商务的深入开展构建一个安全、可靠、可信的网络应用环境，成为业界始终关注且尤为迫切需要解决的问题。本章将从技术和管理方面阐述电子商务的安全知识。

8.1　电子商务安全概述

8.1.1　电子商务面临的安全威胁

要想明确什么样的电子商务应用环境才是安全的，首先要清楚电子商务开展过程中面临的威胁有哪些，然后是为什么需要某种安全技术，如果没有这些技术，又会发生什么。

1. 对保密性的安全威胁

信息的保密性是指信息在网络传输或者存储过程中不被他人窃取、不被泄露给未经授权者，或者即使被未经授权者截取，由于经过了加密伪装，其也无法了解真实内容。

信息的保密性一直是公众和媒体最关心也是最常提及的一种电子商务安全需求。电子商务的开展过程中经常会涉及许多重要信息（如投标书、项目合同）或个人敏感信息（如银行卡号及密码）。对于一些重要的或者是敏感的数据，如果没有采取加密措施或者加密强度不够，攻击者可能通过互联网、公共电话网、搭线，或在电磁波辐射范围内安装截收装置或者在数据包通过的网关和路由器上截获数据等方式获取机密信息；也可以通过对信息流量和流向、通信频度和长度等参数的分析，推算出有用信息。有恶意的人想从互联网上获取这样的信息并不困难,特别是现在,黑客的攻击越来越带有经济利益倾向,互联网黑色产业正向着专业化、产业化的方向发展。如 2010 年 8 月截获的专门针对支付软件与网银请求环节进行攻击的木马病毒——网银超级木马,该病毒篡改用户浏览器首页并窃取用户网银财产,同时还会利用下载工具、浏览器和购物软件的数字签名来绕开杀毒软件,可以危害几乎所有的网络银行与第三方支付的衔接环节,窃取成功率极高,犯罪后极难追查。

以直接经济损失计算,2010 年中国网民因为病毒破坏电脑、木马窃取网银或网游等带来的损失,估计在 10 ~20 亿元。由于木马、钓鱼网站对于电子商务的威胁,很多人对网络购物存在疑虑,由此带来的间接损失无法估计。

2. 对完整性的安全威胁

信息的完整性是指保护信息不被未经授权者篡改、插入、删除或以其他方式对原始数据进行更改。

信息的完整性将影响到贸易各方的交易进行和经营策略,保持贸易各方信息的完整性是电子商务应用的基础。对信息完整性的攻击屡有发生。例如,2010 年 1 月 12 日,全球最大的中文搜索引擎——百度突然出现大规模无法访问现象,主要表现为网址跳转到雅虎出错页面、伊朗网军图片等,范围涉及四川、福建、江苏、吉林、浙江、北京、广东等国内绝大部分省市。这次百度大面积故障长达 5 个小时,在国内外互联网界造成了重大影响,被百度 CEO 李彦宏称为“史无前例”的安全灾难。此次事件实质就是一次 DNS 劫持攻击,不法分子入侵了百度在美国域名注册商的 DNS 服务器,对数据进行了非法篡改。

3. 对真实性的安全威胁

信息的真实性包含两层含义:

(1) 网络两端交易双方身份的真实性。即确定进行交易的贸易双方所声称的身份是合法的。电子商务是通过 Internet 进行的商务活动,具有虚拟性、信息不对称性等特征,因此在其商务环境中充斥着大量的风险性、不确定性,很容易发生冒充领导发布命令、调阅文件,冒充他人消费等网络钓鱼现象。

(2) 服务器的真实性。中国网络钓鱼活动日益猖獗,超过 9 成网民碰到过网络钓鱼网站。据中国反钓鱼网站联盟公布的报告,2010 年 1 月至 11 月,累计认定并处理的钓鱼网站有 20 570 个,较上一年同期增长 136% 。这意味着每一天就要处理超过 60 个钓鱼网站。2010 年前 10 个月,平均每天新增的网购钓鱼网站有 1 500 个。在超过 4 300亿元的网购产业中,有 1 亿用户曾遇到过钓鱼陷阱,直接经济损失达 150 亿元。真实性已成为决定网上交易成功与否的关键因素。

4. 对即需性的安全威胁

信息的即需性是指防止延迟或者拒绝服务,即需性安全威胁的目的就在于破坏正常的计算机处理服务或者使计算机完全拒绝服务。一个稳定且可靠的电子商务平台是开展电子商务活动的基本要素,也是体现电子商务 3A 特征的必要条件。在电子商务发展过程中对即需性产生破坏的事件很多,延迟一个消息或消除它有时会带来严重的后果。例如在对时间高度敏感的证券交易中,一个好的买点可能因交易指令被延迟,导致用户交易失败,造成损失。

据有关公司发布的市场调查报告估计，黑客攻击使得一些诸如 Yahoo 和 eBay 这样的从事电子商务的知名网站出现暂时性“死机”或“停止服务”，从而使他们的损失超过 12 亿美元，严重影响和干扰了互联网上电子商务的发展，以及人们对电子商务的信心。目前对即需性的破坏最常用的技术是分布式拒绝攻击（DDOS），如 2009 年 5 月 19 北京暴风科技公司拥有的域名“dnspod. com”被人恶意发动 DDOS 攻击，承担“dnspod. com”网络接入的电信运营商断掉了其网络服务，造成我国一次大范围网络故障事件。2009 年 12 月 24 日，由于 DNS（域名解析系统）提供商 Neustar 遭到 DDOS 攻击，导致亚马逊、沃尔玛和 Expedia 等大批电子商务网站无法访问。

5. 对交易抵赖的安全威胁

交易抵赖包括多个方面，如发送方事后否认曾经发送过某条信息或内容，或接收方事后否认曾经收到过某条信息或内容。例如，某个消费者在网上提交了订单，事后想要反悔或不愿意付款；反之亦然，买方也有可能在付款后收不到货物。对一些价格随时间波动较大的商品（如黄金、石油等），买方和卖方都有可能在利益的驱使下抵赖对自身不利的行为。例如，卖方否认之前曾收到过价格现已上涨的商品订单等。

6. 一些程序的安全威胁

1）Cookie

Cookie 程序本身是有助于提高用户上网访问网页的速度和效率的，但在其带来便捷的同时，也带来了极大的安全隐患。通过 WWW 页面潜入的恶意程序可使通常保存在 Cookie 里的用户名、口令或信用卡信息泄露。

2）ActiveX 控件

ActiveX 控件是一个对象，它含有页面设计者放在页面来执行特定任务的程序，如 WWW 支持的日历控件。ActiveX 控件的安全威胁是：一旦下载，它能像计算机上的其他程序一样执行，能访问包括操作系统代码在内的所有资源，这是非常危险的，一个恶意的 ActiveX 控件可以格式化硬盘，向邮件通讯簿里的所有用户发送病毒邮件或者关闭计算机。ActiveX 控件启动后不能终止，只能被管理。

3）浏览器插件

浏览器插件是增强浏览器功能的程序，即完成浏览器不能处理的页面内容。插件通常都是有益的，通过执行相应媒体里的指令来完成职责，如在 IE 浏览器中阅读 PDF 文件，播放动画、音乐、视频等，但这也为企图破坏计算机的人打开了方便之门，他们可以在看起来无害的视频或音频片段里嵌入一些指令，而当插件程序解释了这些恶意指令后，这些指令可以删除若干或全部文件来进行破坏。还有些插件由于自身存在安全缺陷也会给客户机带来安全威胁。如 2008 年 5 月瑞星互联网攻防实验室向网民发出警报，在网络浏览器中广为应用的 Flash Player 插件存在严重的安全漏洞，可以破坏 Flash 插件的安全机制，使其他病毒获取系统权限，侵入用户电脑。

当然，在电子商务的开展过程中还面临着一些其他威胁，如 Web 服务器的物理安全、由百度文库引发的对知识产权的安全威胁等。

8.1.2 电子商务安全的体系结构

在这里首先想强调的是，电子商务安全是一个系统问题，不是单纯依靠技术就可以解决的，除了技术之外，电子商务安全还离不开管理，尤其是对人的管理，对电子商务从业人员的安全教育和安全意识的培养。除此之外,建立和完善电子商务法律法规,严格按照法律法规来运作电子商务,也是完善电子商务安全体系的重要内容。因此,一个实用的安全电子商务系统必须有机集成现代计算机密码学、信息安全学、网络安全技术和电子商务安全支付技术等。安全的电子商务系统的体系结构如表8-1所示。

表8-1 安全的电子商务系统的体系结构

结构	内容
管理机制	包括:电子商务的法律法规、规章制度等
应用系统层	包括:保密性、完整性、真实性、匿名性等
安全协议层	包括:安全协议(SSL协议、SET协议、S-HTTP等)
安全认证层	包括:数字摘要、数字签名、公钥基础设施PKI(CA认证、数字证书)等
加密技术层	包括:对称加密(DES,AES,IDEA)、非对称加密(RSA,ECC)等
网络服务层	包括:网络隐患扫描、网络安全监控、病毒防治、防火墙等
设备及软件系统	包括:安全的物理设备(计算机、网络设备等)、安全的软件系统(计算机操作系统、数据库等)

1. 设备及软件系统

安全的物理设备是电子商务安全体系的基础。其包含两层含义:(1)设备的物理安全,如被盗、人为恶意破坏等;(2)设备的可靠性和寿命,例如环境温度和湿度会影响计算机的可靠性和寿命。如果温度和湿度超过规定的最大值,很有可能表面上计算机还在正常工作,但运算结果出错。

安全的软件系统是电子商务系统安全的关键要素。试想一个充满漏洞的操作系统或者数据库,在病毒和木马如此猖獗的网络环境下何以支持起电子商务的开展。

2. 网络服务层

电子商务系统是依赖网络实现的商务系统,需要利用Internet基础设施和标准。网络服务层提供信息传送的载体和用户接入的手段,是各种电子商务应用系统的基础,为电子商务系统提供了基础、灵活的网络服务。目前对网络服务层的威胁主要包括窃听、篡改、伪造等。

3. 加密技术层

随着电子商务的不断发展,密码学的应用也随之扩大,成为网络安全技术的基础。加密技术利用密钥对敏感信息进行数学变换,转换成不可识别的字符,以达到保护信息的目的。加密技术有两种基本形式:一种是对称加密算法,也称作私有密钥加密算法;另一种是非对称密钥加密算法,也称作公开密钥加密算法。

4. 安全认证层

当前的网络应用环境中,网络资源的安全性保障通常是采用基于用户身份的资源访问控制策略。身份认证是网络安全管理的重要基础之一和技术手段之一,能够保证网络中的数据和服务不被未授权的用户访问。

安全认证层从技术上解决了信息的完整性、不可否认性、身份认证等安全问题,为网络应用,特别是网络支付提供了技术基础。

5. 安全协议层

安全协议是以密码学为基础的网络信息交换协议，电子商务安全协议由买方、卖方、第三方及他们之间约定的电子商务交易条款组成，提供电子交易时所需要的安全服务，如身份认证、加密会话，实现保密性、完整性、不可否认性等。目前电子商务安全协议有很多，主要有 SSL 协议和 SET 协议。

6. 管理机制

在安全领域有这样一个共识，一个安全的电子商务系统应该是“三分技术、七分管理”。有统计结果表明，在所有的信息安全事故中，只有 20% ~30% 的事故是由于黑客入侵或其他外部原因造成的，70% ~80% 的事故是由于内部员工的疏忽或管理上的漏洞造成的。

目前，电子商务已经采用一系列技术来增强系统的安全性。单独来看，这些技术中的绝大部分都是非常实用和有效的，然而，从系统的整体安全性水平来看，它们并未达到电子商务的安全性控制要求。只有将电子商务中的安全技术和管理机制进行有机结合，使各项安全技术和管理措施之间发挥最佳互补作用，才能有效提高电子商务系统的整体安全性。

8.1.3 电子商务安全的特点

1. 电子商务安全是一个系统的概念

电子商务安全不仅仅是技术问题，更重要的是管理问题，而且它还与社会道德、行业管理、相应的法律法规紧密联系在一起。

2. 电子商务安全是相对的

世界上本身就没有绝对安全的东西。只要电子商务系统在一定程度上满足安全性需求，并且在实际运用中能保证一定的安全性，那么这个系统就是成功的。

3. 电子商务安全是有代价的

效率与安全是一对矛盾体，如果只注重提升效率、速度，就必定要以牺牲安全为代价；如果只考虑安全，则必定要以牺牲速度和效率为代价。电子交易是通过 SSL 协议完成还是通过 SET 协议完成，就是平衡效率与安全的一个很好的例证，此外在电子商务安全实施过程中还要考虑到安全的代价和成本问题。因此，电子商务企业要综合考虑这些问题，寻求一个平衡点。

4. 电子商务安全是动态的

今天安全，明天不一定安全，因为网络的攻防是此消彼长的，尤其是安全技术，它的对抗性需要不断地检查、评估和调整相应的安全策略。例如，随着计算机的计算能力不断增强，一些加密算法受到极大的挑战，促使人们去寻求和探索更安全的算法。没有一劳永逸的安全，也没有一蹴而就的安全。

8.2 密码技术

8.2.1 密码技术概述

密码技术是信息传输安全的基础，通过数据加密、数字摘要、数字签名等技术，可以实现数据保密性、数据完整性、不可否认性和用户身份真实性认证等安全机制，从而保证在网络环境中信息传递和交换的安全。

密码技术中包含 4 个基本要素：

加密：就是用基于数学算法的程序和保密的密钥对明文信息(M)进行编码，生成难以理解的字符串(C)。只有授权用户才能解读这种密文，即有 $E(M) = C$。

解密：将密文重新恢复成明文的过程，即 $D(C) = M$。

算法：是一步一步的加密和解密的过程。算法通常相对稳定，视为常量。

密钥：就是在加密和解密过程中使用的字符串。通常是一个很大的二进制数字。加密密钥越长安全性就越高，保密效果就越好。数据加密解密的基本原理模型如图 8-1所示。

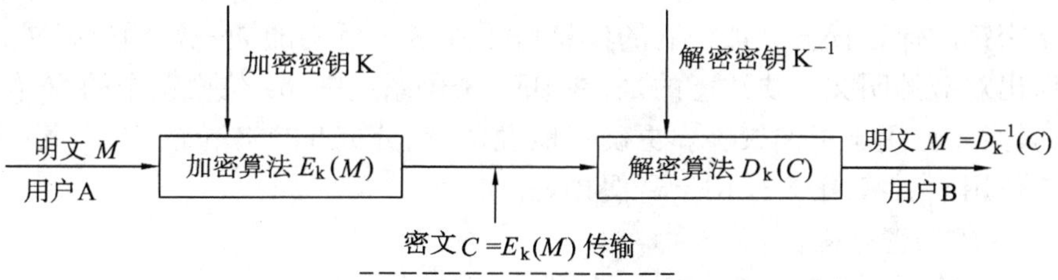

图 8-1 数据加密解密的基本原理模型

根据不同的标准，密码体制的分类有很多，但从应用方面来说主要分为两类：一类是对称加密体制；另一类是非对称加密体制。

1. 对称加密体制

早在 20 世纪 70 年代的商业网站中就开始使用对称加密体制。所谓对称加密体制是指信息在加密和解密过程中使用相同的密钥。典型的对称加密算法包括：数据加密标准(DES-data encryption standard)、高级加密标准(AES-advanced encryption standard)、国际数据加密算法(IDEA-international data encryption algorithm)。对称加密体制工作原理如图 8-2 所示。

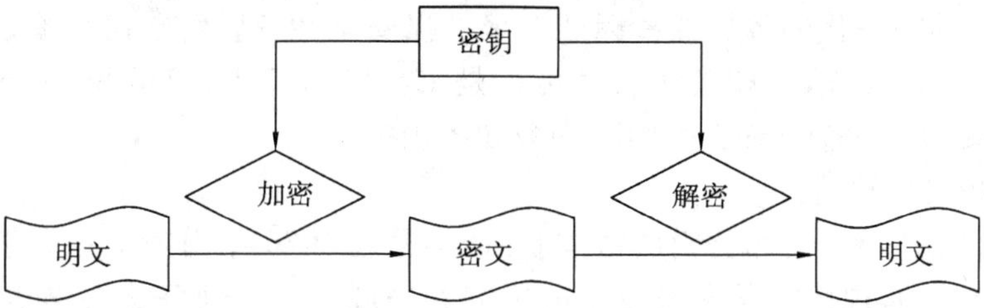

图 8-2 对称加密体制工作原理图

1) 对称加密体制的特点

优点：对称加密体制的加/解密的速度快，效率高，具有很好的保密强度，甚至可以经受国家级破译力量的分析与攻击。

缺点：由于加密和解密使用同一密钥，所以发送方和接收方都必须知道此密钥，且需要细心保存，一旦泄露将带来严重的安全威胁。所以对称加密体制最大的缺点就是如何确保密钥安全的管理和分配。对称加密体制的另一个问题是无法适应于大规模的网络环境。如对于一个具有 1 000 名用户规模的网络环境，如果采用对称加密体制完成通信,那么密码系统总共需要 499 500 个密钥,这显然是不合适的。再者对称加密体制缺乏认证能力。

2）典型算法

（1）数据加密标准(DES)

DES 是由 IBM 公司在 20 世纪 70 年代研制的,经过美国政府的加密标准筛选后,于 1976 年 11 月被美国政府采用,并被国际标准化组织 ISO 认定为商用数据标准。

① DES 加密的基本原理。DES 采用传统的移位、替换和置换的方法进行加密。在 64 位密钥的控制下,将 64 位明文块变换成为 64 位密文块。加密过程包括了 16 轮的加密迭代,每轮都采用一种乘积密码方式。DES 系统的加密算法是公开的,其加密强度取决于密钥的保密程度。加密后的信息可用加密时所用的同一密钥进行求逆运算,变换还原出对应的明文。要注意的是,在 DES 密码系统中,64 位密钥中的 56 位用于加密过程,其余 8 位用于奇偶校验。更确切地说,密钥分成 8 个 8 位的字节,每一个字节中的前 7 位用于加密,第 8 位用于奇偶校验。

② DES 的加密过程。

a. 明文分组:将明文按 64 位为一组进行划分;

b. 初始置换:按照初始置换表进行与密钥无关的操作;

c. 加密迭代:共进行 16 轮的运算,每一轮都使用不同的子密钥;

d. 逆初始置换:它是 b 步骤中变换的逆变换,这一过程也不需要密钥。

密文输出:输出 64 位的密文信息。

对于 DES 也有一些改进算法,如三重 DES、采用独立子密钥的 DES 等。

（2）高级加密标准(AES)

DES 的有效密钥长度只有 56 位,随着计算机处理能力的不断提高,利用穷举法的方式攻击 DES 是完全可能的。在这种背景下美国国家标准技术局在 2000 年底确定了由比利时密码专家 Joan Danmen 和 Vincent Rijmen 设计的 Rijmen 算法作为 AES 以替代 DES。AES 作为新一代的数据加密标准汇聚了强安全性、高性能、高效率、易用和灵活等优点。AES 加密数据块和密钥长度可以是 128 bit、192 bit、256 bit 中的任意一个。AES 算法主要包括 3 个方面:轮变化、圈数和密钥扩展。

2. 非对称加密体制

非对称加密体制,也称公钥加密体制,最早是在 1976 年由斯坦福大学的 Diffie 和 Hellman 提出的,是现代密码学最重要的发明和进展。一般理解的密码学就是保护信息传递的机密性,但这仅仅是当今密码学主题的一个方面,对信息发送方和接收方的真实身份的验证,对所发送/接收信息在事后的不可抵赖性,以及保障数据的完整性是现代密码学主题的另一个方面。非对称加密体制对这两个方面的问题都给出了很好的解决方案。典型的非对称加密算法包括 RSA(Ron Rivest, Adi Shamir, Len Adleman,以 3 位密码专家的名字命名)算法、椭圆曲线算法(elliptic curves cryptography,简称 ECC)等。

与对称加密体制相比,非对称加密体制需使用一对相关的密钥:一个用来加密,称为公开密钥,简称公钥;另一个用来解密,称为私有密钥,简称私钥。公开密钥加密体制具有以下两个重要特性:(1) 仅仅知道密码算法和加密密钥是无法推导出私有密钥的;

(2) 密码系统中的加密密钥和解密密钥的角色并不是限定的,可以相互转换。

1) 非对称加密体制的工作原理

非对称加密体制的工作原理如图 8-3 所示。

图 8-3　非对称加密体制工作原理图

为了描述的方便,我们假定在互联网上有个用户 A 要传送重要文件 M 给互联网上另一用户 B,双方约定用公钥加密体制完成通信。则工作过程如下:

(1) 接收方 B 首先借助密钥生成程序产生一对密钥(pkb,skb),其中 pkb 作为公钥,通过各种渠道传送给发送方 A,skb 作为私钥,由用户 B 自己保存;

(2) 发送方 A 用所收到的 pkb 借助公钥加密算法对 M 进行加密,得到密文 C,即 $C = E_{\text{pkb}}(M)$,然后 A 将 C 发送给 B;

(3) B 收到密文 C 后,利用私钥 skb 对其解密,恢复出明文,得到文件 M。即 $M = D_{\text{skb}}(C)$。

2) 非对称加密体制的特点

优点:克服了对称加密体制下密钥分配和管理的问题,且具有认证能力,适用于大规模的网络环境。

缺点:与对称加密体制相比速度慢,当对大型文件进行计算或者在网络上需进行较多次的加/解密时,累积的时间就会很久,影响效率。

3) 典型算法

(1) RSA 算法

RSA 是目前应用最广泛的公钥系统,也是第一个比较完善的公开密钥算法,它既能用于加密也可用于数字签名。在已公开的公钥加密算法中,RSA 是相对最容易理解和实现的。RSA 算法的关键思想是利用了将两个大的素数相乘生成一个合数容易,但要把一个大的合数分解还原成两个素数却是十分困难的事实。

① RSA 算法描述(假设要传递的信息为 m)

a. 密钥的生成。

任选两个秘密的大素数 p 和 q;

计算 $n = pq$ 和 $f(n) = (p-1)(q-1)$;

选择一个正整数 $e(0 < e < f(n))$,使得 e 与 $f(n)$ 互素,则 (e,n) 即为公钥;

计算 d,使得 $e * d \bmod f(n) = 1$,d 保密,则 (d,n) 即为私钥。

b. 加密过程。

$c = E(m) = m^e \bmod n$。

c. 解密过程。

$m = D(c) = c^d \bmod n$。

② DES 算法与 RSA 算法的比较如表 8-2 所示。

表 8-2　DES 算法与 RSA 算法的比较

加密算法	DES	RSA
原理	对称加密体制	非对称加密体制
算法	公开	公开
密钥配送	必要	不必要
密钥管理	困难	容易
密钥种类	秘密密钥	私有密钥、公开密钥
加/解密速度	非常快	慢
认证能力	弱	强

（2）椭圆曲线算法

椭圆曲线第一次运用于公钥密码算法是在 1985 年由 Neal Koblitz 和 VS Miller 提出来的。其根据的是有限域上的椭圆曲线上的点群中的离散对数问题 ECDLP。ECDLP 是比因子分解问题更难的问题，许多密码学家认为它有指数级的难度。从目前已知的最好求解算法来看，160 位的椭圆曲线密码算法的安全性相当于 1 024 位的 RSA 算法。

3. 数字信封技术

对称加密技术与非对称加密技术各有所长，同时又各有所短。因此设计出一种综合两种加密体制的优点，又避免各自不足的加密解密方案，即数字信封技术（digital envelop，简称 DE）。

1）数字信封技术的原理

（1）信息发送方首先随机产生用于对称加密算法的秘密密钥 P，对需要传送的较长信息 M（如电子合同、支付通知单）用对称加密体制完成加密，形成密文 C。即 $C=E_P(M)$；

（2）发送方利用接收方的公钥 pk 对秘密密钥 P 加密，形成秘密密钥 P 的密文 CP，即 $CP=E_{pk}(P)$；

（3）发送方将 C，CP 发送给接收方；

（4）接收方收到 CP 后，用自己的私钥 sk 解密 CP，得到秘密密钥 P，即 $P=D_{sk}(CP)$；

（5）接收方再利用秘密密钥 P，借助对称加密算法对所收到的密文 C 进行解密，恢复出信息 M，即 $M=E_p(C)$。

数字信封的工作原理如图 8-4 所示。

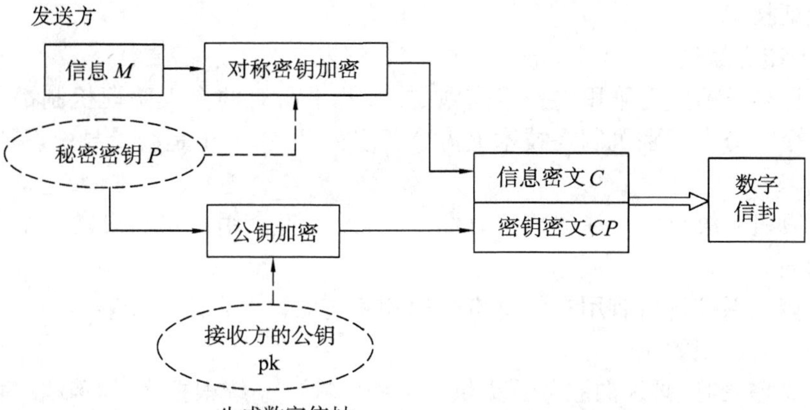

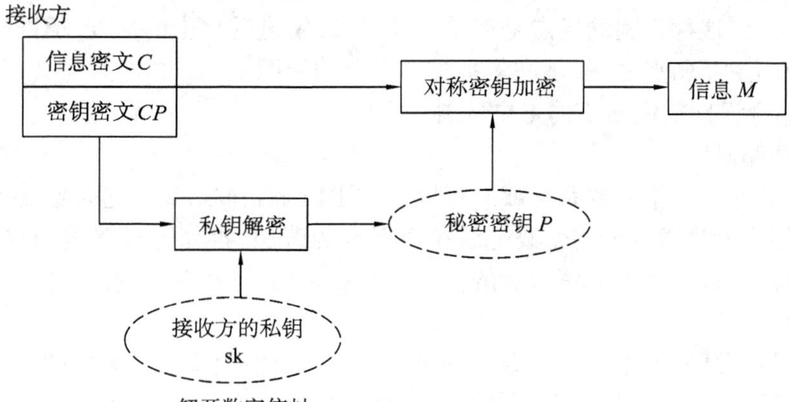

图 8-4　数字信封的工作原理

2）数字信封的优点

（1）加/解密速度快，在加密大文件时发挥了对称加密体制速度的优势。

（2）减少了对称加密体制中秘密密钥泄露的风险，因为使用了非对称加密算法对其进行了加密。

（3）密钥的管理方便。通信双方不必每次通信都保密管理相应的秘密密钥，只需要接收方保存好自己的私钥。

8.3　身份认证技术

随着互联网和电子商务的快速发展，网络钓鱼攻击、网上冒充熟人诈骗、网上冒充大企业行骗、签订虚假合同等各种层出不穷的计算机犯罪案件，引发人们对网络身份的信任危机。通过互联网开展电子商务业务，身份认证是一个不得不解决的问题，一方面要确保只有合法用户才可以使用网络资源；另一方面，传统的交易双方通常是面对面地谈判交涉，很容易识别对方的身份，而网络交易则不同，交易双方不见面，很难确认对方的身份，所以证明访问用户身份及如何防止身份假冒在电子商务中尤为重要。身份认证技术是指在计算机网络中为确认操作者身份而产生的解决方案。本节将学习一些常用的身份认证技术。

8.3.1 口令认证

口令认证是目前广泛采用的技术措施之一,几乎所有的个人验证机制都在一定程度上依赖口令。口令识别机制在技术上需分两步处理:第一步是给予身份识别;第二步是鉴别。

(1) 计算机系统给每个注册用户分配一个标识,每个用户自己设定一个以后登录该系统使用的口令;

(2) 计算机系统将所有用户的身份标识和相应的口令存入口令表。口令表中的标识和口令是成对出现的。

当用户要登录时,必须向服务器提供其 ID 及口令,系统根据身份标识检索口令表,进行对比验证,如果相符,则登录成功,否则系统拒绝登录。

口令识别这种机制的优点是简单方便,能缓解遭受攻击的速度,但同时它也是电子商务系统的主要弱点之一,是许多系统不安全的根源。

1. 口令识别机制面临的主要威胁

1) 外部泄露

攻击者通过电子商务系统或网络以外的手段来获取口令。这种威胁比较常见。例如,一些用户会将银行卡的密码记录在银行卡的背面,再如通过欺骗用户来获取口令,常见的有用手机短信骗取消费者的银行卡号和密码,这些都易造成泄露。

2) 猜测

攻击者不断实验不同的口令直到成功为止。目前很多用户设置的口令与个人信息相关性太强,如选择生日或者自己的电话号码作为口令,导致口令被猜中的概率很高。

3) 通信窃取

如果用户通过通信线路或者网络传递口令时未加保护,则攻击者可以通过监听通信内容来窃取口令。

4) 木马程序

通过木马程序来窃取网络用户的口令,是口令识别机制面临的最大威胁。如 2010 年的“网银超级木马”导致全国感染的计算机高达 3 万余台,累计窃取金额达数百万元。

5) 危及主机系统安全

攻击者渗透到含有口令数据库的计算机系统中窃取用户资料。如 2005 年 6 月曾引起巨大轰动的美国第三方支付数据公司的数据库被入侵,导致 4 000 万张各种品牌信用卡用户资料被窃取。

2. 口令的选择原则

口令的长度依据使用的场合不同,长度也有所区别,但至少应保证在 6 位以上,且由字母、数字和特殊字符组成。口令的选择一般应满足以下原则:容易记忆;不易猜中;不易分析。

3. 一次性口令

为了解决固定口令带来的诸多问题,安全专家提出了一次性口令(one time password,简称 OTP)的密码体制。OTP 的主要思路是在登录过程中加入不确定因素,使每次登录过程中传送的信息都不同，以提高登录的安全性。

1）提问—应答

用户要求登录时，系统产生一个随机数发送给用户（提问），用户用某种单向散列函数将自己的秘密口令和随机数混合起来发送给系统（应答）。系统在处理用户的应答时，用同样的方法来验证用户身份。这种方式使攻击者无法进行重复攻击，这也是目前网络中最常采用的技术。

2）口令序列（S/KEY）

用户的登录口令包含两部分：原始登录口令和一个整数 n。用户登录服务器时，客户端和服务器端都会对登录口令执行 n 次某个单向散列运算，用户每登录一次，n 就减 1，以在以后登录中生成一个不同的在线口令。服务器系统保存 n 的值和用户的原始口令，用户登录服务器时，服务器也同时计算在线口令。当两个在线口令相同时，用户身份便得到认证。攻击者可以探测到一个在线口令，却不能生成下一个在线口令。由于 n 是有限的，用户登录 n 次后必须重新初始化口令序列。

8.3.2 数字签名技术

在传统的纸面贸易中，贸易双方通过在贸易合同、契约或贸易单据等书面文件上手写签名或者印章来鉴别贸易伙伴，确定合同、契约、单据的可靠性并预防抵赖行为的发生。这也就是通常所说的“白纸黑字”。在无纸化的电子商务的贸易过程中，合同是以电子文件的形式来表现和传递的，不可能通过手写签名、盖章的方式来保证文件的完整性与不可否认性，而要通过特别的技术手段来完成这样的目标，这就是数字签名技术，又称为电子签名。

在理解数字签名技术之前，首先要明确数字摘要的概念。

1. 数字摘要

数字摘要（digital digest），又称数字指纹，是由原始信息报文某个单向散列函数生成一个固定长度的字符串。这个字符串与原始报文之间存在着一一对应的关系，也就是说每个信息报文按照某个单向散列函数都会产生一个特定的数字摘要，就像每个人都有自己独特的指纹。

单向散列函数，又称 Hash 函数、压缩函数，是一个单向不可逆的数学算法。信息报文经此处理后，能产生一个数字摘要。目前最常用的散列函数有：MD5（message digest 5），SHA-1（secure Hash algorithm 1）。MD5 是由 RSA 公司研制的，其产生的数字摘要的长度为 128 位，如将明文“电子商务安全”输入 MD5，输出为 312A607AF229A57F47E284458AAEC0FA。SHA-1，即安全散列算法，是美国政府的标准散列函数，其输出长度为 160 位，如将明文“电子商务安全”输入 SHA-1，输出为 FC1C402FE73B23DDC41C5C93458EDE57B67342DA，最新定义的 SHA-256，SHA-384，SHA-512 分别生成 256 位、384 位、512 位数字摘要。事实证明，要设计一个好的散列函数是一项非常艰巨的任务。研究人员曾经提出过许多不同的散列函数，但随后发现其中的大多数都有这样那样的不足。如 MD 系列中的 MD2，MD4 已经被证明是不安全的。一个好的散列函数必须满足以下几个条件：

（1）可以作用于一个任意长度的数据块；

（2）产生一个固定长度的且较短的输出；

(3) 对于任意给定的散列值 h,找到 x 满足 $H(x)=h$,且具有计算的不可行性;

(4) 对于任意给定的数据块 x,找到 y 满足 $H(y)=H(x)$,且具有计算的不可行性;

(5) Hash 函数必须具备高敏感性,即使只改变信息报文中的 1 位,都将对散列输出产生明显变化。如将明文"电子商务安全。"输入 MD5,则输出为 58646512D4CFDA1F612173656514EA57,将其与前面的结果对比发现,虽然信息报文只是增加了一个标点符号"。",但数字摘要却发生了明显变化。

Hash 函数与加密算法类似,事实上,有些 Hash 函数就是稍加修改的加密算法。同加密算法一样,Hash 函数的算法也是公开的,对处理过程不保密,因此 Hash 函数的安全性就取决于它的单向性。

2. 数字签名

所谓数字签名(digital signature)是指利用公开密钥加密算法中的私钥对数字摘要进行加密形成的唯一代表发送方个人身份的电子标识。我国在 2005 年 4 月 1 日正式通过了《中华人民共和国电子签名法》。《中华人民共和国电子签名法》也是我国信息化领域里专门针对电子商务颁发的第一部法律。

数字签名的具体操作流程如图 8-5 所示,具体步骤如下:

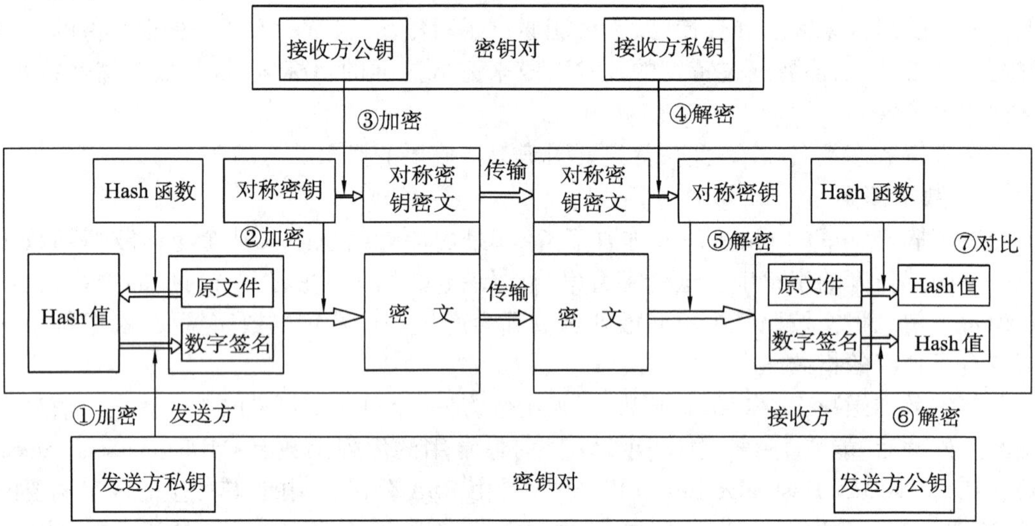

图 8-5 数字签名操作流程

(1) 发送方首先用 Hash 函数对原文件生成一个数字摘要(Hash 值),然后用自己的私钥对这个数字摘要进行加密来形成发送方的电子签名,并随附在文件之后,成为文件的一个组成部分。

(2) 发送方选择一个对称密钥对带有电子签名的原文件加密,并通过网络传输到接收方。

(3) 发送方用接收方的公钥给对称密钥加密,并通过网络把加密后的密钥密文传输到接收方。

(4) 接收方使用自己的私钥对密钥密文进行解密,得到对称密钥。

(5) 接收方用对称密钥对原文件密文进行解密,同时得到原文件的电子签名。

(6) 接收方用发送方的公钥对电子签名进行解密,得到电子签名中的 Hash 值。

(7) 接收方用 Hash 函数对得到的原文件重新计算 Hash 值,并与解密电子签名得到的 Hash 值进行对比。如果两个 Hash 值是相同的,说明原文件是完整的,在传输过程中没有被破坏。

数字签名与书面文件签名有共同之处,如果签名验证成功,它能够确认信息是由签名者发送的;信息自签发后到收到为止未作过任何修改。并且可以防止伪造电子商务信息;冒用他人名义发送信息;发出信息以后又加以否认。数字签名用字符串代替手工签名或印章,并起到同样的法律效果。

8.3.3 持证认证

持证是一种个人持有物。使用较多的是一种嵌有磁条的塑料卡,磁条上记录着用于机器识别的个人信息。这类卡通常和口令一起使用,如银行卡。但磁条卡也存在着很大的缺点,其记录的数据有限且很容易被伪造。为了提高磁卡的安全性,人们开始使用一种被称为智能卡的设备来代替一般的磁条卡。智能卡是一种内置集成的电路芯片,不仅能存储大量的信息,还能处理比较丰富的数据,这是磁条卡所不能及的。基于智能卡的认证是一种双因素认证方式(智能卡 + 口令),缺少其中任何一个因素,用户都不会被冒充。手机中的 SIM 卡就是带有用户信息的智能卡,在开机时可通过输入个人识别码(口令)的方式保证只有合法用户才可以使用手机及查询其中的私人信息。

传统的个人身份证明一般是通过检验"物理物品"的有效性来确认持有者的身份。这些物理物品可以是身份证、护照、驾照等。在电子商务环境中,由于互联网的特性,对于商务参与者身份的确认存在一定的困难,而数字证书则可以很好地解决这样的问题。所谓数字证书(digital certificate)是标志网络用户身份信息的由权威机构认证中心签发的电子文档。

数字证书相当于用户在互联网上的身份证,通过它可以在网络通信中识别通信各方的身份,起到很好的身份认证的作用。

8.3.4 生物识别

对于安全性较高的系统,由口令和持证认证所提供的安全保障还不够完善:口令可能被泄露,持有物可能丢失或被伪造。为此,人们必须寻找更为安全、可靠的方法,因此生物识别技术在电子商务领域中有极广的应用前景。

生物识别技术是利用个人的某些生物特征或行为特征来电子化地验证其身份。生物特征与生俱来,多为先天的,如指纹、虹膜、视网膜、手印、唇印、脸型、DNA 等;行为特征则是后天的,习惯使然,如笔迹、语音、按键动力学等。下面介绍几种生物识别技术。

1. 指纹识别技术

每个人包括指纹在内的皮肤纹路在图案、断点和交叉点上各不相同,呈现唯一性且终生不变,如图 8-6 所示。因此可以将一个人的身份与其指纹对应起来,通过将其指纹

图 8-6 指纹示意图

和预先保存的指纹数据进行比较，进行身份验证，这就是指纹识别技术。在身份识别确认的前提下，可以将一份纸质公文或数据电文按手印签名或放入 IC 中签名。但这种签名需要有大容量的数据库支持，适用于本地面对面的处理，不适宜网上传输。

2. 视网膜识别技术

视网膜识别技术是利用激光照射眼球的背面，扫描摄取几百个视网膜的特征点，经数字化处理后形成记忆模板存储于数据库中，供以后的对比验证，如图 8-7 所示。视网膜是一种极其稳定的生物特征，作为身份认证是精确度较高的识别技术，但使用困难，且被辨识者对视网膜扫描技术通常存有疑虑，担心会影响眼睛健康。由于这些原因，视网膜识别技术并未成为生物识别技术中的主流技术。

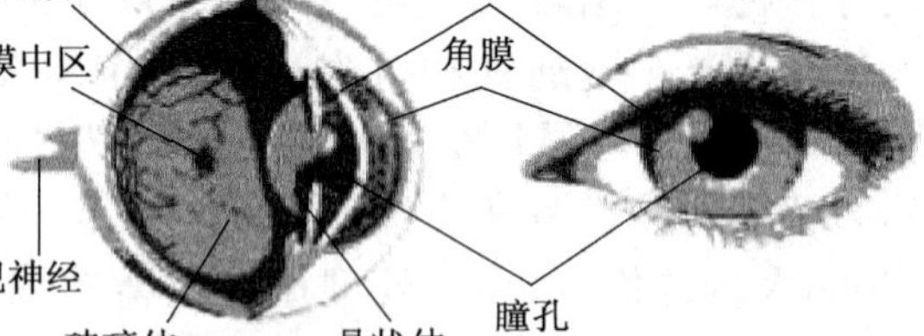

图 8-7 视网膜示意图

3. 声音识别技术

声音识别技术是一种行为识别技术，首先用声音录入设备反复不断地测量、记录声音的波形和变化，并进行频谱分析，经数字化处理后制作成声音模板加以存储，当使用时将现场采集到的声音同登记过的声音模板进行精确匹配，就可以识别某人的身份。这种技术精确度较差，使用困难，不适合于网络传输。

8.4 公钥基础设施 PKI (public key infrastructure)

为解决 Internet 的安全问题，世界各国对其进行了多年的研究，初步形成了一套完整的 Internet 安全解决方案，即目前被广泛采用的 PKI 体系结构。PKI 体系结构采用证书管理公钥，通过第三方的可信机构（certificate authority，简称 CA），把用户的公钥和用户的其他标识信息（如名称、E-mail、身份证号等）捆绑在一起，在 Internet 上验证用户的身份，PKI 体系结构把公钥密码和对称密码结合起来，在 Internet 网上实现密钥的自动管理，保证网上数据的机密性、完整性。

8.4.1 PKI 简介

从广义上讲，所有提供公钥加密和数字签名服务的系统，都可叫作 PKI 系统。PKI 的主要目的是通过自动管理密钥和证书，为用户建立起一个安全的网络运行环境，使用户可以在多种应用环境下方便地使用加密和数字签名技术，从而保证网上数据的机密性、完整性和有效性。一个有效的 PKI 系统必须是安全的和透明的，用户在获得加密和数字签名服务时，不需要详细地了解 PKI 是怎样管理证书和密钥的。

由于 PKI 体系结构是目前比较成熟、完善的 Internet 网络安全解决方案，国外一些大的网络安全公司纷纷推出一系列基于 PKI 的网络安全产品，如美国的 Verisign，IBM，

Entrust 等安全产品供应商为用户提供了一系列的客户端和服务器端的安全产品,为电子商务的发展提供了安全保证,也为电子商务、政府办公网等提供了完整的网络安全解决方案。

PKI 的基本定义十分简单,所谓 PKI 就是一个用公钥概念、技术实施和提供安全服务的具有普适性的安全基础设施。PKI 是一种新的安全技术,它由公开密钥密码技术、数字证书、证书发放机构(CA)和关于公开密钥的安全策略等基本成分共同组成。PKI 是利用公钥技术实现电子商务安全的一种体系,是一种基础设施,网络通信、网上交易都是利用它来保证安全的。从某种意义上讲,PKI 包含了安全认证系统,即安全认证系统(CA)是 PKI 不可或缺的组成部分。

PKI 是提供公钥加密和数字签名服务的系统或平台,目的是为了管理密钥和证书。一个机构通过采用 PKI 框架管理密钥和证书可以建立一个安全的网络环境。PKI 主要包括4 个部分:X. 509 格式的证书(X. 509 V3)和证书废止列表 CRL(X. 509 V2)、CA 操作协议、CA 管理协议、CA 政策制定。一个典型、完整、有效的 PKI 应用系统至少应具有以下 5 个部分:

(1) 认证中心(CA):CA 是 PKI 的核心,CA 负责管理 PKI 结构下的所有用户(包括各种应用程序)的证书,把用户的公钥和用户的其他信息捆绑在一起,在网上验证用户的身份,CA 还要负责用户证书的黑名单登记和黑名单发布,后文中有关于 CA 的详细描述。

(2) X. 500 目录服务器:X. 500 目录服务器用于发布用户的证书和黑名单信息,用户可通过标准的 LDAP 协议查询自己或其他人的证书和下载黑名单信息。

(3) 具有高强度密码算法(SSL)的安全 WWW 服务器:Secure socket layer(SSL)协议最初由 Netscape 企业发展,现已成为网络用来鉴别网站和网页浏览者身份,以及在浏览器使用者及网页服务器之间进行加密通信的全球化标准。

(4) Web(安全通信平台):Web 有 Web Client 端和 Web Server 端两部分,分别安装在客户端和服务器端,通过具有高强度密码算法的 SSL 协议保证客户端和服务器端数据的机密性、完整性及进行身份验证。

(5) 自开发安全应用系统:自开发安全应用系统是指各行业自开发的各种具体应用系统,如银行、证券的应用系统等。

完整的 PKI 包括认证政策的制定(包括遵循的技术标准、各 CA 之间的上下级或同级关系、安全策略、安全程度、服务对象、管理原则和框架等)、认证规则、运作制度的制定、所涉及的各方法律关系内容及技术的实现等。

8.4.2 PKI 的工作原理

公钥基础设施 PKI 的工作原理,顾名思义 PKI 是基于公钥密码技术的。要想深刻理解 PKI 的原理,就一定要对 PKI 涉及的密码学知识有比较透彻的理解。

下面简单介绍一下密码学知识。对于普通的对称密码学,加密运算与解密运算使用同样的密钥。通常,普通对称密码学使用的加密算法比较简便高效,密钥简短,破译极其困难。由于系统的保密性主要取决于密钥的安全性,所以在公开的计算机网络上如何安全地传送和保管密钥是一个严峻的问题。正是由于对称密码学中双方都使用相同的密钥,因此无法实现数据签名和不可否认性等功能。而与此不同的非对称密码学,具有两个密钥,一个是公钥一个是私钥,它们具有这种性质:用公钥加密的文件只能用私钥解密,而用私钥加密的文件只能用公钥解密。公钥顾名思义是公开的,所有的人都可以得到它;私钥也顾名思义是私有的,不应被其他人得到,具有唯一性。这样就可以满足电子商务中需要的一些安全要求。比如说要证明某个文件是特定人的,该人就可以用他的私钥对文件加密,别人如果能用他的公钥解密此文件,说明此文件就是这个人的,这可以说是一种认证的实现。还有若只想让某个人看到一个文件,就可以用此人的公钥加密文件然后传给他,这时只有他自己可以用私钥解密,这可以说是保密性的实现。基于这种原理还可以实现完整性。这就是 PKI 所依赖的核心思想,这部分对于深刻把握 PKI 是很重要的。

比如在现实生活中,想给某个人在网上传送一个机密文件,该文件只想让那个人看到。我们设想了很多方法,首先想到用对称密码将文件加密,而在把加密后的文件传送给他后,又必须得让他知道解密用的密钥,这样就又出现了一个新的问题,就是如何保密地传输该密钥,此时发现传输对称密钥也不可靠。后来我们改用非对称密码的技术加密,此时传输密钥问题逐渐解决了。然而又有一个新的问题产生,那就是如何才能确定这个公钥就是某个人的。比如说我们想传给 A 一个文件,于是开始查找 A 的公钥,但是这时 B 从中捣乱,他用自己的公钥替换了 A 的公钥,让我们错误地认为 B 的公钥就是 A 的公钥,导致我们最终使用 B 的公钥加密文件,结果 A 无法打开文件,而 B 可以打开文件,这样 B 实现了对保密信息的窃取。因此,就算是采用非对称密码技术,我们仍旧无法保证保密性的实现,那如何才能确切地得到我们想要的人的公钥呢?这时我们很自然地想到需要一个仲裁机构,或者说是一个权威的机构,它能为我们准确无误地提供我们需要的人的公钥,这就是 CA。实际上这也是应用公钥技术的关键,即如何确认某个人真正拥有公钥(及对应的私钥)。

在 PKI 中,为了确保用户的身份及其所持有密钥的正确匹配,公开密钥系统需要一个值得信赖而且独立的第三方机构充当认证中心,来确认公钥拥有人的真实身份。类似公安局发放的身份证一样,认证中心发放一种叫"数字证书"的身份证明,这个数字证书包含了用户身份的部分信息及用户所持有的公钥。类似公安局对身份证盖章一样,认证中心利用本身的私钥为数字证书加上数字签名,使之成为公开密钥证书(public key certificate)。用户通过使用 CA 的公开密钥验证 CA 的签名,可用来验证其他用户的公开密钥证书,从而证明该用户及其公开密钥的可靠性。

任何想发放自己公钥的用户,可以去认证中心申请自己的证书。认证中心在鉴定该人的真实身份后,颁发包含用户公钥的数字证书。其他用户只要能验证证书是真实的,并且信任颁发证书的认证中心,就可以确认用户的公钥。认证中心是公钥基础设施的核心,有了大家信任的认证中心,用户才能放心、方便地使用公钥技术带来的安全服务。

8.4.3 PKI 的核心——CA

认证中心(CA)作为 PKI 的核心部分,实现了 PKI 中一些很重要的功能。概括地说,认证中心(CA)的功能有:证书发放、证书更新、证书撤销和证书验证。CA 的核心功能就是发放和管理数字证书,具体执行步骤描述如下:

(1) 接收与验证最终用户数字证书的申请;

(2) 确定是否接受最终用户数字证书的申请——证书的审批;
(3) 向申请者颁发或拒绝颁发数字证书——证书的发放;
(4) 接收与处理最终用户的数字证书更新请求——证书的更新;
(5) 接收最终用户数字证书的查询和撤销;
(6) 产生和发布证书废止列表(CRL);
(7) 数字证书的归档;
(8) 密钥归档;
(9) 历史数据归档。

CA 为了实现其功能,主要由以下 3 部分组成:

(1) 注册服务器:通过 Web Server 建立的站点,可为客户提供 24 小时 ×7 天不间断的服务。客户在网上提出证书申请和填写相应的证书申请表。

(2) 证书申请受理和审核机构:负责证书的申请和审核,它的主要功能是接受客户的证书申请并进行审核。

(3) 认证中心服务器:是数字证书生成、发放的运行实体,同时提供发放证书的管理、证书废止列表(CRL)的生成和处理等服务。

在具体实施时,CA 必须做到以下几点:

(1) 验证并标识证书申请者的身份;
(2) 确保 CA 用于签名证书的非对称密钥的质量;
(3) 确保整个签证过程的安全性,确保签名私钥的安全性;
(4) 对证书资料信息(包括公钥证书序列号、CA 标识等)的管理;
(5) 确定并检查证书的有效期限;
(6) 确保证书主体标识的唯一性,防止重名;
(7) 发布并维护证书废止列表;
(8) 对整个证书签发过程做日志记录;
(9) 向申请人发出通知。

在这其中最重要的是 CA 自己对一对密钥的管理,它必须确保高度机密性,防止他方伪造证书。CA 的公钥在网上公开,因此整个网络系统必须保证完整性。CA 的数字签名保证了证书(实质是持有者的公钥)的合法性和权威性。用户的公钥有两种产生方式:

(1) 用户自己生成密钥对,然后将公钥以安全的方式传送给 CA,该过程必须保证用户公钥的验证性和完整性。

(2) CA 替用户生成密钥对,然后将其以安全的方式传送给用户,该过程必须确保密钥对的机密性、完整性和可验证性。该方式下由于用户的私钥为 CA 所产生,所以对 CA 的可信性有更高的要求。CA 必须在事后销毁用户的私钥。

一般而言,公钥有两大类用途,一个是用于验证数字签名,一个是用于加密信息。相应地,在 CA 系统中也需要配置用于数字签名/验证签名的密钥对和用于数据加密/解密的密钥对,分别称为签名密钥对和加密密钥对。由于两种密钥对的功能不同,管理起来也不大相同,所以在 CA 中为一个用户配置两对密钥、两张证书。

CA 中几个比较重要的概念:

（1）证书库。证书库是 CA 颁发证书和撤销证书的集中存放地，它像网上的“黄页”一样，是网上的一种公共信息库，供广大公众进行开放式查询。这是非常关键的一点，因为我们构建 CA 的最根本目的就是获得他人的公钥。目前通常的做法是将证书和证书撤销信息发布到一个数据库中，成为目录服务器，它采用 LDAP 目录访问协议，其标准格式采用 X.500 系列。随着该数据库的增大，可以采用分布式存放，即采用数据库镜像技术，将其中一部分与本组织有关的证书和证书撤销列表存放到本地，以提高证书的查询效率。这一点是任何一个大规模的 PKI 系统成功实施的基本要求，也是创建一个有效的 CA 的关键技术之一。

（2）证书的撤销。由于现实生活中的一些原因，比如说私钥泄漏，当事人失踪、死亡等情况的发生，使得对其证书应当进行撤销。这种撤销应该是及时的，因为如果撤销延迟，会使不再有效的证书仍被使用，将造成一定的损失。在 CA 中，撤销证书所使用的手段是证书撤销列表或称为 CRL。即将作废的证书放入 CRL 中，并及时公布于众，根据实际情况不同可以采取周期性发布机制和在线查询机制两种方式。

（3）密钥的备份和恢复。如果用户由于某种原因丢失了解密数据的密钥，那么被加密的密文将无法解开，这将造成数据丢失。为了避免这种情况的发生，PKI 提供密钥备份解密密钥的恢复机制。这一工作也是应该由 CA 来完成，而且，密钥的备份与恢复只能针对解密密钥，签名密钥不能做备份，因为签名密钥用于不可否认性的证明，如果存有备份的话，将会不利于保证不可否认性。

（4）证书的有效期。证书的有效期是有限的，这样规定既有理论上的原因，又有实际操作的因素。在理论上，这一做法基于当前非对称算法和密钥长度的可破译性分析，同时在实际应用中，也证明密钥必须有一定的更换频度，才能保证密钥使用的安全性。因此一个已颁发的证书需要有有效期的措施，以便更换新的证书。为了解决密钥更新的复杂性和人工干预的麻烦，应由 PKI 本身自动完成密钥或证书的更新，完全不需要用户的干预。它的指导思想是：无论用户的证书用于何种目的，在认证时都会在线自动检查有效期，在失效日期到来之前的某时间间隔内，将自动启动更新程序，生成一个新的证书来替代旧证书。

PKI 技术很有发展前途，只是在我国的应用才刚刚起步。CA 作为电子商务的特殊实体，必须具有权威性，这种权威性来自政府或公共组织的授予；必须是公众所依赖的机构，它颁发的证书必须可信；它必须是公正的，不参与交易双方的任一方。

8.5 计算机病毒防治技术

互联网愈发深刻地影响着人们的工作和生活，在带来方便、快捷、高效的同时，自身的安全性也一直成为其发展的障碍。而提到互联网安全，人们可能首先想到的就是病毒、木马、账号窃取、系统感染等字眼。根据《2010 年—2011 年中国互联网安全研究报告》显示，2010 年全年共截获计算机病毒（样本）数 17 988 452 个，计算机病毒感染率超过 70%。2003 年以来新增病毒数量如图 8-8 所示。病毒制造、传播者在巨大利益的驱使下，利用病毒、木马技术进行网络盗窃、诈骗活动，通过网络贩卖病毒、木马，教授病毒编制技术和网络攻击技术等形式的网络犯罪活动明显增多，严重威胁我国互联网的应用和发展，制约我国电子商务的健康发展。本节主要学习病毒及其相关防治技术。

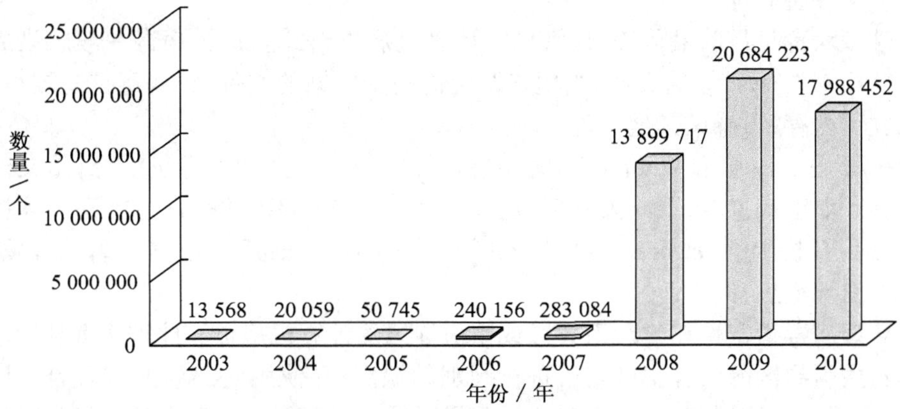

图 8-8　2003 年以来新增病毒数量

8.5.1　计算机病毒概述

1. 计算机病毒的定义

计算机病毒(computer virus)在《中华人民共和国计算机信息系统安全保护条例》中被明确定义，病毒指“编制者在计算机程序中插入的破坏计算机功能或者毁坏数据，影响计算机使用，并能自我复制的一组计算机指令或者程序代码”。

病毒往往通过附在一个看似正常的程序上，来诱骗用户启动它，如邮件的附件、一个安装程序、视频文件等。一旦病毒被启动、执行，就会干扰和妨碍甚至是破坏正常程序的运行，直至系统瘫痪，无法正常工作。2009 年计算机病毒造成的主要危害如图 8-9 所示。

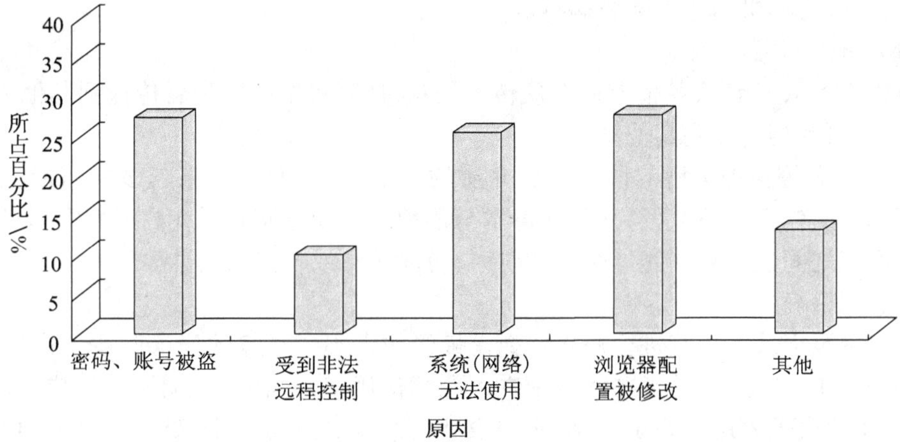

图 8-9　2009 年计算机病毒造成的主要危害

2. 计算机病毒的类型

目前，各种各样的病毒层出不穷，病毒的数量也在快速增加。按照计算机病毒的特点及特性，其分类方法有很多种，同一种病毒也有不同的分类方法。

1）按照传播方式不同分类

（1）文件型病毒

文件型病毒是目前最传统、最常见的计算机病毒形式。这类病毒一般感染后缀为“.exe”“.com”“.sys”等的文件，当用户调用这些受感染的文件时，病毒首先被运行，然后病毒驻留内存，再感染其他文件。

宏病毒是一种基于Word和其他办公软件中的宏产生的计算机病毒，是文件型病毒的一种。如宏病毒Nuclear发作时，会将一种名为PH33R的病毒传染到计算机上并激活，清除PC机上的“msdos.sys”“io.sys”和“command.com”文件，使计算机瘫痪。

（2）引导型病毒

引导型病毒指寄生在磁盘引导区或主引导区的计算机病毒。此种病毒利用系统引导时不对主引导区的内容正确与否进行判别的缺点，在使用受感染的磁盘启动计算机时，首先取得系统控制权，驻留内存之后引导系统，监视系统运行，伺机传染和破坏其他硬盘的引导区，其一般不感染磁盘文件。如“鬼影”病毒，是一种利用硬盘主引导记录（MBR）启动的病毒，改变了“中毒后重装系统可解决”的定律。用户系统感染该病毒后，在常规的系统启动项、进程模块中无法找到病毒真正源头。在未恢复成正常MBR前，即使能成功删除其释放、下载的所有木马，系统重启后病毒也会恢复。一般用户重装系统时并不会恢复MBR，因此简单地重装系统也不能杀死“鬼影”病毒。

（3）混合型病毒

混合型病毒兼有多种病毒的特点，既感染引导区，又感染文件。因此这种病毒的传播途径和传播范围更广泛，危害性更大，也更难清除。

2）按照传播媒介不同分类

我国计算机病毒主要通过移动存储介质、网页下载或浏览、局域网和电子邮件等途径传播，可分为单机病毒和网络病毒。

（1）单机病毒

单机病毒从U盘或其他存储介质传入硬盘，计算机系统感染后传播到其他U盘或存储介质，再互相传播到其他系统。

当前U盘等各种类型的移动存储介质的广泛使用，使得越来越多的病毒、木马将移动存储介质作为传播途径，并且病毒木马还利用移动存储介质在内外网之间、涉密与非涉密系统之间进行数据拷贝交换的时候，窃取敏感或者涉密信息。

（2）网络病毒

通过网页下载或浏览进行病毒传播是最受病毒集团青睐的病毒散播方式（也称为网页“挂马”）。“挂马”是指在网页中嵌入恶意代码，当存在安全漏洞的用户访问这些网页时，木马会侵入用户系统，盗取用户敏感信息或者进行攻击、破坏。这种通过浏览页面方式进行攻击的方法具有较强的隐蔽性，用户难以发现。因此，潜在的危害性更大。

3. 计算机病毒的特点

目前已经发现的计算机病毒数不胜数，它们虽然在产生方式、破坏程度上各不相同，但是主要特征还是非常相似的。概括起来，主要有以下几个方面：

(1) 破坏性

病毒的主要目的是破坏计算机系统,使系统的资源和数据文件遭到干扰甚至毁坏。不同的计算机病毒的破坏程度是不一样的,从对计算机的破坏程度来看,可以将计算机病毒分为良性病毒和恶性病毒两大类。

良性病毒:不会对磁盘信息、用户数据产生破坏,只是对屏幕产生干扰或使计算机的运行速度大大降低,如欢乐时光病毒。

恶性病毒:会对磁盘信息、用户数据产生不同程度的破坏,如破坏数据、删除文件、格式化硬盘、破坏主板,导致系统死机、网络瘫痪等,如 CIH 病毒、“震网”病毒等。“震网”病毒利用 Windows 操作系统内全新的 0day 漏洞传播,并完美地伪造了某知名公司的数字签名来伪装自身关键文件。当“震网”病毒感染到安装有特定工业系统的计算机后,会再利用该工业系统自身的漏洞,篡改系统数据,展开破坏性攻击。据称,由于“震网”病毒攻击,伊朗核计划受到重创。因此“震网”病毒攻击,被视为网络战的成功范例。

(2) 传染性

计算机病毒不但本身具有破坏性,更有害的是其具有传染性,传染性是病毒的基本特征。一旦病毒被复制或产生变种,其传染速度之快令人难以预防。

(3) 寄生性

病毒程序通过修改磁盘扇区信息或文件内容,以把自身嵌入其中的方法达到病毒的传染和扩散,被嵌入的程序叫作宿主程序,当执行这个宿主程序时,病毒就起破坏作用,而在未启动这个宿主程序之前,它是不易被人发觉的。

(4) 潜伏性

绝大部分的计算机病毒感染系统之后一般不会马上发作,可长期隐藏在系统中,只有当满足特定条件(特定的日期、特定的操作)时才启动,显示发作信息或进行系统破坏。如“黑色星期五”病毒,在系统时间是 13 日又恰逢星期五时,任何可执行文件一运行就会被其删除,从而造成大量文件丢失。再如“伴随者”病毒,该类病毒主要通过感染或者替换系统文件如 d3d8thk. dll 的方式潜伏在系统中,病毒选取的这些. dll 文件都是网络游戏、聊天软件需要用到的系统文件。当用户打开网游或者聊天软件时,病毒即被激活,开始监视用户输入信息,截取当前屏幕并发送到指定收信地址,从而窃取到所需信息。

(5) 隐蔽性

病毒一般是具有很高编程技巧、短小精悍的程序,通常附在正常程序中或磁盘较隐蔽的地方。如当计算机病毒被植入一台 PC 机中后,一般它会首先植入磁盘系统目录下,如 windows, system, system32 中,隐藏得很隐蔽,一般不容易发现。计算机病毒的隐蔽性还表现在病毒代码本身设计得非常短小,一般只有几百 K,非常便于自身隐藏。随着病毒编写技巧的提高,病毒代码本身还可以进行加密、压缩或变型,使得杀毒软件很容易漏查或错杀。如 2009 年发现的一种新型病毒,专门感染安装有开发工具软件(delphi)的计算机系统,具有较强的隐蔽性。病毒运行后,仅在受感染的计算机系统上编译 exe 或 dll 程序文件时,才将病毒代码植入其中。而在没有安装 delphi 的操作系统上运行被植入病毒代码的 exe 或 dll 程序时,不会出现任何的破坏行为。

2010 年网络 10 大病毒如图 8-11 所示。

8.5.2 计算机病毒的防治技术

1. 病毒预防技术

计算机病毒的预防技术是指通过一定的技术手段防止计算机病毒对系统的破坏。计算机病毒的预防应包括对已知病毒的预防和对未知病毒的预防。常用的预防病毒技术如行为检测法,即利用病毒特有行为的特征性检测病毒的方法。通过对病毒多年的观察、研究,发现有一些行为是病毒的共同行为,例如当某个程序试图对系统文件进行删除或试图修改系统文件时,病毒预防技术就会报警。病毒预防技术还包括磁盘引导区保护、系统监控技术、读写控制技术等。

2. 病毒检测技术

计算机病毒的检测技术是指通过一定的手段判定出计算机病毒的一种技术。计算机病毒的检测技术有两种:一种是判断计算机病毒特征的检测技术。病毒特征包括病毒关键字、特征程序段内容、传染方式、文件长度的变化等。如"狙击波"病毒的攻击原理是利用 windows plug and play 服务漏洞,攻击代码向目标系统 445 端口发送漏洞代码,造成目标系统缓冲区溢出,同时运行病毒代码,进行传播。该病毒攻击目标时,会造成系统不断被重启,它对系统关键进程"services. exe"进行影响。通过这些特征可以检测出是什么病毒。另一种是文件自身特征的检测技术,如出现差异,即表示该文件已感染上了病毒,达到了检测病毒存在的目的。

3. 病毒消除技术

计算机病毒的消除技术是计算机病毒检测技术发展的必然结果,是计算机病毒传染程序的一种逆过程。但由于杀毒软件的更新在病毒出现之后才能研制,有很大的被动性和滞后性,而且由于计算机软件所要求的精确性,致使某些病毒无法及时被消除,因此应经常升级杀毒软件。目前计算机病毒消除的新技术和最新的发展方向主要体现在以下 4 个方面:① 实时监测技术; ② 自动解压缩技术; ③ 跨平台反病毒技术; ④ 云端杀毒。

8.5.3 木马程序的防治技术

木马程序是指潜伏在电脑中,受外部用户控制以窃取本机信息或者控制权的程序。从广义的范畴来讲,木马程序属于病毒,但又与一般的病毒不同,它不会自我繁殖,也并不"刻意"地去感染其他文件,它通过伪装吸引用户下载执行,达到施种木马打开被种者电脑门户的目的,使施种者可以任意毁坏、窃取被种者的文件,甚至远程操控被种者的电脑。木马程序常以隐蔽的方式依附在一些应用软件中,如具有娱乐功能的动画、音乐、视频文件等。

随着互联网的迅速发展,病毒制造者不再单纯的以破坏用户系统、炫耀技术为目的,而更多的是通过互联网窃取钱财,木马程序是黑客实现经济利益的最直接手段。在经济利益最集中的互联网应用领域(如网络购物),木马程序的危害越来越大,根据《2010 年中国网络购物安全报告》显示,2010 年钓鱼网站、木马等威胁已经使网络购物用户损失超过 150 亿元。

对于木马程序的防治主要采取以下方式:

(1) 安装个人防火墙、木马查杀软件和及时安装系统补丁。

安装有针对性的个人防火墙，如诺顿的网络安全特警、天网个人版防火墙等，同时安装如 Trojan Remover、The Cleaner、木马克星等木马查杀软件，使计算机处于实时监控状态，并定期扫描，能有效防止木马程序的入侵。同时，及时安装官方公布的系统补丁也是很有必要的。

(2) 隐藏 IP 和关闭不必要的端口。

隐藏 IP 既可在上网的时候防止被入侵、攻击，又可提高网络访问的范围和速度。可以利用一些软件，如 MultiProxy 软件来隐藏 IP 地址，使得恶意攻击者无法确定目标主机。

目前，利用一些流行的黑客工具(如 X-RAY)，通过扫描端口来攻击主机的入侵方式最为普遍。因此把自己用不到的端口全部封锁起来，可以杜绝通过端口非法入侵的通道。限制端口的方法有：删除不需要的协议；利用 TCP/IP 筛选。

(3) 关闭不必要的服务选项。

在 Windows 操作系统中提供了很多系统服务以方便管理，但其开启的服务有相当的部分一般用户是不需要的，这样不但增大了系统的负担，同时也给入侵者打开了方便之门，所以用户可以根据需要在服务管理器中进行设置，在允许的情况下使用尽可能少的服务。

(4) 定期检查电脑的启动项。

一般木马都在电脑的启动项中"藏身"。让 Windows 自动启动程序的办法很多，最重要的"藏身"之处有 10 个，可归纳为 2 个文件夹和 8 个注册键。

2 个文件夹：当前用户专有的启动文件夹(\Documentsand Settings\ <用户名字>\"开始"菜单\程序\启动)；对所有用户有效的启动文件夹(\Documents and Settings\All Users\"开始"菜单\程序\启动)。

8 个注册键：① Load 注册键；② Userinit 注册键；③ Explorer\Run 注册键；④ RunServicesOnce 注册键；⑤ RunServices 注册键；⑥ RunOnce\Setup 注册键；⑦ RunOnce 注册键；⑧ Run 注册键。

(5) 不要随意打开来历不明的邮件。

现在许多木马都是通过邮件传播的。所以当你接收邮件时应做到以下几点：① 收到来历不明的邮件时，请不要打开，应直接删除；② 安装邮件监控系统，拒收垃圾邮件；③ 对于邮件附件，要先用杀毒软件和木马查杀软件进行扫描后再使用。

(6) 慎重下载和安装第三方软件。

当需要使用新的软件时，用户最好到相关官方网站或可信度较高的专业软件下载网站进行下载。在解压安装前要先用杀毒软件和木马查杀软件进行扫描。并查看其属性，确认下载文件是否与官方公布的软件大小一致，方可决定是否安装，因为当软件被做了捆绑，容量会比以前的文件大。

(7) 堵住可疑进程。

通过进程管理软件或操作系统自带的任务管理器查看可疑进程，用相应的工具结束可疑进程后，如果计算机正常，说明这个可疑进程通过网络被远端控制了。

8.6 防火墙技术

随着网络技术的发展与普及,网络信息的安全性越来越得到人们的重视,各种各样的网络安全防范措施也应运而生。当企事业单位建立了自己的 Intranet 网络,并接入 Internet 之后,Intranet 用户一方面访问 Internet,使用其提供的 WWW,E-mail,FTP 等服务;另一方面也把自己的内部网资源暴露在 Internet 上,容易遭受互联网上黑客的攻击。

2010 年,以百度遭到域名劫持攻击为标志,所有中国的大型公司和网站都遭到了严重的安全威胁。DDOS 攻击、病毒植入、域名劫持、机密信息丢失、管理权限外泄等成为企业最易遭受的黑客攻击。2010 年,高达 90% 的传统企业内网(仅计算与互联网连通的企业网络)曾被成功侵入;几乎百分之百的互联网公司都遇到过渗透测试、漏洞扫描、内网结构分析等安全事件,而有 85% 以上曾被黑客成功获取一定权限。对付黑客入侵最好的防御手段就是使用防火墙。

8.6.1 防火墙的基本概念

防火墙的思想起源于古老的城堡防卫系统。当时人们为了保卫城堡的安全,在城墙的周围挖了一条护城河,每个进入城堡的人都必须通过这个吊桥,在接受城门守卫的检查后才能通过。在网络安全中,人们借鉴这种思想,产生了防火墙的概念。

所谓防火墙指的是一个由软件和硬件设备组合而成,在内部网和外部网之间、专用网与公共网之间建立起一层保护,强制实施访问控制策略的一组系统。

防火墙的主要目的是控制数据流,所有来自 Internet 的传输信息或者从内部网发出的信息都必须经过防火墙。防火墙能强制执行对 Internet 和 Intranet 的访问控制,能够根据安全政策控制(允许、拒绝、检测)出入网络的信息,从而保证只有被授权的用户才能访问 Intranet,保护其中的资源和有价值的数据不会流出 Intranet。防火墙的结构如图 8-10 所示。

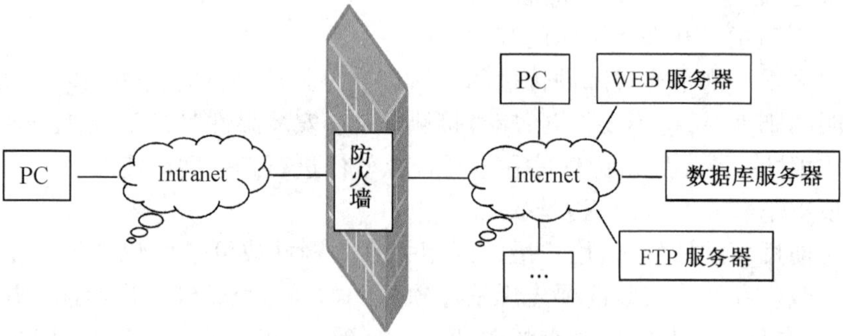

图 8-10 防火墙的结构示意图

防火墙不是对每台主机系统进行保护,而是让所有对系统的访问通过某一点并保护这一点,并尽可能对外界屏蔽受保护网络的信息和结构。如果没有防火墙,内部网络的所有计算机都直接同 Internet 相连,所有内部主机的安全性都建立在本机系统之上,一台安全性能差的主机一旦被攻破,将导致所有内部主机完全暴露。内部网络的安全性就等同于其中最弱的那台系统主机，这就是著名的“木桶短板效应”。采用防火墙后，整个内部网的安全性都建立在防火墙基础之上，而不是分布在内部所有主机上，便于统一控制。

8.6.2 防火墙的基本功能

1. 防火墙是网络安全的屏障

防火墙可以很好地控制网络的安全性，并提供中心控制点。Internet 和 Intranet 之间的相互访问必须经过这唯一通道。只有防火墙允许的服务才允许通过，从而可以有效防止非法用户或黑客访问 Intranet，控制任何有安全脆弱性的服务进出网络。如防火墙可以禁止诸如众所周知的不安全的 NFS 协议进出受保护网络，这样外部的攻击者就不可能通过这些脆弱的协议来攻击内部网络。

2. 防火墙强化网络安全策略

安全策略是防火墙的一个重要组成部分，安全策略包括安全指南，用于明确用户责任，也包括网络访问内容、服务类型、本地和远程用户的认证、数据的加密和保密及病毒的防范措施等。通过以防火墙为中心的安全方案配置，能将所有安全软件（如口令、加密、身份认证、审计等）配置在防火墙上。与将网络安全问题分散到各个主机上相比，防火墙的集中安全管理更经济、有效地消除了短板效应，同时也简化了网络的安全性管理。

3. 防火墙对网络的存取和访问进行监控审计

因为所有进出网络的数据流都通过防火墙，所以可以利用防火墙来监测网络的安全运行情况，记录网络的访问情况并做出日记。当发生可疑动作时，防火墙可以及时以警报的方式通知网络管理员，并且提供网络是否受到监测和攻击的详细信息。

4. 防止内部信息外泄

防火墙除了隔离 Internet 和 Intranet，允许 Internet 上的用户访问特定服务器，而拒绝其访问受保护的内部网上的敏感信息和其他受保护的系统之外，还可以把公司的网络分成若干安全区，防止某个部门的员工访问本公司另外一个部门的信息。防火墙可以同样阻塞有关内部网络中的 DNS 信息，这样一台主机的域名和 IP 地址就不会被外界所了解。

5. 防火墙的抗攻击能力

作为一种安全防护设备，防火墙在网络中自然是众多攻击者的目标，因此抗攻击能力也是防火墙必须具备的功能之一。网络攻击手段一般包括 IP 地址假冒、病毒攻击、口令字探问等。

6. 网络地址转换

随着 Internet 规模的不断扩大，其可用 IP 地址也越来越少。利用防火墙配置网络地址转换器（NAT），可产生逻辑 IP 地址供内部网络用户使用，在子网计算机向互联网传送数据包时，再把逻辑 IP 地址转换成正常的 IP 地址。

8.6.3 防火墙的基本类型

防火墙技术虽然有许多，但总体来讲可分为包过滤型和代理服务型两大类。

1. 包过滤（packet filtering）型防火墙

1）包过滤型防火墙的工作原理

网络上的数据都是以“包”为单位进行传输的，数据被分割成为一定大小的数据包，每一个数据包的包头(header)中都会包含一些特定信息，如数据的源地址、目标地址、TCP/UDP源端口和目标端口等。

包过滤型防火墙是用一个软件查看流经数据包的包头，它可能会决定丢弃(drop)这个包，可能会接受(accept)这个包，也可能执行其他更复杂的动作。具体而言，它针对每一个数据包的包头，按照包过滤规则进行判定，与规则相匹配的包依据路由器信息继续转发，否则就丢弃。包过滤是在IP层实现的，包过滤根据数据包的源IP地址、目的IP地址、协议类型(TCP包、UDP包、ICMP包)、源端口、目的端口等包头信息及数据包传输方向等信息来判断是否允许数据包通过。

由于Internet与Intranet的连接多数都要使用路由器，所以路由器成为内外通信的必经端口，厂商在路由器上加入IP过滤功能，过滤路由器也可以称作包过滤路由器或筛选路由器(packet filter router)。包过滤型防火墙常常就是这样一个具备包过滤功能的简单路由器。这种路由器与普通的路由器有所不同。普通的路由器只检查数据包的目标地址，并选择一个达到目的地址的最佳路径。它处理数据包是以目标地址为基础的，存在着两种可能性：若路由器可以找到一个路径到达目标地址则发送出去；若路由器不知道如何发送数据包则通知数据包的发送者“数据包不可达”。过滤路由器会更加仔细地检查数据包，除了决定是否有到达目标地址的路径外，还要决定是否应该发送数据包。“应该与否”是由路由器的过滤策略决定并强行执行的。

路由器的过滤策略主要有：(1)拒绝来自某主机或某网段的所有连接。(2)允许来自某主机或某网段的所有连接。(3)拒绝来自某主机或某网段的指定端口的连接。(4)允许来自某主机或某网段的指定端口的连接。(5)拒绝本地主机或网络与其他主机或网络的所有连接。(6)允许本地主机或网络与其他主机或网络的所有连接。(7)拒绝本地主机或网络与其他主机或网络指定端口的连接。(8)允许本地主机或网络与其他主机或网络指定端口的连接。包过滤型防火墙的实现还可以通过网桥、计算机或基于独立运行的软件，但通常都是包过滤路由器。包过滤防火墙结构如图8-11所示。

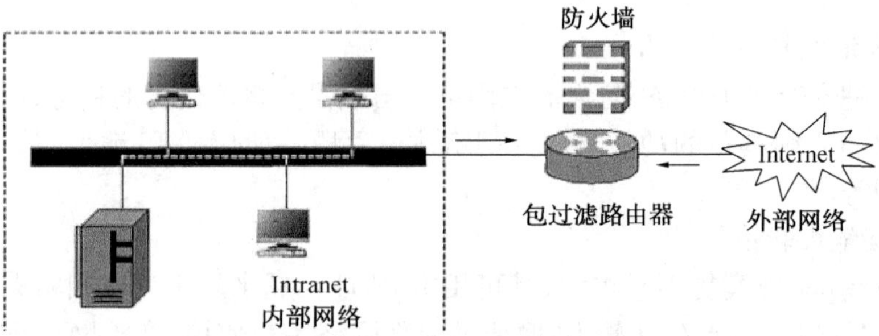

图8-11　包过滤型防火墙结构示意图

包过滤型防火墙的过滤规则集由若干条规则组成，它应涵盖对所有出入防火墙的数据包的处理方法，对于没有明确定义的数据包，应该有一个缺省处理方法(即现有数据包和任何规则都不匹配时，对数据包是拒绝还是接受)；过滤规则应易于理解，易于编辑修改；同时应具备一致性检测机制，防止冲突。

对IP协议的包过滤规则可以制定按地址过滤策略。例如，如果认为具有某个IP

地址的网络设备是不安全的，可以通过设置包过滤规则来阻止源地址是该 IP 地址的包通过防火墙；如果认为具有某个 IP 地址的网络设备是非常重要的，不允许外部网络的设备访问，则可以通过设置包过滤规则来阻止目的地址是该 IP 地址的包通过防火墙。再如，当需禁止内部网络的某台计算机（假设 IP 地址为：102. 11. 15. 178）与互联网中的某台计算机（假设 IP 地址为：63. 116. 90. 3）相互通信时，只需要在介于 Intarnet 与 Internet 之间的过滤路由器上设置如表 8-3 所示的规则即可。

表 8-3　禁止两点通信时过滤规则的设置

规则	进/出	源地址	目标地址	允许/禁止
1	出	102. 11. 15. 178	63. 116. 90. 3	禁止
2	进	63. 116. 90. 3	102. 11. 15. 178	禁止

此外，在 Internet 中，提供某些特定服务的服务器一般都使用相对固定的端口。常见的端口号如表 8-4 所示。因此包过滤型防火墙只要控制端口，就控制了服务。例如要禁止外部网络对内部网络的 Telnet 访问，只需要将进入内部网络的、目的端口是 23 的数据包阻止即可；而控制了 80 端口，员工就不能上网、玩游戏等。

表 8-4　常用服务的端口号

服务或引用程序	端口号
FTP	21
TELNET	23
SMTP	25
HTTP	80

2）包过滤型防火墙优缺点

（1）包过滤型防火墙的优点

包过滤防火墙逻辑简单，价格便宜，易于安装和使用，网络性能和透明性好。它通常安装在路由器上，而路由器是 Intranet 与 Internet 连接必不可少的设备，因此在原有的网络上增加这样的防火墙几乎不需要任何额外的费用。同时，包过滤防型火墙不用改动客户机和主机上的应用程序，因为它工作在网络层和传输层，与应用层无关。适用于安全性要求较低的小型电子商务系统。

（2）包过滤型防火墙的缺点

① 缺少审计功能。包过滤型防火墙只按规则选择接受或者拒绝数据包而不做记录和报告，没有日志功能，缺少审计和报警信息。这样，管理员就不能从访问记录中发现黑客的攻击记录。

② 不能进行内容级控制。数据包过滤路由器上的信息不能完全满足用户对安全策略的需求。例如包过滤型防火墙不能提供认证服务，不能针对用户身份进行限制。如果有一个服务器，允许用户 user1 登录而禁止用户 user2 登录，因为用户名放在数据包的数据内容部分，包过滤型防火墙就对此无能为力了。

③ 不能彻底防止 IP 地址欺骗。IP 地址欺骗是黑客比较常用的一种攻击手段。黑客封装一个数据包，在 IP 源地址处填上一个内部网络的地址，以欺骗目的主机，使之以

为在和内部网络的另一台主机通信，而给予黑客较高的访问权限。

④ 安全性较差。过滤判别的只有网络层和传输层的有限信息，因而各种安全要求不可能充分满足；内部网络仅通过包过滤路由器直接与外部网络相连；有些应用协议不适合于数据包过滤，如 RPC，FTP 等。

⑤ 难以配置包过滤规则。允许哪些数据包通过该路由器，不允许哪些数据包通过该路由器，配置如不慎就容易使一些平常该拒绝的数据包也能进出内部网络，而一些本不该拒绝的数据包却被拒绝。在许多过滤器中，过滤规则的数目是有限制的，且随着规则数目的增加，网络性能会受到很大影响。

2. 代理服务型防火墙

针对包过滤技术存在的缺点（直接连通、暴露结构），一种解决办法是将代理服务器技术应用于防火墙的设计中。代理服务是运行在防火墙主机上的一些特定的应用程序或者服务器程序。代理服务器是代表某个专用网络同互联网进行通信的防火墙。代理服务型防火墙的特点是将所有跨越防火墙的网络通信链路分成两段，防火墙内外的计算机系统间应用层的“链接”由两个代理服务器上的“链接”来实现。外部计算机的网络链接只能到达代理服务器，从而起到了隔离防火墙内外计算机系统的作用。

代理技术与包过滤技术完全不同，包过滤技术是在网络层拦截所有数据流，代理技术是针对每个特定的应用都有一个程序。代理服务型防火墙结构如图 8-12 所示。

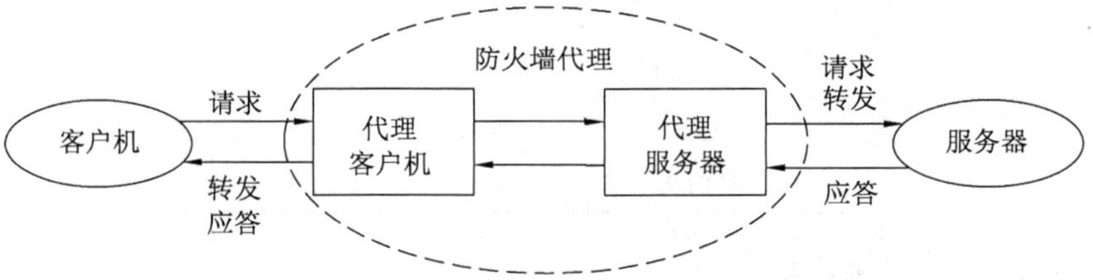

图 8-12　代理服务型防火墙结构图

代理客户机是普通客户程序的特别版本，具有使用代理服务器的功能。代理服务器往往是有一个网络接口连接外部网络而另一个网络接口连接内部网络的双宿主主机。代理服务替代了用户与互联网络的连接。对用户请求的外界服务而言，代理服务相当于一个网关。代理服务位于内部网络的用户和外部网络的服务之间，它在很大程度上是透明的（在用户端，代理服务给出的假象是：用户是直接与真正的服务器相连的；而在服务器端，代理服务给出的假象是：服务器是直接面对连在代理服务器上用户的）。

当一个远程用户请求内部服务时，它首先与这个代理服务相连，经过认证及一定的安全规则检测后，如果通过，则再由代理连到目的主机。同时将服务器的响应传送给所代理的客户。

1）代理服务型防火墙的优点

（1）由于互联网上的客户机只能看到代理服务器的地址（隐藏了内网的 IP 地址），因此互联网入侵者无法访问内网上的主机，从而有效屏蔽了内网的结构。

（2）代理服务器可以提供具有方向性的信息过滤功能、访问管制功能、审计功能、安全报警功能和日志功能，这将有效增强网络的安全性。

（3）通过代理访问 Internet，可以解决合法的 IP 地址不够用的问题。因为 Internet 所见到的只是代理服务器的地址，内部不合法的 IP 地址通过代理可以访问 Internet。

（4）通过代理服务器，网络管理员在提供 Internet 访问服务时，可以很容易地对局域网用户进行访问权限的管理。网络管理员不但能够做到只允许所授权的局域网用户访问 Internet，还能够控制这些用户在哪段时间、使用哪台计算机或哪个网络地址访问哪些类型或哪些内容的 Internet 服务。

2）代理服务型防火墙的缺点

代理服务型防火墙的价格比较昂贵，且安装和使用比较复杂，对用户的透明性差，此种方式实现的防火墙对网络性能会造成较大影响。

8.6.4 防火墙的不足

防火墙技术对于现代信息社会中的各个网站、数据库、信息系统而言，其保护安全的作用举足轻重，是网络安全的基石。但防火墙也并非十全十美，其功能和性能都有一定的局限性。

（1）防火墙不能防范不经由防火墙的攻击。如果数据一旦绕过防火墙，就无法检查。例如当内网中的某用户从 ISP 那里拨号上网，直接与 Internet 相连，就绕过了防火墙系统所提供的安全保护，从而为系统安全留下严重的隐患。

（2）防火墙不能防止受到病毒感染的文件或软件的传输。虽然现在有些防火墙具备一定的病毒查杀功能，如代理服务型防火墙能够做到查看数据本身，以便找出危险代码和内容。但现有的各类病毒隐藏性越来越强，不能指望防火墙逐个扫描每个文件查杀病毒，查杀病毒也不是防火墙的主要职能，只能在每台主机上安装反病毒软件。

（3）防火墙不能防止数据驱动式的攻击。当有些表面看起来无害的数据传送或复制到内网的主机上并被执行时，可能发生数据驱动式的攻击。

（4）防火墙不能防止本身的安全漏洞威胁。防火墙保护别人，但有时无法保护自己。目前没有厂商能绝对保证自己的防火墙产品不存在安全漏洞。

防火墙在性能上不具备实时的监控入侵能力，其功能与速度成反比。防火墙的功能越多，对于 CPU 和内存的消耗越大，速度越慢。管理上，人为因素对防火墙安全的影响也很大。

8.7 电子商务安全协议

电子商务越来越普及，而其安全问题也就变得越来越突出，包括保证信息传递的保密性、完整性、可靠性、不可否认性，以及预防未经授权的非法入侵者。针对这种情况一些公司和机构制定了电子商务安全协议来规范互联网上从事商务活动的流程。目前典型的电子商务安全协议有 SSL 协议和 SET（安全电子交易）协议。

8.7.1 SSL 安全协议

1. SSL 协议的基本概念

SSL（secure sockets layer，安全套接层）协议是由美国网景公司在 1994 年开发和倡导使用的安全通信协议。SSL 协议是目前安全电子商务交易中使用得最多的协议，是保护 Web 安全和基于 HTTP 的电子商务交易安全事实上的工业标准，被许多世界知名厂商的软件产品所支持,其中包括 Microsoft,IBM 等公司支持的 SSL 客户机和服务器产品,如 IE 浏览器、IIS 服务器等。

SSL 协议通过对称加密技术和公开密钥加密技术相结合,提供如下 3 种基本安全服务:

(1) 秘密性。SSL 客户机和服务器之间通过密码算法和密钥的协商,建立起一个安全通道,以后在安全通道中传输的所有信息都经过加密处理。网络中的非法窃听者所获取的信息都是无意义的密文信息。

(2) 完整性。SSL 利用密码算法和散列函数通过对传输信息特征值的提取来保证信息的完整性,确保要传输的信息全部到达目的地。

(3) 认证性。利用证书技术和可信第三方 CA,可以让客户机和服务器相互识别对方的身份,为了验证证书持有者是其合法用户,SSL 要求证书持有者在握手时提供数字证书。SSL 可以有选择地对客户身份进行认证,但始终对服务器进行强制认证。

2. SSL 协议的体系结构

SSL 协议是建立在 TCP 协议之上的,独立于应用层协议,SSL 协议在应用层协议通信之前就已经完成加密算法、通信密钥的协商及服务器的认证工作。在此之后,应用层协议所传送的数据都会被加密,从而保证通信的私密性。

设计 SSL 是为了利用 TCP 提供可靠的端到端的安全传输。SSL 不是一个单独的协议,而是由两层协议组成的,即包含在套接层的 SSL 记录协议和记录协议之上的另外 3 个子协议——SSL 握手协议、SSL 密码更改规程协议、SSL 报警协议。SSL 协议的体系结构如图 8-13 所示。

<table>
<tr><td colspan="3">应用层协议(HTTP,FTP 等)</td></tr>
<tr><td>SSL 握手协议</td><td>SSL 密码更改规程协议</td><td>SSL 报警协议</td></tr>
<tr><td colspan="3">SSL 记录协议</td></tr>
<tr><td colspan="3">TCP</td></tr>
<tr><td colspan="3">IP</td></tr>
</table>

图 8-13　SSL 协议的体系结构

1) SSL 握手协议

SSL 握手协议在 SSL 记录层之上,是 SSL 协议中最复杂的协议。服务器和客户端使用这个协议相互鉴别对方的身份、协商加密算法和 MAC 算法,以及在 SSL 记录协议中加密数据的加密密钥和初始向量,这些过程都在 SSL 握手协议中进行。SSL 握手协议是建立 SSL 连接首先应该执行的协议,必须在传输任何数据之前完成。

2) SSL 密码更改规程协议

SSL 密码更改规程协议是 SSL 协议中最简单的一个协议,在整个 SSL 加密策略中用来通知参与各方加密说明(cipherspec)的改变。

3) SSL 报警协议

SSL 报警协议是将警报消息和它们的严重程度传递给 SSL 会话中的主体。SSL 警报协议的每条信息包含两个字节,第一个字节表示信息的严重性,它有两个值,取 1 时表示警告级,取2时为致命级;第二个字节包含了指定特定警报的代码。如果SLL警报消息是致命级的,SSL协议会立即终止该连接。在这种情况下,同一会话的其他连接可能还将继续。如收到一个带有不正确的MAC记录时,返回Bad_record_mac,此错误为致命性警报。与其他消息一样,SSL警报消息也经过加密和压缩,也用当前连接状态所指定的方式来压缩和加密。

4) SSL记录协议

SSL记录协议可为SSL连接提供保密性业务和消息完整性业务。保密性业务是指通信双方通过握手协议建立一个共享密钥,用于对SSL负载的单钥加密。消息完整性业务是指通过握手协议建立一个用于计算MAC的共享密钥。SSL记录协议将被发送的数据分为可供处理的数据段,它没有必要去解释这些数据,并且这些数据可以是任意长度的非空数据块。接着对这些数据进行压缩、应用MAC、加密、增加首部,然后把密文交给下一层网络传输协议处理。对收到的数据,处理过程与上相反,即解密、验证、解压缩、重新拼装,然后发送到更高层的用户。

3. SSL安全协议的运行步骤

(1) 接通阶段。客户通过网络向服务商打招呼,服务商回应。

(2) 密码交换阶段。客户与服务商之间交换双方认可的密码。一般选用RSA算法。

(3) 会谈密码阶段。客户与服务商间产生彼此交谈的会话密钥。

(4) 检验阶段。检验服务商取得的密码。

(5) 客户认证阶段。验证客户的可信度。

(6) 结束阶段。客户与服务商之间相互交换结束的信息。

当上述动作完成之后,两者间的信息就会以加密的方式传送,等另外一端收到密文后,再将加密后的信息还原。

在电子商务的交易过程中,由于有银行参与,按照SSL协议,客户购买的信息首先发往商家,商家再将信息转发给银行,银行验证客户信息的合法后,通知商家客户付款成功,商家再通知客户购买成功。SSL安全协议流程如图8-14所示。

图8-14 SSL安全协议流程图

4. SSL协议的安全性分析

1) SSL协议的优势和特点

SSL协议通过在应用程序进行数据交换前交换SSL初始握手信息,来实现有关安全参数的商定。其安全特性主要体现在如下几个方面:

(1) 在SSL握手过程中采用了DES,3DES,AES等有效的加密措施,对客户机和服务器之间传送的数据进行了加密处理,保证了数据的机密性。

(2) 利用密码算法和散列函数计算传送数据的消息验证码,保证了数据的完整性。

(3) SSL采用X.509数字证书来进行鉴别和第三方认证,让客户机和服务器相互识别身份,保证了认证性。

(4) SSL的另一优势在于SSL与应用层协议相互独立,高层的HTTP,FTP,Telnet等都透明地建立在SSL协议之上,这使得SSL具有与应用协议的无关性。

(5) SSL对消息验证码MAC的计算中包含了一个不断变化的序列号参数,因此,SSL具有很好的抗重放攻击特性。

2) SSL协议的劣势和不足

SSL本身的工作机制也存在一些漏洞,这使得基于SSL的电子商务存在一些潜在的安全隐患和安全攻击。

(1) SSL不能提供交易的不可否认性。SSL协议是基于Web应用的安全协议,它只能提供安全认证,保证SSL链路上数据的完整性和保密性,却不能对电子商务的交易应用层的信息进行数字签名。因此,SSL不能提供交易的不可否认性,这可以说是SSL在电子商务中最大的缺陷。

(2) SSL只能提供客户机到服务器之间的两方认证,无法适应电子商务中的多方交易业务。

(3) SSL无法避免通信业务流分析攻击。由于SSL位于TCP/IP的协议层之上,因此,无法对TCP/IP协议头部进行保护,导致存有潜在的隐患。攻击者通过获取的IP地址、URL请求的长度及返回的Web页面的长度等信息,可以分析出用户访问的目标,再加上SSL协议只支持对块密码的随机填充,没有对流式密码算法的支持,使得SSL无法阻止这类攻击。

8.7.2 SET安全协议

1. SET协议的基本概念

SET(secure electronic transaction,安全电子交易)是由Visa和Master Card于20世纪90年代中期联合一些计算机软硬件供应商,如IBM,HP,Microsoft,Netscape,Versign等知名公司共同开发的一个新型的更加可靠的安全交易规范,为信用卡在Internet上进行安全的交易提供了一套完整的解决方案。

SET协议通过使用对称加密算法和非对称加密算法相结合的加密机制,对交易数据及支付信息进行加密,既保证了加密的速度和效率,又很好地保证了网络信息的机密性。此外SET协议采用了X.509数字证书、数字摘要、数字签名、数字信封和双重签名等技术来保证商家和消费者的身份验证、商业行为的认证和不可否认性。

2. SET协议的主要安全目标

(1) 保证信息在Internet上能够安全地传输,使其不被非法用户窃取;

(2) 通过双重签名技术保证订单信息和个人账号信息的隔离。当包含持卡人账号信息的订单传送到商家时,商家只能看到订单信息,而看不到持卡人的账号信息;

(3) 解决多方认证问题。不仅要对客户的信用卡认证,而且要对在线商家认证,实现客户、商家和银行间的相互认证;

(4) 提供一个开放式的标准、规范协议和消息格式,使不同厂家开发的软件具有兼容性和互操作功能,并且可以运行在不同的软硬件平台上。

3. SET协议的参与者

SET协议的参与者主要包括持卡人、商家、发卡行、收单行、支付网关和认证中心。

(1) 持卡人:在电子商务环境中,持卡人通过计算机和网络进行电子商务,购买商品。持卡人通常要安装一套基于 SET 标准的软件(通常嵌入在浏览器中),并使用由发卡行发行的支付卡,而且需要从认证中心获取自己的数字签名证书。

(2) 商家:在电子商务环境中,商家通过自己的网站向客户提供商品和服务。同时,商家必须与相关的收单行达成协议,保证可以接受信用卡的支付,而且商家也需要从认证中心获取相应的数字证书。

(3) 发卡行:发卡行为持卡人建立一个账户,发放支付卡。发卡行必须保证对授权的交易进行付款。

(4) 收单行:收单行为商家建立一个账户,且处理付款授权和付款结算。

(5) 支付网关:支付网关是指收单行或指定的第三方运行的一套设备,它负责处理支付卡的授权和支付。

(6) 认证中心(CA):负责颁发和撤销持卡人、商家和支付网关的数字证书。

在实际的系统中,发卡行、收单行和支付网关可以由同一家银行担当,这些需要根据具体情况而定。

4. SET 协议的交易流程

SET 协议的交易流程如图 8-15 所示。

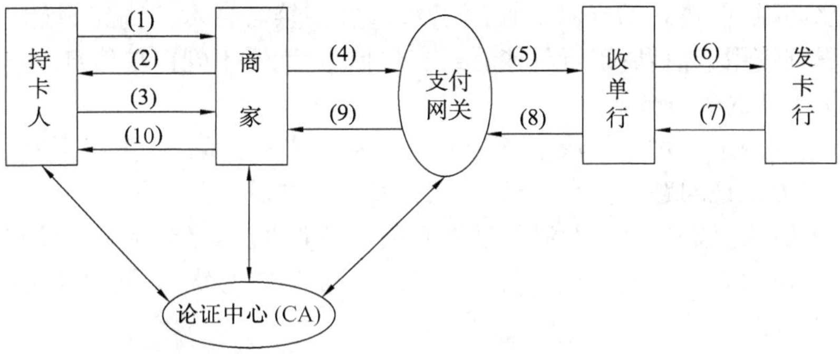

图 8-15　SET 协议的交易流程

(1) 持卡人在商家的电子商务网站浏览商品,选定要购买的商品后,输入订单。订单内容包括在线商家、购买商品的名称及数量、交货的时间和地点等相关信息。然后,连同自己签名的数字证书一起发给商家,以确认自己的身份。

(2) 商家在收到持卡人签名的数字证书后到 CA 认证,若正确,则向持卡人反馈确认信息。同时,将自己签名的数字证书发给持卡人。

(3) 持卡人收到经过商家签名的数字证书后,到 CA 认证,若正确,亦反馈确认信息,并将定购信息和支付信息用双重数字签名发给商家。

商家收到两个经过加密的资料,一个是订单资料,另外一个是关于支付的资料,商家可以解密有关订单的资料,却无法解密关于支付的资料,从而可以保护消费者的消费资料。

(4) 商家验证支付网关的身份,然后将自己签名的数字证书连同持卡人的支付信息一起送往支付网关。

(5) 支付网关验证商家的身份后,若正确,则返回确认信息,并将商家发来的支付信息发给收单行。

(6) 收单行同时检查两个证书以决定是否为合法的持卡人及合法的商家。收单行通过支付网关来解密,核对资料无误后连到持卡人的发卡行验证持卡人的支付信息是否有效,并把结果返回商家。

(7) 批准交易后,在线商家收到确认信息,然后发送订单信息给消费者。相关软件可以记录交易日志,以备将来查询。

(8) 在线商家发送货物或提供服务,消费者的购买活动已经结束。商家通过支付网关要求收单行将支付货款从持卡人的账号转到商家的账号,网上支付完成。

5. SET 协议的安全性分析

1) SET 协议的优势分析

(1) 安全性高。SET 协议为电子交易各方提供了安全保证,保证数据在互联网上传输的机密性、完整性、有效性和不可抵赖性,对交易过程中的每一步都有严格与严谨的规范,给包括支付信息在内的信息报文在网络中的传输提供了十分可靠的安全性规范。完成一次 SET 交易,需要验证数字证书 9 次、验证数字签名 6 次、传递证书 7 次、进行数字签名 5 次、对称加密 4 次、非对称加密 4 次。由于其高度的安全性及规范性,有专家估计 SET 协议会成为安全电子支付的国际标准。

(2) 充分保护消费者的隐私。使用了双重数字签名技术使商家只能看到订单信息,而无法看到信用卡信息;银行只能看到支付信息,而看不到订单信息。

2) SET 协议的劣势分析

SET 协议在网上支付中解决了部分交易数据的安全性问题,解决了网上支付各参与方之间的多方认证问题。但是,SET 协议自身还存在着一些不足之处:

(1) SET 协议使整个交易的流程过于复杂。SET 协议复杂、庞大,使用起来不够方便,而且实施成本高。交易各方需要在 PC 机上安装相应的软件,同时还必须建立一个完善的 CA 体系。

(2) SET 的加密算法通常采用 RSA 算法,加解密的时间长、复杂度较大,且在交易时要反复传递数字证书,从而使交易时间较长。

(3) SET 协议没有解决交易过程中的证据保留问题,对交易后数据的保存和处理没有说明,当顾客和商家发生争议时,缺乏有效的说明来划分责任。

8.8 电子商务风险管理

随着计算机技术的日趋成熟和 Internet 的飞速发展,电子商务正以其高效率、低成本的优势和市场全球化等特点,对世界经济的发展产生前所未有的影响。它不但在微观上影响企业的经营行为和消费者的消费行为,而且在宏观上影响国际贸易关系和国家未来的竞争力。然而,由于互联网交易的特殊性质,交易方在了解对方真实身份、信用情况、履约能力等方面有一定难度。因此,在电子商务发展的过程中,商机与风险共存,研究电子商务风险、控制电子商务风险、对电子商务的健康发展至关重要。

8.8.1 电子商务所面临的风险

电子商务在开展过程中面临的主要风险有商业风险、企业流程再造风险、管理风险,以及法律和制度风险。

1. 商业风险

1）信用风险

不管是在传统商业贸易中，还是在电子交易中，信用问题都是十分重要的问题。但在电子商务的实施运用中，信用问题更为突出。因为电子商务的发生具有虚拟性，交易双方不能直接面对面的商讨，对双方身份的确认、违约责任的追究等都存在很多困难。

根据电子商务的交易主体的不同，电子商务的信用风险可以分为以下3方面：

（1）买方造成的信用风险。个人消费者在网络上使用信用卡进行支付时可能恶意透支，或使用伪造的信用卡骗取卖方的货物，也有可能故意拖延付款期限等，这些行为都会给卖方带来风险。

（2）卖方造成的信用风险。卖方不能保质、保量、按时寄送消费者所订购的货物；电子商务商家所公布的信息不完全或不准确，商家没有完全介绍自己的产品或对自己的产品进行欺骗性的宣传，误导消费者。

（3）买卖双方都可能造成的信用风险。电子商务交易的任意一方否认的信用风险：交易的一方在正当的权限或义务下拒绝承认自己的交易。这种信用风险来自电子商务交易的易修改性，这需要电子商务系统能够提供数字签名等认证服务。买卖双方都存在抵赖的情况。

因此，电子商务的运行，必须以良好的社会信用体系作为基础。只有人们相互信任，电子商务才能长久地运行下去。信用是电子商务运行的保证条件，企业在开展电子商务时必须注意防范信用风险。

2）信息风险

信息风险是指信息虚假、信息滞后、信息不完善、信息过滥、信息垄断等有可能带来的损失。在信息传递过程中，如果市场行为主体不能及时得到完备的信息，就无法对信息进行正确的分析和判断，无法做出符合理性的决策。而信息虚假、信息滞后和信息不完善性对电子商务的运行安全也会产生威胁。此外，信息作为一种资源在电子商务的开展中起到了决定性的作用，但同时也带来了信息过滥的问题。在我国，信息垄断主要表现为一些信息综合部门垄断着大量信息。信息风险的直接表现是网络欺诈，它不仅使厂商和消费者在经济上蒙受重大损失，更重要的是它可能会使人们对电子商务这种新的经济形式失去信心。

3）投资与竞争风险

有些企业建立了网站，但由于过于关注传统业务，加之“重硬件而轻软件”的倾向严重，使网站利用率极低，甚至成为一个空壳。由此企业的投资回报率也极低，导致企业的电子商务名存实亡，造成“高投入低回报”型风险。如果一个企业认为进行电子商务，只要一次投资就可以受益，那必然会被电子商务的不断更新所淘汰。电子商务投资的回报并不是能够一次收回的，而是具有长期性、逐渐性，有时甚至具有隐蔽性。

这类风险还体现在企业与竞争对手相比，在电子商务应用的超前或滞后所带来的市场竞争风险。如果企业实施电子商务时没有果断地开展行动，那企业的合作伙伴就有可能转向已经实施电子商务的其他企业，这会对企业造成很大损失。

2. 企业流程再造风险

电子商务如果实施成功，必会给企业带来巨大的飞跃。但电子商务的实施，非常重要的一点就是要对企业现有的各个流程进行改变,使之适应电子商务的需要,这便是企业流程再造。电子商务并不仅仅是通过网络实现采购和订单,而是要通过网络达到减少交易中间环节以节约成本,实现物流、信息流和资金流的高度统一,实现以客户为中心的服务理念,最终实现企业发展目标的一种手段,因此业务流程转变是否合适,这对企业能否实现电子商务是至关重要的。在电子商务开展过程中,这也是最为困难的。因为企业流程的转变,可能会带来企业组织结构的变换,触及某些个人或部门的利益,这便会遭到这些人和部门的抵抗。因此,企业的业务流程再造,是实施电子商务风险最大的一步。

3. 管理风险

电子商务的管理风险是指由于交易流程管理、人员管理、交易技术管理的不完善所带来的风险。

(1) 交易流程管理风险。在网络商品中介交易的过程中,客户进入交易中心,买卖双方签订合同,交易中心不仅要监督买方按时付款,还要监督卖方按时提供符合合同要求的货物。在这些环节上,都存在着大量的管理问题,如果管理不善势必造成巨大的潜在风险。

(2) 人员管理风险。人员管理常常是网上交易安全管理上的最薄弱环节,近年来我国计算机犯罪呈现内部犯罪的趋势,其原因主要是工作人员职业道德修养不高,安全教育和管理松懈。一些竞争对手还利用企业招募新人的机会潜入该企业,或利用不正当的方式收买企业网络交易管理人员,窃取企业的用户识别码、密码、传递方式及相关的机密文件资料。

(3) 交易技术管理不完善所带来的交易风险。有些操作系统中的某些用户是无口令的,如匿名登录,利用远程登录(Telnet) 命令登录这些无口令用户,允许被信任用户不需要口令就可以进入系统,然后把自己升级为超级用户。

4. 法律和制度风险

电子商务法律和制度方面的风险主要由来自于相关电子商务立法的滞后和全球化环境下各国法律和制度的差异。我国电子商务发展起步较晚,立法滞后,法律法规也不完善。因此,企业开展电子商务战略时,要了解我国各种类型的电子商务法律,不要发生违法行为,避免使企业的名誉受损。一方面,网络知识产权问题、隐私问题在网络上都会受到极大的挑战。另一方面,电子商务是在虚拟的网络空间进行的,电子商务交易可以看作无纸贸易,这样就容易引发种种新的法律问题,如电子合同、电子签名、电子商务认证、电子数据证据、网上交易与支付、电子商务管辖权及在线争议解决等,这给企业带来了新的风险。

8.8.2 电子商务风险管理

在充分了解电子商务的风险后,接下来就要对这些风险进行管理和控制,也就是建立电子商务风险管理机制。首先企业应该对电子商务产生的风险在进行识别、预测、评价的基础之上,优化各种风险处理技术,以一定的风险处理成本达到有效地控制和处理风险的目的,这就是风险管理过程。

1. 电子商务风险管理过程

(1) 风险识别。它是管理风险的第一步,即识别整个项目过程中可能存在的风险。作为从事电子商务的企业,在开展电子商务业务或进行电子商务过程改进时,必须结合企业自身的特点,根据电子商务的性质,从潜在的事件及其产生的后果和潜在的后果及其产生的原因两方面来检查风险。搜集、整理电子商务可能产生的风险并充分征求各方意见形成项目的风险列表。

(2) 风险分析。风险分析的目的是确定每种风险对企业影响的大小，一般是对已经识别出来的电子商务风险进行量化估计，这里量化的概念主要指风险影响指标、风险概率及风险值。

(3) 风险应对。完成风险分析后，就已经确定了电子商务项目中存在的风险，以及它们发生的可能性和对项目的风险冲击，并可排出风险的优先级。

(4) 风险监控。制订了风险防范计划后，风险并非不存在了，在企业实施电子商务方案的过程中还可能会增大或者衰退。因此，在具体实施过程中，需要时刻监督风险的发展与变化情况，并确定随着某些风险的消失而带来的新的风险。

2. 电子商务风险管理策略

(1) 建立完善的信用评价体系。建立完善的信用评价体系，有效地抑制信用风险。成立专门的信用机构，其主要业务是对企业进行信用评级，而这种评级制度势必能减少或避免企业的各种失信行为(包括信息不对称所产生的失信)的发生。这些机构搜集消费者个人的信用记录，合法地制作消费者个人信用调查报告，并向法律规定的合格使用者有偿传播信用报告；同时，为了安全便捷地进行电子商务活动，还可把客户资信情况存储在网络，以便随时调用。

各银行也应密切合作，建立客户资信信息库，联网共享，以有助于各银行共同防范金融风险，使电子商务顺利开展。

(2) 在管理上建立合理的规章制度和用人机制，从而有效地抑制管理风险。企业应建立并严格执行各种有关的规章制度，不断提高实时改变管理策略的能力和及时发现管理漏洞的能力。政府需要设立相应的监管机构，用行政手段来直接监管电子商务交易；此外，也可通过行业组织来对电子商务交易进行监管，这些主要是通过电子商务行业协会、消费者协会等组织来实施。这些组织的主要职能有：强化职业道德、规范，实施消费者保护条例；审查、批准电子商务从业人员的资格；调解、仲裁电子商务交易中出现的纠纷等。

(3) 改变企业内部运作流程。现在仍有很多企业认为电子商务无非就是建一个网站，所以这些企业在从事电子商务时，往往会遭遇失败。电子商务给企业提供很好的机会以改变其内部和外部商业运作流程，如果企业不改变其商业运作流程，而直接进入电子商务领域，不仅企业对电子商务的投资会失败而且会影响到整个企业的声誉。所以在企业加入电子商务行业前，一定要改造自己内部的运作流程，使之适应电子商务的要求。

(4) 自上而下的风险意识。很多的企业认为，电子商务项目是个技术项目，只需要相关的技术部门参与就可以了。而对于成功的电子商务企业，在进行电子商务项目时，往往不仅受到企业决策层的高度关注，而且普通的员工也都非常清楚电子商务化的目标，这样自上而下的对于电子商务知识的了解，也是这些公司成功运作电子商务的原因之一。所以对于将要从事电子商务的企业来说，不仅要让全体员工了解电子商务的知识，而且要了解电子商务的风险，形成一个自上而下的全员参与、全员重视的风险意识。

(5) 健全相应的法律法规。电子商务风险的复杂性特征表明风险防范必须是全方位的。首先应致力于制度和法制建设，使电子商务有序发展，并以防范制度风险作为基础，针对所有的电子商务风险，或制定适当的政策，或进行积极的指导。此外，政府还应加强对风险防范的监督和协调。同时应该进一步加强电子商务的立法工作，逐步使电子商务法制化、规范化。

（6）在技术上建立并不断完善安全防范系统。包括以下内容：① 设立防火墙、加强访问控制；② 采用数据加密技术；③ 确立完善的身份认证技术；④ 建立漏洞识别和检测系统。

（7）大力培养电子商务专业人才。电子商务是信息现代化与商务的有机结合，虽然强调计算机网络技术对交易活动的促进作用，但电子商务实现的关键仍然是人。要发展电子商务，需要大量的掌握现代信息技术和现代商贸理论与实务的复合型人才。政府应充分利用各种途径和手段，培养、引进并合理使用好一批素质较高、层次合理、计算机及经营管理等方面的专业人才，以加快我国电子商务的发展。

第 9 章　电子商务法律规范

9.1　电子商务法的基本理论

9.1.1　电子商务法的概念和调整对象

1. 电子商务法的概念

中国互联网络信息中心(CNNIC)发布的第 39 次《中国互联网络发展状况统计报告》显示，截至 2016 年 12 月，中国网民规模达 7.31 亿，互联网普及率达到 53.2%，半数以上中国人已接入互联网。同时，移动互联网塑造了全新的社会生活形态，“互联网 +”行动计划不断助力企业发展，互联网对于整体社会的影响已进入新的阶段。电子商务作为商务形式的革命，其赖以运行的方式、手段与环境，在为商界带来新的机会的同时也带来了全新的法律问题。

一般认为，法律是调整特定社会关系或社会行为的行为规范。电子商务的发展和自身的规范要求导致电子商务法的产生。电子商务法不仅调整交易形式，而且调整交易本身和交易引起的特殊法律问题。所以，电子商务法不是试图涉及所有的商业领域，重新建立一套新的商业运作规则，而是将重点放在探讨因交易手段和交易方式的改变而产生的特殊商事法律问题上。

一般而言，可以从广义和狭义两个角度定义电子商务法的概念。狭义的电子商务法是指调整通过计算机网络进行数据电文传递而从事商事活动所产生的社会关系的法律规范的总和。广义的电子商务法是指调整通过各种电子信息传递方式进行的商务活动所产生的社会关系的法律规范的总和。广义的电子商务法更加强调电子商务中交易行为本身及其引出的其他问题，既注重形式方面的规范，又注重电子交易内容的规范，将电子商务法视为调整电子商务形式和内容两方面行为的规范总和。

2. 电子商务法的调整对象

调整对象是立法的核心问题，它揭示了立法调整的特定主体所产生的特定社会关系，也是一法区别于另一法的基本标准。根据电子商务的内在本质和特点，可以界定电子商务法的调整对象应当是电子商务交易活动中发生的各种社会关系，而这类社会关系是在广泛采用新型信息技术并将这些技术应用于商业领域后才形成的特殊的社会关系，它交叉存在于虚拟社会和实体社会之间，有别于实体社会中的各种社会关系，且完全独立于现行法律的调整范围。

电子商务法的调整对象具体包括：网上电子支付关系、网络知识产权关系、网络不正当竞争关系、网络电子消费者权益保护关系、电子税收关系、网络广告和拍卖关系、电子商务争议解决关系等。

9.1.2 电子商务法的性质和特征

1. 电子商务法的性质

大陆法系中最基本的部门法律是宪法、民法、刑法、商法、刑事诉讼法和民事诉讼法，此6法基础上又分立出行政法、经济法、国际法等新的部门法。部门法的划分以其调整的社会关系性质为标准。由于政治、经济、文化的高度发达，社会关系的复杂程度提高，由此引发了法律部门与法律学科的传统划分标准无法适用于所有场合。许多新产生的法律学科往往调整不同性质的社会关系，跨越不同的法律部门，这时就很难将某一法律学科简单划归为一个特定的法律部门。

电子商务法是一个非常庞杂的法律体系，涉及许多领域，既包括传统的民法领域，如合同法、著作权法，又包括新的领域，如数字签名法、电子认证法等。这些法律规范从总体上属于商法范畴。商法是公法干预下的私法，它以任意性规范为基础，同时有许多强制性规范，甚至在有些规范中更多的是强制性规范而不是任意性规范。

2. 电子商务法的特征

1）电子商务法律主体的虚拟性

在网络电子商务实施过程中，参与主体之间的在线联系，交易和支付信息主要通过E-mail、EDI、电子商务自动成交系统、电子银行支付系统等来传递。因此，从交易谈判到合同订立，从合同履行到价款支付等各个环节，电子商务的主体不需见面，相互身份资料无法即时查实，由此可见，电子商务法律主体已虚拟成网络上的数据电子信息或者符号。

2）电子商务法律规范具有任意性和开放性

电子商务是全新的商务形态，许多制度还处于摸索阶段，因此，调整电子商务活动时不应当用僵化的规范将正处于发展中的电子商务活动禁锢起来。同时，由于电子商务法主要以电子交易法为中心，而交易对象的选择、交易形式的确定、交易内容的构成和交易责任的承担从意思自治原则来看也应允许交易主体自由决定。授权性的电子商务规范恰恰能满足这一要求。

3）电子商务法内容具有的程式性和全球性

电子商务涉及很多法律问题，在传统的法律体系中已经得到解释，电子商务法主要是对传统法律难以调整和规范的问题进行补充性规定，而不需要完全抛弃原有的法律制度另行创制一套新的法律制度体系。所以，电子商务法的重点不在规定电子商务法律关系中的具体权利和义务，而主要在于规定电子商务的新形态、新样式及与传统法律制度的协调与相融，这就说明电子商务法内容具有形式法或者程序法的特征。

网络的全球性和电子商务的跨国性特征决定了电子商务法制定时，必须考虑国际组织和其他国际电子商务法律制度的内容、特点，力求在主要的法律理念、立法原则和制度设计上与其他国家相协调。

4）电子商务法律客体的广泛性

网上电子商务参与双方权利、义务指向的客体主要是商品和服务，商品包括有形和无形商品；服务包括网络广告发布、资料查询等。随着网络技术和电子通信技术的发展及安全性的进一步增强，电子商务的应用领域在不断扩大，电子商务法的客体也将不断增多。

9.1.3 电子商务法的法律地位

随着电子通讯与计算机技术的飞速发展和广泛应用，电子商务法将在商事法领域里起着越来越重要的作用。21世纪的商法，将是一个以电子商务法占主导地位的商法时代。

1. 电子商务法是民商法和经济法在新形势下的发展和延伸，是对国际贸易法的重要补充

电子商务与传统商务相比，是强调以电子形式，即以"数据信息"为表达形式所进行的商务，是传统商务在新技术条件下的发展，因此电子商务法是传统民商法在新形势下的发展和延伸。从另外一个角度讲，电子商务法又涉及经济法。所以，电子商务法又是经济法在新形势下的发展和延伸。可以说电子商务法处于民商法（私法）和经济法（公法）的交叉处，同时兼有两者的属性。电子商务已成为国际贸易的一种重要方式，从这一意义上讲，电子商务法也是对国际贸易法的重要补充。

2. 电子商务法是知识经济法律体制的一个重要组成部分

电子商务是与知识经济的发展相适应的，也必将成为知识经济时代一种最主要的贸易方式。知识经济一个重要的特征就是企业发展虚拟化，另一个重要特征就是以知识和知识产权为实体的虚拟化商品大量涌现，成为社会财富的主要资源和主要体现。从一定意义上讲，电子商务就是商务虚拟化，即通过Internet这样的虚拟化空间和媒体，以"数据信息"表达形式进行的商务。商务虚拟化、企业发展虚拟化和商品虚拟化是对应的，也是相适应的。

所以，应把电子商务的立法置于知识经济法律体制的框架下，作为知识经济法律体制的一个重要组成部分来考虑，这样才能从总体战略的高度，正确认识和把握电子商务的立法。

3. 电子商务法是保护商务信息的一种专门法

人类社会经历了3次大发展的浪潮，从原始社会经历了农业社会、工业社会进入信息社会。从这一角度来看，也可以认为电子商务是第三次浪潮大发展的产物和缩影，是信息社会中商务的主要形式和工具。电子商务法的实质内容是确立与商务有关的"数据信息"的法律地位，并加以利用和保护。因此，可以认为电子商务法是保护商务信息的一种专门法，是信息化社会中，信息法律体制中的一个不可缺少的内容，也就是说，应该把电子商务立法作为信息立法、信息法制化的一个重要组成部分来认识和把握。

9.2 电子商务法律关系

9.2.1 电子商务法律关系概念

电子商务法律关系是指相关法律法规调整的、在电子商务活动中形成的以权利和义务为内容的社会关系。具体说，是指电子商务的参与者与网络服务商等相互之间，在电子商务活动过程中依法产生的权利和义务内容。

9.2.2 电子商务法律关系的构成要素

电子商务法律关系的构成要素是指构成电子商务法律关系所不可缺少的必要组成

部分，即电子商务法律关系的主体、客体和内容。这3个要素必须同时具备，缺一不可，如果其中一个变更，必将引起电子商务法律关系的变化，将不是原来意义上的关系。

1. 电子商务法律关系的主体

电子商务法律关系的主体是电子商务法律关系中权利的享有者和义务的承担者，主要包括以下几类：

（1）电子商务交易者：某一商品或服务直接进行交易的双方，即买方和卖方；

（2）电子商务服务者：为电子商务交易活动顺利进行提供各种服务的机构；

（3）电子商务认证机构：在电子商务交易过程中为交易双方提供验证的第三方机构；

（4）电子商务监管者：对电子商务活动的开展进行监督和管理的政府职能部门。

2. 电子商务法律关系的客体

电子商务法律关系的客体是指经济主体享有的经济权利和承担的经济义务所指向的对象。它是确立权利及义务的性质和内容的客观依据。

电子商务法律关系的主体之间，为达到一定的经济目的而形成了相应的法律关系。这种经济目的就是电子商务法律关系的客体。如有的是为了取得一定的财物，包括有形商品和无形商品；有的是为了提供一定的劳务或者完成一定的工作，如上传下载行为、广告拍卖行为等；有的是为了获得一定的智力成果，如域名权、专利权、网络著作权等。

3. 电子商务法律关系的内容

电子商务法律关系的内容包括交易双方当事人享有的权利和承担的义务。

1）电子商务法律主体享有的权利

（1）电子商务销售和服务企业的权利：获取支付价款的权利、得到通知的权利等。

（2）消费者的权利：在电子支付中，消费者有权要求银行按照指定的时间及时将指定的金额支付给收款人，如果接受银行没有按照指令完成任务，消费者有权要求其承担违约责任，并赔偿由此造成的损失。

（3）网络服务商的权利：自主经营权、获得报酬权等。

（4）金融机构的权利：接受或拒绝支付指令的权利、要求付款人或者指令人按时存足所指令的资金并承担因支付而发生的费用的权利等。

（5）认证机构的权利：发放证书、中止证书、撤销证书、保存证书权利等。

2）电子商务法律主体承担的义务

（1）电子商务销售和服务企业的义务：在电子支付中扮演收款人的角色。

（2）消费者的义务：签发正确的支付指令；支付的义务；在符合商业惯例的情况下，接受认证机构的认证的义务；不得以易于识别的方式记录其个人识别码或者其他密码的义务；挂失和通知的义务等。

（3）网络服务商的义务：服务行为合法的义务、保证信息内容合法的义务等。

（4）金融机构的义务：审查客户的指令是否为一项合法、有效的支付指令，支付方式是否正确，按照指令人的指令完成资金支付、信息公开和详尽告知的义务；建立并遵守电子支付的安全程序、保留电子支付过程中相关的交易记录；赎回其发行的电子货币等。

（5）认证机构的义务：信息披露义务、说明义务、保险义务、保密义务、担保义务等。

9.3 电子商务立法概况

9.3.1 电子商务对传统法律提出的挑战

1. 电子合同问题

对数据电文传递过程中的要约与承诺、合同条款、合同成立及生效的时间和地点、通过计算机订立的合同对当事人是否具有约束力等问题，传统的合同法已无法应对。如商家登载于网页上的商品信息是要约还是要约邀请？电子要约与电子承诺的构成、生效条件是什么？电子合同的形式应归属于口头、书面还是其他什么形式？合同成立、生效的时间和地点与传统合同一样吗？电子合同是否可以撤销？无纸化电子合同发生争议后，没有原件的打印，合同是否具有证明力？等等。

2. 互联网的知识产权问题

在互联网上存在着大量的电子文件、电子新闻、电子书籍及软件等，都可被任意下载，这无疑构成对原著作权人著作权的侵犯。公众对网上著作权的认识和观念有待提高和加强，如何对被指控侵权的人实施有效的制裁也是一个亟待解决的难题。

3. 电子商务涉及的税法问题

现有的税收征管措施和税种确立主要建立在商务主体开展的传统商务模式上。交易双方的交易信息及账册都存储在纸质介质上，营业主体都有固定的营业地点及经营范围，这样十分方便税务部门核查、监控及催收。但在电子商务交易过程中，网上流动营销十分普遍，营业主体不一定有固定的营业地点及经营范围，同时网上交易的信息及账册记录信息是以数据电文形式记载，使这些信息的固定性、可信性、不可删改性大打折扣。这就给税务部门获取电子商务的真实交易资料及对纳税对象的核查、监控、催收造成极大的不便。另外，互联网上的跨国交易增多，如何规定跨国税收规则，避免双重征税也是有待解决的问题。

4. 网上支付的法律问题

在电子商务交易过程中，由于金融电子化，完成交易的各方都是通过无纸化的电子手段来进行支付和结算。网上电子支付行为越来越普及后，传统银行法中的货币发行、支付风险、支付责任等规定就很难直接套用于电子支付行为。

5. 电子商务安全与隐私权的问题

网络的公开性使信息可以在网上自由交换，这样一个开放的平台无疑会与隐私权的保护，如个人账户、信用卡密码、消费者喜好等产生矛盾。如何保证商业秘密不被泄漏和盗用；如何确保数据库的保密性；如何保证网络交易系统的安全运行；如何防止商业欺诈，以及如何判定交易人的身份及用户的信用、如何进行电子签名的识别与防伪、如何保证商家安全收款？等，都是不容忽视的关键。

6. 电子证据问题

在电子商务中，确定交易各方权利和义务的各种合同和单证都采用电子形式，这些电子文件在证据中就属于电子证据。电子证据主要是指在计算机或计算机系统运行过程中产生的以其记录的内容来证明案件真实性的电磁记录物。由于使用磁性介质，记录的内容容易被改动且不易留下痕迹，计算机操作人员的过失或环境和技术方面的原因也会使其出现差错，所以电子文件的真实性和安全性容易受到威胁。因此，电子证据的可用性、有效性及电子的审查判断规则，也是亟待解决的问题。

7. 电子商务中的广告法律问题

传统的基于地域因素的广告管理规则已不能适应无地理界限的互联网的广告管理。例如，某国法律禁止做烟草广告，但互联网的超国界性，使烟草广告通过互联网被公众获知成为可能，法律禁令成为一纸空文。

8. 电子商务中的消费者权益保护问题

法律强调对消费者权益的保护，是为了维护交易双方的实体平等，为此，消费者权益保护法赋予消费者一系列的法律权利。但在电子商务环境下，消费者的角色发生了转变，消费者行为更信用化、理性化、个性化，同时在虚拟的网络市场中，消费者更关注自身权益能否得到法律的切实保护。现有的消费者保护法，无法为网上消费者对商品和服务的知情权、退货权、隐私权等提供充分的保护。

9.3.2 国际组织电子商务立法概况

20 世纪 90 年代初，Internet 商业化和社会化的发展，从根本上改变了传统产业结构和市场的运作方式。在商界积极探索和运用这种新经济模式的同时，国际组织和一些国家也在积极探索建立规范这种经济运行的法律体制，以便为新经济运行提供安全有序的法律环境。

1996 年 12 月 16 日，联合国国际贸易法委员会第 85 次全体大会通过了《电子商务示范法》，该法是世界上第一个电子商务的统一法规，其目的是向各国提供一套国际公认的法律规则，以供各国法律部门在制定本国电子商务法律规范时参考。虽然它既不是国际条约，也不是国际惯例，仅仅是电子商务的法律范本示范，却有助于各国完善、健全其有关传递和存贮信息的现行法规和惯例，并给全球化的电子商务创造出统一的、良好的法律环境。

2001 年 12 月 12 日，联合国贸易法律委员会通过了《电子签字示范法》，这是国际上关于电子签字方面的最重要的立法文件，也是对《电子商务示范法》的补充，促进了电子签字所产生的法律效力的确定，有助于各国加强对利用现代化核证技术的立法，为尚无这种立法的国家提供参考，并对发展和谐的国际经济关系做出了贡献。

9.3.3 世界主要国家及地区电子商务立法概况

1. 美国

美国是建立电子商务法的主导国家，1994 年 1 月，美国宣布国家信息基础设施计划，1997 年 7 月 1 日颁布《全球电子商务纲要》，正式形成美国政府系统化电子商务发展政策和立法规划。美国出台了一系列的法律和文件，在不同的角度和程度上相互关联，从而在整体上构成电子商务的法律基础和框架。

2. 欧盟

欧盟国家意识到在信息社会中电子商务将提供重要的就业机会，为广大中小企业提供新的发展空间，促进经济增长和技术创新方面的投资，增强企业的竞争力，因此，欧盟一直致力于促进电子商务的发展。欧洲议会于 1999 年 12 月 13 日通过了《电子签名统一框架指令》，于 2000 年 5 月 4 日又通过了《电子商务指令》。这两部法律文件协调并规范了电子商务立法的基本内容，构成欧盟国家电子商务立法的核心和基础。其中

《电子商务指令》更是全面规范了关于开放电子商务的市场、电子交易、电子商务服务提供者的责任等关键问题。欧盟成员国已在自2000年5月起的18个月内，将《电子商务指令》制定成为本国法律。

从1995年世界上第一部电子商务立法即美国犹他州的《数字签名法》问世以来，短短十余年时间，世界上有近百个国家（地区）和国际组织已经制定或者正在研究相应的电子商务法。不管是有关国际组织还是有关国家（地区），在制定相应的电子商务法时，都注重了相互之间的协调与衔接。各国立法的协调与互动，促使电子商务法律规范的趋同。这种协调性既体现在联合国国际贸易法委员会制定的《电子商务示范法》的成果上，又体现在各国在其国内立法中相互参照、取长补短、力求兼容之中。电子商务面临的法律问题主要是传统民商法律规范造成的障碍，因此，各国在加快电子商务立法进程中，都注重对不合时宜的现行法律规范进行修改或废止。

9.3.4 我国电子商务立法现状概况

中国电子商务经历了从无到有的过程，在电子商务发展的过程中，国家政策的监管起到了至关重要的作用，在政策的正确引导下，电子商务才得以不断发展壮大。从2004年开始，我国电子商务政策法律的建设走入了一个新的阶段。

2004年8月28日，第10届全国人大常委会第11次会议表决通过了《中华人民共和国电子签名法》，并于2005年4月1日起施行。《中华人民共和国电子签名法》首次赋予可靠电子签名与手写签名或盖章具有同等的法律效力，并明确了电子认证服务的市场准入制度。

2005年3月31日，国家密码管理局颁布了《电子认证服务密码管理办法》。2005年4月18日，中国电子商务协会政策法律委员会组织有关企业起草了《网上交易平台服务自律规范》并正式对外发布。2005年6月，中国人民银行发布了《支付清算组织管理办法》（征求意见稿）。2005年10月26日，中国人民银行发布了《电子支付指引（第一号）》，意在规范电子支付业务，减小支付风险，保证资金安全，维护银行及其客户在电子支付活动中的合法权益，促进电子支付业务健康发展。

2008年4月24日，为规范网上交易行为，促进电子商务持续健康发展，商务部起草了《电子商务模式规范》和《网络购物服务规范》。同年，为加大对电子商务的监管力度，北京工商局出台了《关于贯彻落实〈北京市信息化促进条例〉加强电子商务监督管理意见》。

2009年4月，中国人民银行、银监会、公安部和国家工商总局联合发布的《关于加强银行卡安全管理预防和打击银行卡犯罪的通知》（以下简称《通知》）出台。《通知》被视为是在为第三方支付牌照发放预热。这似乎预示着国家监管部门开始真正着手加强对于第三方支付企业的监管力度。

2010年6月1日，国家工商总局出台了《网络商品交易及有关服务行为管理暂行办法》，自2010年7月1日起施行，其中明确规定，通过网络从事商品交易及有关服务行为的自然人，应提交其姓名和地址等真实身份信息。该办法的出台将促进网络商品交易及有关服务行为的健康发展。

2010年6月21日，中国人民银行出台了《非金融机构支付服务管理办法》，要求第三方支付公司必须在2011年9月1日前申请取得支付业务许可证，且全国性公司注册资本最低为1亿元。该办法的出台意在规范当前发展迅猛的第三方支付行业，对于行业规范发展起引导作用。

无疑，上述国家出台的一系列的政策法规，为我国电子商务长期、健康、有序地发展提供了强有力的制度保证与标准规范。

为了保护电信和互联网用户的合法权益，维护网络信息安全，根据《中华人民共和国电信条例》和《互联网信息服务管理办法》等法律、行政法规，2013年6月28日中华人民共和国工业和信息化部第2次部务会议审议通过《电信和互联网用户个人信息保护规定》，从2013年9月1日起施行。

为规范网络商品交易及有关服务，保护消费者和经营者的合法权益，促进网络经济持续健康发展，依据《消费者权益保护法》《产品质量法》《反不正当竞争法》《合同法》和《电子签名法》等法律法规，2014年2月13日，国家工商行政管理总局公布了《网络交易管理办法》，消费者的网购“后悔权”在法律和部门规章层面都获得支持。《网络交易管理办法》自2014年3月15日起施行。《网络交易管理办法》要求，网络商品经营者销售商品，消费者有权自收到商品之日起七日内退货，且无须说明理由；鲜活易腐、定作、交付的报纸期刊，以及在线下载或者消费者拆封的音像制品、计算机软件等数字化商品等四类商品除外。

2015年8月18日，为规范网络食品经营行为，加强网络食品经营监督管理，根据《中华人民共和国食品安全法》等有关法律法规的规定，国家食品药品监管总局起草了《网络食品经营监督管理办法（征求意见稿）》。

国家工商总局出台《互联网广告管理暂行办法》，自2016年9月1日起施行。该办法旨在从互联网广告实际出发，落实新《广告法》的各项规定，规范互联网广告活动，保护消费者的合法权益，促进互联网广告健康发展，维护公平竞争的市场经济秩序。

2013年12月7日，全国人大常委会正式启动了《电子商务法》的立法进程。2016年电子商务立法已列入第十二届全国人大常委会五年立法规划，目前法律草案稿已经形成。来自全国人大财经委、工商总局、商务部、发改委等政府部门，中国消费者协会、电子商务协会、互联网协会等行业协会，北京大学、中国政法大学等法学界的与会专家共同指出，社会共治原则作为电商立法的最大共识，已经非常明确，由于大众评审机制，吸纳社会力量共同治理平台交易纠纷，是未来电子商务法倡导的方向和趋势。

9.4 电子签名与电子认证法律制度

9.4.1 电子签名法律制度

1. 电子签名概述

1）电子签名的定义

电子签名是以电子形式出现的数据，它附着于数据电文而存在，必须能够识别签名人身份并标明签名人认可与电子签名相联系的数据电文的内容。

《中华人民共和国电子签名法》第2条规定：“电子签名是指数据电文中以电子形式所含、所附用于识别签名人身份并表明签名人认可其中内容的数据。”其中，数据电文是指以电子、光学、磁或者类似手段生成、发送、接收或者储存的信息；电子签名人是指持有电子签名制作数据并以本人身份或者以其所代表的人的名义实施电子签名的人；电子签名制作数据，是指在电子签名过程中使用的、将电子签名与电子签名人可靠地联系起来的字符、编码等数据。

2）可靠的电子签名

《中华人民共和国电子签名法》明确规定："可靠的电子签名与手写签名或者盖章具有同等的法律效力。"同时指出，电子签名同时符合下列条件的，视为可靠的电子签名：

（1）电子签名制作数据用于电子签名时，属于电子签名人专有；

（2）签署时电子签名制作数据仅由电子签名人控制；

（3）签署后对电子签名的任何改动能够被发现；

（4）签署后对数据电文内容和形式的任何改动能够被发现。

当事人也可以选择使用符合其约定的可靠条件的电子签名。

2. 电子签名法概述

美国犹他州于1995年颁布的《数字签名法》是全世界第一部全面规范电子签名的法律，随即欧盟和欧洲各国也很快出台了相关法律。

《中华人民共和国电子签名法》于2004年8月28日第10届全国人民代表大会常务委员会第11次会议审议并通过，自2005年4月1日起施行。全法共计5章36条，包括总则、数据电文、电子签名与认证、法律责任和附则。该法通过确立电子签名的法律效力规范电子签名行为，维护有关各方合法权益，在法律制度上保障了电子交易安全。它是我国信息化领域的首部法律，为我国电子商务发展提供了法律保障，同时也为电子认证服务业、电子商务安全认证体系和网络信任体系的建立奠定了基础。该法的出台不仅顺应了经济全球化和全球信息化的时代潮流，而且也符合了我国信息化战略的发展要求。

3. 电子签名和数据电文的法律效力

1）电子签名的法律效力

《中华人民共和国电子签名法》借鉴了《电子签名示范法》及其他国家电子商务、电子签名立法的有关规定，确认了可靠的电子签名具有与手写签名或盖章同等的法律效力。

2）数据电文的法律效力

（1）关于电子签名活动中当事人意思自治原则、电子签名和数据电文的法律效力的规定。民事活动中的合同或者其他文件、单证等文书，当事人可以约定使用或者不使用电子签名、数据电文。当事人约定使用电子签名、数据电文的文书，不得仅因为其采用电子签名、数据电文的形式而否定其法律效力。只要符合法律规定的条件，电子签名、数据电文与手写签名、书面文件具有等同的法律效力。

（2）关于数据电文证据力的规定。数据电文不得仅因为其是以电子、光学、磁或者类似手段生成、发送、接收或者储存的而被拒绝作为证据使用。

审查数据电文作为证据的真实性，应当考虑以下因素：生成、储存或者传递数据电文方法的可靠性；保持内容完整性方法的可靠性；用以鉴别发件人方法的可靠性；其他相关因素。

（3）关于数据电文形式要求的规定。能够有形地表现所载内容（即数据电文所要表达的内容能够通过某种形式表现出来，这种表现形式使所有人都可以识读，也就是说，数据电文应当具有可读性，这是对符合书面形式要求的数据电文的最基本要求），并可以随时调取查用的数据电文（即数据电文的内容应当是固定的，能够在一定的时间内稳定存续，在需要的时候可以重复展示，供当事人随时查阅），视为符合法律、法规要求的书面形式。

符合下列条件的数据电文，视为满足法律、法规规定的文件保存要求：能够有效地表现所载内容并可供随时调取查用；数据电文的格式与其生成、发送或者接收时的格式相同，或者格式不相同但是能够准确表现原来生成、发送或者接收的内容；能够识别数据电文的发件人、收件人，以及发送、接收的时间。

（4）关于数据电文的发件人、收件人，以及发送、接受时间的规定。数据电文有下列情形之一的，视为发件人发送：经发件人授权发送的；发件人的信息系统自动发送的；收件人按照发件人认可的方法对数据电文进行验证后结果相符的。当事人对前款规定的事项另有约定的，从其约定。

法律、行政法规规定或者当事人约定数据电文需要确认收讫的，应当确认收讫。发件人收到收件人的收讫确认时，数据电文视为已经收到。

数据电文进入发件人控制之外的某个信息系统的时间，视为该数据电文的发送时间。收件人指定特定系统接收数据电文的，数据电文进入该特定系统的时间，视为该数据电文的接收时间；未指定特定系统的，数据电文进入收件人的任何系统的首次时间，视为该数据电文的接收时间。当事人对数据电文的发送时间、接收时间另有约定的，从其约定。

发件人的主营业地为数据电文的发送地点，收件人的主营业地为数据电文的接收地点。没有主营业地的，其经常居住地为发送或者接收地点。当事人对数据电文的发送地点、接收地点另有约定的，从其约定。

9.4.2 电子认证法律制度

1. 电子认证与认证机构

电子认证是指以特定的机构对电子签名及其签字者的真实性进行验证的具有法律意义的服务。

认证机构是指在数字认证过程中，有一个把数字签名和特定的人或者实体加以联系的专门管理机构。

《中华人民共和国电子签名法》第16条规定："电子签名需要第三方认证的，由依法设立的电子认证服务提供者提供认证服务。"

2. 电子认证法律关系

电子认证法律关系是认证机构、证书用户、国家行政机关与不特定的社会公众之间在电子认证过程中所发生的法律关系，主要包括平等主体之间民商事法律关系和非平等主体之间的行政法律关系。

1）电子认证机构对公众的责任

电子认证机构能否提供令人信服的认证服务关系到公众利用电子商务从事交易的信心。公众要求电子认证机构制定、公布电子认证业务规则。这有利于增强公众对电子商务的信心，促进电子商务的发展。公众还需要电子认证服务者严格遵守自己制定的电子认证业务规则，妥善保存与认证相关的信息，这需要国家的监督，国家通过国务院信息产业主管部门来行使这一职责。

电子认证业务规则是电子认证服务提供者制定的，是用于约束电子认证服务提供者及电子签名人、电子认证证书的依赖者的业务声明，各方当事人必须遵守。电子认证服务提供者应当制定、公布符合国家有关规定的电子认证业务规则，并向国务院信息产业主管部门备案。电子认证业务规则应当包括责任范围、作业操作规范、信息安全保障措施等事项。

电子认证服务者不能制定损害电子签名人和电子签名依赖方利益的、不公平的"霸王条款"。为了防止这种情况出现，《中华人民共和国电子签名法》第 19 条第 1 款规定了两项要求：一是电子认证服务者制定的电子认证业务规则要符合国家有关规定，而且要公布；二是电子认证业务规则要向国务院信息产业主管部门备案，以接受监督。

2）认证机构与电子签名人之间的关系

认证机构与电子签名人之间的关系，一方面可以视作认证服务机构和客户之间的服务关系，可以从有关消费者保护方面的法律规则中寻找到双方的权利与义务的规定；另一方面，双方的法律关系又是根据认证合同建立起来的，所以双方的权利与义务可以从有关合同方面的法律规则和合同本身的规定中找到依据。

电子签名人向电子认证服务提供者申请电子签名认证证书时，应当提供真实、完整和准确的信息。电子认证服务提供者收到电子签名认证证书申请后，应当对申请人的身份进行查验，并对有关材料进行审查。

电子认证服务提供者应当妥善保存与认证相关的信息，信息保存期限至少为电子签名认证证书失效后 5 年。

电子签名人应当妥善保管电子签名制作数据。电子签名人知悉电子签名制作数据已经失密或者可能已经失密时，应当及时告知有关各方，并终止使用该电子签名制作数据。

电子签名人知悉电子签名制作数据已经失密或者可能已经失密未及时告知有关各方、并终止使用电子签名制作数据；未向电子认证服务提供者提供真实、完整和准确的信息；或者有其他过错，给电子签名依赖方、电子认证服务提供者造成损失的，承担赔偿责任。

伪造、冒用、盗用他人的电子签名，构成犯罪的，依法追究刑事责任；给他人造成损失的，依法承担民事责任。

3）电子认证机构与电子签名依赖方之间的关系

电子认证服务提供者应当保证电子签名认证证书内容在有效期内完整、准确，并保证电子签名依赖方能够证实或者了解电子签名认证证书所载内容及其他有关事项。

电子签名人或者电子签名依赖方因依据电子认证服务提供者提供的电子签名认证服务从事民事活动遭受损失，电子认证服务提供者不能证明自己无过错的，承担赔偿责任。

9.4.3 电子认证机构的设立、管理和终止

1. 电子认证机构的设立

1）电子认证服务提供者应当具备的条件

《电子认证服务管理办法》第 5 条具体规定了电子认证服务机构设立的具体条件：

(1) 具有独立的企业法人资格。

(2) 具有与提供电子认证服务相适应的人员。从事电子认证服务的专业技术人员、运营管理人员、安全管理人员和客户服务人员不少于30名,并且应当符合相应岗位技能要求。

(3) 注册资本不低于人民币3 000万元。

(4) 具有固定的经营场所和满足电子认证服务要求的物理环境。

(5) 具有符合国家有关安全标准的技术和设备。

(6) 具有国家密码管理机构同意使用密码的证明文件。

(7) 法律、行政法规规定的其他条件。

2) 电子认证机构的设立程序

从事电子认证服务,应当向国务院信息产业主管部门提出申请,并提交符合法定条件的相关材料。国务院信息产业主管部门接到申请后经依法审查,征求国务院商务主管部门等有关部门的意见,自接到申请之日起45日内作出许可或者不予许可的决定。予以许可的,颁发电子认证许可证书;不予许可的,应当书面通知申请人并告知理由。

申请人应当持电子认证许可证书依法向工商行政管理部门办理企业登记手续。取得认证资格的电子认证服务提供者,应当按照国务院信息产业主管部门的规定在互联网上公布其名称、许可证号等信息。

2. 电子认证机构的管理部门及其责任

从我国的实际情况看,电子认证服务业主要靠市场引导和行业自律自行发展的条件尚不具备,由政府部门实施适度监督是必要的;我国的电子认证业务还处于起步阶段,政府部门对电子认证机构如何实施有效、适度地监管,还需要在实践中进一步总结经验。在《中华人民共和国电子签名法》出台前,我国已存在无法律规定、无标准规范、无主管部门的"三无"问题,《中华人民共和国电子签名法》也亟待规范。

国务院信息产业主管部门依照《中华人民共和国电子签名法》制定电子认证服务业的具体管理办法,对电子认证服务提供者应依法实施监督管理。

2005年4月1日,《电子认证服务管理办法》与《中华人民共和国电子签名法》配套同步实施,分8章43条。

为了保证电子认证机构以公正的第三方的身份对电子签名提供真实、可信的认证服务,应当加强政府部门对电子认证服务的监督管理。国务院信息产业主管部门是依照《中华人民共和国电子签名法》负责电子认证服务业管理工作的部门,具体负责电子认证服务机构的从业许可。在电子认证服务机构拟暂停或者终止电子认证服务,未能就业务承接事项与其他电子认证服务提供者达成协议时,要安排其他电子认证服务提供者承接其业务,并负责对违反该法规定的行为行使行政处罚权,如果不能很好地履行该法赋予的这些职责,就要承担相应的法律责任。

3. 电子认证机构的暂停和终止

电子认证服务提供者拟暂停或者终止电子认证服务的,应当在暂停或者终止服务90日前,就业务承接及其他有关事项通知有关各方。

电子认证服务提供者拟暂停或者终止电子认证服务的,应当在暂停或者终止服务60日前向国务院信息产业主管部门报告,并与其他电子认证服务提供者就业务承接进行协商，做出妥善安排。电子认证服务提供者未能就业务承接事项与其他电子认证服务提供者达成协议的，应当申请国务院信息产业主管部门安排其他电子认证服务提供者承接其业务。

电子认证服务提供者被依法吊销电子认证许可证书的，其业务承接事项的处理按照国务院信息产业主管部门的规定执行。

9.5 其他重要的电子商务法律制度

9.5.1 电子合同法律制度

1. 电子合同的定义

合同是平等主体的自然人、法人、其他组织之间设立、变更、终止民事权利和义务关系的协议。电子合同是以“数据电文”形式拟定的合同，具体可以定义为：电子合同是平等主体之间以数据电文的形式达成的，设立、变更、终止民事权利和义务关系的协议。数据电文，是指以电子、光学、磁或者类似手段生成、发送、接受或者存储的信息。

2. 电子合同的订立

合同的成立是当事人对自己利益和义务的衡量和肯定，完全是个人之间的事情；而合同生效则是国家或者法律对当事人之间已经成立的合同进行评价，决定是否让其产生法律效力的过程。一般而言，合同成立的过程是当事人意思表示达成一致的过程，也就是合同的订立过程。电子合同是以数据电文的方式订立的，其意思表示通过数据电文传送和存储，因此，电子合同订立过程中要约与承诺的生效、撤回和撤销，以及合同成立的时间和地点均有一定的特殊性。

1）要约

（1）定义

要约是指一方当事人以缔结合同为目的，向对方当事人提出要约条件，并希望对方当事人接受的意思表示。要约必须是特定人向相对人做出的意思表示；要约内容必须具体明确；要约必须具有缔结合同的目的。

（2）要约与要约邀请的区别

要约邀请是希望他人向自己发出要约的意思表示。寄送的价目表、拍卖公告、招标公告、招股说明书、商业广告等均为要约邀请。

在电子合同订立规则中，要约与要约邀请的区分有重要意义。常见的网站广告属于要约邀请，而非要约。商业广告的内容符合要约规定的，视为要约。如某商业网站在其广告页上称有某产品出售，即为要约邀请；若称某产品 6 折出售给某日访问该网站的前 5 位访问者，则属于要约。

（3）法律效力

要约一经生效，对要约人和受要约人均具有约束力。要约一经生效，要约人不得随意改变要约的内容，也不得撤回要约；受要约人取得做出承诺以使合同成立的权利，但并不因此承担必须承诺的义务。

（4）撤回

要约的撤回是指要约人在发出要约后，到达受要约人之前，取消其要约的行为。撤回要约的通知应当在要约到达受要约人之前或者与要约同时到达受要约人。电子商务活动中,由于信息传输的高速性,要约一旦发出,受要约人即刻就可以收到,几乎不存在撤回的可能。

(5) 撤销

要约的撤销是指要约生效后使要约失效的行为。撤销要约的通知应当在受要约人发出承诺通知之前到达受要约人。电子商务中,要约能否撤销取决于交易的具体方式。如果当事人采用电子自动交易系统从事电子商务,承诺的做出是即刻的,要约人没有机会撤销要约;如果当事人在网上协商,这与口头方式无异,要约人在受要约人做出承诺前是可以撤销的。

2) 承诺

(1) 定义

承诺是指受要约人做出的同意要约以使合同成立的意思表示。承诺必须由受要约人向要约人做出;承诺的内容必须与要约的内容一致;承诺必须要在要约的有效期间内做出。

(2) 生效的方式

承诺应当以通知的方式做出,但根据交易习惯或者要约表明可以通过行为做出承诺的除外。例如,当一个网络使用者阅读了某一网页上所展现的合同条款,并依照该网页的要求用鼠标点击某个超链接或某个标有“同意”字样的按钮时,该使用者的行为即构成一个有效的承诺。

(3) 生效的时间

承诺生效的时间即为合同成立的时间。用数据电文形式订立合同,收件人指定特定系统接收数据电文的,该数据电文进入该特定系统的时间,视为到达时间;未指定特定系统的,该数据电文进入收件人的任何系统的首次时间,视为到达时间。

当事人采用信件、数据电文等形式订立合同的,可以在合同成立之前要求签订确认书。签订确认书时合同成立。

(4) 生效的地点

承诺生效的地点即为合同成立的地点。合同成立的地点对于确定合同纠纷的诉讼管辖和解决纠纷的准据法,具有重要意义。

承诺生效的地点为合同成立的地点。采用数据电文形式订立合同的,收件人的主营业地为合同成立的地点;没有主营业地的,其经常居住地为合同成立的地点。当事人另有约定的,按照其约定。其中的主营业地是指其在工商行政管理机关的登记注册地。

3. 电子合同的生效

合同成立是合同生效的前提,但成立后的合同并不必然产生当事人所追求的法律效果,只有符合法律规定的生效要件的合同才会产生法律约束力。成立后的合同不符合相应生效要件的,则为无效合同、可撤销合同和效力待定合同,并产生相应的法律后果。

合同的一般生效要件包括:(1) 订立合同的当事人具有相应的民事行为能力;(2) 意思表示真实;(3) 合同不违反法律或者社会公共利益。电子合同也应当符合上述生效要件,但由于电子合同订立过程中使用了现代化的通信手段,产生了一些新的问题，其法律效果需要专门说明和澄清。

1）电子代理人的法律问题

电子代理人是指不需要人的审查或操作，而能够独立地发出、接收、处理数据电文，以及部分或全部地履行合同的计算机程序、电子手段或者其他自动化手段。

电子代理人虽然具有智能，但其智能是程序预设的、有限的，不具有自然人那样综合判断行为后果的能力。因此，电子代理人不具有独立的法律人格，不具有独立的订约能力，它仅仅是当事人设立的一种智能化工具，其行为即是当事人的行为。电子代理人的法律地位从属于其设立人的法律地位。电子代理人发出的数据电文的法律效力归属于电子代理人的设立人，出现错误后的责任亦由其设立人来承担，设立人不得以所发送的信息未经自己审查为由而否认。

2）点击合同的法律问题

点击合同是指由商品或者服务的提供人通过计算机程序预先设定合同条款的一部分或者全部，以规定其与相对人之间的法律关系，相对人必须点击"同意"后才能订立的合同。

点击合同是网络环境下的格式合同，所谓格式合同是指由一方当事人预先制定，并适用于不特定第三人，第三人不得加以改变的合同。在电子商务 B2C 中，几乎都采用格式合同，一些不法商人利用这一优势，在冗长的格式合同中掺杂了不少不利于消费者的条款，特别是免责条款。消费者上网购物时因费用和时间限制，通常都不能细加研究，即使有消费者发现这些条款存在问题，也只能被动地选择"接受"或"不同意"，而不能进行修改或提出自己的意见。

采用格式条款订立合同的，提供格式条款的一方应当遵循公平原则确定当事人之间的权利和义务，并采取合理的方式提请对方注意免除或者限制其责任的条款，按照对方的要求，对该条款予以说明。

在电子商务交易中，点击合同的提供者必须提醒消费者注意合同的格式条款，以明确的、直接的方式告知消费者，不得在合同之外另行规定其他条款，并保证消费者有机会和时间去做出交易的决定。

4. 电子合同的履行

1）定义

合同的履行是指合同当事人按照合同的约定，全面、适当地完成合同义务，使债权人的合同债权得到完全实现。合同履行是合同法律效力的最集中体现。电子合同因标的的不同有信息产品合同和非信息产品合同之分，非信息产品合同由于有一定的物理载体，仍以传统合同法履行规则，而信息产品合同的履行则存在较强的特殊性。

2）履行规则

（1）适当履行原则。适当履行原则是指当事人按照合同的约定或者法律规定履行合同义务。例如，履行合同的主体是合同确定的主体；在恰当的时间和地点，以合理的方式履行合同义务等。对于电子合同而言，如果离线交付，债务人必须依约发货或者由债权人提货；在线交付的一方应给予对方合理检验的机会，应保证交付标的的质量。

（2）协作履行原则。协作履行原则是指当事人不仅应适当履行自己的合同债务，而且应基于诚实信用原则要求对方协助其完成履行。电子合同履行包括：为便于债务人发货，要求债权人告知其地址和身份信息，债权人不得拒绝；在线搜集的当事人的有关材料不得非法利用等。

5. 电子合同的违约救济

1）违约的归责原则

违约的归责原则是指基于一定的归责事由确定违约责任承担的法律原则。

（1）过错责任原则：指一方违反合同义务，不履行或不适当履行合同时，应以过错作为确定责任的要件和确定责任的范围的依据。

（2）严格责任原则：指在违约发生以后，确定违约当事人的责任，应主要考虑违约的结果是否因被告的行为造成，而不是被告的故意和过失。

随着《中华人民共和国合同法》的制定，逐步确定了违约责任以严格责任为原则。即违约责任不以过错为规则原则或构成要件，除非有法定的或约定的免责事由，只要当事人一方有违约行为，不管是否具有过错，都应承担责任。

电子合同的违约责任也应当属于严格责任。如果电子合同中没有事先约定违约金，当事人也没有实际损失的，违约人无须承担损失赔偿责任。但网络传输的特殊性会产生新的问题，如网络发生故障而影响正常传输，文件感染病毒或被黑客破坏等情况，是否需要承担违约责任需要法律明确，并且在明确严格责任的同时，还需规定负责的事由。

2）免责事由

合同违约的免责事由包括不可抗力、约定免责、债权人过错和法律的特殊规定等。电子商务中，不可避免地存在网络故障、病毒感染、黑客攻击等问题，这些因素是否构成不可抗力要依具体情况来考察。

（1）约定的免责事由即免责条款，是指各方当事人在合同中约定，旨在限制或免除其将来可能发生的违约责任的条款。免责条款不得违反法律的强制性规定和社会公共利益，另外，排除合同当事人的基本义务或排除故意或重大过失责任的免责条款无效。

（2）法定免责事由是指不可抗力，即不能预见、不能避免并且不能克服的客观情况。

因不可抗力不能履行合同的，根据不可抗力的影响，部分或者全部免除责任，但法律另有规定的除外。当事人延迟履行后发生不可抗力的，不能免除责任。当事人一方因不可抗力不能履行合同的，应当及时通知对方，以减轻可能给对方造成的损失，并应当在合理期限内提供证明。

现实生活中，不可抗力与意外事故不容易区分，尤其在电子商务中，可能发生以下情况：

（1）文件感染病毒：文件感染的原因可能是遭到恶意攻击，也可能是被意外感染，但不论是何种原因，如果许可方采取了合理与必要的措施（如给自己的网站安装了符合标准或业界许可的保护设备，有专人定期检查防火墙等安全设备）防止文件遭受攻击，但是仍不能避免被攻击，由此导致该文件不能使用或无法下载，应当分析是属于不可抗力还是意外事件。

（2）非因自己原因的网络中断：网络传输中断，则无法访问或下载许可信息，这可因传输线路的物理损害引起，也可因病毒或攻击造成。

（3）非因自己原因引起的电子错误：例如消费者通过支付宝网关付购物款，但由于支付宝网关的错误未能将价款打到商家的账户上。

3）违约救济

当事人一方不履行合同义务或者履行合同义务不符合约定的，应当承担继续履行、采取补救措施或者赔偿损失等违约责任。

（1）实际履行。实际履行是违约方不履行合同债务或者履行合同债务不符合约定时，由法院强制违约方依照合同的规定继续履行的责任方式。

（2）采取补救措施。质量不符合约定的，应当按照当事人的约定承担违约责任。对违约责任没有约定或者约定不明确，依照《中华人民共和国合同法》第61条的规定仍不能确定的，受损害方根据标的的性质和损失的大小，可以合理选择要求对方承担修理、更换、重做、退货、减少价款或者报酬等违约责任。当事人一方不履行合同义务或者履行合同义务不符合约定的，在履行义务或者采取补救措施后，对方还有其他损失的，应当赔偿损失。

（3）赔偿损失。当事人一方不履行合同义务或者履行合同义务不符合约定，给对方造成损失的，损失赔偿额应当相当于因违约所造成的损失，包括合同履行后可以获得的利益，但不得超过违反合同一方订立合同时预见到或者应当预见到的因违反合同可能造成的损失。

经营者对消费者提供商品或者服务有欺诈行为的，依照《中华人民共和国消费者权益保护法》的规定承担损害赔偿责任。

（4）支付违约金。当事人可以约定一方违约时，应当根据违约情况向对方支付一定数额的违约金，也可以约定因违约产生的损失赔偿额的计算方法。约定的违约金低于造成的损失的，当事人可以请求人民法院或者仲裁机构予以增加；约定的违约金过分高于造成的损失的，当事人可以请求人民法院或者仲裁机构予以适当减少。当事人就延迟履行约定违约金的，违约方支付违约金后，还应当履行债务。

（5）定金罚则。当事人可以依照《中华人民共和国担保法》约定一方向对方给付定金作为债权的担保。债务人履行债务后，定金应当抵作价款或者收回。给付定金的一方不履行约定的债务的，无权要求返还定金；收受定金的一方不履行约定的债务的，应当双倍返还定金。

当事人既约定违约金，又约定定金的，一方违约时，对方可以选择适用违约金还是定金条款。

9.5.2 电子支付法律制度

1. 概述

电子支付是指单位、个人直接或者授权他人通过电子终端发出支付指令，实现货币支付与资金转移的行为。

电子支付作为一种资金划拨方式，是电子商务发展的重要支撑。电子支付的安全性一直是制约电子商务发展的最大障碍，而目前安全性的解决急需法律的完善。电子支付法律制度既是电子商务法的重要内容，也是金融法的重要内容。美国于1978年颁布的《电子资金划拨法》标志着电子支付法的产生。

2005年10月26日，中国人民银行发布了《电子支付指引（第一号）》，意在规范我国电子支付业务,规范支付风险,保证资金安全,维护银行及其客户在电子支付活动中的合法权益,促进电子支付业务健康发展。2010 年 6 月 21 日,中国人民银行出台了《非金融机构支付服务管理办法》,要求第三方支付公司必须在2011 年9 月1 日前申请取得支付业务许可证,且全国性公司注册资本最低为 1 亿元。该办法的出台意在规范当前发展迅猛的第三方支付行业,对于行业规范发展起到引导作用。

2. 电子支付法律关系

电子支付法律关系是电子支付法律所调整的电子支付当事人之间的权利与义务关系。与其他法律关系一样,电子支付法律关系也主要是由主体、内容和客体 3 个要素组成。

1) 电子支付法律关系的主体

电子支付法律关系的主体是在电子商务法律关系中,依法享有商务交易结果的权利和承担电子支付义务的法人或者自然人。

(1) 付款人:在电子支付过程中通常是消费者或者买方。

(2) 收款人:在电子支付过程中通常是商家或者卖方。

(3) 参与电子支付活动的银行:在电子支付过程中为付款人、收款人之间的中介,通常为网上银行或金融机构,可以由两个或两个以上的金融机构来承担。发出电子支付指令的付款方的开户银行称为发起行,收款人开户银行称为接收行,它是电子支付指令接收人的开户银行。接收人未在银行开立账户的,接收行则是按电子支付指令确定的资金汇入银行。转发人是指在发起行和接收行以外,有资格从事接收、传送电子支付指令或有关电子支付数据交换的机构。

(4) 电子认证服务机构:为电子签名人和电子签名依赖方提供电子认证服务的第三方机构。

2) 电子支付法律关系的内容

电子支付法律关系内容比较复杂,各方当事人相互之间都形成合同关系,这些合同关系构成电子支付法律关系内容。

(1) 付款人与收款人之间是由商品买卖合同所规定的债权与债务关系。这种关系的形成,最普遍的就是由货物买卖合同所引起的,在货物买卖合同履行中,买方指示其开户银行将合同中规定的货款发送到指定的收款人账号,以履行其货物买卖合同中的付款义务;合同中的卖方在电子支付过程中,同意买方采用电子支付方式支付货款并收取相应货款,配合付款人完成电子支付活动。

(2) 付款人与电子支付指令银行之间是电子支付服务合同关系。电子支付银行之所以接受付款人的指令实施电子货币款项的划拨,是因为付款人与电子支付银行间存在有关电子支付服务的合同。付款人向电子支付银行发出支付指令,是行使合同中规定的权利;电子支付银行按照付款人指令实施电子货币款项的划拨是在履行合同。同时,电子支付银行收取相应费用,也是行使合同权利;付款人向电子支付银行交纳费用是尽合同义务。

(3) 收款人与电子支付收款银行之间是一般金融服务合同关系。为了保证电子支付活动发挥方便、高效、快捷的作用,客观上要求收款人在电子支付收款银行开设账号。开设账号就意味着电子支付收款行向收款人提供服务。这种服务的依据与一般金融服务相同,所以收款人应与电子支付收款银行订立一般金融服务合同。

(4) 付款人、收款人和电子支付银行与电子认证服务机构之间均是电子证书服务合同关系。付款人、收款人和电子支付银行向电子认证服务机构提出证书申请都是发出要约,而电子认证服务机构作出电子证书的发放这一行为是对要约进行承诺和对这种合同关系的履行。

3) 电子支付法律关系的客体

电子商务法律关系的客体是指电子商务法律关系的主体享有权利和承担义务所共同指向的对象。

(1) 物:与电子商务活动有直接关系,可以为人们所控制和支配,有一定经济价值并以物质形态表现出来的商品。

(2) 网上商务行为:包括上传、下载行为;网络广告;拍卖行为;招标与投标;信息服务等。

(3) 智力成果:人们创造的能够带来经济价值的创造性脑力劳动成果,如专利权、专有技术、著作权等。

3. 电子货币的法律制度

电子货币作为一个新的货币形式,被普遍使用于人们的生活中,比如公交 IC 卡、银行卡、校园一卡通等。随着社会发展和消费的需要,许多非银行的电子货币发行主体也正快速成长。但是现有法律法规对电子货币的规定几乎处于空白状态。目前我国相关的法律也只有一部《中华人民共和国电子签名法》,而且其中的规定仅着重于概念的解释,尚起不到规制的作用。因此,对非银行的电子货币发行主体的法律规范很有必要进行一定的研究。

目前,电子货币在法律上还没有一个统一定义,就其基本特征来看,大致可作以下定义:第一,它是一种信用货币,是在信用货币条件下产生的一种货币形式;第二,它是一种约定货币,目前世界各国发行的电子货币都不是由法定货币发行机关根据法律的直接规定发行的,它们本身都不是法定货币,而是法定货币之外的衍生货币,或者法定货币之外的约定货币。法定货币之外的约定货币,是不直接以法定货币为基础的,而是在现有法定货币体系之外的当事人之间约定使用的。

电子货币的出现引发了以下一些主要问题。

1) 电子货币的安全问题

安全是银行业内部和外部每一个人都密切关注的焦点问题。电子货币增加了安全风险,将自古以来孤立的系统环境转变成开放的充满风险的环境。所有零售支付系统在某种程度上自身都是脆弱的,而电子货币产品也增加了一些诸如鉴定、认可、完整性方面的问题。安全崩溃可能在消费者、商家或发行者任何一个层次上发生,其潜在因素包括:盗用消费者和商家的设备,伪造设备或更改存储、设备间传输的数据,或者更改产品的软件功能。安全攻击大部分是为了利益,但也可能是为了攻击系统本身。因此电子货币的安全问题是立法应充分考虑的问题之一。

2) 电子货币的监管问题

电子货币的产生与发展给各国的金融机构提出了新的问题,特别是对现行金融监管制度带来了直接或间接的影响,为维护金融体系的稳定和安全,防止侵害消费者利益的行为发生，以及避免出现恶性竞争和无秩序的行为，“政府适度监督有没有必要”成为各国比较关注的问题。如果将电子货币作为一种科技产品来管理，沿用统一、规范和标准化原则，势必会与电子货币兴起进程中出现的产品多样化和技术、协议等的快速进化相矛盾，同时又形成一些业务领域规则和管理的空白。因此，需要通过详尽的法律规定完善电子货币的监管问题。

3）电子货币的隐私权保护问题

就法定货币而言，除了通过银行转账结算的情形外，其流通完全是匿名的，即交易当事人以外的第三人无从知晓货币的流向，持币人支付了多少金额，支付给了谁，都无据可查，从而在技术上很好地保护了当事人的交易隐私。但就目前的电子货币而言，却不能如此成功地实现这一点。账户依存型电子货币的流通完全依赖于账户转账结算，账户管理者保存其交易记录，因此对账户管理者而言，交易当事人毫无隐私可言。现金型电子货币流通不依赖于转账，在现实生活中谁向谁支付了多少金额，第三人并不知晓，故其具有一定的匿名性，在很大程度上保护了当事人的交易隐私。但是，现金型电子货币系统要求每一个使用者都须在发行者处开设一个存款账户，便于使用者申请电子货币或最后兑换法定货币时作转账之用，发行者可由此得以掌握使用者信息，造成使用者的隐私权受到一定程度的损害。由上可见，目前的电子货币类型都不能像法定货币那样解决使用者的隐私保护问题。这就需要我们在法律上和电子技术上加以完善。

4）电子货币的洗钱犯罪问题

电子货币的出现和利用，为犯罪分子进行洗钱活动提供了便利。就大规模的洗钱犯罪来讲，传统货币本身给犯罪分子带来许多不便，如货币面值有限，大量价值的货币必然占据较大的空间，其运输、清点和计算都需要花费时间，远距离的安全传输更需要花大量的时间与资源，且容易被人发现。电子货币则不存在这些问题，犯罪分子可以通过电话线、互联网瞬间将巨额资金从地球的一端传到另一端。所以电子货币尤其是现金型电子货币，对洗钱犯罪分子具有无限吸引力，他们可以把来源于非法活动的钱利用电子货币的形式很快转移到法律上对洗钱犯罪监管较为薄弱的国家或地区，在那儿会更容易地将这些钱合法化。如何有效地预防和打击洗钱犯罪，是电子货币发展中亟待解决的问题。

4. 虚拟货币的法律制度

虚拟货币是指网络服务商发行的、能够在互联网上存在的、用以购买自己或者签约服务商所提供的商品或服务的一种电子数据。尽管电子货币的发行主体被认为不仅仅包括银行，还包括非银行金融机构和非金融机构，但是网络服务商发行货币主要是用于消费自己的商品或服务，与以发行电子货币为主要业务的主体还是有着本质上的区别。因为业务范围不同，带来这些主体在经营风险上的不同，因此也会带来回赎性和存款性质的不同。

近年来，越来越多的网民认同并接受了网络游戏虚拟货币的有价性，并因此产生了大量的交易行为，逐渐形成一种以网络游戏虚拟货币为交易对象的市场。目前，我国虚拟货币年交易量折合人民币几十亿元，并以 15% ~20% 的年增长速度发展，虚拟货币被盗事件也呈增多趋势，并因此激发了大量非法交易行为。由于种种原因，网络游戏虚拟货币的监管几乎处于真空地带，包括监管主体、虚拟货币发行行为及交易行为等问题一直没有明确规定。

我国于2007年,由中国人民银行等14个部委联合发布《关于进一步加强网吧及网络游戏管理工作的通知》,对虚拟货币的问题,做出了明确规定:中国人民银行要加强对网络游戏中的虚拟货币的规范和管理,防范虚拟货币冲击现实经济金融秩序。要严格限制网络游戏经营单位发行虚拟货币的总量及单个网络游戏消费者的购买额;严格区分虚拟交易和电子商务的实物交易,网络游戏经营单位发行的虚拟货币不能用于购买实物产品,只能用于购买自身提供的网络游戏等虚拟产品和服务;消费者如需将虚拟货币赎回为法定货币,其金额不得超过原购买金额;严禁倒卖虚拟货币。违反以上规定的,由中国人民银行按照《中华人民共和国中国人民银行法》第32条、第46条的规定予以处罚。

2009年6月,为规范网络游戏市场经营秩序,根据《互联网文化管理暂行规定》《关于进一步加强网吧及网络游戏管理工作的通知》和《关于规范网络游戏经营秩序查禁利用网络游戏赌博的通知》等文件精神,经中国人民银行等部门的同意,就加强网络游戏虚拟货币管理工作发出通知:(1)严格市场准入制,加强主体管理;(2)规范发行和交易行为,防范市场风险;(3)加强市场监督,严厉打击利用虚拟货币从事赌博等违法犯罪行为;(4)加大执法力度,净化市场环境。

5. 网络银行的法律制度

1)网络银行的市场准入问题

根据《中华人民共和国中国人民银行法》的规定,银行和非银行金融机构的设立、变更、终止及业务范围都必须经过中国人民银行的审批。网络银行作为银行的一种,虽然它的经营方式、业务范围相比传统的商业银行有所变化,但是它的营业性质仍属于金融服务,因此,网络银行的设立、变更及经营行为都要受《中华人民共和国中国人民银行法》的调整,以确保我国金融业的健康发展。

根据《中华人民共和国商业银行法》的规定,传统银行的设立应当具备5个基本条件:(1)有符合《中华人民共和国商业银行法》和《中华人民共和国公司法》规定的章程;(2)有符合法定注册资本的最低限额;(3)有具备任职专业知识和业务工作经验的董事、高级管理人员;(4)有健全的组织机构和管理制度;(5)有符合要求的营业场所、安全防范措施和与业务有关的其他设施。

为加强电子银行业务的风险管理,保障客户及银行的合法权益,促进电子银行业务的健康有序发展,根据《中华人民共和国银行业监督管理法》《中华人民共和国商业银行法》和《中华人民共和国外资金融机构管理条例》等法律法规,2006年3月1日中国银行业监督管理委员会颁布了《电子银行业务管理办法》,该办法对我国网络银行的市场准入做出了明确规定:金融机构在中华人民共和国境内开办电子银行业务的,应当依照该办法的有关规定,向中国银行业监督管理委员会申请或报告。同时,我国金融机构开办电子银行业务,应当具备下列条件:

(1)金融机构的经营活动正常,建立了较为完善的风险管理体系和内部控制制度,在申请开办电子银行业务的前一年内,金融机构的主要信息管理系统和业务处理系统没有发生过重大事故;

(2)制定了电子银行业务的总体发展战略、发展规划和电子银行安全策略,建立了电子银行业务风险管理的组织体系和制度体系；

(3) 按照电子银行业务发展规划和安全策略，建立了电子银行业务运营的基础设施和系统，并对相关设施和系统进行了必要的安全检测和业务测试；

(4) 对电子银行业务风险管理情况和业务运营设施与系统等，进行了符合监管要求的安全评估；

(5) 建立了明确的电子银行业务管理部门，配备了合格的管理人员和技术人员；

(6) 中国银行业监督管理委员会要求的其他条件。

金融机构开办以互联网为媒介的网上银行业务、手机银行业务等电子银行业务，除应具备上述所列条件外，还应具备以下条件：

(1) 电子银行基础设施设备能够保障电子银行的正常运行；

(2) 电子银行系统具备必要的业务处理能力，能够满足客户适时业务处理的需要；

(3) 建立了有效的外部攻击侦测机制；

(4) 中资银行业金融机构的电子银行业务运营系统和业务处理服务器设置在中华人民共和国境内；

(5) 外资金融机构的电子银行业务运营系统和业务处理服务器可以设置在中华人民共和国境内或境外。设置在境外时，应在中华人民共和国境内设置可以记录和保存业务交易数据的设施设备，能够满足金融监管部门现场检查的要求，在出现法律纠纷时，能够满足中国司法机构调查取证的要求。

外资金融机构开办电子银行业务，除应具备上述所列条件外，还应当按照法律、行政法规的有关规定，在中华人民共和国境内设有营业性机构，其所在国家（地区）监管当局具备对电子银行业务进行监管的法律框架和监管能力。

我国对金融机构申请开办电子银行业务的，根据电子银行业务的不同类型，分别适用审批制和报告制：利用互联网等开放性网络或无线网络开办的电子银行业务，包括网上银行、手机银行和利用掌上电脑等个人数据辅助设备开办的电子银行业务，适用审批制；利用境内或地区性电信网络、有线网络等开办的电子银行业务，适用报告制；利用银行为特定自助服务设施或与客户建立的专用网络开办的电子银行业务，法律法规和行政规章另有规定的遵照其规定，没有规定的适用报告制。金融机构开办电子银行业务后，与其特定客户建立直接网络连接提供相关服务，属于电子银行日常服务，不属于开办电子银行业务申请的类型。

2) 电子银行的市场监督与管理

中国银行业监督管理委员会是我国对电子银行业务实施市场监督与管理的机构。中国银行业监督管理委员会对电子银行的监管主要表现在：对电子银行业务实施非现场监管、现场检查和安全检测，对电子银行安全评估实施管理，并对电子银行的行业自律组织进行指导和监督。

(1) 网络银行的自我评估。

开展电子银行业务的金融机构应当建立电子银行业务统计体系，并按照相关规定向中国银监会报送统计数据。金融机构应定期对电子银行业务发展与管理情况进行自我评估，并应每年编制《电子银行年度评估报告》。

金融机构的《电子银行年度评估报告》应至少包括以下几方面内容：本年度电子银

行业务的发展计划与实际发展情况，以及对本年度电子银行发展状况的分析评价；本年度电子银行业务经营效益的分析、比较与评价，以及主要业务收入和主要业务的服务价格；子银行业务风险管理状况的分析与评估，以及本年度电子银行面临的主要风险；其他需要说明的重要事项。

金融机构的《电子银行年度评估报告》（一式两份）应于下一年度的3月底之前报送中国银行业监督管理委员会。

（2）重大安全事故和风险事件的报告制度。

金融机构应当建立电子银行业务重大安全事故和风险事件的报告制度，并保持与监管部门的经常性沟通。对于电子银行系统被恶意攻破并已出现客户或银行损失，电子银行被病毒感染并导致机密资料外泄，以及可能会引发其他金融机构电子银行系统风险的事件，金融机构应在事件发生后48小时内向中国银行业监督管理委员会报告。

（3）电子银行的安全评估。

进行电子银行的安全评估是金融机构开办或持续经营电子银行业务的必要条件，也是金融机构对电子银行业务风险进行管理与监管的重要手段。金融机构应按照中国银行业监督管理委员会的有关规定，定期对电子银行系统进行安全评估，并将其作为电子银行风险管理的重要组成部分。

金融机构的电子银行安全评估工作，应当由符合一定资质条件、具备相应评估能力的评估机构实施。中国银监会负责制定评估机构开展电子银行安全评估业务的资质条件和电子银行安全评估的相关制度，并负责对评估机构参与电子银行安全评估的业务资质进行认定。

6. 非金融机构的支付服务管理办法

随着中国经济的快速发展和网络应用的不断成熟，电子商务产业已进入高速发展阶段，第三方支付业务更是快速发展。目前第三方支付业务已经涵盖除专为网络交易平台及网络交易平台提供支付服务之外的领域，包括如水电费、宽带、移动手机代缴服务等众多公共事业缴费领域和房产交易领域等。而随着合作领域的不断拓宽，通过第三方支付来进行信用卡套现、洗钱，参与境外赌博等违法犯罪活动也开始频频出现。

为规范非金融机构的支付服务、防范市场风险，中国人民银行发布了《非金融机构支付服务管理办法》（下简称《办法》），从2010年9月1日起正式实施。据中国电子商务研究中心调查显示，截至2010年6月底，中国第三方网上支付企业数量达到320家，但随着《办法》的出台，整个第三方民营支付企业数量骤降，行业竞争进一步明朗化。

1）申请时间

《办法》实施前对已经从事支付业务的非金融机构，应该在2011年9月1日前申请取得支付业务许可证，没有取得许可证的，将不得继续从事支付业务。

2）申请条件

支付业务许可证的申请人应当具备下列条件：（1）在中华人民共和国境内依法设立的有限责任公司或股份有限公司，且为非金融机构法人；（2）有符合《办法》规定的注册资本最低限额；（3）有符合《办法》规定的出资人；（4）有5名以上熟悉支付业务的高级管理人员；（5）有符合要求的反洗钱措施；（6）有符合要求的支付业务设施；（7）有健全的组织机构、内部控制制度和风险管理措施；（8）有符合要求的营业场所和安全保障措施;(9)申请人及其高级管理人员最近3年内未因利用支付业务实施违法犯罪活动或为违法犯罪活动办理支付业务等受过处罚。

申请人的主要出资人(包括拥有申请人实际控制权的出资人和持有申请人10%以上股权的出资人)应当符合以下条件:(1)为依法设立的有限责任公司或股份有限公司;(2)截至申请日,连续为金融机构提供信息处理支持服务2年以上,或连续为电子商务活动提供信息处理支持服务2年以上;(3)截至申请日,连续盈利2年以上;(4)最近3年内未因利用支付业务实施违法犯罪活动或为违法犯罪活动办理支付业务等受过处罚。

申请人拟在全国范围内从事支付业务的,其注册资本最低限额为1亿元;拟在省(自治区、直辖市)范围内从事支付业务的,其注册资本最低限额为3 000万元。

3）服务范围

非金融机构支付服务主要包括网络支付、预付卡的发行与受理、银行卡收单及央行确定的其他支付服务。其中网络支付行为包括货币汇兑、互联网支付、移动电话支付、固定电话支付、数字电视支付等。

非金融机构提供支付服务的,应当依据《办法》规定取得支付业务许可证,成为支付机构。支付机构依法接受中国人民银行的监督管理。未经中国人民银行批准,任何非金融机构和个人不得从事或变相从事支付业务。

4）许可证时效

支付业务许可证自颁发之日起,有效期5年。支付机构拟于支付业务许可证期满后继续从事支付业务的,应当在期满前6个月内向所在地中国人民银行分支机构提出续展申请。中国人民银行准予续展的,每次续展的有效期为5年。

5）货币资金管理

支付机构应当按照支付业务许可证核准的业务范围从事经营活动,不得从事核准范围之外的业务,不得将业务外包。支付机构不得转让、出租、出借支付业务许可证。

支付机构之间的货币资金转移应当委托银行业金融机构办理,不得通过支付机构相互存放货币资金或委托其他支付机构等形式办理。支付机构不得办理银行业金融机构之间的货币资金转移。

支付机构接受的客户备付金不属于支付机构的自有财产。支付机构只能根据客户发起的支付指令转移备付金。禁止支付机构以任何形式挪用客户备付金。支付机构的实缴货币资本与客户备付金日均余额的比例,不得低于10%。

6）终止经营条例

支付机构有下列情形之一的,中国人民银行及其分支机构有权责令其停止办理部分或全部支付业务:累计亏损超过其实缴货币资本的50%;有重大经营风险;有重大违法违规行为。

支付机构因解散、依法被撤销或被宣告破产而终止的,其清算事宜按照国家有关法律规定办理。

7. 非银行支付机构网络支付业务管理办法

2015年前三个季度,支付机构累计处理网络支付业务562.50亿笔,金额32.97万亿元,同比分别增长128.95%和98.80%。同时,支付机构的网络支付业务也面临不少问题和风险,必须加以重视和规范:一是客户身份识别机制不够完善,为欺诈、套现、洗钱等风险提供了可乘之机;二是以支付账户为基础的跨市场业务快速发展,积累了大量客户资金,加大了资金流动性管理压力和跨市场交易风险;三是风险意识相对较弱,在客户资金安全和信息安全保障机制等方面存在欠缺;四是客户权益保护亟待加强,存在夸大宣传、虚假承诺、消费者维权难等问题。

《非银行支付机构网络支付业务管理办法》(以下简称《管理办法》)是为规范非银行支付机构网络支付业务,防范支付风险,保护当事人合法权益,根据《中华人民共和国中国人民银行法》《非金融机构支付服务管理办法》等规定制定。由中国人民银行于2015年12月28日发布,自2016年7月1日起施行。

《管理办法》将个人支付账户分为三类。其中,Ⅰ类账户只需要一个外部渠道验证客户身份信息(如联网核查居民身份证信息),账户余额可以用于消费和转账,主要适用于客户小额、临时支付,身份验证简单快捷。为兼顾便捷性和安全性,Ⅰ类账户的交易限额相对较低,但支付机构可以通过强化客户身份验证,将Ⅰ类账户升级为Ⅱ类或Ⅲ类账户,提高交易限额。

Ⅱ类和Ⅲ类账户的客户实名验证强度相对较高,能够在一定程度上防范假名、匿名支付账户问题,防止不法分子冒用他人身份开立支付账户并实施犯罪行为,因此具有较高的交易限额。鉴于投资理财业务的风险等级较高,《管理办法》规定,仅实名验证强度最高的Ⅲ类账户可以使用余额购买投资理财等金融类产品,以保障客户资金安全。

上述分类方式及付款功能、交易限额管理措施仅针对支付账户,客户使用银行账户付款(如银行网关支付、银行卡快捷支付等)不受上述功能和限额的约束。

9.5.3 电子商务与隐私权

1. 概述

1) 隐私权

隐私权是指自然人享有的私人生活安宁与私人信息秘密依法受到保护,不被他人非法侵扰、知悉、搜集、利用和公开的一种人格权,而且权利主体对他人在何种程度上可以介入自己的私生活,对自己是否向他人公开隐私,以及公开的范围和程度等具有决定权。

随着电子商务的广泛使用,不仅带来了许多个人隐私权问题,而且还会在将来发展的过程中对个人自由的许多方面带来意想不到的问题。在网络所带来的隐私权问题当中,一个关键的问题就是有关个人数据的权利问题。

2) 个人数据

个人数据是指用来标识个人基本情况的一组数据资料。具体而言,个人数据主要包括:标识个人基本情况、标识个人生活与工作经历和社会情况等与网络有关的个人信息,与网络有关的信息包括以下4个方面:

(1) 个人登录的身份。网络用户在申请上网开户、个人主页、免费邮箱,以及申请服务商提供的其他服务时,服务商往往要求用户登录姓名、年龄、住址、居民身份证编号等表明身份的信息,服务商有义务和责任保守个人秘密,未经授权不得泄露。

(2) 个人的信用和财产状况。包括信用卡、上网卡、上网账号和密码、交易账号和密码等。个人在上网及网上消费、交易时,登录和使用的各种信用卡、账号均属个人隐私，不得泄露。

（3）电子邮箱地址。电子邮箱地址同样是个人隐私，用户大多数不愿将之公开。掌握、搜集用户的邮箱并将之公开或提供给他人，致使用户收到大量的广告邮件、垃圾邮件或遭受攻击而不能正常使用，使用户受到干扰，显然也侵犯了用户的隐私权。

（4）网络活动踪迹。个人在网上的活动踪迹，如 IP 地址、浏览踪迹、活动内容等，均属个人的隐私。

3）网络隐私权

网络隐私权是隐私权在网络中的延伸，是指自然人在网上享有私人生活安宁、私人信息、私人空间和私人活动依法受到保护，不被他人非法侵犯、知悉、搜集、复制、利用和公开的一种人格权；也指禁止在网上泄露某些个人相关的敏感信息，包括事实、图像，以及诽谤的意见等。

网络隐私权并非一种完全新型的隐私权，这一概念是伴随着网络的出现而产生的。虽然网络隐私权具有自己的特点，但它与传统隐私权仍有重叠的部分，因此可以说是隐私权在网络环境下的体现。由于国外立法多将网络隐私权纳入个人资料隐私权的范畴加以保护，所以现代网络隐私权的概念主要属于个人资料隐私权的范畴，对网络隐私权的保护也主要是对网上个人资料进行保护。

2. 侵犯网络隐私的主要表现形式

追究网络隐私权被侵犯的因素，主要是由网络的特性所决定的，Internet 作为全球媒介，具有开放的属性，在相应的软件开发出来以后，就能够很容易地搜集和储存相关信息。

侵犯网络隐私权的主体不同，侵权的方式也不尽相同，目前侵犯网络隐私权主要表现在以下几个方面：

（1）个人的侵权表现。个人未经授权在网络上宣扬、公开、传播或转让他人或自己和他人之间的隐私；未经授权截取、复制他人正在传递的电子信息；未经授权打开他人的电子邮箱或进入私人网上信息领域搜集、窃取他人信息资料。

（2）网络经营者的侵权表现。某些网络经营者把用户的电子邮件转移或关闭，造成用户邮件内容丢失，个人隐私、商业秘密泄露；未经用户许可，以不合理的用途或目的保存或搜集用户个人信息；对他人发表在网站上的较明显的公开宣扬他人隐私的言论，采取放纵的态度任其扩散，未及时发现并采取相应措施予以删除或屏蔽；未经调查核实或用户许可，擅自篡改个人信息或披露错误信息；未经用户许可，不合理地利用用户信息或超出许可范围滥用用户信息，将通过合法途径获取的信息提供给中介机构、广告公司、经销商等以谋利，造成用户个人信息的泄漏、公开或传播。

（3）商业公司的侵权表现。某些专门从事网上调查业务的商业公司使用具有跟踪功能的 cookie 工具，浏览、定时跟踪、记录用户访问的站点，下载、复制用户网上活动的内容，搜集用户个人信息资料，建立用户信息资料库，并将用户的个人信息资料转让、出卖给其他公司以谋利，或是用于其他商业目的。

（4）软硬件设备供应商的侵权表现。个别软硬件厂商在自己生产、销售的产品中专门设计了用于搜集用户信息资料的功能，致使用户隐私权受到不法侵害。如英特尔公司就曾经在其处理器中植入“安全序号”，监视用户之间的往来信息，使计算机用户的私人信息受到不适当的跟踪和监视。

（5）其他形式的侵权表现。某些网络的所有者或管理者通过网络中心监视或窃听网内的其他电脑等手段，监控网内人员的电子邮件或其他信息，一定程度上也对网络用户的个人隐私造成了侵害。

3. 网络隐私权的法律保护

目前，世界上已经有70多个国家和组织制定了个人信息保护相关法律法规。在互联网高度发达的当下，各国对个人信息保护进行单独立法，已经是大势所趋。

1）国际上对网络隐私权的保护模式

（1）以美国为代表的行业自律模式

美国的网络隐私权保护模式是将《宪法》、联邦和各州的法规及行业自律规则结合起来，为网络隐私权提供了较为全面的保护。

美国《宪法》本身并没有特别指明隐私权，但是根据美国联邦最高法院的司法解释，联邦《宪法》的第1和第4修正案为信息隐私权的保护提供了依据。

1974年制定的《隐私权法》是美国保护隐私权的基本法令，《隐私权法》指出：除非有信息所有人的书面请求或事先做出的书面同意，任何行政机关都不能通过任何通信方式向任何个人或其他机关泄露存储于信息系统中的任何个人记录。此外，《隐私权法》还赋予个人权利来检查他们的个人记录、查看这些记录是否被泄露及请求更正或修改这些记录，除非记录已经被删除。《隐私权法》同时规定了行政机关可以公开个人记录，无须本人同意的12种例外。《隐私权法》还强制规定每个政府机关必须建立起行政和物质的安全保障措施，以防止对个人记录的不正当泄露。

1986年美国颁布的《电子通讯隐私法》是目前有关保护网络上的个人信息最全面的一部数据保护立法。《电子通讯隐私法》涵盖了声音通信、文本和数字化形象的传输等所有形式的数字化通信，它不仅禁止政府部门未经授权的窃听，而且禁止所有个人和企业对通信内容的窃听，同时还禁止对存储于电脑系统中的通信信息未经授权的访问及对传输中的信息未经授权的拦截。

作为判例法国家，美国于2005年通过了一批保护个人信息的法律，如《信息保护和安全法》《防止身份盗用法》《网上隐私保护法》《消费者隐私保护法》《反网络欺诈法》和《社会安全号码保护法》。2011年4月，美国一些重量级的参议员又提出了关于在线综合信息保护立法的议案。

除了上述分散的网络隐私权保护法律法规之外，美国还倾向于采取行业自律政策对网络隐私权提供保护。由于网络技术发展迅速，而立法总是滞后于现实状况，所以采用自律政策作为立法之外的补充受到行业联盟、国会和政府部门的一致鼓励和支持。总体而言，美国目前的行业自律形式有3类：建议性的行业指引、网络隐私认证和技术保护模式。

（2）软件保护模式

软件保护模式主要是采用技术的手段，以互联网消费者自己选择、自我控制为主的模式。该模式是将保护消费者隐私的希望寄托于消费者自己手中，通过某些隐私保护的软件，来实现网上用户个人隐私材料的自我保护。

(3) 以欧盟为代表的立法规制模式

这种模式由国家通过立法从法律上确立网络隐私保护的各项基本原则与各项具体的法律规定、制度,并在此基础上建立相应的司法或者行政救济措施。如德国制定了《联邦数据保护法》,加拿大制定了《隐私保护法》和《个人信息保护及电子文档法案》,英国制定了《数据保护法》,日本制定了《个人信息保护法》。另外,欧盟先后制定了《关于涉及个人数据处理的个人保护以及此类数据自由流动的指令》《关于个人数据自动化处理之个人保护公约》和《关于保护自动化处理过程中个人数据的条例》。

以上3种保护模式各有利弊,行业自律模式表明以美国为代表的有关国家的隐私权观念是建立在自由基础之上的,其有利于促进该行业的发展,但在发生利益冲突时却容易引发侵犯网络隐私权的行为;而软件保护模式依赖相关技术的发展,其安全性和可信度有待考察;立法规制模式使网上用户的个人隐私更容易得到保护,但也增加了网络服务提供商的法定义务,有可能伤害其进行网络服务的积极性,从而阻碍整个行业的发展。

2) 我国网络隐私权的立法保护与完善

从目前我国隐私权保护的立法来看,隐私权并未成为我国法律体系中一项独立的人格权。我国法律对隐私权的保护也没有形成一个完整的体系,其依据仅是《中华人民共和国宪法》所确立的保护公民人身权的基本原则和《民法通则》中所规定的个别条款。这些法律规范所采用的间接保护的方式明显不能全面保护个人隐私。

关于我国网络隐私权的法律保护,1997年12月8日国务院信息化工作领导小组审定通过的《计算机信息网络国际联网管理暂行规定实施办法》第18条规定:“不得在网络上散发恶意信息,冒用他人名义发出信息,侵犯他人隐私。”1997年12月30日公安部发布施行的《计算机信息网络国际联网安全保护管理办法》第7条规定:“用户的通信自由和通信秘密受法律保护。任何单位和个人不得违反法律规定,利用国际联网侵犯用户的通信自由和通信秘密。”2000年10月8日信息产业部第4次部务会议通过的《互联网电子公告服务管理办法》第12条规定:“电子公告服务提供者应当对上网用户的个人信息保密,未经上网用户同意不得向他人泄露,但法律另有规定的除外。”

我国政府正从立法、立规及建标准、建技术保护手段等多方面,促进网络个人信息保护。网信办、工信部、公安部等有关部门将加快个人信息保护相关法律的研究制定,加快实施网络安全审查制度,重点将加强对网络服务提供者的监管,加大对非法搜集、泄露、出售个人信息行为的打击力度。

9.5.4 电子商务与知识产权

1. 域名的法律保护

1) 域名

所谓域名,是网络设备和主机在互联网中的字符型地址标识,其具有以下法律特征:

(1) 标识性:在互联网上不同的组织和机构是以不同的域名来标识自身而相互区别的。

(2) 唯一性:域名在全球范围内独一无二,也是域名标识性的保障。

(3) 排他性:一经注册,只要互联网存在,域名所有人不放弃域名并且该域名不被撤销,其他人无权占用,这是域名唯一性的进一步延伸。

(4) 转让性:域名不能被许可使用,只能转让。

(5) 国际性:不受地域限制。

(6) 依附性:只能应用于互联网上,有可能随着其物质载体的消失而消失。

域名所有者针对域名享有各种权利,属于知识产权的一种,权利人对之享有使用、收益并排除他人干涉的权利。

2) 域名争议及其法律保护

由于域名的复杂特点,因商标权和域名权冲突而引起的争议不断出现。常见的是域名恶意抢注引发的域名权与商标权先占权冲突的纠纷。这类案件中如何适用法律和商业惯例,在法学理论界和司法实务界存有不同认识。

中国国内已出现大量知名企业的驰名商标被他人抢注成网络域名的现象,司法实践中,法院也开始做出维护商标权人的权利的判决或裁定。例如,宜家(IKEA)公司状告北京国网信息公司抢注其商标"IKEA"为互联网注册名一案,法院最后裁决"国网"注册的"ikea. com. cn"域名无效。这一判决创下了我国司法审判上的 3 个先例:第一,它是首例涉外域名注册引发的纠纷案,也是首例中国法院适用国际条约有关条款处理的网络案件,它标志着中国的知识产权保护在和国际接轨;第二,本案是首例由人民法院在审判中确认驰名商标的诉讼案,而以前驰名商标均由工商行政部门认定,这次确认的意义在于显示出司法权高于行政权;第三,这是第一件由司法机关对驰名商标与网络中的域名冲突进行明确规范的法律,这表明无论是传统的知识产权保护还是新型案件,我国的知识产权司法保护都已达到较高水平。

以注册域名为手段来谋取不当利益,妨碍权利人在 Internet 上的合法权利,降低他人商标的商业价值,应当认定其为恶意抢注行为。注册并使用域名可能给商标权人造成的损害主要有以下表现:

(1) 域名持有人意在出售域名。当商标权人提出转让域名的要约时,其索要的出让价格非常高,明显具有赢利性。

(2) 域名持有人注册有关域名后使得商标权人无法利用自己的商标作域名,因而使其通过网络从事的经营活动受到严重影响。商标权人必须举证证明,其所拥有的全部商标均已被作为被投诉人的域名持有人在常用的一级域名之下注册为二级域名,或在常用的二级域名之下注册为三级域名,从而使其彻底丧失了利用自己的商标在顶级域名下注册二级或三级域名的可能性。

(3) 域名持有人在相应的网站上从事与商标权人相同或相似的业务,并直接或间接地表明其与商标权人系同一人,或者至少有某种内在的联系。这样做的结果必然会导致有意同商标权人交易的用户选择同域名持有人进行交易,从而剥夺商标权人本来应当有的交易机会。

(4) 在相应的网站或网页上传播损害商标权人形象与声誉的信息,从而贬损商标权人在市场上的竞争地位。

(5) 注册了与他人注册商标文字相同的域名但不使用,应属于非法抢注。笔者认为,域名注册人注册了与他人注册商标文字相同的域名,并在 2 年内空置的;或者注册人注册了几十个以上与他人注册商标文字相同的域名的,应属于非法抢注,相关的商标权人有权向有关机关申请抢注者注册的域名无效。

根据《国际顶级域名注册协议》与《中国互联网域名管理办法》的规定，域名注册服务机构不负责审查申请人域名是否符合上述要求，应当依据人民法院、仲裁机构或域名争议解决机构做出的裁判，对已注册域名进行注销。也就是说，当出现域名纠纷时，拥有商标或服务标志等权利的其他权利人仅可通过向拥有完全管辖权的法院、仲裁机构提起法律诉讼、仲裁或者向 ICANN（the Internet corporation for assigned names and numbers，互联网名称与数字地址分配机构）认定的域名争议解决机构提起域名争议。其中，仲裁方式为一裁终结，不得再提起上诉；而域名争议解决不具终局性，当事人如果不服域名争议解决机构的专家组的裁决，可以再提起司法诉讼。

3）我国关于域名保护的相关立法

世界上第一部有关域名的专门法案是1999 年美国颁布的《反域名抢注消费者保护法》，该法案的出台标志着美国对域名争议纠纷解决形成了较为完备的法律调整体系。我国应当借鉴美国等国家和国际组织在域名保护上的先进经验，制定自己的域名专门保护法。

迄今为止，中国针对域名问题先后出台了《中国互联网络域名注册暂行管理办法》《中国互联网络域名注册实施细则》《中国互联网络信息中心域名争议解决办法》《中文域名争议解决办法（试行）》等规范性文件。其中 2001 年 6 月 26 日，最高人民法院颁布的《关于审理涉及计算机网络域名民事纠纷案件适用法律若干问题的解释》，对域名纠纷案件的案由、受理条件和管辖，域名注册、使用等行为构成侵权的条件，行为人恶意抢注以及案件中商标驰名事实的认定等，都做出了规定。

为保证和促进我国互联网络的健康发展，加强我国互联网络域名系统的管理，1997 年 5 月 30 日，中国互联网络信息中心（CNNIC）制定了《中国互联网络域名注册暂行管理办法》。明确了 CNNIC 工作委员会协助国务院信息办公室管理我国互联网络域名系统，同时制定了中国互联网络域名体系结构、域名注册的申请、域名注册的审批，以及注册域名的变更和注销等相关法律规定。

为促进中国互联网络的健康发展，保障中国互联网络域名系统安全、可靠地运行，规范中国互联网络域名系统管理和域名注册服务，根据国家有关规定，参照国际上互联网络域名管理准则，2004 年 9 月 28 日，信息产业部第八次部务会议审议通过了《中国互联网络域名管理办法》，并自 2004 年 12 月 20 日起施行。办法明确了信息产业部负责中国互联网络域名的管理工作，并规范其工作职责，且对域名管理、域名注册、域名争议做出了相关法律规范。

为顺应互联网行业发展，平衡商标等民事权益人与域名持有者之间的权益，解决互联网络域名争议，CNNIC 于 2006 年 2 月 14 日修正了《中国互联网络信息中心域名争议解决办法》，并于 2006 年 3 月 17 日起施行。与之配套的《中国互联网络信息中心域名争议解决办法程序规则》亦于 2006 年 3 月 17 日起施行。

我国是 WIPO（world intellectual property organization，世界知识产权组织）和 WTO（world trade organization，世界贸易组织）的成员国，那么，我国网络域名的法律保护应在最大限度上与 WIPO 和 WTO 的精神和原则相一致，做到既符合国际上的通用做法，又照顾到我国网络业和电子商务的发展现状。域名的法律保护更离不开国际的协调与合作。我国要加强国际交流、合作,借鉴国际上先进管理模式为我所用,不断完善。

2. 网络作品著作权的法律保护

互联网使得对作品的复制变得更加简单,传输的范围更为广泛,盗版侵权问题更加突出。网络环境下作品的创作、传播、使用通常以数字化形式进行,这不仅使各类作品之间界限模糊、相互渗透,而且使作品复制的容易程度和速度、复制品的质量、处理和修改作品的能力、复制品向公众传播的速度都大为改观,给侵权行为打开了方便之门。随着网站、博客、微博等新兴网络媒体的飞速发展,网络作品著作权问题越来越突出。

1) 网络作品

网络作品,是指在计算机网络上出现的作品,是文学、艺术和科学领域内,具有独创性并能以某种有形形式复制,经过数字化转换,以数字化方式使用的智力创作成果。

根据《中华人民共和国著作权法》的规定,受其保护的作品应当具备4个条件:

(1) 必须是作者自己创作,即具有独创性的作品;

(2) 必须是属于文学、艺术或科学领域的作品;

(3) 必须以一定的形式或载体表现出来或固定下来的作品;

(4) 作品的内容不得违反宪法和法律,不得损害社会公共利益。

只要在计算机网络上出现、传播的作品符合上述4项条件,都称为网络作品。根据《中华人民共和国著作权法》第3条的规定,文字作品、计算机软件属于法律保护的作品范围,多媒体作品涉及的文字、美术、摄影、音乐等作品也应当属受保护的范围。网络作品不能因其出现在计算机网络上,又具有高科技的一些特性,就否定其著作权。

已在报刊上刊登或者网络上发表的作品,著作权人有权决定是否允许其他网站进行转载、摘编;未经权利人许可,擅自通过网络转载已在报刊上刊登或者网络上发表的作品的网络经营者,应当承担侵权赔偿责任。

2) 网络作品著作权

著作权的内容是指由著作权法所确认或保护的作者和其他著作权人所享有的权利,包括著作人身权和著作财产权和使用权。

著作人身权是指作者通过创作表现个人风格的作品而依法享有获得名誉、声望和维护作品完整性的权利。该权利由作者终身享有,不可转让、剥夺和限制。作者死亡后,一般由其继承人或者法定机构予以保护。根据《中华人民共和国著作权法》的规定,著作人身权包括:发表权,即决定作品是否公布于众的权利;署名权,即表明作者身份,在作品上署名的权利;修改权,即修改或者授权他人修改作品的权利;保护作品完整权,即保护作品不受歪曲、篡改的权利。

著作财产权是指作者及传播者通过某种形式使用作品,从而依法获得经济报酬的权利。著作使用权是指以复制、发行、出租、展览、放映、广播、网络传播、摄制、改编、翻译、汇编等方式使用作品的权利。它不同于著作人身权,它可以转让、继承或放弃。

3) 信息网络传播权

2001年实施的《中华人民共和国著作权法》第10条明确规定:"信息网络传播权,即以有线或者无线方式向公众提供作品,使公众可以在其个人选定的时间和地点获得作品的权利。"这是我国首次以法律的方式确立了"信息网络传播权"这一民事权利。此定义在内容上明显借鉴了世界知识产权组织制定的《版权条约》和《表演和录音制品条约》中的相关概念。

为保护权利人的信息网络传播权,鼓励有益于社会主义精神文明、物质文明建设的作品的创作和传播,2006 年 5 月 10 日,国务院第 135 次常务会议通过了《信息网络传播权保护条例》,并自 2006 年 7 月 1 日起施行。该条例主要包括 4 个方面的法律规范:不禁止用户临时复制网络、服务提供者 4 种情况免责、8 种情形可不经许可不付酬、建立“通知与删除”简便程序。

4) 我国关于网络作品著作权保护的相关立法

我国目前对网络环境下的著作权法律保护主要有 4 个渊源:一是 WTO 规则涉及知识产权保护的《与贸易有关的知识产权协议(TRIPS)》等;二是 2010 年修正的《中华人民共和国著作权法》及实施条例;三是 2002 年施行的《计算机软件保护条例》及 2006 年施行的《信息网络传播权保护条例》;四是 2006 年修正的《关于审理涉及计算机网络著作权纠纷案件适用法律若干问题的解释》和 2002 年施行的《关于审理著作权纠纷案件适用法律若干问题的规定》等。这些法律渊源在网络著作权保护方面一直发挥着重要的作用。

1990 年 9 月 7 日,第 7 届全国人民代表大会常务委员会第 15 次会议通过了《中华人民共和国著作权法》,2001 年 10 月 27 做第一次修正,2010 年 2 月 26 日做第二次修正,2012 年 3 月其第三次修改草案发布。本法是目前对网络作品著作权保护的最重要法律。

2000 年 11 月 22 日,最高人民法院通过了《最高人民法院关于审理涉及计算机网络著作权纠纷案件法律若干问题的解释》,其中第 2 条第 2 款规定:“著作权法第 10 条对著作权各项权利的规定均适用于数字化作品的著作权。将作品通过网络向公众传播,属于著作权法规定的使用作品的方式,著作权人享有以该种方式使用或者许可他人使用作品,并由此获得报酬的权利。”

2003 年 12 月 23 日,最高人民法院对 2000 年制定的《最高人民法院关于审理涉及计算机网络著作权纠纷案件适用法律若干问题的解释》(下文简称《解释》)进行了修正。2006 年 12 月 8 日,最高法院再次修订了该《解释》,与前一次修订相比,此次修订删除了原司法解释的第 3 条:“已在报刊上刊登或者网络上传播的作品,除著作权人声明或者上载该作品的网络服务提供者受著作权人的委托声明不得转载、摘编的以外,网站予以转载、摘编并按有关规定支付报酬、注明出处的,不构成侵权。但网站转载、摘编作品超过有关报刊转载作品范围的,应当认定为侵权。”

2005 年 4 月 30 日,国家版权局和信息产业部联合发布了《互联网著作权行政保护办法》,其中明确规定了侵犯信息网络传播权的一系列行为。此办法的制定实施为保护著作权人的信息网络传播权营造了良好的环境。

2011 年的百度文库侵权风波显示出网络环境下的著作权保护问题是个热点问题,也是社会上广泛关注的问题。法院审理的著作权案件中一半以上是互联网著作权案件。在对这些案件的审理中,法院正不断通过法律适用,丰富法律内容,探索新的形式,加强对网络环境下的著作权保护。另外,还要考虑网络技术的发展,给网络发展提供空间创新技术、创新方式,使其在新的领域更健康地发展。与此同时,还要考虑到广大互联网用户的利益等一系列问题。2012 年《最高人民法院关于审理侵害信息网络传播权民事纷纠案件适用法律若干问题的规定》出台,并于2013年1月1日起施行。

3. 电子商务专利保护

专利竞争一直是企业间主要的法律竞争形式。美国经济危机爆发以来,尤其2009年以来,美国爆发出史无前例的专利大战,卷入诉讼的全球著名企业数量与密度空前高涨。而电子商务是此轮全球专利大战的焦点内容之一。这是因为,一方面在管理、融资、市场开拓、人力资源等方面,任何竞争资源都缺乏法定垄断权的支撑。这就使专利成为广大电子商务企业开展市场竞争的主要工具。另一方面,经济危机背景下,电子商务行业的蓬勃发展,也激发了大批专利权人的诉讼期望。

1)电子商务专利

电子商务专利是指一切与电子商务经营活动有关的专利。在电子商务中可以获得专利的客体主要有:

(1)电子商务技术:包括计算机基础技术、通信基础技术、数据处理基础技术,在电子商务出现前,一直是可专利的硬件技术领域;经营系统、基础结构技术一直是可专利的软件技术领域;

(2)商业方法系统:主要包含网络销售、网上银行等。经营方法、经营思想不能成为专利保护的对象,只有通过计算机或网络运用才有可能取得专利权。

2)电子商务商业方法专利

电子商务商业方法是指在电子商务环境下借助计算机信息网络技术实施商业行为的方法,是商业方法与计算机信息网络技术的统一体。网络经济的发展催生了商业方法专利,专利保护也由过去仅针对有形商品的创新发明扩大到对无形商品的创新发明。在网络经济时代,人类经济生活的重点是改善生活品质、提高经济效益,专利保护的价值取向也在发生革命性的变化,专利保护权的客体也纳入了创新的商业模式。

过去有关商业方法的计算机软件是通过著作权来保护的。1996年美国专利商标局通过了《电脑软件相关发明审查基准》,规定了对电脑软件授予专利的审查标准。伴随着电子商务在美国的迅速发展,相关的专利开始大量获得核准,其中大部分是商业方法专利。1998年美国联邦巡回上诉法院(CAFC)就State Street Band&Trust Co. V. Signature Financial Group Inc.一案做出判决,确认原告一项应用于互联网的商业方法软件——网络金融服务数字处理系统(data processing system for huband spoke financial services configuration)具有可专利性,从此清楚表明商业方法是美国专利法所保护的客体之一。

《中华人民共和国专利法》《中华人民共和国专利法实施细则》和《审查指南》中,都没有明确地提出商业方法专利的概念,也没有明确拒绝商业方法专利申请的规定。因此,不能因为专利申请中涉及商业方法,就当然地不授予专利权。实践中,由于商业方法专利大多数与计算机程序相关联,故原则上,可以适用《审查指南》第2部分第9章"关于涉及计算机程序的发明专利申请审查的若干规定"。

电子商务的商业方法的表现形式是计算机程序,因此这种商业方法发明实际上又常常同时是计算机程序形式的发明。依照我国现行的知识产权法律制度,我国对计算机软件采取版权模式予以保护,这种模式之所以被选中原因很多,其中至少包括版权保护是自动保护这一原因。版权保护意味着计算机程序一旦完成就可以自动得到保护,同时，通过 TRIPS 等一些国际条约的规定，计算机程序作为版权的客体可以在成员国范围内自动得到保护，这比通过专利保护逐个国家的申请要便捷得多。

3）我国对电子商务专利的保护

网络经济是一个不断创新的经济，对于具备实用性、创造性和新颖性的商业经营模式、管理模式和经营策略等商业方法予以专利保护，有利于惩戒和防范侵权，激励创新，从而促进电子商务的发展。而专利制度则是保护发明成果最有利的法律武器。任何发明成果一旦予以专利保护，就具备了比较强烈的独占性。有关商业方法的计算机软件虽然可以由著作权法加以保护，可一旦应用于互联网上，保护力度就非常有限，由于著作权无法保护观念，只要将程序加以改写，置于不同的平台和应用环境，就产生了权利保护的“盲点”。

（1）我国对商业方法专利的保护现状。

目前，《中华人民共和国专利法》对商业方法的可专利性问题没有做出明确规定，没有直接涉及与商业方法有关的发明是否给予保护的问题。

依据我国专利法对涉及商业方法的专利申请的可专利性进行判断，其法律依据是《中华人民共和国专利法》第 25 条第 1 款第 2 项，即智力活动的规则和方法不属于中国专利法保护的客体。并且在国家知识产权局编写的《审查指南》中，为了对“涉及智力活动的规则和方法的发明专利申请”给出更为清楚、更为明确的审查标准，规定了“涉及智力活动的规则和方法的发明专利申请”的审查原则。

2004 年 10 月，国家知识产权局发布了《商业方法相关发明专利申请的审查规则（试行）》，对于商业方法给出了进一步的解释：商业的含义是广义的，包括金融、保险、证券、租赁、拍卖、投资、营销、广告、旅游、娱乐、服务、房地产、医疗、教育、出版、经营管理、企业管理、行政管理、实务安排等。商业方法相关发明专利申请是指以利用计算机和网络技术完成商业方法为主题的发明专利申请。同时该规则指出：商业方法相关发明专利申请是一种特殊性质的专利申请，其既具有涉及计算机程序的共性，又具有计算机和网络技术与商业活动和事务结合所带来的特殊性。在这份规则中给出了对这类特殊申请的一系列审查原则和范例，反映出商业方法相关发明的专利申请在中国获得授权的条件还是比较严格的。

（2）商业方法专利化对我国专利战略的启示。

网络经济没有国界，电子商务跨越时空，这使得传统上专利保护的属地主义原则正在面临挑战，必然要发生变化。美国是网络经济最发达、最集中的地区，也是 B2B，B2C 等电子商务模式的发源地。大量的电子商务的商业方法在美国获得专利保护，必然对全世界的电子商务发展产生微妙而深远的影响。其结果很可能导致国际上有关电子商务的专利侵权诉讼频起，使得他国电子商务的经营者充满法律风险。例如亚马逊公司取得了“一点通”（one click ordering）专利，其所覆盖范围实际上远超美国国界，在全球互联网上，只要经营网络零售业务的公司所应用的销售方法软件表现出与之相同或近似，都可能成为被诉对象。

目前我国电子商务虽处于迅速发展之中，但无论是 B2B 还是 B2C 等模式，很多是照搬或模仿美国的商业方法，其中潜在的法律风险不言而喻。因此，首先必须从观念上树立专利侵权风险防范意识。电子商务经营者应当随时注意美国、日本等国在电子商务上运用商业方法所申请的专利，如果予以忽视，当我国电子商务的经营规模对美国和日本的厂商构成威胁时，就会面临大量的侵权诉讼，就如同目前国外拥有 DVD 专利权的厂商要求我国 DVD 厂家支付权利费一样，一旦我们形成产业规模，权利要求就会接踵而至。

在防范风险的同时，我国更应主动借鉴国外有关电子商务的商业方法专利的最新立法趋势，尽快建立起我国的电子商务专利保护制度。对于电子商务的商业方法给予专利保护，等于为我国企业在全新的领域获得自主知识产权创造新的契机。在日新月异、充满机遇也充满风险的网络经济中，对创新的商业模式给予适时和适当的专利保护，有利于化解风险、创造机遇，从而促进我国电子商务的健康发展。

9.5.5 网络消费者权益保护与网络广告法律问题

1. 网络消费者权益保护

《中华人民共和国消费者权益保护法》(以下简称《保护法》)是为了保护消费者的合法权益，维护社会经济秩序稳定，促进社会主义市场经济健康发展而制定的一部法律。经营者应当遵守《保护法》，保证所销售的商品或提供的服务符合《保护法》的规定。该法于 1993 年 10 月 31 日第八届全国人大常委会第 4 次会议通过，自 1994 年 1 月 1 日起施行。根据 2013 年 10 月 25 日第十二届全国人大常委会第 5 次会议《全国人民代表大会常务委员会关于修改〈中华人民共和国消费者权益保护法〉的决定》做出第 2 次修正，并自 2014 年 3 月 15 日起施行。此法第一次把网络购物纳入消费者保护权益范畴。

(1) 网购 7 天无理由退货

根据《保护法》第 25 条规定：经营者采用网络、电视、电话、邮购等方式销售商品，消费者有权自收到商品之日起七日内退货，且无须说明理由，但下列商品除外：(一) 消费者定作的；(二) 鲜活易腐的；(三) 在线下载或者消费者拆封的音像制品、计算机软件等数字化商品；(四) 交付的报纸、期刊。

(2) 包装拆了但无损毁也能退

除前款所列商品外，其他根据商品性质并经消费者在购买时确认不宜退货的商品，不适用无理由退货。消费者退货的商品应当完好。经营者应当自收到退回商品之日起 7 日内返还消费者支付的商品价款。退回商品的运费由消费者承担；经营者和消费者另有约定的，按照约定。

现在有一种情况，当收到商品、想要查看商品是不是自己想要的那个商品时是必须要拆封的，有的经营者即以“拆封了就不给退”为由拒绝退款，这是不符合《保护法》规定的。但是如化妆品类产品，消费者已经使用，意味着产品本身产生了毁损，这就不能退了。

(3) 经营者对网络消费者应尽的责任

根据《保护法》第 28 条规定：采用网络、电视、电话、邮购等方式提供商品或者服务的经营者，以及提供证券、保险、银行等金融服务的经营者，应当向消费者提供经营地址、联系方式、商品或者服务的数量和质量、价款或者费用、履行期限和方式、安全注意事项和风险警示、售后服务、民事责任等信息。

根据《保护法》第 44 条规定：消费者通过网络交易平台购买商品或者接受服务，其合法权益受到损害的，可以向销售者或者服务者要求赔偿。网络交易平台提供者不能提供销售者或者服务者的真实名称、地址和有效联系方式的，消费者也可以向网络交易平台提供者要求赔偿；网络交易平台提供者做出更有利于消费者的承诺的，应当履行承诺。网络交易平台提供者赔偿后，有权向销售者或者服务者追偿。

网络交易平台提供者明知或者应知销售者或者服务者利用其平台侵害消费者合法权益，未采取必要措施的，依法与该销售者或者服务者承担连带责任。

（4）个人信息被泄可要求赔偿

根据《保护法》第 29 条规定：经营者收集、使用消费者个人信息，应当遵循合法、正当、必要的原则，明示收集、使用信息的目的、方式和范围，并经消费者同意。经营者收集、使用消费者个人信息，应当公开其收集、使用规则，不得违反法律、法规的规定和双方的约定收集、使用信息。经营者及其工作人员对收集的消费者个人信息必须严格保密，不得泄露、出售或者非法向他人提供。经营者应当采取技术措施和其他必要措施，确保信息安全，防止消费者个人信息泄露、丢失。在发生或者可能发生信息泄露、丢失的情况时，应当立即采取补救措施。经营者未经消费者同意或者请求，或者消费者明确表示拒绝的，不得向其发送商业性信息。

《保护法》在个人信息保护方面可以说设计了一套非常完整的制度，首次规定经营者一旦侵害了消费者个人信息，应当停止侵害、恢复名誉、消除影响、赔礼道歉，并赔偿损失。

2. 网络广告法律制度

《中华人民共和国广告法》（以下简称《广告法》）于 2015 年 9 月 1 日正式实行，这是自《广告法》1995 年 2 月 1 日实施以来，20 年来的首次修订。

近年来，快速发展的互联网广告业成为中国广告业当之无愧的生力军，互联网广告业的市场规模和经营收入正在不断赶超传统广告产业。互联网广告以其优惠的投放价格、丰富的媒介形式、精准的发布效果，越来越受到人们的青睐，拥有广阔的市场前景。与此同时，一些问题也在互联网广告中逐渐显现。如普遍存在的广告信息未明确标记，导致广告信息与其他信息混淆；特别是虚假的互联网广告，欺骗、误导消费者；格调低俗的互联网广告，有悖社会良好风俗；有的互联网广告发布方式不规范，影响了消费者对互联网的使用。因此，规范互联网广告行为，加强互联网广告法治建设，是当前一项紧要任务。

根据新《广告法》第 44 条规定：利用互联网从事广告活动，适用本法的各项规定。利用互联网发布、发送广告，不得影响用户正常使用网络。在互联网页面以弹出等形式发布的广告，应当显著标明关闭标志，确保一键关闭。

违反本法第 44 条第 2 款规定，利用互联网发布广告，未显著标明关闭标志，确保一键关闭的，由工商行政管理部门责令改正，对广告主处五千元以上三万元以下的罚款。

违反本法第 45 条规定，公共场所的管理者和电信业务经营者、互联网信息服务提供者，明知或者应知广告活动违法不予制止的，由工商行政管理部门没收违法所得，违法所得五万元以上的，并处违法所得一倍以上三倍以下的罚款，违法所得不足五万元的，并处一万元以上五万元以下的罚款；情节严重的，由有关部门依法停止相关业务。

国家工商总局出台《互联网广告管理暂行办法》（以下简称《办法》），自 2016 年 9 月 1 日起施行。《办法》旨在从互联网广告实际出发，落实新《广告法》的各项规定，规范互联网广告活动，保护消费者的合法权益，促进互联网广告健康发展，维护公平竞争的市场经济秩序。

第10章　电子商务系统开发

10.1　电子商务系统基础知识

10.1.1　电子商务系统概述

电子商务系统开发是与社会商务环境、网络基础设施建设息息相关的，是涉及支付、物流、营销、安全、法律等诸多问题的复杂的系统工程。进行电子商务系统开发要遵循系统科学的原理和工程学的方法，从商务和技术两方面入手，认真分析电子商务系统的各个要素、环节，统筹规划，分步实施，有条不紊地进行。

1. 电子商务系统的概念

对应于电子商务的概念，电子商务系统也有狭义和广义概念之分。

（1）广义的电子商务系统：支持电子商务活动的电子技术手段的集合。

（2）狭义的电子商务系统：在Internet和其他网络的基础上，以实现企业电子商务活动为目标，满足企业生产、销售、服务等生产和管理的需要，支持企业的对外业务协作，从运作、管理和决策等层次全面提高企业信息化水平，为企业提供商业智能的信息系统。

2. 电子商务系统的特点

电子商务系统是保证以电子商务为基础的网上交易实现的体系。市场交易是由参与交易双方在平等、自由、互利的基础上进行的基于价值的交换。网上交易同样遵循上述原则。作为交易有两个有机组成部分：一是交易双方信息沟通；二是双方进行等价交换。

在网上交易，其信息沟通是通过数字化的信息沟通渠道实现的，一个首要条件是交易双方必须拥有相应的信息技术工具，才有可能利用基于信息技术的沟通渠道进行沟通。同时要保证能通过Internet进行交易，因此必须要求企业、组织和消费者连接到Internet上，否则无法利用Internet进行交易。

在网上进行交易，交易双方在空间上是分离的，为保证交易双方进行等价交换，必须提供相应的货物配送手段和支付结算手段。现在，货物配送仍然依赖传统物流渠道；对于支付结算既可以利用传统手段，也可以利用先进的网上支付手段。

此外，为保证企业、组织和消费者能够利用数字化沟通渠道，保证交易能够顺利进行而配置的配送和支付服务，需要由专门提供这方面服务的中间商参与，即需要电子商务服务商。

电子商务系统作为一种信息系统，不但具有管理信息系统的特点，而且还有自身的特点：

（1）目的性。电子商务系统的目的是通过从产品、服务和经营模式上全面实现信息化，促进企业销售额增加，从而增加企业利润。

（2）整体相关性。组成系统的各部分之间是相互联系和相互制约的，并按照一定的方式构成一个有机整体。而这种相关性是基于共同的系统目标的。

（3）适应性。任一系统都处于特定的环境中，在多数情况下，系统与环境之间是相互影响和相互作用的（称为系统的输入和输出）。当环境发生变化时，系统也要作相应的调整以适应环境的变化，这称为系统的适应性。

（4）系统性。电子商务系统需要大幅度地改变企业现有的运作模式，从产品、服务和经营模式上全面实现信息化。系统往往涉及企业内部的各个业务环节及众多的企业外部要素，支持企业市场、销售、交付、客户等各个业务环节，实现以"以客户为中心"的商业模式，并有效地加强与企业合作伙伴之间的联系。

（5）先进性。电子商务系统通过各种网络实现企业的商务活动信息化，跟随目前国际上电子商务交易的最新趋势，以客户订单为纽带，促使企业各系统之间、各部门之间协同高效合作，提高响应速度，从而实现最佳的业务流程，达到最大限度的数据的综合利用，体现了系统应用的先进性。

（6）可扩展性。电子商务系统基于功能模块化的设计，易于扩充，可动态设置商流和信息流，适应企业由于管理制度、机构设置、业务流程和管理要求发生变化而导致的业务重组，从而满足企业公司未来的发展需要。电子商务系统的以上特点决定了电子商务系统具有与一般信息系统不一样的复杂性。要开发一个具有以上特性的电子商务系统，不能采用传统的适合一般信息系统的开发方法，必须使用一种新的、适用于电子商务系统的开发方法。

10.1.2 电子商务系统的发展历史

1. 电子商务发展历史回顾

1）世界各国电子商务发展简介

从世界各国电子商务的发展来看，北美地区的电子商务起步较早。以 B2C 市场为例，根据艾瑞网的调查显示：美国 2003 年 B2C 电子商务市场交易额为 960 亿美元，2004 年为 1 250 亿美元，2005 年达到 1 600 亿美元，增长率达到 28%。同一时期，我国 B2C 市场发展情况是：2003 年 B2C 购物交易额为 28 亿人民币，然而据 US Census Bureau 2015 年度报告和艾瑞咨询的数据，2015 年美国电商销售额为 3 418 亿美元，而中国电商的同期市场交易规模已经达到 5 686 亿美元。

虽然欧洲的电子商务比美国起步晚，但发展很快。根据 Forrester Research 的报告，从 2000 年到 2004 年，欧洲国家的电子商务贸易总额以每年 100% 的速度增长，2004 年贸易总额已达 16 000 亿欧元，约占欧洲贸易总额的 6%。亚太地区信息产业发达的日本、新加坡和韩国，电子商务的发展也很迅猛。根据日本 1999 年 3 月公布的《日美电子商务市场规模调查》，日本 B2B 规模约为美国的一半，2003 年，日本 B2B 电子商务化比率（电子商务在最终需求和中间需求中所占比率）已达到 11.2%。

2）我国电子商务发展简介

在我国，自 1994 年接入国际互联网以来，作为互联网产业最重要、发展最健康的分支，电子商务也自 1997 年起，开始进入一个新的发展阶段。作为与国民经济制造业领域、流通领域和生活服务业最密切的电子商务,不仅自身形成了产业规模庞大、就业人数众多、经济带动性强的电子商务子产业,而且很大程度上促进了国民经济产业制造业、流通业与服务业的转型与升级。

根据中国电子商务研究中心2010年发布的《1997－2009:中国电子商务十二年调查报告》,纵观中国电子商务发展历史,按照或从国外引入或本土原创开始起步、遭遇互联网泡沫寒冬、“非典”后的回暖,以及随之而来的快速发展,金融危机下的调整与转型,我国电子商务发展大致可分为以下5个发展阶段:

(1) 萌芽与起步期(1997—1999年)

业内公认的说法是,国内第一批电子商务网站的创办时期始于1997年起步的3年间。当时互联网全新的引入概念鼓舞了第一批新经济的创业者,他们认为传统的贸易信息会借助互联网进行交流和传播,商机无限。于是,从1997年到1999年,美商网、中国化工网、8848、阿里巴巴、易趣网、当当网等知名电子商务网站先后涌现。据中国B2B研究中心调查显示:在目前已经成立的电子商务网站当中,有5.2%创办于20世纪90年代。该阶段无疑是我国电子商务的萌芽与起步时期。

(2) 冰冻与调整期(2000—2002年)

2000—2002年,在互联网泡沫破灭的大背景下,电子商务的发展也受到严重影响,创业者的信心经受了严峻的挑战,尤其是部分严重依靠外来投资“输血”,而自身尚未找到盈利模式具备“造血”功能的企业,经历了冰与火的严峻考验。于是,包括8848、美商网、阿里巴巴在内的知名电子商务网站进入残酷的寒冬阶段,而依靠“会员＋广告”模式的行业网站集群,则大都实现了集体盈利,安然度过了互联网最为艰难的“寒潮”时期。据中国B2B研究中心调查显示:在这三年间创建的电子商务网站不到现有网站总数的12.1%。无疑,该阶段是我国电子商务的冰冻与调整时期。

(3) 复苏与回暖期(2003—2005年)

电子商务经历低谷后,在2003年一场突如其来的“非典”后,出现了快速复苏回暖,部分电子商务网站也在经历过泡沫破裂后,更加谨慎务实地对待盈利模式和低成本经营。据中国B2B研究中心调查显示:目前现有电子商务网站总数占现有网站总数30.1%,应用电子商务的企业会员数量开始明显增加,2003年成为不少电子商务网站尤其是B2B网站的“营收平衡年”,该阶段无疑是我国电子商务的复苏与回暖时期。

(4) 崛起与高速发展期(2006—2007年)

互联网环境的改善、理念的普及给电子商务带来巨大的发展机遇,各类电子商务平台会员数量迅速增加,大部分B2B行业电子商务网站开始实现盈利。而专注B2B的网盛生意宝与阿里巴巴的先后上市成功引发的“财富效应”,更是大大激发了创业者与投资者对电子商务的热情。IPO的梦想、行业良性竞争和创业投资热情高涨这三驾马车,大大推动我国行业电子商务进入新一轮高速发展与商业模式创新阶段,衍生出更为丰富的服务形式与盈利模式,而电子商务网站数量也快速增加。据中国B2B研究中心调查显示:仅2007年,国内各类电子商务网站的创办数量就超过了现有网站总数的30.3%。该阶段正是我国电子商务的崛起与高速发展时期。

(5) 转型与升级期(2008—2009年)

全球金融海啸不期而至,全球经济环境迅速恶化,致使我国相当多的中小企业举步维艰，尤其是外贸出口企业随之受到极大阻碍。作为互联网产业中与传统产业关联度最高的电子商务，也难免独善其身。受产业链波及，外贸在线 B2B 首当其冲，以沱沱网、万国商业网、慧聪宁波网、阿里巴巴为代表的出口导向型电子商务服务商，纷纷或关闭，或裁员重组，或增长放缓。

而与此同时，在外贸转内销与扩大内需、降低销售成本的指引下，内贸在线 B2B 与垂直细分 B2C 却获得了新一轮高速发展，不少 B2C 服务商获得了数目可观的 VC 资本青睐（venture capital，风险投资），传统厂商也纷纷涉水，B2C 由此取得了前所未有的发展与繁荣。而 C2C 领域，随着搜索引擎巨头百度的进入，使得网购用户获得了更多的选择空间，行业竞争更加激烈化。据中国 B2B 研究中心调查显示：仅在此两年不到时间内创建的电子商务网站占现有网站总数的 22.3%，且有 75.4% 的电子商务网站专注于细分行业的 B2C。该时期电子商务行业优胜劣汰步伐加快，模式、产品、服务等创新层出不穷。无疑，该阶段是我国电子商务的转型与升级时期。

值得注意的是，我国电子商务虽然得到了快速发展，但是与工业发达国家和地区相比，仍然存在着较大的差距。例如：根据中国互联网络信息中心（CNNIC）统计显示，截至 2011 年 6 月，中国网民规模达到 4.85 亿，互联网普及率攀升至 36.2%，从网民绝对数来说已是世界第一，但是，以互联网普及率来说，2010 年美国和英国的互联网普及率就已高达 70% 以上；2008 年中国的邻国韩国、日本的普及率分别为 71.2% 和 68.4%。

此外，以中小企业信息化为例，根据《中小企业信息化发展报告（2007）》调查显示，2006 年以来，欧盟国家有 2/3 的中小企业在网上寻找合适的供应商在线开展询价、采购、销售确认等电子商务活动，而同一时期，我国中小企业 PC 普及程度不仅远低于美国、日本、韩国、德国等国家，也低于亚太其他一些国家，包括泰国、菲律宾。

2．电子商务系统发展历史回顾

电子商务系统的发展过程是一个渐进的过程。它的发展是与信息技术和 Internet 在企业商务中的应用相联系的。从企业商务活动信息化的角度，可以将电子商务系统的发展划分为 3 个主要阶段。

第一阶段：电子商务系统的酝酿阶段（20 世纪 60 年代—90 年代）。这个阶段企业已全面使用现代信息技术，建立起完整的企业内部生产及管理系统，解决的主要问题是如何利用 IT 技术为企业内部价值链实行增值服务。

第二阶段：电子商务系统的雏形阶段（1991—1996 年）。这个阶段的信息系统一般都基于 WWW 服务器进行开发。应用程序转变为浏览器/服务器（即 B/S）结构，采用通用的 Browser 作为应用系统的客户端。应用系统的网络通信协议主要以 HTTP 协议为主。人们将企业的相关信息使用 HTML 语言表示为网页，利用 Web 服务器进行发布。这个阶段电子商务系统的功能相对简单，系统结构也比较简单。

第三阶段：电子商务系统的发展阶段（1997 年至今）。这个阶段的信息系统与企业内部的信息系统形成一个整体，并且电子商务系统的逻辑结构也呈现出清晰的层次结构。SUN 公司首先提出“3 层结构”的电子商务系统概念，即表示层（以 Web 服务器为基础，负责信息的发布）、应用逻辑处理层（负责处理核心业务逻辑）和数据层（负责数据的组织并向应用层提供接口）。随着 3 层结构概念的不断引申，BEA 公司在其产品白皮书中提出电子商务系统的 N 层结构的信息系统，如图 10-1 所示。

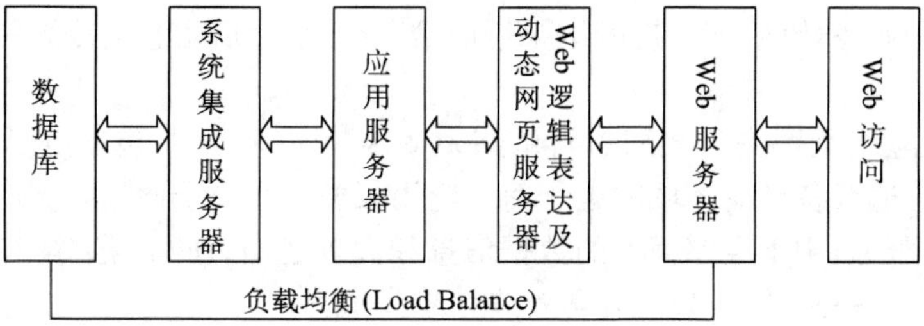

图 10-1　*N* 层结构示意图

N 层结构的概念使基于 Web 服务器的系统在各个实现层次上具备明确的界限和分工。各个层次都可以采用业界标准,从而保证了业务系统的运行可以和具体的平台无关,使应用程序开发完全集中在业务逻辑的处理上而非表达、通信等方面,简化了程序开发的难度。同时,该 *N* 层结构在出现瓶颈时,允许用户仅调整相应层次性能,而不必对整个系统进行更新,从而使企业投资容易得到保护,系统的可扩充性得以增强。

10.1.3　电子商务系统的体系结构

电子商务系统是一个复杂系统。确定这一系统的基本体系结构,了解其内部结构及它们之间的相互关系,将有助于开发电子商务系统。SUN 公司将电子商务系统体系结构划分为 4 层结构,如图 10-2 所示。

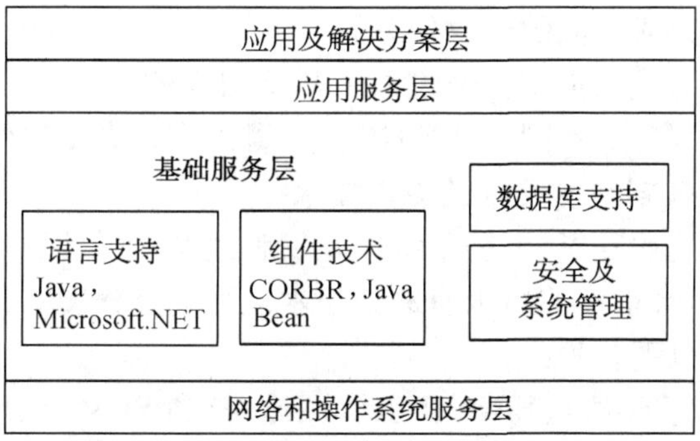

图 10-2　电子商务系统体系结构

第一层是网络和操作系统服务层(network & OS service),主要提供硬件及底层的一些支持。该层只负责与用户的交互,使用 Web 浏览器为用户提供电子商务系统的操作界面。

第二层是基础服务层(infrastructure service),主要包括语言支持(language support)、组件技术(component)、数据库支持(database support)、安全及系统管理(security & system administration)等一般信息系统都具备的部分。该层主要用于处理电子商务系统的数据表示和传输,并不涉及具体的业务处理,它接受来自上一层的用户输入,并将其发送到下一层进行业务处理,然后根据处理结果生成 Web 页面,返回给客户端。

第三层是应用服务层(application service),主要包括通信、事务处理、数据库连接等一些公共的应用支持。应用服务层处理系统的业务逻辑,将系统的业务逻辑从 Web 应用中分离出来,大大提高了系统的效率和可扩展性。该层接受上一层转发的用户请求,进行适当的业务处理,把处理的结果返回给上一层,然后由它交给第一层,向用户提交操作的结果。

第四层是应用及解决方案层(application & solution),主要包括电子市场、电子银行、认证中心等适合各专业领域的电子商务应用服务。在电子商务系统应用中,该层主要是指数据库服务,用于存储大量的数据信息和数据逻辑,所有与数据有关的安全、完整性控制,数据的一致性、并发操作等都在该层完成。

从电子商务系统体系结构来看,电子商务系统是一个多层结构。在实际应用中,这种多层体系结构具有以下优点:

(1) 可实现高度的可扩展性。该多层体系结构中除第一层外的每一层都可由多台计算机组成,即可通过计算机系统集群技术实现自动的负载均衡,以提高系统的处理能力和对客户端的响应速度。当业务量增加的时候,可以分析系统的瓶颈出现在哪个层次上,有针对性地对该层次进行适当调整,增加该层的业务处理能力,而其他的层次和整个系统的运行不会受到影响。

(2) 可提高系统的灵活性。通过将电子商务系统划分为不同的层次,可以增强整个系统的模块化程度,提高系统的灵活性。

(3) 便于分配开发人员完成开发任务。在电子商务系统的开发过程中,通过对电子商务系统进行分层,可以使开发工作在具有不同专长的人员之间进行合理分工,便于分配合适的开发人员完成相应的开发任务。

(4) 可实现高度的代码重用。通过采用基于构件的开发方法,将电子商务系统的业务逻辑封装在应用服务层不同的业务构件中,可以实现高度的代码重用。

10.1.4 电子商务系统发展中的热点技术

随着电子商务系统的发展,围绕系统的开发和建设,不仅原有的信息系统建造技术被赋予了新的活力,而且很多前所未有的新技术也得到充分发展,这些热点技术中比较有代表性的主要包括以下几种:

1. CRM(客户关系管理),ERP(企业资源计划)和 SCM(供应链管理)

随着 Internet 及相关的技术在企业信息系统中的应用,面向 Internet 客户的信息服务系统与企业内部的生产管理系统逐渐结合,产生了面向电子商务的企业内部生产管理信息系统。这种系统面向的不仅是企业内部生产,而且为以 Internet 为基础的商务活动提供全面的支持。在这种条件下,传统的企业管理信息系统的设计、开发技术必然也发生了更新,最为突出的变化表现为 CRM(客户关系管理)、ERP(企业资源计划)、SCM(供应链管理)已成为现代企业提高竞争力的 3 大法宝。

CRM 系统通常包括市场管理、销售管理、客户服务和技术支持 4 个部分。其主要目的是提高企业和客户的忠诚度,挖掘潜在的客户资源,提高客户服务质量等。随着 Internet 的快速发展,大量企业正迅速转向全球性商务,用电子方式把遍布全球的客户与供应商联系起来。在这种转变过程中,所有从事电子商务的企业几乎都将注意力放在 CRM 方面。利用 CRM 系统,企业能搜集、跟踪和分析每一个客户的信息,从而知道什么样的客户需要什么东西,同时还能观察和分析客户行为对企业收益的影响,使企业与客户的关系及企业利润得到最优化,使自身的电子商务系统能够拉近企业与消费者之间的距离。

ERP 将企业内部经营所有的业务单元如订单、采购、库存、计划、生产、质量、运输、市场、销售、服务等，以及相应的财务活动、人事管理均纳入一条供应链内进行统筹管理。在分布式计算、Internet 及电子商务的冲击下，传统的 ERP 也进一步融入了诸如一对一交易（one to one marketing）、销售自动化（sales force automation）、自助服务（self service）等概念。而且传统的 ERP 和电子商务系统逐渐融合成为一个紧密的整体，也有人将该阶段的 ERP 称为 eRP。

SCM 的内容主要包括：供应链的组织结构设计，如供应商、制造商、经销商、用户的选择，信息网络的设计等；协调管理与控制；需求预测、计划与管理；生产计划、生产作业计划和跟踪控制、库存管理；供应商与采购管理；制造管理；分销（渠道）管理；用户管理与服务；物流管理；资金流管理；信息流管理等。SCM 也涉及企业生产的全部过程，传统上，原材料采购、仓储及运输、配送等直接影响到企业的生产及管理成本。当交易活动通过 Internet 实现后，企业原材料的采购可以在网络上进行，生产出的产品的运输及交付过程就必须得到有效监控。正是因为这些需求的推动，与 SCM 相关的产品采购、虚拟交易市场、可视化供应链等技术得到了前所未有的发展。

2. 系统优化技术

由于 Internet 用户呈现爆炸式增长的趋势，因此电子商务系统必须面临非线性增长的访问压力，经常遇到资源负荷过载的情况。为了使有限的资源发挥更大的效益，出现了很多优化电子商务系统性能的技术手段，其中代表性的包括：

（1）动态负荷优化技术（Load Balance）。

大量用户访问网站给电子商务系统造成很大压力。这种压力在不同服务器上的分布可能不均衡。动态负荷优化技术通过定义一定的规则，实时、动态地调整应当承受的压力，将负荷均衡地分配在不同的设备上，避免因设备过载而造成的系统服务“瓶颈”。

（2）优化搜索及检索技术。

商务活动过程中，用户都希望在大量的信息中尽量找到自己最关心的数据。为满足这样的要求，内容管理、目录管理和搜索技术有了长足进展。前两项技术主要侧重于强化对信息内容的组织，使之合理、可管理；后者则侧重于提高检索的效率。

（3）第四层交换技术。

为了提高系统的响应时间，人们对 IP 地址及其交换方式进行改进，提出了第三、四层交换技术，高速路由技术等。

第三层交换技术也称为 IP 交换技术。这是一种利用第三层协议中的信息来驾驭第二层交换功能的机制。

第二层与第三层交换产品在解决局域网与互联网络的带宽及容量问题上发挥了很好的作用。第四层交换技术利用第三层和第四层包头中的信息来识别应用数据流会话，利用这些信息，第四层交换机可以做出向何处转发会话传输流的智能决定。所以，从某种意义上讲，它是一种智能 IP 交换技术。这对于建立响应时间很快的电子商务系统非常有意义。

（4）集群技术。

随着 Internet 上商务活动的日益频繁，各大站点的 Web 服务器越来越力不从心，所以对 Web 服务器提出了更高的要求。高性能 Web 服务器应该具有以下性能：处理速度快、I/O 吞吐量大、容错性能好、可靠性高，而且还需要有良好的可扩展能力。所以在这种背景下，集群(Cluster)技术得到了长足的进展。集群技术将至少两个以上的系统连接到一起，使两个服务器能够像一台机器那样工作或者看起来好像一台机器。例如，一个由两台服务器生成的 Web 服务器集群系统，它对每个终端用户是透明的，而且看起来完全就像一个 Web 服务器。采用集群系统可以提高系统的稳定性和数据处理能力。

3. 新的开发工具

按支持的平台，开发工具可以分成 3 大系列：第一类是支持各种平台的开发工具，其中有代表性的是 Microsoft. NET，Java 及相关的衍生产品；第二类是支持 Microsoft Windows 平台的开发工具，例如 ASP，ActiveX，PHP 等；第三类是支持 UNIX 的平台(包括 Linux 平台)的各种工具，如 PHP 等。近年来，在较大的电子商务系统应用上，Microsoft. NET 和 Java 得到广泛应用。

4. XML 语言

XML 可以改善传统网页设计语言 HTML 的描述方式，未来可能取代 HTML 成为新一代的网页标记语言，它将革命性地改变以 Web 为基础的电子商务应用形态，利用 XML 所具有的可延伸性和自我描述特性，Web 文件可以在企业间的应用程序中自动传输、处理和存储。不同厂商的电子商品可以在同一个使用界面中同时展现，信息的搜寻变得更为精确快速，不同系统间可以流畅地互通，而中小企业也可以轻松享受 EDI 的好处。目前，大多数 IT 企业开始支持 XML，其灵活性和扩展性都非常强，除了替代 HTML 外，它还可能成为组件技术及应用接口的新标准。

5. 个性化服务技术

个性化服务 (personalization service)是电子商务系统中非常重要的特征。就目前而言，个性化服务技术主要有两个层次：一是客户定制服务(customized service)，即根据客户的需要来满足其个性化要求；另一个是对客户的行为进行分析，信息系统主动挖掘客户的兴趣点，在客户产生购买欲望前，主动将相关的产品信息送给客户。

6. 安全技术、认证与支付技术

安全技术覆盖了交易过程中计算机实体及系统安全、数据安全、交易处理安全等部分，相应的系统灾难恢复、防火墙设备及密码技术等都得到了很大的发展，相关的安全规范基本形成。目前，安全技术体系主要包括：系统可靠性及灾难恢复技术、防火墙技术、加解密技术、数字签名、身份验证等。认证和支付技术是支持安全电子交易过程中不可分割的技术整体。认证技术保证交易双方身份的合法性，而支付技术则保证交易过程中交易双方信息的保密性。

10.2 电子商务系统的建设与开发

10.2.1 电子商务系统的生命周期

任何系统都有一个从产生、发展到衰亡的过程。新系统在旧系统的基础上产生、发展、老化、消亡，最后又被新系统所取代，这个过程被称为系统生命周期。电子商务系统作为一类特殊的信息系统，同样具有自己的生命周期。

对于一个信息系统而言，其生命周期是从系统评估立项开始，经过分析、设计、开发实施、投产运行，并最终经过升级换代，进入下一个生命周期，如图 10-3 所示。

参考一般信息系统的生命周期，人们根据电子商务信息系统的规律将电子商务信息系统的整个开发过程，从开始到结束划分为：系统规划、系统分析、系统设计、系统实施、系统运行维护这 5 个阶段，如图 10-4 所示。

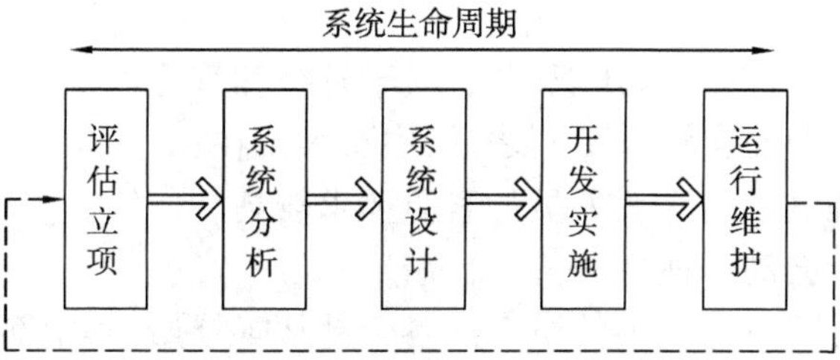

图 10-3　信息系统的生命周期

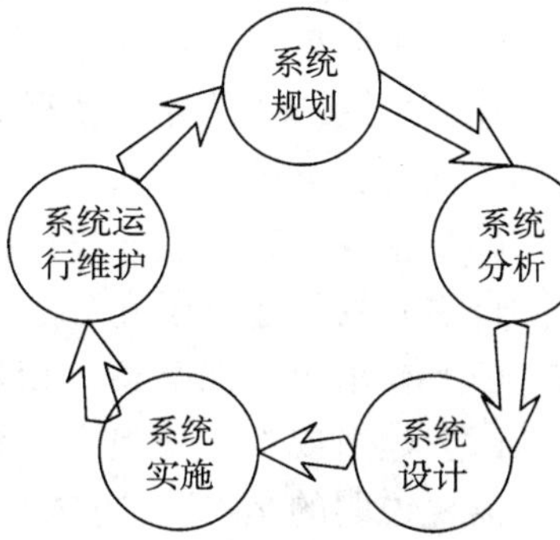

图 10-4　电子商务系统的生命周期

研究电子商务系统的生命周期就是要了解电子商务信息系统生命周期的规律，严格按照系统生命周期各个阶段规定的任务、目标和步骤去开发电子商务系统。

（1）系统规划：根据用户的系统开发请求，进行初步调查，明确问题，确定系统目标和总体结构，确定分阶段实施进度，然后进行可行性研究。

（2）系统分析：分析业务流程、数据与数据流程、功能与数据之间的关系，最后提出分析处理方式和新系统逻辑方案。这个阶段的任务是解决系统将要“做什么”的问题。

（3）系统设计：进行总体结构设计、代码设计、数据库（文件）设计、输入/输出设计、模块结构与功能设计，根据总体设计，配置与安装部分设备，进行试验，最终给出设计方案。

（4）系统实施：同时进行编程（由程序员执行）和人员培训（由系统分析设计人员培训业务人员和操作员），以及数据准备（由业务人员完成），然后投入试运行。

（5）系统运行维护：进行系统的日常运行管理、评价、监理审计，以及修改、维护、局部调整，在出现不可调和的大问题时，进一步提出开发新系统的请求。老系统生命周期结束，新系统诞生，构成系统的一个生命周期。

在每一阶段中又包含若干步骤，步骤可以不分先后，但仍有因果关系，总体上不能打乱。

10.2.2　电子商务系统的建设方式

随着时代的发展进步，社会分工越来越细，一方面，人们在生产活动中逐渐摆脱所有工作都由自己完成的方式；另一方面，工作内容的复杂化也使得电子商务系统的建造方式有了许多种，比较常见的有自主开发、外包和交易平台 3 类。

1. 自主开发方式

自主开发方式也称内包方式。其主要特征是：电子商务系统以企业内部自有的信息主管部门或者技术人员为主进行建造，电子商务系统的规划、分析、设计、实施等在内的建设过程均由企业内部人员完成，而企业外部人员没有或很少参与系统构建。自主开发方式是一种较为传统的方式,很多企业,尤其是较大型企业在建立信息系统时,都习惯采用这种方式。

自主开发方式的优点在于:

(1) 企业的内部信息技术人员对企业自身的需求比较了解,对企业电子商务系统的迫切需要有切身体会,所以,在建造过程中,比较容易把握系统的重点。

(2) 企业自主开发的系统与其他企业的系统相比较,一般具有独创性和差异性。而这种独创性或者差异性使得其他企业难以模仿,从而保证企业在竞争中,易于保持一种差异化的竞争优势。

(3) 企业拥有自主开发的电子商务系统的全部知识产权,易于升级和管理。

自主开发建造电子商务系统,对于企业而言也有不利之处,主要表现在:

(1) 要求企业拥有实力较强的研发队伍,对企业人员的素质要求较高。

(2) 建造成本与外包方式相比,可能会高一些。

需要说明的是:这种方式也不一定意味着系统中的所有内容全部从零开始,其中部分功能或者部分电子商务软件组件也可以外包或者购买,只不过强调的是整个系统的建造过程完全由企业自主控制。

2. 外包方式

外包方式是以合同的形式选择电子商务系统总承包商,由总承包商一揽子提供包括系统硬件、软件、数据安全和保密技术在内的所有项目,是一种以合同执行结果为导向的市场交易行为。

根据外包内容的不同,外包可以细分为两种方式,即外包开发和租用。顾名思义,外包开发是指企业将电子商务系统的开发建设工作部分或全部交给承包商完成,建成的系统交给企业自主运营。这里的外包开发涵盖了电子商务系统生命周期中的规划、分析、设计、实现环节,但不包含运行维护。租用则是指企业并不拥有或者不完全拥有相关的技术设备、应用软件,是通过向应用服务提供商租用设备、软件的使用权,开展自己的电子商务活动。如可以向电信租用主机服务器,向支付宝申请电子支付平台等。

首先,就信息技术在企业的推广进程看,成本压力是推动外包的主要原因。一方面,随着信息技术应用在企业的全面铺开,各部门的需求不断膨胀,缺乏约束的需求促使投资急剧增加,再加上有的企业对应用的规划和管理不力,更加重了开销。另一方面,日趋激烈的竞争促使企业必须降低成本以保持竞争优势,部门作为企业的“成本中心”自然也备受关注。除了成本压力之外,企业对绩效的不满、对新技术或者特殊技术的需求、向核心竞争战略的转变,以及供应商的促进作用都可能是企业考虑外包的原因。

其次,技术的复杂性也是推动外包的原因,由于对一般的外包企业而言,其核心业务都不是 IT 业务,或者即使从事 IT 业务,但也与拟外包的业务不相关,因此,在建设、运营系统所需的技术储备方面存在着不足。

尽管外包方式正得到越来越多的关注和越来越广泛的应用,但在选择外包方式之前仍然需要慎重考虑,这种方式存在以下几方面问题:

(1) 选择外包开发通常意味着企业不能通过电子商务系统的建设和运营在人才、设备和技术等方面实现很好的积累,因此,需要权衡这是否与企业长期发展的战略相吻合。

（2）外包开发之后，企业电子商务系统的运行要达到稳定、高效的目标，将在一定程度上依赖于承包商的支持，因此，有必要对承包商的技术实力、经营状况、稳定性等方面进行深入的考察。

（3）选择租用服务设备和应用软件一般仅具有某种类型电子商务所需的基本功能，缺乏针对性，因此，这种方式虽然可以满足企业大部分需求，但企业的特色服务难以得到全面满足，企业在经营手段、经营策略等方面的创新性难以得到充分体现。

（4）企业在使用所租系统时，势必要产生与自己生产、经营有关的数据，这些数据可能属于商业秘密，如客户信息、交易信息、合同信息等，可以说选择租用方式将在一定程度上存在泄密的风险。

3. 交易平台方式

交易平台方式是介于外包和自主开发方式之间的一条折中技术路线，旨在规避两种模式各自的风险。它是指企业与电子商务服务提供商建立长期的合作关系，电子商务服务提供商负责电子商务系统的硬件、软件，以及信息安全和保密工作；企业以租赁的方式接入电子商务服务提供商的网站，并通过网站提供的各项服务开展电子商务活动，如企业介绍、产品发布、在线广告、信息查询、商品展示、动态信息反馈、网上交易管理及客户关系管理等与商务相关的活动。

在交易平台方式中，企业是独立、自治的经济单位。从经济学意义上来讲，每一个企业都是自主决策、独立经营的市场主体，但是，为了适应网络时代电子商务的要求，企业需要电子商务服务提供商的支持。由此，众多的企业与电子商务服务提供商之间就建立了一种虚拟的企业形态——交易平台方式。可以说，交易平台方式是企业内部资源的外化和集成。从充分利用社会资源的角度来考察，交易平台方式是一种人力、设备和信息资源共享的电子商务发展模式。尤其在信息技术人员缺乏、软硬件投资巨大、信息技术项目风险较大的市场环境下，交易平台模式不仅是企业的合理选择，而且是充分利用社会资源、共担风险、共同发展的社会选择。

10.2.3 电子商务系统的开发方法

开发方法是指系统开发过程所依据的规则、步骤、技术和工具的系统方法。在电子商务系统的开发过程中，目前常使用的方法有以下 3 种。

1. 结构化开发方法

结构化开发方法是在 20 世纪 60 年代末提出的，是在 Dijkstra 等人提出的结构程序设计技术及生命周期法基础上发展起来的，是自顶向下结构化方法、工程化方法和生命周期法的结合。

结构化开发方法是先将整个信息系统开发过程划分出若干个相对独立的阶段，如系统规划、系统分析、系统设计、系统实施等，再严格规定每一阶段的任务和工作步骤，同时，提供便于理解和交流的开发工具的方法。在系统分析时，采用自顶向下逐层分解、由抽象到具体的逐步认识问题的过程；在系统设计时，先考虑系统整体的优化，再考虑局部的优化问题；在系统实施时，则坚持自底向上，先局部后整体，通过标准化模块的连接形成完整的系统。结构化系统方法的主要目标是确定系统的确切需求，从而设计出一个“正确”的系统，同时采用了一系列图形工具和技术，用户轻而易举就可理解它们。这种方式让分析员在分析阶段就能捕获错误，避免导致设计及系统开发的后续阶段的问题。结构化开发方法是目前应用比较广泛、最成熟的一种软件系统开发方法。

(1) 优点:从系统整体出发,强调在整体优化的条件下自上而下地分析和设计,保证了系统整体性和目标的一致性;遵循用户至上原则;严格区分系统开发的阶段性;每一阶段的工作成果是下一阶段的依据,便于系统开发的管理和控制;文档规范化,按工程标准建立标准化的文档资料。

(2) 缺点:用户素质或系统分析员和管理者之间的沟通问题;开发周期长,难以适应环境变化;结构化程度较低的系统,在开发初期难以锁定功能要求。

(3) 适用范围:主要适用于规模较大、结构化程度较高的系统的开发。

2. 原型法开发方法

原型法开发方法是软件开发技术发展到一定阶段的产物。与结构化方法相比,它扬弃了那种先经过一步步周密细致的调查分析,然后逐步整理出文字档案,最后才能让用户看到结果的烦琐做法。原型法一开始就凭借着系统开发人员对用户要求的理解,在强有力的软件环境支持下,迅速给出一个具备一定功能的、可运行的系统原型,然后与用户反复协商修改,最终形成实际系统,原型法在未定义好全局前,先抓住局部设计实现,然后不断修改,最后满足全面需求。

原型法开发方法的基本原理:系统开发者在初步了解用户需求的基础上,构想、设计和开发一个初始模型,该模型就称为原型或骨架。这个原型是一个可以实现的系统应用模型。用户与开发人员在原型的基础上共同探讨改进和完善方案,开发人员根据这个方案对原型进行修改得到新的原型,再去征求用户意见,反复多次直至取得满意的原型为止。原型法将系统调查、分析和设计三者融为一体,在获得一组基本的需求初始模型之后,首先建立一个能够反映用户需求的原型,让用户看到未来系统的概貌,以便判断哪些功能是符合需求的,哪些方面需要改进,它强调一个"快"字,即尽快实现一个系统的雏形,随着对系统理解程度的加深,再不断地对这些需求进一步补充、细化和修改,依此类推,反复进行,直到用户满意为止,最终建立起完全符合用户需要的系统。开发过程如图 10-5 所示。

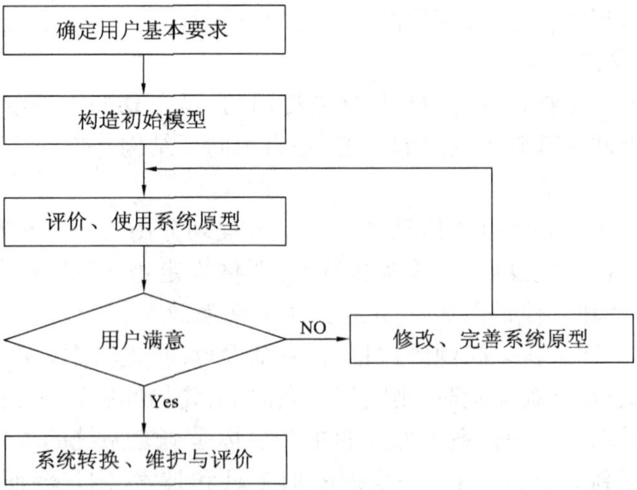

图 10-5　原型法开发过程

（1）优点：符合人们认识事物的规律，系统开发循序渐进，反复修改，可确保较好的用户满意度；开发周期短，费用相对少；由于有用户的直接参与，系统更加贴近实际；易学易用，缩短用户的培训时间；应变能力强。

（2）缺点：不适合大规模系统的开发；开发过程管理要求高，整个开发过程要经过"修改—评价—再修改"的多次反复；用户过早看到系统原型，误认为系统就是这个模样，易使用户失去信心；开发人员易将原型取代系统分析；缺乏规范化的文档资料。

（3）适用范围：处理过程明确、简单的系统；涉及面窄的小型系统，不适合于大型、复杂的系统，难以模拟；存在大量运算、逻辑性强的处理系统；管理基础工作不完善、处理过程不规范；大批量处理系统。

3. 面向对象的开发方法

面向对象的开发方法是一种新的思维方法，它的基本思想是基于所研究的问题，对问题空间进行自然分割，识别其中的实体及其相互关系，将客观世界抽象地看成若干相互联系的对象，建立问题空间的信息模型，然后根据对象和方法的特性研制出一套软件工具，使之能够映射为计算机软件系统结构模型和进程，从而实现信息系统的开发。面向对象的开发方法是从根本上提高软件系统的稳定性、可修改性和可重用性的一种软件工程，其开发过程如图 10-6 所示。

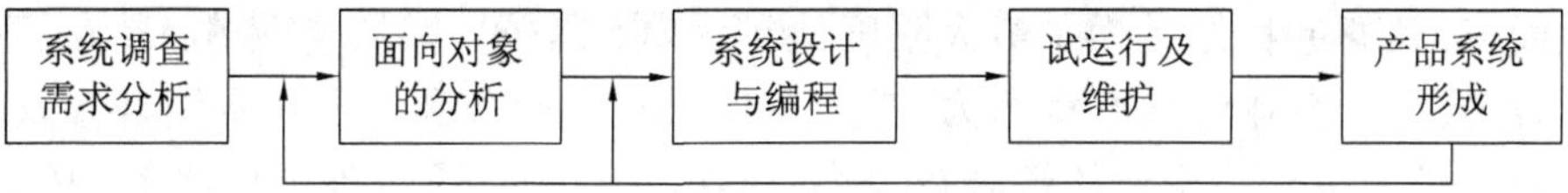

图 10-6　面向对象法开发过程

在面向对象的开发方法中，系统分析、设计与实现 3 阶段中，其着眼点或者说感兴趣的东西是相同的，即对象。对象与传统数据的本质区别是，对象包含了数据和操作，它能将数据和功能紧密地结合在一起，使开发出来的系统稳定性、可重用性及可维护性变好。在分析阶段识别出来的对象及其相互关系，不仅为系统设计提供了依据，同时也是系统设计的最高层次，系统分析、设计、实现人员在统一的信息模型指导下协调一致地工作，避免了各阶段的语义断层，系统开发的整个生命周期中的各个阶段间没有明显的界线，是浑然一体的。

（1）优点：更好地刻画客观世界的模型；易于处理复杂问题；开发出来的系统易于理解和维护；所采用的继承和多态等面向对象技术为软件复用和扩充创造了有利条件；由于从需求分析阶段到实现阶段都使用相同的面向对象概念，因此可实现开发过程中各阶段的"无缝连接"。

（2）缺点：总体设计也必须以结构化的自顶向下的整体系统调查和分析作基础，否则，系统同样会存在结构不合理、关系不协调的问题。它是一种以数据驱动而非功能驱动的分析法，对于系统的整体行为（即功能）缺少必要的分析，只是通过对象之间的消息传递并不能完整体现出系统的总体功能，因此系统的总体结构性较差。同上面的两种方法相比，掌握面向对象的开发方法的难度较大。

10.3 电子商务系统的规划与分析

10.3.1 电子商务系统的规划

电子商务系统建设是企业应用电子商务的第一步，是一个包括商务、技术、支付、物流等许多角色与要素的系统工程。在电子商务系统建设之前，必须充分研究涉及电子商务系统的所有因素，全面分析、统筹规划，以形成尽可能完善的电子商务系统设计方案。

1. 电子商务系统规划的基本概念

电子商务系统的规划是指以完成企业核心业务转向电子商务为目标，给定未来企业的商务模式，设计支持未来这种转变的电子商务系统的体系结构，说明系统各个组成部分的结构及内容，选择构造这一系统的技术方案，给出系统建设的实施步骤及时间安排，说明系统建设的人员组织，评估系统建设的开销和收益。

电子商务系统规划的主要目标是在确定系统的目标和定位的基础上，制定出电子商务系统的长期发展方案和战略，决定电子商务系统在整个建设过程中的发展方向、规模和进程。它对于企业开展电子商务具有决定性的作用。由于电子商务系统开发需要企业投入很大资源，因此开发电子商务系统首先应该明确系统规划的目标和定位。对于企业而言，其商务目标是为了最大限度地扩大利润空间，增加企业收入，为了达到这一目标，需要提高企业的核心竞争力，扩大市场份额。商务和电子技术结合开发的电子商务系统就是为了提高企业的核心竞争力，所以在设计电子商务系统之前，必须明确、完整地了解企业的战略目标。电子商务活动是企业经营活动的一部分，所以电子商务系统规划的目标和定位是同企业整体战略目标和定位相一致的。

电子商务系统的规划与传统信息系统的规划有所不同。传统信息系统对企业价值链的贡献主要体现在提高企业的生产、管理效率上，尽管它能改善企业的商务活动，但是并不直接对企业的商务模式产生革命性的影响，换句话说，传统信息系统的规划以企业商务模式处于稳定的状态为前提，它是在企业既有商务模式的基础上，集中针对企业内部信息流进行的技术改进和支持。

2. 电子商务系统规划的两个基本层次

企业电子商务系统的规划不仅是对支持企业电子商务的信息系统进行规划，还包括商务模型规划和商务系统规划两个基本层次，如图 10-7 所示。

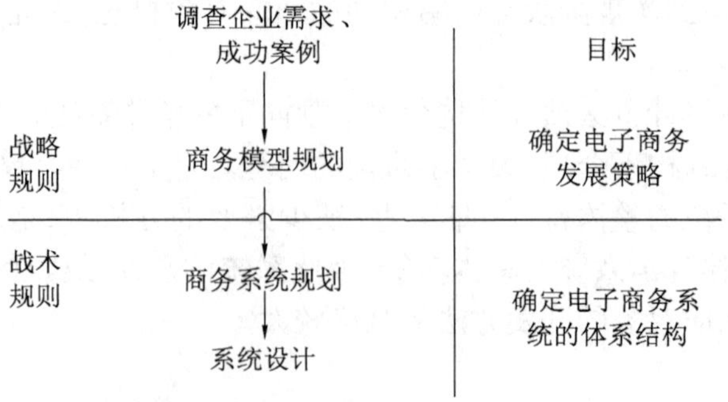

图 10-7 电子商务系统规划层次

（1）商务模型规划。这是一种战略层的规划，目标是明确企业将核心业务从传统模式转移到电子商务模式，并确定企业的商务模型。商务模型规划并不直接针对企业未来需要建造的电子商务系统，其主要目标是为电子商务系统规划提供依据。商务模型规划的内容包括两个方面：首先是确定企业核心业务未来如何发展，企业采取什么样的商务运作方式获取市场利益，即确定企业的商务模式；其次是确定支持企业商务运作的信息系统的基本信息流程，即规划企业的商务模型。确定这种规划的人员不仅仅是技术人员，更重要的是商务管理和决策层面的人员。

（2）商务系统规划。商务系统规划是一种战术层的规划，它侧重于以商务模型为基础，规划支持企业未来商务活动的技术手段，确定未来信息系统的体系结构。简单地讲，就是规划企业可以采用哪些电子手段做生意。商务系统的规划给电子商务系统开发提供了一个可依据的基本框架，其所要解决的基本问题是如何实现商务活动。由于这种规划过程侧重于技术实现，所以它的主要参与人员以熟悉网络和计算机技术的各类工程技术人员为主。

3. 电子商务系统规划的步骤

电子商务系统的核心是商务，是以顾客为中心的业务流程的再造和价值链的重新设计，所以在电子商务系统应用过程中，必须充分研究商务方面的因素，电子商务系统的规划必须以商务为导向，而不是让技术来引导电子商务的发展，通常进行电子商务系统规划的步骤如下：

（1）确定商务模型。开展电子商务系统的一个重要目标就是赢利，即企业采用什么样的商务运作模式来获取市场利益，其获利方式有哪些，这些需要确定企业的核心业务所适用的商务模型。

商务模式（business mode）和商务模型（business model）尽管都和企业电子商务的运作相关，但是两者有一定的差异。商务模式规划是商务模型构造的前提，而商务模型则是实现这一商务模式的各个具体组成部分的一个逻辑框架。

商务模式主要涉及企业经营的基本盈利方式、服务对象和服务内容，商务模式直接影响企业构造电子商务系统所采取的策略。例如，如果企业的服务对象以普通消费者为主，那么其未来商务模式基本是一种 B2C 的模式，而电子商务系统则可能需要突出电子服务社区或电子零售功能。相反，如果企业的服务重点是企业，那么，未来的电子商务系统就可能侧重于建立良好的电子商务市场，以更好地满足企业开展 B2B 交易的需要。

电子商务模型侧重于以企业的电子商务模式（或者更简单地说是企业电子商务策略）为基础，描述企业商务模式如何实现。比如，一个以家用电器为主导产品的家电企业，当它走向电子商务时，需要和什么样的商务中介发生联系呢？还可能和什么样的伙伴配合呢？未来的信息流程如何呢？这些都是电子商务模型需要阐述的问题。

电子商务模式和电子商务模型又是相辅相成的，其共同目标都是为了更好地设计企业电子商务的核心业务、盈利方式。前者侧重于从企业内部的经营上考虑，后者则着重从如何改善企业与外部环境的接口、改善企业的信息流程出发。

电子商务系统的商务模型规划的基本过程可以分成两个阶段。

第一阶段：确定企业的商务模式。该过程包括以下基本步骤：

① 分析企业商务活动中最基本的组成部分，考察其在电子商务环境下的变化；

② 理解 B2B，B2C 等基本电子商务模式的特征，分析企业未来电子商务活动的基本模式分类，确定企业未来的商务模式。

第二阶段：规划企业的商务模型。其基本思路为：对企业核心商务过程进行分析和评判，讨论电子商务环境对企业基本商务流程的影响，以缩短企业的产品供应链、加速客户服务响应速度、提高客户个性化服务、提高企业信息资源的共享和增值为目标，抽象化企业电子商务的基本逻辑组成单元，界定其相互关系。与此同时，确定企业的外部环境（明确与哪些合作伙伴发生关联）。最后，明确企业信息流、资金流和商品流的关系，进而建立起企业商务模型。建立商务模型的逻辑过程如图 10-8 所示。图 10-9 给出了一个电子商务模型实例。

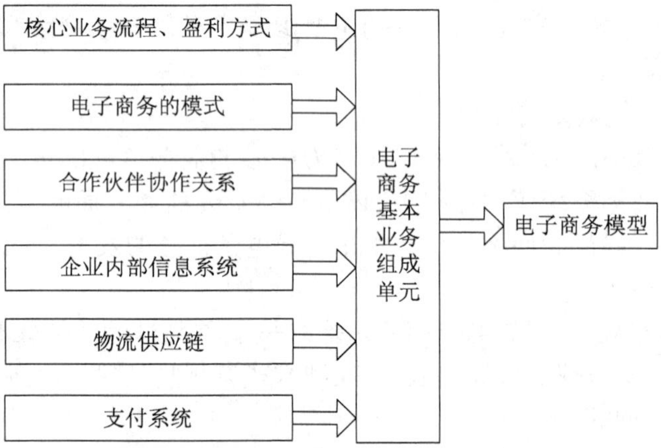

图 10-8　商务模型建立的逻辑过程

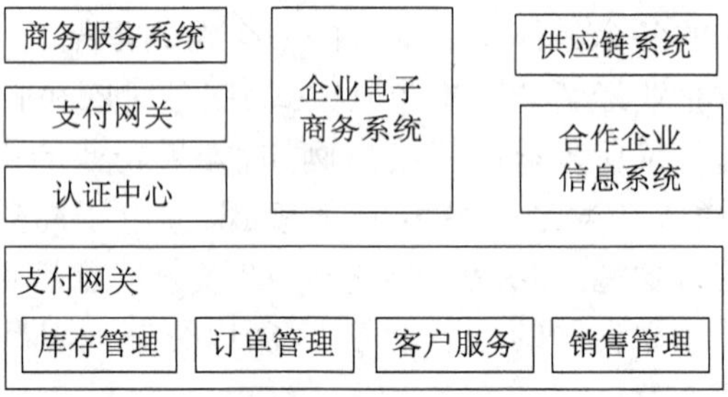

图 10-9　企业电子商务模型示意图

（2）确定商务系统模型。在确定了电子商务模型后，需要结合电子商务的特点，确定企业电子商务模型如何实现，确定实现这一商务模型的各个具体组成部分的逻辑框架，即系统模型。

电子商务系统从业务流程来看，和传统的企业信息系统主要的差别在于电子商务系统实施的是以客户为中心的商务模式，而不是传统企业信息系统以改善企业生产和管理效率为主要手段的模式。

从信息交换和数据处理上来看，电子商务系统涵盖了企业在市场、销售、生产、支付、物流、客户关系等各个业务环节，不仅需要和企业内部的信息整合，而且需要集成外部的信息系统，形成一个复杂的网状结构。面对这样一个复杂系统，如果按照传统信息系统分析设计中的方法进行规划设计，最终可能发现由于系统中存在大量的交叉关系，无论是“自顶向下（top-to-down）”的方式还是“由底向上（down-to-top）”的方式都很难处理这种系统的规划问题。

商务系统规划的基本思路：将电子商务系统划分为不同的层次，使复杂问题简单化，在每个层次解决特定的和有限的问题，通过逐层细化最终获得规划的完整结果。

商务系统规划的目标：完成从商务模型到电子商务系统体系结构的转化。

商务系统规划所要解决的问题：通过逐步细化给出支持企业商务活动的电子商务系统的体系结构。

电子商务系统规划的主要内容：① 商务系统的核心业务功能；② 关键业务流程；③ 商务系统的体系结构；④ 规划商务系统的基本组成部分；⑤ 说明各个层次的联系；⑥ 各个组成部分对商务系统的作用；⑦ 商务系统的结构；⑧ 应用软件系统的拓扑结构；⑨ 基础网络环境；⑩ 安全交易环境。

商务系统规划有两个基本依据：① 企业商务模式，它在业务上对商务系统规划提供约束；② 电子商务系统的建造技术及相关产品，它从实现角度提出约束。

一个合理的电子商务系统结构应当满足以下要求：① 对业务、平台、基础网络有清晰地描述；② 各个层次之间有明确的分工；③ 能反映系统各部分之间接口特征；④ 应当可包容各种服务平台、中间件和应用软件；⑤ 具备良好的可扩展性及可伸缩性。

根据以上对电子商务系统规划的要求，可以将电子商务系统的体系结构归纳为以下 9 个方面：

① 安全保障环境：安全保障环境对整个系统提供抗攻击、防止或者避免非法入侵的作用，这一环境对计算机系统、网络和应用系统提供安全保障。

② 基础设施：基础设施层是电子商务系统的运行环境，它包括计算机、网络等硬件环境，操作系统、数据库管理系统等软件环境，同时该部分还包括各种网络协议。

③ 基础支持平台：也可以称之为基础支持层，其作用是使应用系统的性能、效率和数据得到保证。它对商务应用提供 4 种基本的支持，即系统开发与维护环境、系统性能优化、系统可管理性及可靠性、应用的互操作性。

④ 商务支持平台：也称为商务支持层，这一层次的作用是提高应用系统效率。它为商务系统的应用软件提供辅助功能，简化应用程序的开发。

⑤ 商务服务平台：也可以称为商务服务层，这一层次直接为应用系统提供服务，优化应用层的功能，是商务应用层的必要补充。

⑥ 商务应用层：这是电子商务系统中的核心部分，它实现系统的核心商务逻辑。该层通过开发各种应用程序实现。

⑦ 商务表达层：该层次的作用是为商务应用层提供客户端表达支持，将商务应用层的各种商务逻辑处理结果以不同的形式提交给客户端，并负责完成电子商务系统与其服务客户之间的交互。

⑧ 客户端：该层次是客户接受服务的终点，包括浏览器（支持 HTML 或 XML 的客户机）、JAVA 客户机和传统的客户机，该层次负责对商务系统处理的结果作最终解释。

⑨ 内部信息资源：该部分负责完成企业内部的电子商务，内部信息资源与企业电

子商务系统之间形成共享关系。该部分主要包括企业 ERP 系统、企业内部数据库和其他的企业信息资源。

(3) 进行可行性分析。根据电子商务系统的环境、资源等条件,评估系统建设的成本和收益,对系统在技术上、经济上、管理上的可行性进行分析,判断要建设的电子商务系统是否有必要并有可能获得成功。

在规划阶段工作的后期,规划小组需要在初步调查和分析的基础上,拟订一个主要的和辅助的电子商务系统开发方案,该开发方案通常包括以下内容:① 系统的范围和目标;② 商务模式和商务模型的确定;③ 系统的总体设计,包括系统的总体结构、功能规划、数据规划、平台规划;④ 系统实施计划,包括系统开发方式的确定、开发进度表、投资概算、组织的设计;⑤ 投资方案,说明所需资金的数量及资金使用的安排;⑥ 人员培训及补充方案,说明新系统对人员数量及质量的要求,对现有人员进行培训及新增人员的计划。

在开发方案拟订之后,规划小组人员必须运用技术经济的理论与方法,进行可行性分析,可行性分析包括以下几个内容:① 系统成本收益分析;② 技术可行性分析;③ 系统管理可行性分析;④ 环境可行性分析。

最后根据分析的结果,对企业准备开发的电子商务系统给出可行性分析报告。可行性报告的内容包括:① 电子商务系统的概要;② 系统建设的背景、必要性和意义;③ 系统的候选方案;④ 可行性分析;⑤集中方案的比较;⑥ 根据分析得出的结论。

10.3.2 电子商务系统的分析

系统分析阶段要回答的中心问题是系统"要做什么",即明确系统功能。这个阶段的成果是逻辑模型。逻辑模型也称为概念模型,它展示了系统是什么,能做什么事情。逻辑模型与实现无关,它们独立于任何的技术实现来描述系统。逻辑模型说明了系统的本质,降低了由于过分关注技术细节而丢失业务需求所带来的风险。

系统分析阶段的主要任务可以归纳为 3 个方面。

1. 详细调查收集和分析用户需求

用户需求是指用户要求新系统应具有的全部功能和特性、开发费用和时间及资源方面的限制等。在总体规划时所做的初步调查只是为了总体规划和进行可行性分析的需要,相对来说比较粗糙。在系统分析阶段应在初步调查的基础上,进一步详细搜集和充分了解、分析用户的需求,这些需求包括:

(1) 功能需求:指待建系统最终所提供的系统服务,从而能够满足用户的业务需求。

(2) 非功能需求:指对系统的限制,比如对系统硬件、软件和通信的限制。包括性能需求、行为需求、操作需求、界面需求、安全需求和质量需求。它是对待建系统质量的属性要求,是对系统实现用户目标的约束。

接着需要对系统进行详细调查,目的在于完整地掌握现行系统的状况,发现系统存在的问题和薄弱环节,搜集资料,为下一步的系统分析和新系统的逻辑模型设计做好准备。详细调查应遵循用户参与的原则,即由使用部门的业务人员、主管人员和系统分析人员、系统设计人员共同进行,两者结合,互补不足,更深入地发现现行系统存在的问题,共同研讨解决的方案。

2. 确定新系统初步的逻辑模型

逻辑模型是指仅在逻辑上确定的新系统模型，而不涉及具体的物理实现。用户可以通过逻辑模型了解未来新系统，并在此基础上进行讨论和改进。

在详细调查基本结束，了解了系统的需求后，需要用有效的形式对其加以明确的定义。模型是定义系统需求最常用和最佳的形式，系统需求定义的过程就是对系统需求建模的过程。模型以一种简洁、准确、结构清晰的方式系统地描述了对象系统的需求，从而便于分析人员规范用户描述中的模糊性和不一致性，并使系统需求趋于完整。在分析的初期，系统分析人员通过访谈、会议和实地观察等方式为构筑模型搜集信息，同时，也利用不太完整的初步模型作为和用户相互沟通需求的表示机制。此后，分析人员利用结构化分析方法不断对模型进行精确化、一致化、完全化方面的工作。最终确立的系统模型称之为逻辑模型，是系统设计和实现的基础。

建立逻辑模型的方法有结构化的分析方法和面向对象的分析方法。

1）结构化的分析方法

结构化分析方法的出发点：一个计算机处理系统是由数据流和一系列的处理转换过程构成的，处理转换的过程是将输入数据流转化为输出数据流，所以结构化分析方法将分析的重点集中于数据及其处理过程。

需求分析过程应建立 3 种模型，即数据模型、功能模型和行为模型，这 3 种模型统称为逻辑模型。下面分别用不同的图表工具来实现模型。

实体联系图（entity-relationship，E-R）描绘数据对象及数据对象之间的关系，是用于建立数据模型的图形。数据模型是按照用户的观点，对电子商务系统涉及的各种数据建立的模型。它描述了从用户角度看到的数据，反映了用户的现实，而且与在软件系统中的实现方法无关。E-R 图提供了表示实体型、属性和联系的方法，用来描述现实世界的概念模型。构成 E-R 图的基本要素是实体型、属性和联系，其表示方法为：

（1）实体型：用矩形表示，矩形框内写明实体名；

（2）属性：用椭圆形表示，并用无向边将其与相应的实体连接起来；

（3）联系：用菱形表示，菱形框内写明联系名，并用无向边分别与有关实体连接起来，同时在无向边旁标上联系的类型（$1:1$，$1:n$ 或 $m:n$）。

图 10-10 为某学校班级管理的 E-R 图。

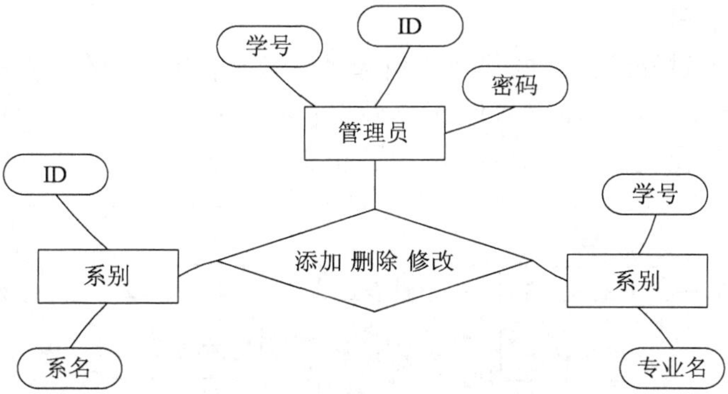

图 10-10　某学校班级管理 E-R 图

数据流图(data flow diagram,简称 DFD)采用图形方式来直观地表达数据在系统内部的流向和变换过程,是用于表示软件模型的一种图示方法。它通过一些图形符号表述数据源、数据流向、处理转换等,没有任何具体的物理部件,它只描绘数据在软件中流动和被处理的逻辑过程,是系统逻辑功能的图形表示,它关心的是企业业务系统中的数据处理加工的客观过程,并不关心未来电子化处理的加工过程,即使不是专业的计算机技术人员也容易理解它。

数据流图的基本元素包括数据流、处理、实体和存储,如图 10-11 所示。

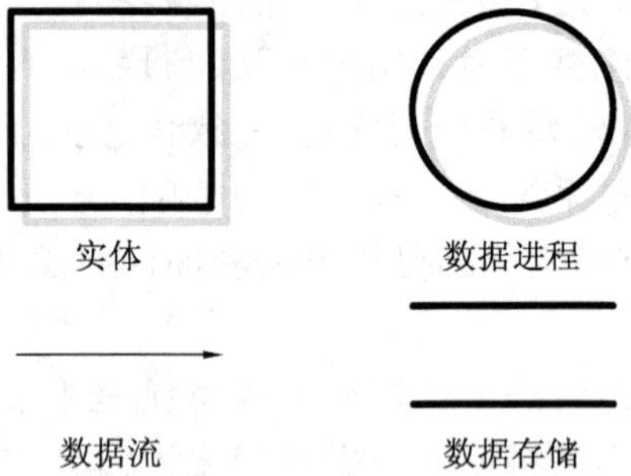

图 10-11　数据流图的基本元素

在结构化分析方法中,单纯地采用 DFD 很难具体表示出数据的详细内容。例如,在某系统的 DFD 中,有一个数据流是“订货单”,订货单的内容究竟是什么呢? DFD 无法回答这一问题,所以结构化分析方法中又采用数据字典方式描述数据的细节。例如“订货单”采用数据字典可以表述如下:

- 订货单
  - ➢ 订货单标识
  - ➢ 顾客详情
  - ➢ 配件详情

数据字典中的数据也可以逐步求精,例如订货单中的“订货单标识”可进一步细化为:

- ➢ 订货单标识
  - ✧ 订货日期
  - ✧ 订货单编号

状态转换图通过描绘系统的状态及引起系统状态转换的事件,来表示系统的行为。此外,状态图还指出了作为特定事件的结果将执行哪些动作(如处理数据)。因此,状态图提供了行为建模机制。图 10-12 给出了状态图中使用的主要符号。

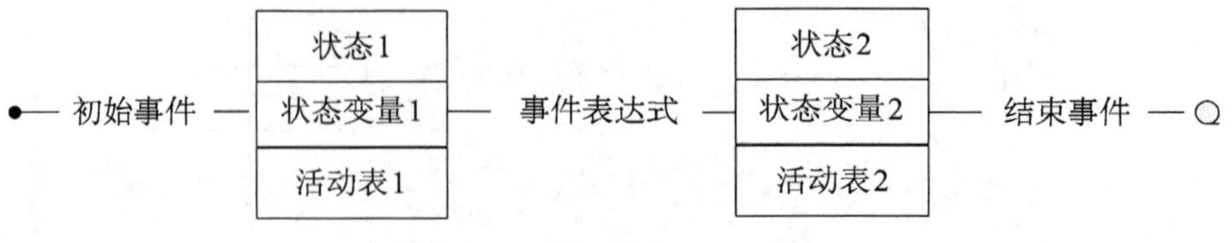

图 10-12　状态图中使用的主要符号

2）面向对象的分析方法

面向对象的基本思想：由于现实世界由相互联系的各种事物组成，每一事物均有其自身的属性和特定的行为，因此，不妨遵循此思想，以最自然的形式针对现实世界中的问题建模，并按人们通常的思维方式对问题进行求解，以期简化问题模型，降低求解难度。

面向对象的分析方法有很多，历史上曾经发挥巨大影响的 Booch，OMTCoad/Yourdon，Jacobson 方法在面向对象软件开发界得到了广泛的认可。Booch 方法的优点在于其丰富的符号体系；Rumbaugh 的 OMT 方法从 3 个视角描述系统，相应地提供了 3 种模型：对象模型、动态模型和功能模型；Coad/Yourdon 方法严格区分了面向对象分析(OOA)和面向对象设计(OOD)，该方法利用 5 个层次的活动来定义和记录系统行为、输入和输出；Jacobson 的方法与上述 3 种方法有所不同，它涉及整个软件生命周期，包括需求分析、设计、实现和测试等 4 个阶段；而统一建模语言 UML(unified modeling language)，结合了 Booch，OMT 和 Jacobson 方法的优点，统一了符号体系，并从其他的方法和工程实践中吸收了许多经过实际检验的概念和技术，UML 作为一种标准的建模工具已经得到世界的认可，成为国际标准。

基于 UML 的 Rational ROSE 方法面向对象设计过程。现以某金融贸易系统为例说明 UML 建模的具体过程。该过程主要包括：需求分析、设计、实现、测试和配置。

(1) 需求分析。这是一个决定系统能否符合用户需求的关键步骤，该阶段的好坏直接影响到设计的进度和质量。需求分析主要是定义用例，对该系统的主要功能进行描述，从而确定系统的功能需求，在这部分主要应用的是用例图，用例图要详尽地表示系统的各种关系。在该系统中各角色的关系如图 10-13 所示。从中可以清楚地看出各个角色之间的关系，所以在进行系统的设计、实现时可以减少盲目性。在进行需求分析时，要注意领域分析及类与对象的定义。

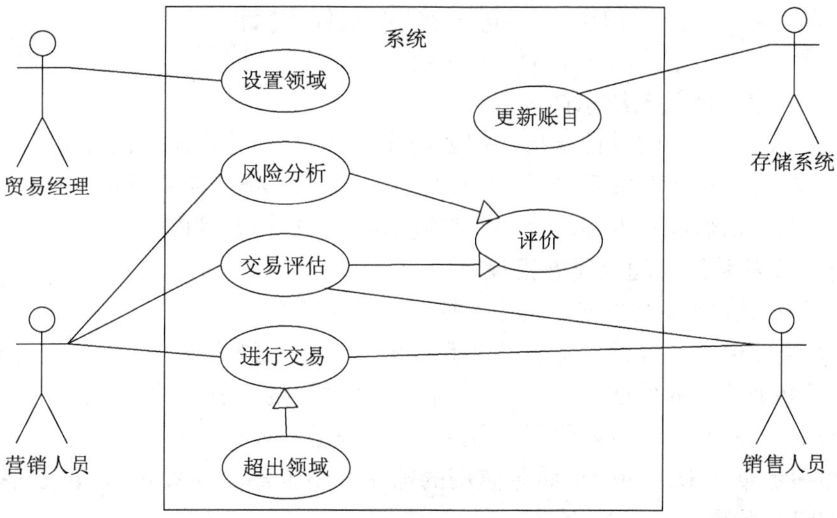

图 10-13　某金融贸易系统关系图

(2) 设计。设计一般分为架构设计和详细设计。这部分主要包括定义包、描述包间的相关性和基本的通信机制。注意要减少相关的二义性及与用户的接口设计。

(3) 实现。在这个过程中 UML 的优点可以得到长足的体现:运用 Rational ROSE 提供的环境将前几步设计的图进行分析,然后可以转换成自己所熟悉的高级语言,并在高级语言中进行编辑,在高级语言的环境中可以看到 UML 把图转换成系统的程序设计的结构框架。并且,在进行该系统扩展时只需要在前两步设计的图中进行更改,从而改变程序框架,彻底改变了传统设计中更改所带来的复杂性与潜在的危险性。

(4) 测试与配置。在进行测试的时候,同样可以运用 UML 将整个系统分为不同的单元,然后将各个单元作为一个“整块”,运用不同的图进行“整块”测试。将测试后的结果再返回到设计实现中进行分析,将完整无误的软件与需求说明结合,从而可以顺利地进行配置。可以看出:UML 的图运用于整个系统设计的全过程,减少了设计盲目性,提高了设计效率。测试的目的是发现代码中的错误。在系统被修改后都要进行回归测试(regression test),回归测试用来检查一次改动是否对其他功能有所影响。

3. 编制系统分析报告

系统分析报告是下一步进行设计及实现系统的纲领性文件,主要内容有:

(1) 概述:主要是对企业和欲开发系统的基本情况做概括性描述,如预建系统的背景材料、企业概况等。

(2) 现行系统情况描述:电子商务系统有可能是在现行系统的基础上建立起来的,因此需要了解现行系统目标、规模、界限;现行系统的逻辑模型;用户需求分析;存在问题分析等。

(3) 新电子商务系统的描述:电子商务系统的名称、目标和主要功能;逻辑模型等。

(4) 系统设计实施的初步计划:工作任务的分解、时间进度计划、资源需求、经费预算等。

10.4 电子商务系统设计

10.4.1 电子商务系统总体设计

所谓电子商务系统的设计是指根据系统规划的内容,界定系统的外部边界,说明系统的组成及其功能和相互关系,描述系统的处理流程,给出未来系统的结构。它主要包括电子商务系统物理配置方案设计、功能模块设计和数据处理的总体结构设计。

1. 电子商务系统物理配置方案设计

电子商务系统物理配置方案设计包括以下两个部分:

(1) 系统硬件结构设计。电子商务系统的计算机和网络硬件平台的选择在很大程度上决定了整个系统的性能指标,所以在选择的时候,要注意到整个硬件平台不仅要可靠性高、安全性好、有一定的网络吞吐能力,还要采用开放的体系结构,具备一定的可扩展性,能够满足企业未来的电子商务应用的需求。下面给出系统的硬件及网络配置结构,如图 10-14 所示。

(2) 电子商务系统软件结构设计。电子商务系统软件结构的设计工作,实际上是对确定的硬件结构中的每台计算机指定相应的计算机系统软件,包括操作系统、数据库管理系统、应用服务器系统、开发工具软件等。

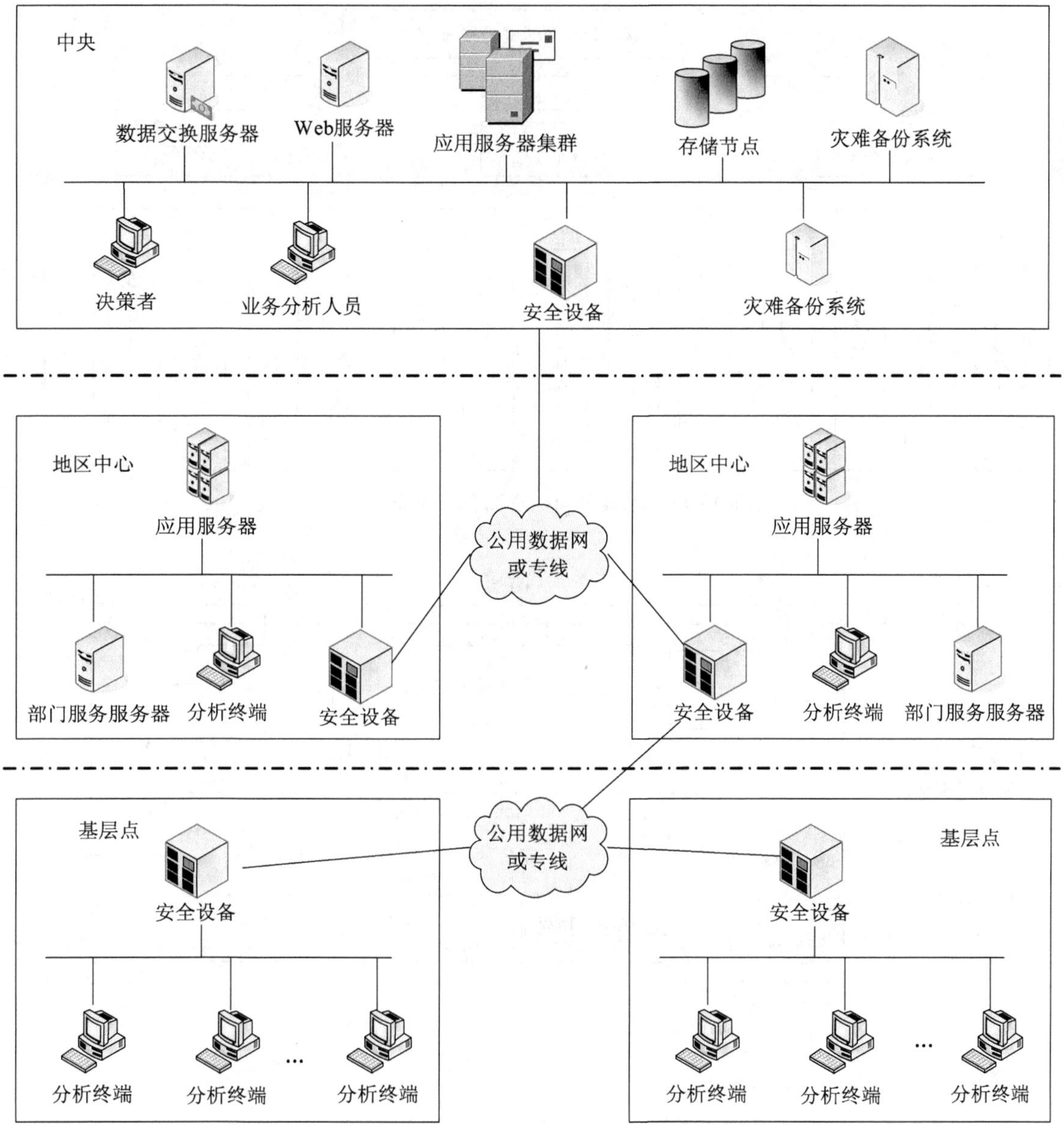

图 10-14 硬件及网络配置结构图

2. 电子商务系统功能模块设计

电子商务系统的功能分解过程就是一个从抽象到具体、由复杂到简单的过程。从管理职能的角度,可以把电子商务系统看作由不同职能的一系列子系统构成的,这些子系统可以再分解成更小的子系统和模块,整个电子商务系统就是由这些功能模块构成的。每个子系统都有为完成有关的各种信息处理工作的专用或公用的计算机程序。在每个职能子系统内部都包含用于事务处理、作业控制、管理控制和战略计划的具体应用。图 10-15 给出了某公司的电子商务系统模块结构。图 10-16 给出了系统的功能结构。

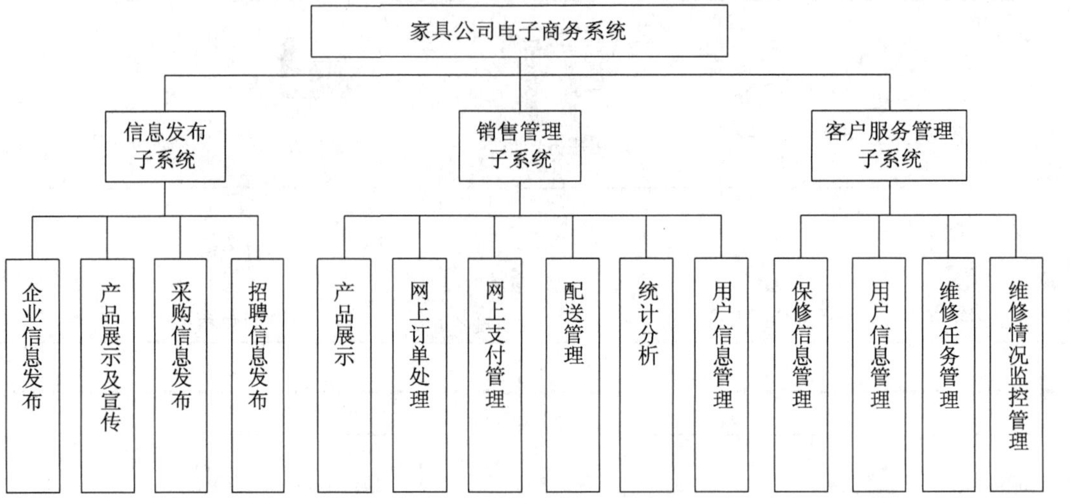

图 10-15　家具公司电子商务系统模块结构

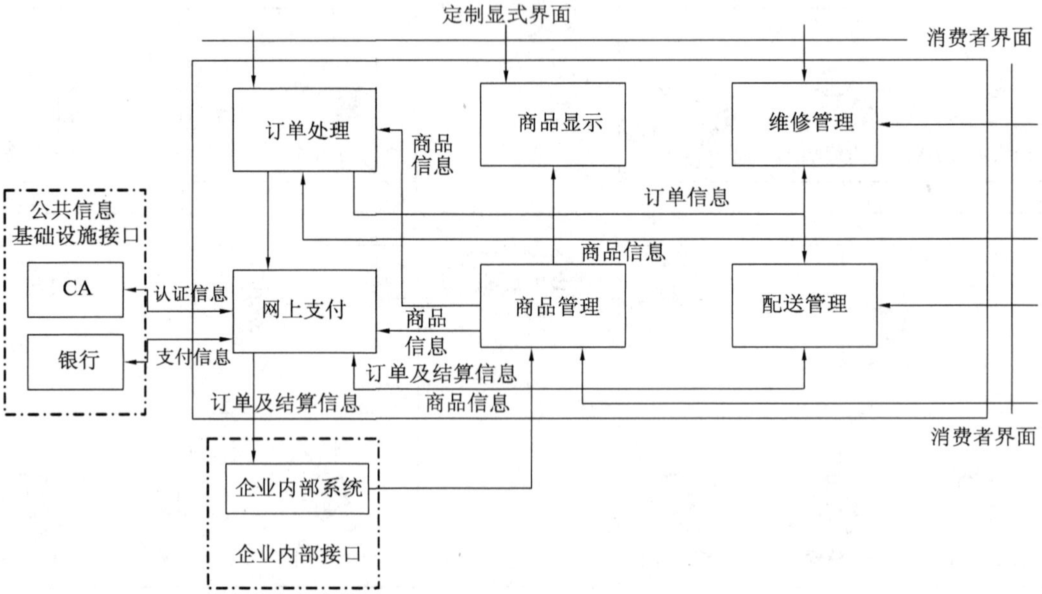

图 10-16　系统的功能结构

3. 电子商务系统数据处理的总体结构设计

电子商务系统的数据处理可以分为集中式数据处理、分布式数据处理和协作式数据处理 3 种方式。在集中式数据处理方式中，数据全部存储在中央系统，由数据库管理系统进行管理，所有的处理都由该中央系统完成，终端是客户机，它只用来输入和输出数据，本身不做任何处理。但是由于个人计算机的性能得到了极大的提高，使数据处理能力分布到网络上的所有计算机成为可能，这也使分布式数据处理方式得到广泛应用。在协作式数据处理方式中，系统内的计算机能够联合处理数据，处理既可集中实施，也可分区实施。协作式计算允许各个计算机合作处理一项共同的任务，采用这种方法完成数据处理的速度要快于仅在一个客户计算机上运行；协作式计算允许计算机在整个网络内共享处理能力，可以利用其他计算机上的处理能力完成任务。除了具有在多个计算机系统上处理任务的能力外，该类型的网络在共享资源方面类似于分布式计算。企业要根据自身的电子商务应用需求选择相应的数据处理方式。

10.4.2 电子商务系统应用软件设计

电子商务系统应用软件处于电子商务系统层次体系结构的最顶层，其主要作用就是实现电子商务系统的逻辑应用功能，换句话说，底层的诸如主机设备、网络、系统平台都是为应用软件服务的。应用软件在电子商务系统中处于最重要的地位，其优劣直接关系到企业电子商务活动是否能顺利、有效地开展。

电子商务系统的应用多种多样，从模式上可以分为6类：

(1) B2C(business to consumer)：企业与消费者之间的电子商务；

(2) B2B(business to business)：企业与企业之间的电子商务；

(3) C2B(consumer to business)：消费者与企业之间的电子商务；

(4) C2C(consumer to consumer)：消费者与消费者之间的电子商务；

(5) B2G(business to government)：企业与政府之间的电子商务；

(6) BMC(business medium consumer)：企业、中间监管与消费者之间的电子商务。

从覆盖行业来说可以涉及工矿企业、商业、交通运输业、邮电业、金融业、文化娱乐业等，其功能随应用模式及所在行业的不同而不同，但从基本的商务功能讲，电子商务系统一般具有以下几项扩展功能中的一项或者多项：

(1) 信息服务功能：提供诸如产品(或服务)、价格、业务介绍等信息，以及搜索与导航功能，方便用户获得相关信息。

(2) 交易功能：确定双方交易的形成，如处理订货、确认及其他与交易有关的事项。

(3) 支付结算功能：完成双方交易金额的清算，主要通过委托现有的金融机构来处理信用卡授权和结算。

(4) 对商品(或服务)的跟踪功能：交易形成后，应提供用户对所购商品或服务的跟踪功能，使客户和商家能随时保持交流与沟通。

除此之外，电子商务应用软件还可根据具体要求，以电子商务平台提供的功能和信息为基础，进行一定的整合后，提供一些与系统管理和维护相关的功能，主要包括网络管理功能、网络安全功能、网络应用功能、数据管理等，以方便用户对整个电子商务系统的管理和维护工作。

电子商务应用软件设计主要包括以下几项任务。

1) 软件架构设计

软件架构表示了一个软件系统的高层结构。在电子商务系统中，软件架构主要描述了构成系统的成分，这些成分之间的相互作用、指导其组合的风格及对这些风格的描述等。对于电子商务应用软件来说，进行具体设计之前，首先要确定软件架构，为下面的设计构建框架，作为后续设计的基础和前提。

架构设计的主要目的就是把系统划分为若干相互独立的部分。划分的方式通常有横向划分和纵向划分两种：

① 横向划分是将系统按照商业逻辑进行划分，如将一个网上书店系统划分为进

货、销售、库存管理、员工管理等;

② 纵向划分是按照抽象层次的高低,更多地从计算机处理角度出发,将系统划分为若干层,每个层次完成一定的处理功能,如数据处理层、业务逻辑层等。目前,在电子商务软件设计中常见的层次结构主要有三层结构和多层结构两类。其中,三层结构主要应用于业务逻辑相对简单、访问量不是很大的小型电子商务软件中,而多层结构则多用于业务逻辑相对复杂、访问量较大的大中型商务软件中。

2)子系统划分与模块设计

应用软件子系统的划分目的是从计算机实现的角度入手,将整个应用软件分解为不同的、功能相对独立的子系统。在此基础上,进一步将子系统细化为功能独立的模块,分析确定每个模块的处理流程,最终为可编程的应用程序模块。

3)数据库设计与联机事务处理设计

数据库设计主要针对应用软件中要处理的数据对象进行,其目的是使应用程序中用到的数据能够根据性质、用途、要求等特征,组织成为有效形式。数据库设计主要针对数据库管理系统(DBMS)管理结构化数据,设计内容主要是对数据的逻辑结构、存取方式等进行设计。

4)输入/输出设计

输入/输出设计主要对应电子商务应用软件的表示层进行,其任务可包含两个部分:选择客户端设备,并根据客户端设备的基本特征选择或设计客户端应用软件;输入/输出软件设计,主要是对应用软件的输入/输出数据的格式、内容、方法、校验等方面进行设计,目的是保证应用软件所要处理的输入数据是合法的、准确的,系统输出的数据正确、直观和美观。需要注意的是,有关统计资料表明了一个有趣的现象"与应用软件核心业务逻辑处理相关的代码占总代码的20%,而与输入/输出相关的代码则占80%"。输入/输出软件设计的主要内容包括:输入方式、输入界面设计、输出结果的形式。

10.5 电子商务系统的实施和运行维护

10.5.1 电子商务系统的实施与试运行

电子商务系统分析、设计阶段给出了系统逻辑结构的描述,使人们可以把握未来电子商务系统的组成、应用功能、运行环境及主要的处理逻辑。其后,建造电子商务系统的工作进入系统实施阶段。系统实施也就是系统实现,就是要在系统设计的指导下,将设计蓝图变为实际存在的电子商务系统,将系统的逻辑模型进一步转化为相应的物理系统,经过试运行测试后投入实际运行。

系统实施是一个复杂的系统工程,其中不仅要设计各种软件和硬件设施,而且还涉及诸多方面的部门和人员,其中既有开发技术人员,也有业务人员;既有集成商,也有用户企业。所以,在系统实施阶段,必须做好统筹规划,使系统建设措施得当,循序渐进,避免走弯路和造成浪费。

电子商务系统的构建方式可以分成两类。

1. 传统的Web开发方式

在这种方式下,系统的开发工作主要集中在各种静态、动态网页的制作上。电子商务系统在早期基本上都是采取这种编程模式，目前该模式在规模不是太大的电子商务系统中仍然被大量采用。基于 Web 的应用开发模式如图 10-17 所示。

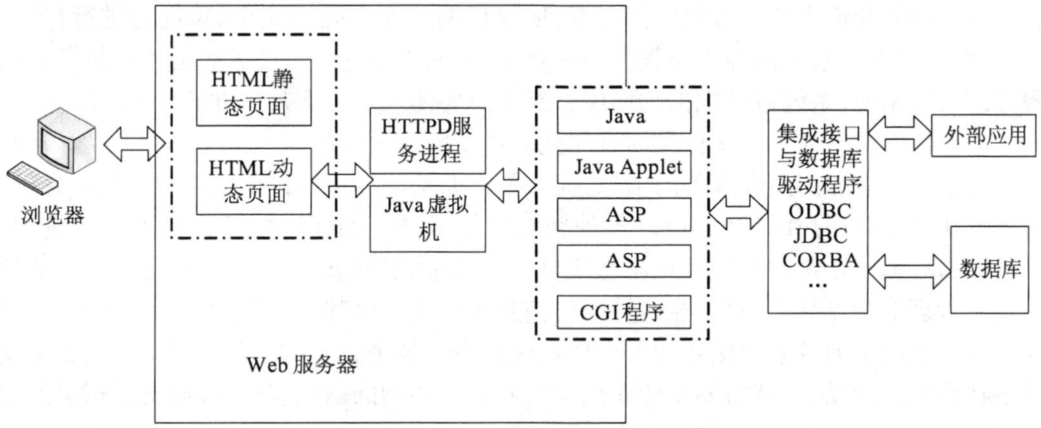

图 10-17　基于 Web 的应用开发模式

采用 Web 模式的目标系统结构分两层，比较简单，所以将编程工作分成两部分：静态网页制作和动态网页制作。静态网页制作相对较为简单，可以利用各种网页制作工具（如 dreamwaver）完成；动态网页制作的重点集中在各类公共网关接口的程序（CGI）、脚本程序的编写方面。此外，应用软件如果和其他外部应用集成，则主要通过动态网页的 CGI 程序、脚本程序的数据库接口驱动程序实现。

2. 基于构件的开发方式

这一方式是基于软件复用的思想。基于构件的开发是指在一定构件模型的支持下，采用复用构件库中的软件构件，通过组合手段高效率、高质量地构造应用软件系统的过程。其开发工作的重点集中在查询、购买可复用的构件，以及开发那些必须被开发以满足需求的新构件上。

近 10 年来，构件技术得到了飞速发展，构件商不断出现。构件技术已成为当今应用开发的主流。它的优势包括如下几个方面：① 大大缩短软件开发周期；② 提高软件生产率；③ 提高软件的灵活性和可靠性；④ 大大降低软件维护费用和开发成本；⑤ 软件生产社会化。

构件模型是对可复用构件之间相互通信的一组标准的描述，它是构件开发的基础。目前，国际上有 3 大分布式构件模型：

（1）由 OMG 组织推出的 CORBA（common object request broker architecture，公共对象请求代理体系结构）；

（2）微软公司提出的 COM +（common object model，构件对象模型）；

（3）Sun 公司的 J2EE（Java2 enterprise edition）。

由于电子商务系统的复杂性，开发人员在开发过程中不可避免地要出现差错。因此，对系统进行试运行，进行软件测试是必需的。试运行测试的目的就是尽可能地发现系统中的问题和错误。系统测试的内容主要有：用户界面测试、功能测试、接口测试、兼容性测试、安全测试。

10.5.2 电子商务系统的运行维护

电子商务系统的运行维护就是对电子商务系统进行全面的管理。它一方面监控和管理系统输入和输出两个方向的信息流，以保证网上业务处理安全、顺利地进行；另一方面，要确保整个系统内容的完整性和一致性，从而为企业电子商务的运作提供良好的服务。具体来说，系统运行维护的作用和意义主要体现在以下几个方面：

（1）促使电子商务系统信息的有序化。电子商务系统在运行过程中，不仅要及时发布大量有关企业产品和服务的信息，而且要不断接收客户的订单信息和反馈信息，同时要快速地响应用户的访问，所以各种类型的信息杂乱而无序的频繁往返于系统中。为使输出和输入系统的各种信息流有序且不断流动，就要求系统的信息有序化。从信息资源管理的观点来看，只有经过管理的信息才能成为可利用的信息。

（2）使电子商务系统信息的安全性得到提高。越来越多的企业通过电子商务系统开展在线销售活动，这就需要支持在线支付和在线购物的信息管理，按照交易信息的层次进行信息的加工与存储，并依据交易数据涉及的商业秘密进行数据加密和解密管理，以及用户管理等。通过对电子商务系统科学而有效的管理，使网上交易的安全性得到提高。因此，一个好的电子商务系统在运行维护时应在这方面给予足够的重视。

（3）将使企业系统的信息更加丰富、内容更加多样化。电子商务活动的顺利进行得益于良好的系统管理。一个拥有好的系统管理的企业，可以有更多的精力投入自身系统内容的设计与构建中，并积极开展商业运作活动，从而在网上交易过程中，从更多途径了解用户、了解市场、了解竞争对手的信息，在电子商务活动中得到更大的益处，以促进企业自身的发展。

（4）可以提高管理人员的工作效率。电子商务运行维护的系统化将给一些非专业的系统管理员带来很多方便，从而减轻他们管理和维护系统的工作量和复杂程度，提高电子商务系统管理的效率。

电子商务系统运行维护工作的内容繁杂，归纳起来主要包括以下几个方面。

（1）应用软件维护。在系统运行后，可能会发现一些在测试过程中没有发现的局部问题，或者是企业的业务流程发生局部变化，这些都可能引起应用程序的部分修改或者调整，这时，就需要对系统应用程序进行维护。应用软件的维护内容一般包括以下几个方面：

① 改正性维护，即对系统测试过程中没有暴露，而在系统运行后发现的应用程序的错误进行维护。

② 适应性维护，指由于系统运行环境升级换代导致应用程序需要进行改变的维护。例如，系统运行后，由于用户访问人数的增加，导致计算机设备的档次提升、操作系统或数据库版本升级，这些情况下应用软件可能会需要进行相关的调整，以适应系统环境的变化。

③ 完善性维护，一般发生在企业提出了新的需求，或者要求现有的应用软件增加功能时，这时需要在原来的基础上，增加一定的代码以满足用户的要求。

④ 预防性维护，指为了提高软件的可维护性、可靠性等，为以后进一步改进软件打下良好基础而对软件进行的修改工作。

（2）数据维护。数据维护是指对系统的文件、网页及支持企业与客户之间数据信息往来的文件传输系统和电子邮件系统的维护。

电子商务系统的资源由服务器端一个个网页代码文件和其他各类资源文件组成。系统运行一段时间后，可能会出现日志文件逐渐增大、系统临时文件增多的现象。同时，系统产生的数据也需要备份或者恢复等，这些都需要对数据进行维护管理。一般来说，数据维护包括系统文件的组织、系统数据备份、系统数据恢复和系统垃圾文件处理，以及对所有网页、链接的更新等。

（3）平台维护。平台维护主要指对系统运行平台的管理、维护，其目的是要保障电子商务系统正常、持久、高效的运行。平台维护的对象包括操作系统、数据库、Web Server、Application Server、网络等。平台维护工作主要内容包括：性能调整、安全监控、日志处理等。例如，在性能调整方面可以通过调整服务进程数、结果缓存大小等为不同的商务应用配置合适的系统资源。

（4）安全维护。安全对于电子商务系统非常重要，在系统运行维护过程中仍然要将系统安全作为一个重要内容，着重从系统维护过程中有关实体安全、运行安全、信息安全的角度来进行维护。

实体安全是保护计算机设备、设施及其他媒体免遭地震、水灾、火灾和其他环境事故破坏的措施、过程。主要涉及环境安全、计算机信息系统设备安全和存储介质安全。

运行安全主要是根据系统运行几率，跟踪系统状态的变化，分析系统运行期的安全隐患，旨在发现系统运行期的安全漏洞，改进系统的安全性。主要包括审计跟踪、系统设备和系统数据的备份与恢复。

信息安全主要指对操作系统和数据库的安全管理、网络安全的维护、计算机病毒的防治、安全防护软件的管理。

10.6 移动电子商务

10.6.1 移动电子商务的定义和特征

移动电子商务（M-Commerce）由电子商务（E-Commerce）的概念衍生出来，电子商务以 PC 为主要界面，是“有线的电子商务”；而移动电子商务，则是通过手机、PDA（个人数字助理）等可以装在口袋里的终端与我们见面，无论何时、何地都可以开始商务活动。有人预言，移动商务将决定 21 世纪新企业的风貌，也将改变生活与旧商业的面貌。

移动电子商务就是利用手机、PDA 等无线设备进行 B2B 或 B2C 的电子商务，以前这些业务一贯是在有线的 Web 系统上进行的。与传统的通过电脑（台式 PC、笔记本电脑）平台开展的电子商务相比，它拥有更为广泛的用户基础。通过移动通信解决方案可实现随时随地地沟通，创造没有疆界、不停顿的商务活动。因此，它具有更为广阔的市场前景。

移动电子商务从本质上归属于电子商务的类别，是在创新技术推动下产生和形成的一种创新的、便捷的、大众化的，能够使商务主体在移动中进行的，适应市场发展与变化而出现的新型商务模式。移动电子商务具有以下优势：

（1）突破了互联网的使用局限和性能局限。

（2）适应了商务主体在移动状态下活动的要求。

(3) 进一步消除了时间和地域的限制，提供了便捷、及时、直接、高效、大众化的商务交往方式，使随时随地的信息传输和商业交易成为可能。

(4) 开拓了电子商务的崭新领域，在更大、更广的范围内提升了商务主体的参与范围和参与深度。

(5) 节省了人力资源的成本和交易费用，不失时机地为商务价值实现提供了机遇和可能。

随着移动通信技术和计算机的发展，移动电子商务的发展已经经历了 3 代。

(1) 第一代移动商务系统：是以短讯为基础的访问技术，这种技术存在着许多严重的缺陷，其中最严重的问题是实时性较差，查询请求不会立即得到回答。此外，由于短讯信息长度的限制也使得一些查询无法得到一个完整的答案。这些令用户无法忍受的严重问题也导致一些早期使用基于短讯的移动商务系统的部门纷纷要求升级和改造现有的系统。

(2) 第二代移动商务系统：采用基于 WAP 技术的方式，手机主要通过浏览器来访问 WAP 网页，以实现信息的查询，部分地解决了第一代移动访问技术的问题。第二代的移动访问技术的缺陷主要表现在 WAP 网页访问的交互能力极差，因此极大地限制了移动电子商务系统的灵活性和方便性。此外，WAP 网页访问的安全问题对于安全性要求极为严格的政务系统来说也是一个严重的问题。这些问题也使得第二代技术难以满足用户的要求。

(3) 第三代的移动商务系统：采用了基于 SOA 架构的 webservice、智能移动终端和移动 VPN 技术相结合的第三代移动访问和处理技术，使得系统的安全性和交互能力有了极大的提高。第三代移动商务系统同时融合了 4G 移动技术、智能移动终端、VPN、数据库同步、身份认证及 Web service 等多种移动通信、信息处理和计算机网络的最新前沿技术，以专网和无线通信技术为依托，为电子商务人员提供了一种安全、快速的现代化移动商务办公机制。

与传统的商务活动相比，移动商务具有如下特点：

(1) 更具开放性、包容性。移动商务因为接入方式无线化，使得任何人都能更容易地进入网络世界，从而使网络范围更广阔、更开放；同时，使网络虚拟功能更带有现实性，因而更具有包容性。

(2) 具有无处不在、随时随地的特点。移动商务的最大特点是“自由”和“个性化”。传统的电子商务已经使人们感受到了网络所带来的便利和快乐，但它的局限在于必须有线接入，而移动电子商务则可以弥补传统电子商务的这种缺憾，可以让人们随时随地结账、订票或者购物，感受独特的商务体验。

(3) 潜在用户规模大。中国的移动电话用户已超过 13 亿，是全球之最。显然，从电脑和移动电话的普及程度来看，移动电话远远超过了电脑。而从消费用户群体来看，手机用户中基本包含了消费能力强的中高端用户，而传统的上网用户中以缺乏支付能力的年轻人为主。由此不难看出，以移动电话为载体的移动电子商务不论在用户规模上还是在用户消费能力上，都优于传统的电子商务。

(4) 能较好地确认用户身份。对传统的电子商务而言，用户的消费信用问题一直是影响其发展的一大问题，而移动电子商务在这方面显然拥有一定的优势。这是因为手机号码具有唯一性，手机 SIM 卡片上存贮的用户信息可以确定一个用户的身份，而随着手机实名制的推行，这种身份确认将越来越容易。对于移动商务而言，这就有了信用认证的基础。

（5）定制化服务。由于移动电话具有比 PC 更高的可连通性与可定位性，因此移动商务的生产者可以更好地发挥主动性，为不同顾客提供定制化的服务。例如，开展依赖于包含大量活跃客户和潜在客户信息的数据库的个性化短信息服务活动，以及利用无线服务提供商提供的人口统计信息和基于移动用户位置的信息，商家可以通过具有个性化的短信息服务活动进行更有针对性的广告宣传，从而满足客户的需求。

（6）移动电子商务易于推广使用。移动通信所具有的灵活、便捷的特点，决定了移动电子商务更适合大众化的个人消费领域，比如：自动支付系统，包括自动售货机、停车场计时器等；半自动支付系统，包括商店的收银柜机、出租车计费器等；日常费用收缴系统，包括水、电、煤气等费用的收缴等；移动互联网接入支付系统，包括登录商家的 WAP 站点购物等。

（7）移动电子商务领域更易于技术创新。移动电子商务领域因涉及 IT、无线通信、无线接入、软件等技术，并且商务方式更具多元化、复杂化，因而在此领域内很容易产生新的技术。随着中国 4G 网络的发展与应用，这些新兴技术将转化成更好的产品或服务。所以移动电子商务领域将是下一个技术创新的高产地。

10.6.2 移动电子商务的主要业务领域和技术

移动电子商务的主要业务可以分为五类：银行、贸易、购票、购物和娱乐（主要是游戏和博彩）。

（1）银行。在移动电子商务中，银行服务允许用户使用数字签名和认证来完成以下业务：管理个人账号信息、银行账号或预付账户的资金转移；接收有关银行信息和还款到期等的报警；处理电子发票支付等。

（2）贸易。贸易和中介应用一般都是一些实时变化的动态信息，如股票指数、事件通知、有价证券管理及使用数字签名验证过的贸易订单等。这些实时性强的交易在移动商务中得到了空前的发展。

（3）购票。购票业务主要包括订票、购票、发票、支付和开收据等。这些可以应用在多个领域，如航空、铁路、公路、收费站、影剧院、体育比赛、公园等。

（4）购物。在移动电子商务中，通过移动电话完成电子商场的下订单、支付、购买实际商品和服务等业务，可以更好地满足消费者的需求。

（5）娱乐业。娱乐业是移动电子商务的一个很有吸引力的应用。在移动电子商务环境下，用户使用需要付费的在线浏览、冒险游戏和其他具有收费性质的游戏和博彩将更加方便。

针对移动电子商务的上述应用领域，许多公司开发了各种移动电子商务解决方案。尽管每种方案的功能各不相同，但它们都包括三种基本服务功能：支付功能、访问功能和安全功能。

移动电子商务下，也出现了一些新的商业模式。

（1）以手机淘宝、京东移动端等为代表的传统 PC 电商移植到移动电商。这类更多是传统 PC 电商向移动电商的移植，主要目标是拓展移动互联网的流量资源，平台、商家和供应链的本质并没有太多变化。

(2) 以“买卖宝”为代表的 WAP 移动 B2C 电商。它们专注于三四线城市人群、农民和农民工,针对彼时这类人群有功能手机无电脑情况下的电商购物,采用 WAP 方式在 PC 时代具有一定差异化和壁垒。不过随着这类人群普及智能手机,这类电商会受到“阿里”和“京东”等较大冲击。

(3) 以腾讯微商城、第三方微商城、企业微商城为代表的移动电商模式。以腾讯微商城为例,腾讯微商城是在微信爆发背景下的电商拓展,未来“易迅”不管是继续直营还是招募商家入驻,本质还是希望通过微信平台入口获取移动互联网流量资源和社会化营销资源,但信任背书关系和交易双方角色并未发生变化,实际是社会化电商的一种形式,目前国内的阿里巴巴和国外的 facebook、twitter 等都在发展。

(4) 以随手购、微店等为代表的 C2C 移动电商模式。这类是最近兴起的电商模式,即鼓励基于朋友信任背书的 C2C 交易。在此模式下,个体将转变为卖货人、买货人、信用背书人、采购人、首席体验官、客服等多种角色,但是信用风险也很大,需要在系统上做一些控制。

移动因特网应用和无线数据通信技术的发展,为移动电子商务的发展提供了坚实的基础。推动移动电子商务发展的技术不断涌现,主要包括无线应用协议(WAP)、移动 IP 技术、蓝牙技术(Bluetooth)、通用分组无线业务(GPRS)、移动定位系统(MPS)、第四代移动通信系统(4G)、移动平台开发技术。

1. 无线应用协议(WAP)

无线应用协议(WAP)于 1998 年初公布,这是一项网络通信协议,是全球性的开放标准。它的出现使移动因特网有了一个通行的标准,从而使因特网上的移动接入成为可能,标志着移动因特网标准的成熟。

通过 WAP 这种技术,就可以将因特网的大量信息及各种各样的业务引入移动电话、PALM 等无线终端之中。无论在何时、何地,只要打开 WAP 手机,用户就可以享受各类的网上信息或者网上资源,如综合新闻、天气预报、股市动态、商业报道、当前汇率等。

2. 移动 IP 技术

随着因特网的飞速发展和移动计算机日益广泛的应用,移动计算机无线接入的研究进一步发展,即移动因特网的研究。像台式机用户一样,移动计算机用户希望接入同样的网络,共享资源和服务,而不局限于某一固定区域。且当它移动时,也能方便地断开原来的连接,并建立新的连接。

移动 IP 技术是移动用户在跨网络随意移动和漫游中,使用基于 TCP/IP 的网络时,不用修改计算机原来的 IP 地址,仍能继续享有原有网络中一切权限的技术。简单地讲,就是能让网络节点在移动的同时不断开连接,并且还能正确收发数据包,这就能够很好地支持移动电子商务的应用。

3. 蓝牙技术(Bluetooth)

蓝牙是一种短距的无线通信技术,电子装置彼此可以通过蓝牙而连接起来,省去了传统的电线。透过芯片上的无线接收器,配有蓝牙技术的电子产品能够在十公尺的距离内彼此相通,传输速度可以达到每秒钟 1 M 字节。以往红外线接口的传输技术需要电子装置在视线之内的距离，而现在有了蓝牙技术，这样的麻烦也可以免除了。

随着更多的便携式点产品的出现，蓝牙技术将会有广阔的发展前景。

4. 通用分组无线业务(GPRS)

GPRS是移动通信网络向分组化发展的一个里程碑。GPRS是一个从空中接口到地面接入网再到核心网络部分都分组化的数据通信网络。GPRS的分组化实质，使得空中接口频谱利用率与地面接入网带宽利用效率都得到极大提高。同时诞生了"按流量计费"这种更加合理的资费政策，使得运营商可以宣称：让用户24小时在线，只有点击的时候才计费。GPRS扫除了阻碍无线互联网应用得到普及在技术和成本两方面的障碍，必将加快移动互联网应用的普及和推广。GPRS的骨干网将借助于IP网络和互联网络进行无缝互通互联。对用户来说，移动终端使得原先需要PC才能使用的互联网以一种更为简单便捷、亲切易用和廉价实用的方式出现，也更加易于为广大普通百姓所接受。移动性将大大促进互联网应用的普及。

5. 移动定位系统(MPS)

移动定位是指通过特定的定位技术来获取移动手机或终端用户的位置信息（经纬度坐标），在电子地图上标出被定位对象的位置的技术或服务。定位技术有两种，一种是基于GPS的定位，一种是基于移动运营网的基站的定位。基于GPS的定位方式是利用手机上的GPS定位模块将自己的位置信号发送到定位后台来实现移动定位的。基站定位则是利用基站对手机的距离的测算距离来确定手机位置的。后者不需要手机具有GPS定位能力，但是其精度很大程度依赖于基站的分布及覆盖范围的大小，有时误差会超过一公里。前者定位精度较高。

应用领域包括：可开展周边信息查找的信息服务，如附近的银行、餐馆、加油站等；本地黄页服务；小范围内的天气预报；就近的交通信息发布；定向广告和基于位置的电子赠券；与动态位置相关的会员俱乐部服务；位置格斗游戏；就近交友聊天业务；公众信息服务等。

6. 第四代移动通信系统(4G)

当今信息发展十分迅猛，移动通信已进入4G时代，对比来讲，4G移动通信技术更加不受时间、地点的束缚，使人们能够在任意地点创建无线网络平台，接受畅爽的网络服务，同时让宽带变得可以随意接入。4G移动通信技术不但提供了高速的网络环境，还可以对数据进行跟踪定位、获取及采集，无线远程控制，成为多功能的宽带移动多媒体信息体系。

7. 移动平台开发技术

由于智能手机的普及和智能手机的平台多样化，电子商务企业需要制作在多种移动平台上运行的APP客户端。智能手机能够给我们提供的移动电子商务服务对APP有一定的依赖性。目前，主流的移动平台有iOS，Android和Windows Phone。

iOS是由苹果公司开发的移动操作系统，属于类UNIX的商业操作系统。使用Swift语言。Swift语言是苹果公司在2014年全球开发者大会（WWDC）上发布的全新开发语言，可与Object-C共同运行于Mac OS和iOS平台，用于搭建基于苹果平台的应用程序。

Android是基于Linux的自由及开放源代码的操作系统，主要使用于移动设备，如智能手机和平板计算机。Android 使用的是 Java 语言。

Windows Phone 是微软发布的一款手机操作系统，支持多种语言的开发。目前在移动平台的市场占有率上不及 iOS 和 Android。

10.6.3 我国移动电子商务的发展新趋势

一是传统电子商务平台争相向移动端的迁移，市场格局已初步形成。从 2014 年前三个季度我国移动电商的市场结构看，其基本延续了 PC 电子商务时代的市场格局，且阿里巴巴以超过 86% 的市场份额占据榜首，一家独大的市场特征尤为突出。从排名前十位的移动电商企业看，除了"买卖宝"之外，"淘宝、京东、唯品会、苏宁易购、聚美优品、国美在线、当当网、亚马逊中国"等全部是 PC 时代的主流电子商务企业，市场格局已经初步形成。

二是移动时代流量入口多元化，从线上到线下的入口布局是竞争的焦点。移动互联网极大拓展了用户上网的应用场景，PC 时代的入口和用户优势面临挑战。2013 年以来，不论是阿里巴巴在来往、微博上的重金投入，还是腾讯、阿里巴巴在手机地图领域的大手笔并购，无不显示各巨头对入口争夺的重视。而 2014 年以来，移动入口争夺战更是从线上烧到了线下，阿里巴巴以支付宝为依托、腾讯以微信支付为依托，与线下商家展开广泛合作，积极布局二维码入口。在 2014 年"双十二"中，支付宝联合 100 个品牌、2 万家门店，涵盖餐馆、甜品、面包店、超市、便利的等多场景应用扫码支付，创造了一天 400 万单的扫码交易记录。

三是移动社交和自媒体的爆发，正开启去中心化的电子商务发展新模式。与传统电子商务企业通过一个平台聚集所有商家和流量的中心化模式不同，去中心化的电子商务模式是以微博、微信等移动社交平台为依托，通过自媒体的粉丝经济模式，通过社群关系链的分享传播来获取用户。更重要的是，购物也不再是单纯的购物，而会在人们碎片化的社交场景中被随时激发，极大降低了商家的流量获取成本，吸引了众多商家的关注。从微店服务商"口袋通"的发展看，在 2014 年 3 月微信开放支付接口后，一周内开店商家暴增 3 000 家，并在此后以每月翻倍的速度增长，到 9 月份商家数量就达到了约 20 万家。

四是 O2O 闭环生态链相关技术基本成熟，当前及未来一段时期将是 O2O 模式创新和创业的窗口期。以二维码和 NFC 为代表的移动支付技术、以百度地图和高德地图为代表的 LBS 技术、以阿里云为代表的云计算技术、以微信公众号和百度直达号为代表的 CRM 管理技术，以及免费 WiFi 等相关技术都已经进入大规模商用阶段，服务线下商业的 O2O 闭环生态链基本成熟。特别是在开放平台策略的推动下，这些技术平台开启了基于 O2O 模式的创新和创业浪潮。据不完全统计，仅在汽车 O2O 领域，2014 年我国的投融资事件就达 30 起左右，投融资金额达 4.7 亿美元，涉及打车、租车、拼车、保养、维修、洗车、停车、二手车交易等几乎所有汽车相关的服务领域。

随着移动网络的发展，中国移动商务蓬勃发展。MasterCard 调查的《2016 年移动购物调查：亚太地区》显示，中国网民手机互联网普及已经达到饱和，98.6% 的网民去年访问过移动互联网，是该地区比例第二高的。eMarketer 预测 2017 年中国互联网普及率将达到 50% 。

另外，yStats 最近发布了《2016 年中国 B2C 电子商务市场》报告，显示中国网络零售市场快速增长,虽然增速仍然较高,但是报告预测增速将开始放缓。为了寻求中国网络零售市场增长潜力,阿里巴巴、京东等中国电子商务巨头正在扩展农村地区,那里网络购物刚刚起步。

由于近几年的快速发展和庞大的人口,中国已经成为全球 B2C 电子商务的领袖。在中国已经有超过 3 亿人网购,超过互联网网民的一半以上。

中国网络零售增长最大潜力在农村地区。主要电子商务企业已经扩展物流和快递服务力求覆盖这些地区。另一个重要趋势是移动商务的发展,2016 年移动商务占网络零售销售额的 1/3,预计份额还将继续增长。而且,中国跨境电子商务也在增长。

参考文献

[1] 黄京华:《电子商务教程》,清华大学出版社,2002 年。
[2] 冯英健:《网络营销基础与实践》,清华大学出版社,2007 年。
[3] 冯英健:《E-mail 营销》,机械工业出版社,2003 年。
[4] 尚春晓:《网络营销》,东南大学出版社,2002 年。
[5] 昝辉:《网络营销实战密码——策略、技巧、案例》,电子工业出版社,2009 年。
[6] [美] 杰里米·莱特:《博客营销》,洪慧芳译,中国财政经济出版社,2007 年。
[7] 成栋:《电子商务概论》,中国人民大学出版社,2008 年。
[8] [美] 菲利普·科特勒:《营销管理》,梅汝和,等译,中国人民大学出版社,2001 年。
[9] 王宣:《赢在网络营销:经典案例与成功法则》,人民邮电出版社,2008 年。
[10] 李琪:《电子商务概论》,人民邮电出版社,2002 年。
[11]《2009 年中国网民网络信息安全状况调查系列报告》,http://www.cctv.com/cctvsurvey/special/01/20100805/103342.shtml。
[12]《第二十六次中国互联网络发展状况统计报告》,http://www.cnnic.net.cn/uploadfiles/pdf/2010/7/15/100708.pdf。
[13]《瑞星 2010 年度安全报告》,http://www.rising.com.cn/2011/report/report.doc。
[14]《2010—2011 中国互联网安全研究报告》,http://www.ijinshan.com/zhuanti/2011report/。
[15]《2009 年中国计算机病毒疫情调查技术分析报告》,http://www.antivirus-china.org.cn/head/diaocha2009/report2009.doc。
[16]《2010中国企业安全报告》,http://www.rising.com.cn/2011/report/report2010.doc。
[17] 贾铁军:《网络安全技术及应用》,机械工业出版社,2009 年。
[18] 张波:《电子商务安全》,华东理工大学出版社,2006 年。
[19] 高新亚,邹静:《电子商务安全的风险分析和风险管理》,《武汉理工大学学报(信息与管理工程版)》,2005 年第 8 期。
[20] 赵春燕:《电子商务风险及控制方法研究》,《电子商务》,2010 年第 7 期。
[21] 周安萍:《企业实施电子商务的风险及其管理》,《中国商界》,2010 年第 1 期。
[22]《2010 年中国网络购物安全报告》,http://www.ijinshan.com/news/20101222001.shtml。
[23] 张大斌:《电子商务系统分析与设计》,华中师范大学出版社,2011 年。
[24] 徐天宇:《电子商务系统规划与设计》,清华大学出版社,2007 年。

[25] 辛明军,史豪斌,潘炜,等:《电子商务系统分析与实现》,清华大学出版社,2010年。
[26] 刘军,马敏书:《电子商务系统的分析与设计》,高等教育出版社,2008年。
[27] 李双元:《电子商务法》,北京大学出版社,2004年。
[28] 杨雪雁:《电子商务概论》,北京大学出版社,2010年。
[29] 韩朝胜:《电子商务概论》,西南财经大学出版社,2008年。
[30] 周曙东:《电子商务概论》,东南大学出版社,2008年。
[31] 谢希仁:《计算机网络》,电子工业出版社,2008年。
[32] 高怡新:《电子商务网站建设》,人民邮电出版社,2005年。
[33] 杨艳:《电子商务网站建设基础与实践》,北京大学出版社,2008年。
[34] 黄敏学:《电子商务》,高等教育出版社,2007年。
[35] 黄敏学:《网络营销》,武汉大学出版社,2000年。
[36] 姜红波:《电子商务概论》,清华大学出版社,2009年。
[37] 阿里巴巴(中国)网络技术有限公司:《阿里巴巴电子商务认证教程》,清华大学出版社,2006年。
[38] 欧朝晖:《SEO智慧——搜索引擎优化与网站营销革命》,电子工业出版社,2009年。
[39] 刘宏:《电子商务概论》,清华大学出版社,北京交通大学出版社,2010年。
[40] 许忠,何有世,等:《电子商务教程》,华东理工大学出版社,2006年。
[41] 凌守兴:《电子商务物流管理》,华东理工大学出版社,2006年。
[42] 王学东,周涛:《电子商务信息流、物流、资金流互动分析》,《科技进步与对策》,2002年第4期。
[43] 马士华,林勇:《供应链管理》,机械工业出版社,2005年。
[44] 李枫林:《企业业务流程管理》,武汉大学出版社,2006年。
[45] 方锦城,卢辛沛:《业务流程与管理概论》,高等教育出版社,2004年。
[46] 帅青红:《电子支付与安全》,西南财经大学出版社,2009年。
[47] 帅青红,张宽海:《电子商务导论》,西南财经大学出版社,2008年。
[48] 赵英,袁莉:《电子商务支付协议及发展趋势研究 SSL、SET与3D Secure比较》,《情报杂志》,2006年第11期。
[49] 张宽海,李良华:《网上支付与结算》,高等教育出版社,2007年。
[50] 张宽海:《网上支付与结算》,西南财经大学出版社,2008年。
[51] J.佩帕德,P.罗兰:《业务流程再造精要》,高俊山译,中信出版社,2003年。
[52] 柯新生:《网上支付与结算》,电子工业出版社,2004年。
[53] Jonathan Donner. M-Banking and M-Payment Services in the Developing World. Preconference of the Annaul Meeting of the International Communication Association,2007.
[54] Mobile payment forum. White paper: "Enabling secure, Interoperable and Userfriendly-mobile payment",2002(12).
[55] 普天信息技术研究院:《"手机银行"金融服务系统》,《电信工程技术与标准化》,

2004 年第 8 期。
[56] 孙丽莉:《移动电子商务市场分析与发展研究》,南京航空航天大学,2007 年。
[57] 李敏:《网络第三方支付风险评价与控制研究》,东北财经大学,2007 年。
[58] 郭俊华:《第三方支付发展与网上银行关系的分析研究》,西南财经大学,2007 年。
[59] 董仁涛:《支付宝:从淘宝网看电子商务支付方式》,《商场现代化》,2006 年第 1 期。
[60] 赵颖:《第三方支付的模式分析及问题探索》,对外经济贸易大学,2006 年。
[61] 陈浩:《第三方支付平台发展评析》,《华南金融电脑》,2007 年第 1 期。
[62] 罗惠恒:《第三方支付——中国电子商务网上支付手段的新发展》,《科技情报开发与经济》,2007 年第 6 期。
[63] 张宽海,张靖:《第三方支付的分析研究》,《中国信用卡》,2006 年第 7 期。
[64] 丹尼尔·阿莫:《电子商务变革与演进》,董兆一,童自庭,白洁译,机械工业出版社,2003 年。
[65] 罗纳德·H. 巴罗:《企业物流管理》,王晓东,胡瑞洁,等译,机械工业出版社,2002 年。
[66] 张楚:《电子商务法》,中国人民大学出版社,2007 年。
[67] 苏丽琴:《电子商务法》,电子工业出版社,2010 年。
[68] 任莉莉:《基于 SET 协议的网上支付安全探讨》,《华北科技学院学报》,2009 年第 2 期。
[69] 方盈芝:《非金融机构支付服务管理办法解读报告》,中国电子商务研究中心(电商频道),2010 年。
[70] 中国电子商务研究中心:《中国电子商务重要法律法规盘点》,http://www.100ec.cn/detail-5229614.html。
[71] 任海亮:《SSL 协议分析及应用》,《电脑开发与应用》,2009 年第 12 期。
[72] 赵辉:《防火墙包过滤技术分析》,《福建电脑》,2010 年第 11 期。
[73] 程立辉:《一种代理型防火墙技术的设计与实现》,《河南科学》,2006 年第 6 期。
[74] 关潮辉:《木马的攻击与防范技术研究》,《信息网络安全》,2010 年第 12 期。
[75] 张雪佳:《电子商务理论与实务》,四川大学出版社,2017 年。